Die Bonus-Seite

Ihr Vorteil als Käufer dieses Buches

Auf der Bonus-Webseite zu diesem Buch finden Sie zusätzliche Informationen und Services. Dazu gehört auch ein kostenloser **Testzugang** zur Online-Fassung Ihres Buches. Und der besondere Vorteil: Wenn Sie Ihr **Online-Buch** auch weiterhin nutzen wollen, erhalten Sie den vollen Zugang zum **Vorzugspreis**.

So nutzen Sie Ihren Vorteil

Halten Sie den unten abgedruckten Zugangscode bereit und gehen Sie auf **www.galileodesign.de**. Dort finden Sie den Kasten **Die Bonus-Seite für Buchkäufer**. Klicken Sie auf **Zur Bonus-Seite / Buch registrieren**, und geben Sie Ihren **Zugangscode** ein. Schon stehen Ihnen die Bonus-Angebote zur Verfügung.

Ihr persönlicher
Zugangscode

jvn3-x6i9-mrk2-gpt7

Björn Rohles

Grundkurs Gutes Webdesign

Alles, was Sie über Gestaltung im Web wissen sollten

Galileo Press

Liebe Leserin, lieber Leser,

Webstandards, CSS3, HTML5, Barrierefreiheit, responsive Webdesign ... – bei so vielen technischen Anforderungen an modernes Webdesign verliert man schnell einmal den Blick für das Design im Web*design*. Dieses Design ist aber oft genau das, was die Besucher einer Website dazu veranlasst, länger zu verweilen und sich genauer mit den Inhalten der Site zu beschäftigen. Langweilige Websites, die spannende Inhalte nicht nutzerfreundlich verpacken, gibt es schließlich schon zu Hauf im Netz.

Doch was macht gutes Design aus? Wie hebt man sich von der Masse ab? In diesem Buch erfahren Sie es, denn hier erlernen Sie Schritt für Schritt die Grundlagen guter Gestaltung im Netz. Björn Rohles zeigt Ihnen, worauf es bei der Schrift- und Farbwahl ankommt, erklärt, wie ein Layout sinnvoll aufgebaut werden kann, und gibt Tipps für die Gestaltung von Buttons, Icons und Grafiken. Natürlich verliert er dabei auch die Technik dahinter nie aus den Augen. So können Sie sicher sein, dass am Ende ein stimmiges Design entsteht, das nicht nur optisch, sondern auch technisch überzeugt: HTML5 und CSS3 kommen in diesem Buch genauso zum Einsatz wie die Prinzipien von Webstandards, Barrierefreiheit und dem responsive Webdesign. Besonders hilfreich ist dabei das Beispielprojekt, in dem Sie das Gelernte gemeinsam mit dem Autor praktisch umsetzen. Den Quellcode des Beispiels finden Sie auf der Buch-DVD. Dort liegen als weiteres Highlight über 1 Stunde Video-Lektionen zum Thema responsive Webdesign für Sie bereit. Ideal für alle, die hier tiefer einsteigen möchten.

Nun wünsche ich Ihnen aber erst einmal viel Spaß beim Gestalten Ihrer nächsten Website! Ich freue mich stets über Lob, aber auch über kritische Anmerkungen, die helfen, dieses Buch besser zu machen. Sollte Ihnen also etwas auffallen, so zögern Sie nicht, sich bei mir zu melden.

Ihre Katharina Sutter
Lektorat Galileo Design
katharina.sutter@galileo-press.de

www.galileodesign.de
Galileo Press • Rheinwerkallee 4 • 53227 Bonn

Auf einen Blick

Wir hoffen sehr, dass Ihnen dieses Buch gefallen hat. Bitte teilen Sie uns doch Ihre Meinung mit. Eine E-Mail mit Ihrem Lob oder Tadel senden Sie direkt an die Lektorin des Buches: *katharina.sutter@galileo-press.de*. Im Falle einer Reklamation steht Ihnen gerne unser Leserservice zur Verfügung: *service@galileo-press.de*. Informationen über Rezensions- und Schulungsexemplare erhalten sie von: *ralf.kaulisch@galileo-press.de*.

Informationen zum Verlag und weitere Kontaktmöglichkeiten finden Sie auf unserer Verlagswebsite *www.galileo-press.de*. Dort können Sie sich auch umfassend und aus erster Hand über unser aktuelles Verlagsprogramm informieren und alle unsere Bücher versandkostenfrei bestellen.

An diesem Buch haben viele mitgewirkt, insbesondere:

Lektorat Katharina Sutter
Fachgutachter Jonas Hellwig, Berlin
Korrektorat Katharina Raub, Konstanz
Herstellung Vera Brauner
Einbandgestaltung Janina Conrady
Coverfoto iStockphoto 16661583 © franckreporter
Satz Markus Miller, München
Druck OAN, Leipzig

Dieses Buch wurde gesetzt aus der Linotype Syntax (9,5 pt/13,75 pt) in Adobe InDesign CS6. Gedruckt wurde es auf mattgestrichenem Bilderdruckpapier (115 g/m²).

Der Name Galileo Press geht auf den italienischen Mathematiker und Philosophen Galileo Galilei (1564–1642) zurück. Er gilt als Gründungsfigur der neuzeitlichen Wissenschaft und wurde berühmt als Verfechter des modernen, heliozentrischen Weltbilds. Legendär ist sein Ausspruch *Eppur si muove* (Und sie bewegt sich doch). Das Emblem von Galileo Press ist der Jupiter, umkreist von den vier Galileischen Monden. Galilei entdeckte die nach ihm benannten Monde 1610.

Bibliografische Information der Deutschen Nationalbibliothek:
Die Deutsche Nationalbibliothek verzeichnet diese Publikation in der Deutschen Nationalbibliografie; detaillierte bibliografische Daten sind im Internet über *http://dnb.d-nb.de* abrufbar.

ISBN 978-3-8362-1992-1
1. Auflage 2013, 1., korrigierter Nachdruck 2014
© Galileo Press, Bonn 2013

Inhalt

3 Benutzerfreundliche Websites

4 Layout und Komposition

5   Typografie im Web

6   Farbe im Web

7 Grafiken und Bilder

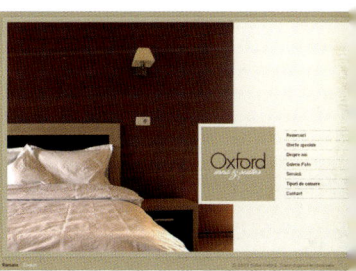

8 Testen und optimieren

9 Weitere Neuerungen in HTML5 und CSS3

Anhang

Vorwort

Sie wollen Webdesigner werden? Herzlichen Glückwunsch! Damit haben Sie sich eine der schönsten und vielfältigsten Tätigkeiten ausgesucht, die es gibt. Sie vereinen gestalterische sowie technische Aspekte und bestimmen, wie Nutzer das Internet erleben.

Dieses Buch handelt davon, wie Sie die ersten erfolgreichen Schritte als Webdesigner machen können. Es erklärt Ihnen gestalterische und konzeptionelle Grundlagen, mit denen Sie über den rein technischen Tellerrand hinausschauen und direkt als Designer loslegen können. Außerdem betrachten wir viele Beispiele aus dem Web, die Sie inspirieren können.

In den einzelnen Kapiteln werde ich vom Allgemeinen zum Speziellen vorgehen: Zunächst werden Sie Grundlagen des jeweiligen Themas lernen. Anschließend setzen Sie das Gelernte im Rahmen eines Beispielprojekts direkt um. Danach können Sie ohne Weiteres mit einem eigenen Projekt loslegen.

Doch das Webdesign ist ein sehr weites Feld, und ich kann im Rahmen dieses Buches nicht alle Aspekte umfassend behandeln. Ich richte mich daher an Webentwickler, die bereits erste Erfahrungen mit Websites und Photoshop gesammelt haben. Wir werden uns viele wichtige Techniken Schritt für Schritt anschauen – dennoch gilt: Wenn Sie noch nie mit HTML/CSS oder Photoshop gearbeitet haben, benötigen Sie weitere Informationsquellen. Eine sehr gute Einführung in HTML und CSS speziell für Einsteiger finden Sie in Peter Müllers Buch »Das große Little Boxes-Buch«. Und wenn Sie sich in den Grundlagen von Photoshop noch nicht fit genug fühlen, empfehle ich Ihnen Gerrit van Aakens Videokurs »Photoshop für Webdesigner« (*www.undsoversity.de/photoshop-fuer-webdesigner*) oder das Video-Training »Webdesign mit Photoshop« von Jonas Hellwig, der mich als Fachgutachter für dieses Werk so gut betreut hat.

Ein Buch wie dieses wäre ohne die Unterstützung zahlreicher Personen nicht möglich gewesen. Mein Dank gilt allen Personen, die mich mit geduldiger Arbeit bei der Realisierung unterstützt haben – sei es durch kritische Anmerkungen, inspirierende Anregungen oder einfach durch unermüdlichen Rückhalt in den richtigen Momenten. Nicht zuletzt danke ich Katharina Geißler von Galileo Press und Jonas Hellwig, ohne die dieses Buch niemals entstanden wäre.

Schließlich gilt mein Dank Ihnen, lieber Leser – denn ohne die unermüdliche gestalterische Arbeit von Menschen wie Ihnen wäre das Netz heute nicht so vielfältig, wie wir es kennen. Wenn mein Buch Ihnen dabei helfen kann, dieses Netz aktiv zu gestalten, hat es sein Ziel erreicht.

Schreiben Sie mir, wie es Ihnen bei der gestalterischen Arbeit ergangen ist. Sie erreichen mich unter *post@jorni.de* – ich freue mich, von Ihnen zu hören.

Björn Rohles

Die richtige Ausrüstung

So gelingen Ihnen die ersten Schritte als Webdesigner

▸ Welche Ausrüstung brauche ich als Webdesigner?

▸ Wie denken Webdesigner?

▸ Was muss ich über das Internet wissen?

▸ Welche Technologien sollte ich kennen?

1 Die richtige Ausrüstung

Damit Sie mit der Arbeit als Webdesigner direkt loslegen können, sollten Sie sich ein wenig vorbereiten. Sie benötigen die richtige Ausrüstung und eine passende Einstellung. Was das genau bedeutet, erfahren Sie in diesem Kapitel.

1.1 Was Sie für diesen Kurs brauchen

Als Webdesigner haben Sie den Vorteil, dass Sie nur relativ wenig Material für Ihre Arbeit benötigen. Ein wenig Grundausstattung sollten Sie aber mitbringen.

Digitale Notizen

Nutzen Sie das Web, um Ihre Ideen festzuhalten. Gute Anlaufstellen sind:
- Evernote (*http://evernote.com*) für elektronische Notizen
- Zootool (*http://zootool.com*) und Pinterest (*http://pinterest.com*) für inspirierende Fundstücke

Stift und Papier

Ein Notizbuch zum raschen Entwerfen von Ideen sowie zum Notieren spontaner Einfälle ist ein Muss. Natürlich können Sie auch ein elektronisches Notizbuch führen – zahlreiche Apps und Online-Dienste stehen Ihnen zur Verfügung.

Unterschätzen Sie bei aller Technikliebe jedoch nicht die Vorteile handgeschriebener Notizbücher: Sie sind meist sehr viel schneller und genauer mit einem Bleistift auf Papier als mit einem Finger auf einem Touchscreen. Zudem helfen Ihnen handgezeichnete Formen dabei, die Ästhetik Ihrer Layouts wirklich zu verstehen.

Alles rund um Notizbücher

Neues aus der Welt der Notizbücher erfahren Sie unter *www.notizbuch-blog.de* – für Liebhaber unumgänglich.

Bildbearbeitungs- und Layoutsoftware

Im Laufe Ihrer Arbeit werden Sie an einen Punkt kommen, an dem Sie das Aussehen der Webseite visualisieren möchten. Dabei hilft Ihnen Layout- oder Bildbearbeitungssoftware.

In diesem Buch werde ich auf den Branchenstandard Photoshop setzen. Die Software der Firma Adobe hat sich über Jahre zum Monopolisten für die Bildbearbeitung entwickelt, findet sich in vielen Agenturen und wird häufig auch als Grundlage für Webdesigns verwendet. Photoshop lässt sich in einer Testversion 30 Tage kostenfrei nutzen, und für Schüler und Studierende gibt es eine Reihe attraktiver Angebote.

Ich werde zwar viele Dinge erklären, die Sie als Webdesigner über Photoshop wissen müssen, kann jedoch an dieser Stelle keine Photoshop-Einführung bieten. Sollte Ihnen Photoshop also noch gar nicht vertraut sein, empfehle ich Ihnen Gerrit van Aakens Videokurs »Photoshop für Webdesigner« (*www.undsoversity.de/photoshop-fuer-webdesigner*, 29,99 €). Für die Ausführungen beziehe ich mich auf Photoshop CS6 am Mac, die Vorgehensweise ist jedoch ohne große Schwierigkeiten auf andere Versionen und Plattformen übertragbar.

Nicht unerwähnt sollte jedoch bleiben, dass Photoshop in jüngerer Vergangenheit arge Konkurrenz bekommen hat. Das liegt zum einen daran, dass Webdesigner nur einen kleinen Teil der Funktionen benötigen. Zum anderen spielt Adobes Preispolitik eine große Rolle – Photoshop ist eine echte Investition. Es sind daher einige Applikationen entstanden, die mit einem einfacher strukturierten Interface und einem günstigen Preis von sich reden machen, zum Beispiel:

- Gimp (kostenfrei) für Windows und Mac, *www.gimp.org*
- Pixelmator für Mac, *www.pixelmator.com*
- Acorn für Mac, *http://flyingmeat.com/acorn*

Prinzipiell gilt: Jedes Werkzeug ist so gut wie der Designer, der davor sitzt. Wenn Ihnen Photoshop zu teuer ist, arbeiten Sie mit etwas anderem. Viele der beschriebenen Techniken lassen sich mit einigem Ausprobieren auf andere Software übertragen.

Software zum Entwickeln

Sie können mit jedem einfachen Textprogramm eine Website erstellen. Wenn Sie das Dokument dann mit der richtigen Dateiendung speichern, ist Ihre Webseite einsatzbereit.

Aber natürlich gibt es auch hier einige Programme, die Ihnen die Arbeit erleichtern können. Da sind zunächst verschiedene WYSIWYG-Tools, wie zum Beispiel Dreamweaver von Adobe. Die Abkürzung steht für »what you see is what you get« und verspricht,

Eine 30-Tage-Testversion von Photoshop CS6 finden Sie auf der DVD im Ordner PHOTOSHOP-TESTVERSION.

Photoshop im Abo

Adobe hat sein Geschäftsmodell umgestellt: Während Photoshop CS6 noch erworben werden kann, gibt es neuere Versionen ausschließlich auf Basis eines monatlichen Miet-Modells. Informationen dazu finden Sie auf *http://www.adobe.com/products/creativecloud.html*.

▲ **Abbildung 1.1**
Photoshop bekommt zunehmend Konkurrenz von anderen Programmen und Apps – hier Acorn, Pixelmator und Gimp.

Beispiele für Code-Editoren

Es gibt zahlreiche Code-Editoren auf dem Markt, Folgende gehören zu den beliebtesten:

▸ Coda 2 (*http://panic. com/coda*) und Smultron (*www.peterbor-gapps.com/smultron*) für Mac

▸ Notepad++ (*http:// notepad-plus-plus.org*) für Windows

▸ Gedit (*http://projects. gnome.org/gedit*) für Linux

DOM-Baum != Quelltext

In diesem Teil des Web-inspektors (siehe Abbildung 1.3) sehen Sie den sogenannten DOM-Baum – DOM steht für »Document Object Model« und bezeichnet das, was der Browser aus Ihrem Quellcode herausinterpretiert. Das kann, muss aber nicht unbedingt identisch mit Ihrem geschriebenen Code sein. Haben Sie zum Beispiel einen Fehler gemacht, versucht der Browser dennoch, etwas Sinnvolles daraus zu machen.

dass man damit auf einer grafischen Benutzeroberfläche Webseiten zusammenstellen kann.

Ich empfehle Ihnen jedoch, den Quelltext selbst zu schreiben, denn nur so können Sie sicherstellen, dass er möglichst effizient ist und genau das tut, was Sie möchten. Oder würden Sie einem Mechaniker vertrauen, der nicht unter die Motorhaube schauen kann? Für einen Webdesigner ist das nicht anders: Sie müssen wissen, was Sie tun.

Sinnvoll können hingegen Code-Editoren sein. Diese Programme erleichtern Ihnen die Arbeit am Quelltext spürbar, indem sie den Code farblich hervorheben (Syntax-Highlighting) oder angefangene Code-Fragmente vervollständigen (Auto-Completion). Code-Editoren gibt es für alle Betriebssysteme. Für dieses Werk habe ich die Software Coda 2 für Mac verwendet.

Browser zum Testen

Ein wichtiges Werkzeug zum Entwickeln einer Website ist der Browser – logisch, denn das ist die Software, mit der Ihre Nutzer eine Website anschauen werden. Browser erlauben Ihnen, Ihr Design in einer reellen Umgebung zu überprüfen.

In diesem Buch verwende ich Google Chrome (*http://google. com/chrome*) als Entwicklungsbrowser – ihn gibt es kostenfrei für Windows, Mac und Linux. Natürlich können Sie auch jeden anderen Browser in der aktuellen Version verwenden. Vorsichtig sollten Sie mit dem Internet Explorer sein, denn gerade die älteren Versionen verhalten sich nicht immer so, wie man erwarten würde – ich werde darauf noch eingehen.

Einer der Vorteile von Chrome für Webdesigner: Er bringt sehr gute Entwickler-Werkzeuge direkt von Haus aus mit. Öffnen Sie einmal eine beliebige Webseite und klicken Sie mit der rechten Maustaste auf eines der Elemente, die Sie dort finden können. Im Kontextmenü wählen Sie anschließend ELEMENT UNTERSUCHEN.

In einem eigenen Bereich der Webseite öffnen sich nun die Entwickler-Werkzeuge (siehe Abbildung 1.3). Sie können dort den Code im linken Bereich nachvollziehen und seinen Strukturbaum aus- und einklappen.

◄ **Abbildung 1.2**
Google Chrome erlaubt es, an
jeder Stelle einer Webseite
den Webinspektor aufzu-
rufen.

Im rechten Bereich sehen Sie eine Reihe von Formatierungen in
CSS. Interessant ist, dass Sie die Formatierungen an- und ausschalten können, indem Sie die Checkboxen ❶ verwenden. Probieren
Sie das einmal aus – es wird Ihnen im Laufe Ihrer Arbeit helfen,
die Wirkungen und Abhängigkeiten von Webseitengestaltung zu
erlernen.

▼ **Abbildung 1.3**
Der Webinspektor bietet eine
ganze Reihe sinnvoller Tools
für Webdesigner.

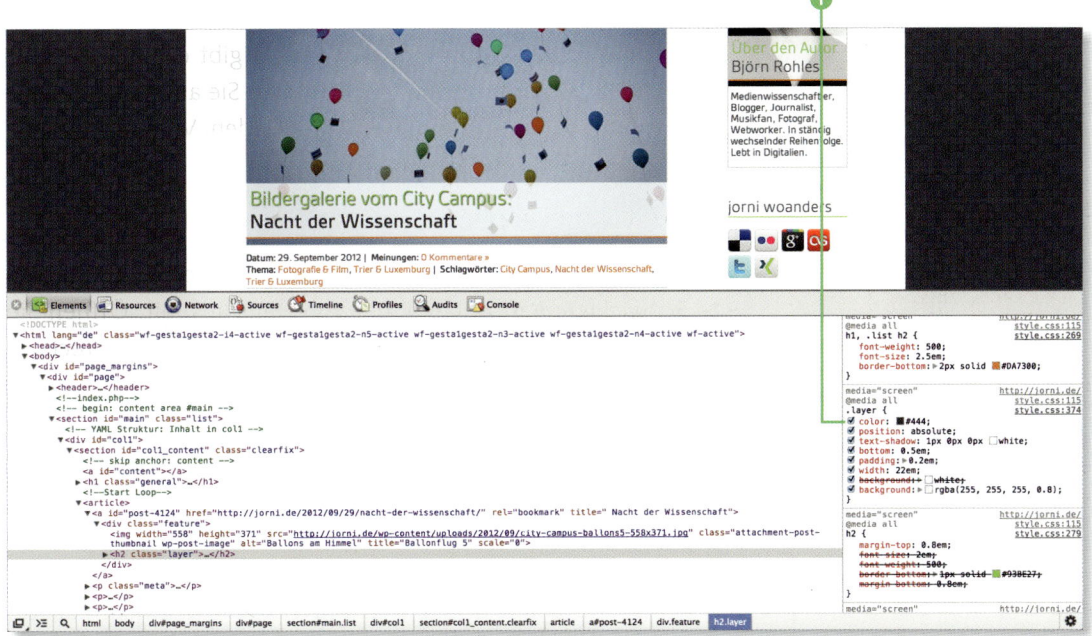

Kleiner Tipp: Sie können hier auch einen neuen Wert eintippen und direkt erkennen, wie er sich auf die Gestaltung auswirkt – allerdings nur lokal auf Ihrem Rechner, und wenn Sie die Seite neu laden, sind Ihre Änderungen wieder verschwunden. Dennoch ist dies ein gutes Verfahren, um HTML und CSS direkt an Praxisbeispielen zu lernen.

FTP-Software

Wenn Ihre Webseite fertig ist, muss Sie ja noch irgendwie ins Web kommen. Dafür bieten sich FTP-Programme an. FTP steht für »File Transfer Protocol« und stellt ein Übertragungsprotokoll für Dateien dar, mit dem Sie Ihre Website mit einem Klick auf den Server schieben können.

Freier FTP-Client

Filezilla (*http://filezilla-project.org)* ist ein beliebter freier FTP-Client, der viel Komfort bietet.

Wenn Sie bei einem Anbieter Ihrer Wahl Webspace gemietet haben, erhalten Sie von ihm automatisch die entsprechenden Zugangsdaten – eintragen, hochladen, fertig. Wenn Sie einen Code-Editor verwenden, ist häufig direkt ein FTP-Programm darin enthalten.

1.2 Denken Sie wie ein Webdesigner!

Bevor ich mit Ihnen in diesem Buch Schritt für Schritt durch den Designprozess gehen werde, der zu einer Webseite führt, sollten Sie sich eine zentrale Frage beantworten: Was ist eigentlich ein Webdesigner?

Webdesigner sind keine Pixelschubser, sondern spezialisierte Problemlöser.

Viele Menschen antworten auf diese Frage, dass Webdesigner schöne Webseiten bauen oder Webseiten das gewisse Etwas geben, das sie von Standard-Layouts abhebt. Tatsächlich stehen diese Aspekte jedoch erst an zweiter oder dritter Stelle.

Webdesign ist zuallererst eine Form des Problemlösens. Und da die Probleme im Web gänzlich andere sind als in anderen Medien, unterscheidet sich Webdesign vom Design für andere Medien. Machen Sie nicht den Fehler zu glauben, dass Sie ein guter Webdesigner sind, weil Sie bereits erfolgreiche Plakatkampagnen gestaltet haben oder für Ihre grafischen Bewegtbild-Elemente bekannt sind. Webdesign ist etwas völlig anderes. Es folgt anderen Regeln und muss andere Bedürfnisse bedienen. In großen Projekten arbeiten

Webdesigner mit anderen Spezialisten zusammen – User-Experience-Experten, Content-Strategen und vielen weiteren. In kleineren Projekten hingegen fallen diese Aufgaben oft ebenfalls in die Zuständigkeit des Designers.

Als spezialisierte Problemlöser gestalten Webdesigner das Netz. Sie denken also gleichzeitig an gestalterische Grundlagen und an deren Anpassung für das Web. Im folgenden Abschnitt möchte ich zunächst darauf eingehen, welche Einstellung Ihnen dabei helfen kann, gute Gestaltungsideen zu entwickeln. Anschließend widme ich mich einigen Aspekten, die Sie unbedingt über Webdesigner wissen sollten.

Webdesigner sind kreativ

Kreativität ist ein scheues Reh. Die Griechen dachten, dass Kreativität von Göttinnen beeinflusst wurde, den Musen – sie kamen und gingen, wie es ihnen gefiel. Zum Glück weiß man heute, dass Sie nicht auf zufällig vorbeihuschende Musen angewiesen sind. Kreativität lässt sich beeinflussen und fördern.

Wie Kreativität funktioniert | Über das Wesen von Kreativität ist schon viel geschrieben worden. Tina Seelig von der Stanford University hat die verschiedenen Einflussfaktoren in ihrem Innovationsmotor zusammengefasst.

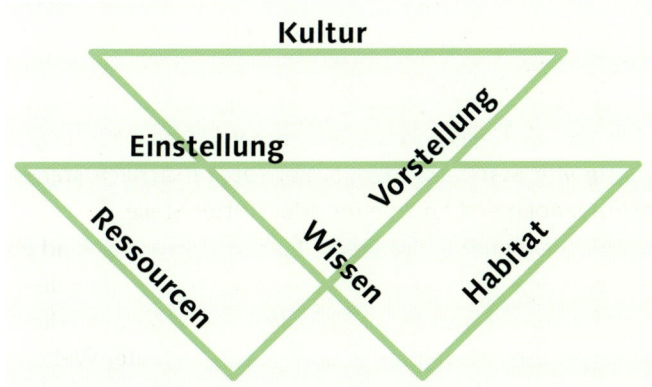

◄ **Abbildung 1.4**
Tina Seeligs Innovationsmotor visualisiert verschiedene Faktoren der Kreativität, die alle miteinander verbunden sind.

▶ **Wissen** bildet die Grundlage jeder neuen Idee. Es ist gewissermaßen der Treibstoff für Ihre Vorstellungskraft.

▶ Mit Hilfe der eigenen **Vorstellungskraft** werden aus bekanntem Wissen neue Ideen – Ihr eigener kreativer Katalysator. Damit verwandeln Sie bekanntes Wissen in neue Lösungen.

▶ Die eigene **Einstellung** ist grundlegend, um den kreativen Prozess überhaupt in Gang zu setzen. Wie Sie eine Situation bewerten, ist entscheidend dafür, was Sie aus dieser Situation machen können.

Neben diesen inneren Faktoren wird Kreativität von äußeren Einflüssen bestimmt:

▶ **Ressourcen** sind alle inspirierenden Dinge in Ihrer Umgebung, ob reeler oder idealer Natur. Führen Sie sich dabei vor Augen: In jeder Umgebung gibt es Ressourcen – nur eben verschiedene. Glauben Sie also nicht, Sie müssten in eine fremde Stadt ziehen, um kreativ zu sein, weil das bei Ihnen zu Hause nicht ginge.

▶ Unsere **Umgebung** ist gewissermaßen die externe Manifestierung unserer Vorstellungskraft. Wir gestalten unser Umfeld so, wie wir es uns vorstellen können, und wirken damit auf unsere Vorstellungskraft zurück. Sie können also innere Kreativität befördern, indem Sie Ihre äußere Umgebung danach ausrichten – ich werde später noch darauf zurückkommen.

▶ Natürlich hat auch die **Kultur** einen großen Einfluss auf Kreativität. Tina Seelig definiert sie als unsere kollektiven Einstellungen.

Designer sollten breiten Interessen folgen, um sich Quellen für Inspirationen zu erschließen.

Wissen aufbauen | Als Designer möchten Sie interessante Gestaltungen erschaffen. Der erste Schritt, um interessant zu sein, ist aber stets, interessiert zu sein. Dies sollten Sie ganz bewusst fördern. Lesen Sie viel – aber bitte nicht nur das, was Sie normalerweise lesen. Gehen Sie mit offenen Augen durch die Welt, und nehmen Sie sich die Zeit, einmal spontan in ein Café oder eine Ausstellung zu gehen.

Designer sollten immer etwas zu schreiben dabei haben.

Eines sollten Sie immer dabei haben: eine Möglichkeit festzuhalten, was Ihnen aufgefallen ist. Führen Sie eine Art visuelles Tagebuch, in das Sie alles eintragen, was Sie spontan inspiriert hat.

Die Arbeit anderer Designer ist eine gute Grundlage für Ihre eigenen Entwürfe. Das ist gar nichts Verwerfliches: Jedes Werk baut auf Werken auf, die vorher da waren. Wichtig ist lediglich, dass Sie nicht so tun, als sei alles auf Ihrem, nun ja, Humus gewachsen – stehlen Sie nicht die Ideen anderer, sondern verarbeiten Sie

sie mit eigenen Ideen weiter. Wenn Sie die Arbeiten anderer nicht nur als Inspiration, sondern auch als reelle Grundlage Ihrer Gestaltungen verwenden möchten, achten Sie genau auf die Lizenzen. Ich werde in Kapitel 7, »Grafiken und Bilder«, darauf eingehen, welche Möglichkeiten Sie dazu haben.

Vorstellungskraft fördern | Um die eigene Vorstellungskraft zu fördern, sollten Sie Probleme und Aufgabenstellungen in einen neuen Rahmen setzen. Oft erscheint uns der Rahmen vorgegeben, obwohl er es nicht unbedingt sein muss.

Verändern Sie Ihren Blickwinkel. Das kann durchaus wörtlich gemeint sein – es kann im kreativen Prozess manchmal hilfreich sein, sich auf den Boden zu setzen und dort an einem Design zu arbeiten. Oder einmal die Hand zu benutzen, mit der Sie vielleicht nicht ganz so gut zeichnen können.

Versuchen Sie also, sicher scheinende Aspekte in einem anderen Blickwinkel zu sehen – etwa, indem Sie sich in die Köpfe anderer Menschen hineinversetzen. Wie würde ein Experte einen Tatbestand betrachten, wie ein Anfänger? Würde es eine Rolle spielen, ob jemand aus einer bestimmten Region kommt? Wäre das Alter einer Person wichtig?

Gute Webdesigner verändern beständig ihren Blickwinkel und hinterfragen vermeintliche Sicherheiten.

Schließlich bieten sich Warum-Fragen an. Sie oder Ihr Kunde brauchen einen Onlineshop? Bevor Sie nun loseilen und Photoshop zum Designen anwerfen, fragen Sie sich zunächst, warum Sie einen Onlineshop brauchen. Das Layout soll warme Farben haben? Warum sollten es unbedingt warme Farben sein? Diese Fragen haben gleich drei Vorteile:

▶ Sie helfen Ihnen dabei, ein Projekt besser zu verstehen, weil Sie die Hintergründe kennenlernen.

▶ Voreilige Schlüsse werden aufgedeckt – nicht alles, was sicher und logisch scheint, ist es auch.

▶ Sie helfen Ihnen dabei, Ihr Design zu erläutern – wenn Sie etwas gestalten und nicht erklären können, warum es ausgerechnet so aussieht, ist es wahrscheinlich, dass Sie die richtige Lösung noch nicht gefunden haben.

Die kreative Einstellung beeinflussen | Berühmte Erfinder wie Thomas Edison machen es vor: Unermüdlich versuchen sie Ansätze und Materialien, bis sie die Lösung eines Problems gefunden haben.

Betrachten Sie Fehlschläge als Chance und haben Sie keine Angst vor dem Scheitern. Erfolgreich ist, wer trotz Scheitern weitermacht.

Das funktioniert nur, wenn Sie Fehlschläge nicht als Versagen, sondern als Chance begreifen. Hat eine Idee nicht funktioniert, war sie nicht schlecht: Sie bringt Sie einen Schritt näher zur perfekten Lösung. Diese Einstellung schützt Sie vor Frustration.

Versuchen Sie alle denkbaren Optionen für die Lösung – und werfen Sie die meisten weg. Das ist übrigens ein guter Richtwert, ob Sie sich ausreichend Gedanken gemacht haben: Wenn Sie nicht den größten Teil Ihrer Ideen im virtuellen oder realen Papierkorb liegen haben, gehen Sie ans nächste Brainstorming (siehe Seite 46).

Ihre Einstellung ist außerdem entscheidend dafür, ob Sie überhaupt eine gute Lösung finden. Henry Ford, der Erfinder der gleichnamigen Autos, brachte das mit dem berühmten Ausspruch auf den Punkt: »Ob Sie glauben, dass Sie etwas können oder nicht können, Sie haben auf jeden Fall Recht.«

Was er damit meinte: Nur wer glaubt, eine Lösung finden zu können, hat auch eine Chance, das zu tun. Oft ist uns nicht klar, was bei einem Ansatz oder einer Chance herauskommen wird. Sie können dann Angst vor dem Scheitern haben und vor Risiken zurückschrecken. Besser ist es, wenn Sie eher befürchten, eine Chance zu verpassen – Sie schaffen sich damit erst die Möglichkeit, Erfolg zu haben.

Zum Glück ist Ihre Einstellung Einstellungssache – und liegt damit in Ihrer Hand. Bezeichnen Sie sich als »kreativ«, wenn Sie kreativ sein möchten. Dann unternehmen Sie kleine Schritte: ein kleines Kontaktformular, eine kurze Kampagne oder einige überlegte Anpassungen eines gekauften Designs. Aus diesen kleinen Schritten ziehen Sie dann das nötige Selbstvertrauen, um sich an größere Projekte zu wagen.

Der Erfinder Louis Pasteur brachte die Bedeutung von Aufmerksamkeit auf den prägnanten Punkt: »Chance favors the prepared mind« (»Der Zufall begünstigt nur einen vorbereiteten Geist«).

Ressourcen wahrnehmen | Oft beachten wir unsere Umwelt nicht vollständig – sie ist »einfach da«. Genaue Beobachtung ist aber eine wichtige Begabung, um Inspirationen zu finden. Natürlich gibt es keinen Schalter, den man einfach umlegen müsste, um eine Idee zu bekommen, und so mancher Einfall scheint zufällig entstanden zu sein.

Es gibt jedoch eine Reihe von Übungen, die Sie in einer freien Minute machen können, um Ihre Wahrnehmung zu schärfen. Schließen Sie zum Beispiel einmal die Augen und fragen Sie sich, wie viele Lampen in dem Raum sind, in dem Sie sich gerade befinden – Sie werden feststellen, dass es uns gar nicht so leicht fällt, solche einfach scheinenden Aufgaben zu beantworten.

Ein weiterer Tipp: Wir tendieren häufig dazu, die Dinge nicht wahrzunehmen, die nicht zu passen scheinen. Wir bemerken nur, was wir sehen möchten – deshalb funktionieren auch die diversen Zaubertricks sogenannter Magier so gut. Achten Sie also einmal bewusst auf Dinge, die eben nicht passen.

Eine letzte Übung für den Alltag ist, die Vielfalt der Formen wahrzunehmen. Ziffern und Buchstaben zum Beispiel weisen eine enorme Formenvielfalt auf. Wenn Sie Lust haben, machen Sie doch einmal für einen gewissen Zeitraum ein kleines fotografisches Experiment und sammeln Sie alle Bs, die Sie finden können – Sie werden erstaunt sein, wie unterschiedlich ein B aussehen kann.

Designer schulen ihre Wahrnehmung und ihre Aufmerksamkeit, damit sie die guten Ideen auch erkennen, wenn sie ihnen begegnen.

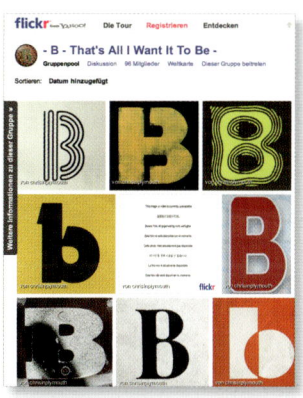

▲ **Abbildung 1.5**
Wie vielfältig ein Buchstabe sein kann, zeigt diese Flickr-Gruppe (*www.flickr.com/ groups/904177@N24/pool*).

Eine inspirierende Umgebung | Die Dinge, mit denen wir uns umgeben, und die Räumlichkeiten, in denen wir uns aufhalten, haben einen großen Einfluss auf unsere Kreativität. An dem Klischee des Kreativen, der im Café an der Ecke sitzt, die Menschen beobachtet und in sein Skizzenbuch schreibt, ist also wirklich etwas dran – ein Tapetenwechsel bringt uns nicht selten auf neue Ideen. Gestalten Sie also ruhig öfter mal Ihren Kreativraum um, oder gehen Sie mit Ihren Werkzeugen bewusst an einen anderen Ort – Sie werden erstaunt sein, wie oft Ihnen so etwas helfen kann, ein eingefahren scheinendes Projekt wieder zum Laufen zu bekommen.

Studien gehen zudem davon aus, dass Farbe und Umgebung großen Einfluss auf Kreativität haben – ideal seien blaue Töne oder freier Himmel, der die Kreativen dazu animiere, auch gedanklich in ungeahnte Höhen aufzusteigen. Freie Natur fördere Kreativität ebenso wie die passende Musik.

Wichtiger als alle Studien ist es aber, dass Sie Ihre eigenen Gefühle kennen und wissen, was Sie persönlich tun können, um Ihre Inspiration zu fördern. Probieren Sie einfach verschiedene Umgebungen aus – laute, leise, helle, dunkle, leere, überfüllte… Notieren Sie sich, wenn Sie inspiriert wurden. Mit der Zeit werden Sie so ein klares Bild entwickeln, was Ihnen persönlich dabei hilft, Ideen zu entwickeln – und sich entsprechend danach richten.

Lernen Sie sich selbst kennen: Was inspiriert Sie?

Webdesigner kennen das Web

Wenn Sie sich an die beschriebenen Mittel halten, haben Sie eine gute Chance, auf richtig tolle Ideen zu kommen. Doch sind Sie mit einer Idee nicht am Ende Ihrer Arbeit – Sie müssen nämlich stets bedenken, dass Sie für das Internet arbeiten. Ihre Idee muss also den Besonderheiten des Netzes standhalten.

Das Web ist nicht aus Papier | Falls Sie schon Erfahrungen mit der Gestaltung von Printprodukten gesammelt haben, sollten Sie sich vergegenwärtigen, dass das Web eben nicht aus Papier ist. Das klingt trivial, hat aber große Folgen.

Beim Printdesign arbeiten Sie mit einer definierten Breite und Höhe. Ihre Aufgabe als Designer liegt in der Kontrolle: Durch überlegten Einsatz von Gestaltungsmitteln wie Farbe, Position, Schriftgröße, Silbentrennung und vielen weiteren stellen Sie sicher, dass alle relevanten Informationen gut gelesen werden können.

Im Web sieht das ganz anders aus. Breite und Höhe des Dokuments sind unbekannt – sie hängen von dem Gerät und den individuellen Einstellungen des Nutzers ab. Farben sehen auf unterschiedlichen Geräten ganz anders aus, Bilder und Videos können abgeschaltet werden. Ja, Sie wissen nicht einmal, ob das Dokument gelesen oder angehört wird – und spätestens seit Social Media steht die Interaktion des Nutzers mit den Inhalten im Vordergrund. Kurz gesagt: Im Web liegt die Kontrolle beim Nutzer, und Flexibilität ist das Gebot der Stunde.

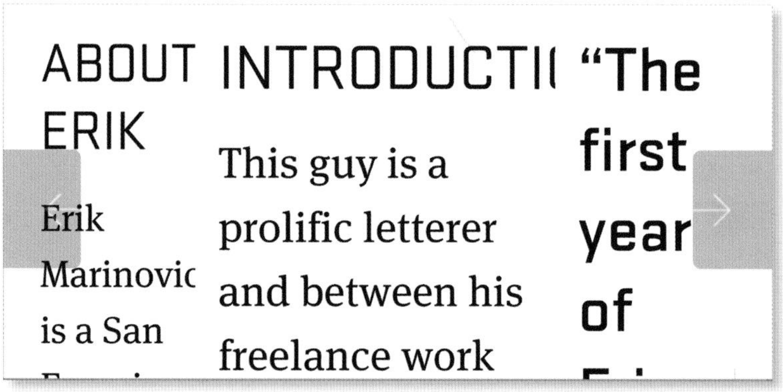

Abbildung 1.6 ▶
Ein schönes dreispaltiges Layout wie auf *http://thegreat-discontent.com/erik-marinovich* kann durch simple Vergrößerung der Schrift sehr unvorteilhaft werden.

Der Nutzer ist König | Eine der wichtigsten Charaktereigenschaften, die Sie als Webdesigner benötigen, ist die Demut. »Demut«

bedeutet nichts anderes, als sich selbst zurückzunehmen, um einer Sache oder einer Person dienen zu können. Die Person, der Sie als Webdesigner dienen, ist der Nutzer.

Wenn ich als Nutzer der Meinung bin, dass Ihre sorgfältig gestaltete Webseite gefälligst quietschgelbe Überschriften haben sollte, können Sie überhaupt nichts dagegen tun. Wenn mir Ihre Typografie zu klein ist, werde ich sie mir vergrößern – vollkommen egal, ob dadurch Ihre sorgsam austarierten Proportionen flöten gehen. Und wenn Sie versuchen sollten, diese Freiheit einzuschränken, wird das nur dazu führen, dass ich Ihre Webseite links liegen lassen werde.

Aber warten Sie noch eine Weile, bevor Sie dieses Buch weglegen und die Flinte ins Korn werfen. Wenn ich von Demut spreche, meine ich damit nicht, dass Ihre Aufgabe als Designer nicht so wichtig ist. Denn zum Glück sind Sie und Ihr Nutzer keine Gegner, sondern Verbündete.

Ihre Nutzer kommen mit einer bestimmten Problemstellung auf Ihre Webseite – so lange Sie sich als Designer bewusst sind, welche das ist, können Sie ihnen sinnvolle Lösungen präsentieren. Sie sind der Dienstleister Ihrer Nutzer – und oft genug werden Sie sogar ihr Anwalt sein und die Nutzerinteressen verteidigen, wenn sie im Widerstreit mit anderen Faktoren im Projekt stehen.

Der Nutzer steht für den Webdesigner immer im Mittelpunkt. Und ausschließlich die Nutzer entscheiden, was sie mit einer Website tun möchten.

Jeder Browser ist verschieden | Demut spielt für Webdesigner aber auch noch in anderer Hinsicht eine große Rolle: Webseiten sehen niemals auf allen Geräten identisch aus. Es gibt eine Vielzahl davon, auf denen unterschiedlichste Browser laufen. Versuchen Sie also erst gar nicht, Ihre Webseite überall gleich aussehen zu lassen.

◄ **Abbildung 1.7**
Der Schriften-Anbieter Typekit (*http://typekit.com*) zeigt, wie unterschiedlich eine Schrift in verschiedenen Browsern aussehen kann.

Zwei Ansätze gibt es, um damit umzugehen:

▸ **progressive enhancement**: Dieser Ansatz geht davon aus, dass es gewisse Basisfunktionalitäten gibt, die die Webseite in jedem Browser bieten muss. Meist ist das in alten Browsern wenig mehr als der Inhalt mit einigen Basis-Formatierungen. Moderne Browser erhalten zunehmend ausgefallenere Techniken und schönere Präsentationen.

▸ **graceful degradation**: Die Idee hinter der graceful degradation zäumt das Pferd gewissermaßen von hinten auf. Es gibt ein optimales Nutzererlebnis auf modernen Browsern. Bei der Entwicklung wird dann darauf geachtet, dass das Design älteren Browsern gegenüber »gnädig« (»graceful«) auftritt – die Webseite sollte funktionieren und die Inhalte präsentieren, doch die ausgefallenen Funktionen fallen weg.

Ältere Browser im Nachteil

Beiden Ansätzen ist gemeinsam, dass moderne Browser die bestmögliche Präsentation erhalten. Ältere Browser müssen sich mit weniger zufriedengeben.

Lernen und Teilen | Als Webdesigner sind Sie in der glücklichen und zugleich herausfordernden Lage, einen Beruf oder aber ein Hobby gewählt zu haben, das sich ständig verändert. Was heute zeitgemäßes Vorgehen ist, kann schon morgen veraltet sein: Die Spezifikationen von Technologien verändern sich, neue Features werden von Browsern implementiert, oder aber ein schlauer Kopf findet eine neue Lösung für ein bekanntes Problem.

Als Webdesigner sollten Sie sich darauf einstellen: Sie werden nicht umhinkommen, Blogs, Mailing-Listen und soziale Medien zu verfolgen – denn dort finden Sie die aktuellsten Informationen. Aber Sie werden auch viele Bücher lesen müssen, um systematische Einführungen in neue Themen zu bekommen.

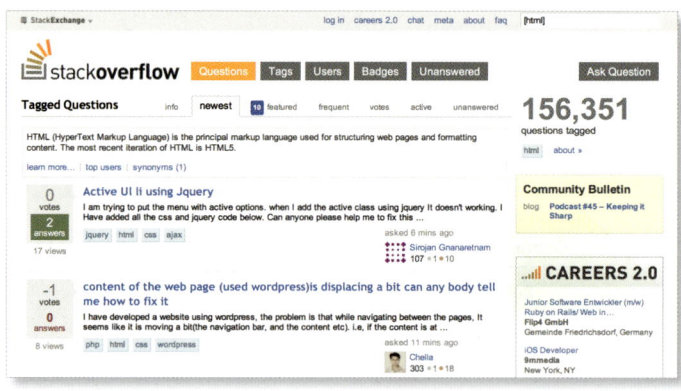

Abbildung 1.8 ▸
Wissen zu teilen gehört für Webdesigner zur Selbstverständlichkeit (*http://stackoverflow.com*).

Lernen hat aber auch etwas mit Teilen zu tun: Sie profitieren von dem gesammelten Wissen anderer Webdesigner. Was Sie in diesem Buch lesen, basiert auf den Erkenntnissen vieler anderer Menschen – und dem, was ich selbst dort hineinlegen konnte. Webdesign beruht auf offenen Technologien. Überlegen Sie sich also, was Sie selbst tun können, um der Community ein kleines Stück von dem zurückzugeben, was Sie durch sie gelernt haben.

Das Web verstehen | Kennen Sie Abraham Maslow? Maslow war ein amerikanischer Psychologe, der besonders für seine Bedürfnispyramide bekannt ist.

◄ **Abbildung 1.9**
Maslows berühmte Bedürfnispyramide erläutert, welche Werte uns in welcher Reihenfolge wichtig sind.

Maslow verwendete diese Pyramide, um menschliche Bedürfnisse zu erklären und zu gewichten. Erst, wenn die grundlegenden Bedürfnisse erfüllt sind, wenden wir uns den höheren Bedürfnissen zu. Wer nicht genug zu essen hat, legt keinen Wert auf Selbstverwirklichung. In seinem lesenswerten Werk »Designing for Emotion« überträgt Aaron Walter diese Bedürfnispyramide auf das Web, setzt jedoch nur vier Stufen ein. Ich halte es jedoch für sinnvoll, diese Pyramide analog des Originals von Maslow um eine weitere Stufe zu ergänzen, sodass sich folgendes Bild ergibt:

◄ **Abbildung 1.10**
Auf das Web übertragen hilft die Bedürfnispyramide bei der Beurteilung und Konzeption einer Website.

Diese Pyramide kann Ihnen dabei helfen, die Bedürfnisse Ihrer Nutzer zu verstehen und Ihre Gestaltung auf ihre Tauglichkeit hin zu überprüfen:

Aspekte von Funktionalität

▸ gute Lesbarkeit
▸ Barrierefreiheit
▸ Hauptfunktionen laufen reibungslos

1. Zunächst einmal muss eine Website **funktional** sein. Auf einer informationsorientierten Website steht Lesbarkeit über allem. In einem Onlineshop muss der Kaufvorgang funktionieren. Ihre Aufgabe als Webdesigner ist es, alles aus dem Weg zu räumen, das sich zwischen Ihre Nutzer und die Funktion der Website stellen könnte. Zur Funktionalität gehört auch zu bedenken, dass Menschen mit ganz unterschiedlichen Voraussetzungen und in verschiedenen Situationen Ihre Website aufrufen werden – ich werde in Kapitel 3, »Benutzerfreundliche Websites«, ausführlich darauf eingehen, was das für Sie bedeutet.

Aspekte von Zuverlässigkeit

▸ stets erreichbar
▸ verlässlich
▸ vertrauenserweckend

2. In der nächsten Stufe muss eine Website **zuverlässig** sein. Erinnern Sie sich noch daran, wie oft man am Anfang Twitters berühmten Fail Whale gesehen hat, der die Nutzer darauf hinwies, dass der Dienst gerade nicht verfügbar ist? Twitters Pluspunkt damals war, dass es keine ernsthafte Alternative gab – heute wäre der Dienst kaum so erfolgreich geworden. Ihre Website muss zuverlässig sein – fällt der Server zu oft aus oder hat der Nutzer aus anderen Gründen das Gefühl, sich nicht darauf verlassen zu können, ist er schnell weg. Zur Zuverlässigkeit gehören auch Sicherheitsaspekte.

Aspekte von Usability

▸ effizient
▸ einfach
▸ nutzbar

3. Auf Stufe 3 steht die Usability: Ihre Website muss **benutzbar** sein. Mängel in der Gebrauchstauglichkeit werden Nutzer so lange hinnehmen, wie es keine besseren Alternativen gibt – und das ist im Netz eher selten der Fall. Optimieren Sie also Ihre Nutzbarkeit, haben Sie einen weiteren Pluspunkt bei Ihren Nutzern.

Aspekte von Emotionalität

▸ positiv assoziiert
▸ angenehm
▸ zum Projekt passend

4. Auf Stufe 4 setzt Aaron Walter die **Emotionalität**. Als Webdesigner ist es unsere Aufgabe, einen gewünschten Eindruck bei unseren Nutzern zu erwecken. Emotionalität schaffen Sie vorrangig über eine gelungene Gestaltung, die Ihre Nutzer ansprechen kann – Sie werden darüber im Laufe des Buches noch einiges lernen.

5. Wie erwähnt hört Aaron Walters Pyramide auf dieser Stufe auf. Ich denke jedoch, dass auch die fünfte Stufe von Maslows

Bedürfnishierarchie auf das Web übertragen werden kann: **Selbstverwirklichung**. Wenn die vier Bedürfnisstufen erfüllt sind und sich ein Nutzer angesprochen fühlt, entsteht oft der Wunsch danach, etwas mit diesem Inhalt tun zu können – eine Empfehlung in einem sozialen Netzwerk auszusprechen, durch einen Kommentar in den Dialog zu treten oder sogar einen eigenen Remix eines Werks zu schaffen.

Als Webdesigner ist es Ihre Aufgabe, diese Handlungen so optimal wie möglich zu gestalten. Das beginnt mit sinnvollen Textvorschlägen beim Teilen von Inhalten und kann bis zu dem Punkt reichen, seine eigenen Inhalte unter einer freien Lizenz zur Verfügung zu stellen.

Neben der richtigen Einstellung benötigen Sie technisches Hintergrundwissen, um ein guter Webdesigner zu werden. Ich möchte Ihnen daher nun kurz die wichtigsten Technologien vorstellen, die Sie im Laufe Ihrer Karriere kennenlernen werden bzw. schon kennen.

Aspekte von Selbstverwirklichung

▶ interaktiv
▶ dialogisch
▶ kommunikativ
▶ frei teilbar

1.3 Die wichtigsten Technologien

Als Webdesigner haben Sie eine schwierige Aufgabe vor sich: Ihre Webseite muss auf einer Vielzahl von Geräten für unterschiedliche Menschen funktionieren. Vom kleinen Smartphone-Display über Tablets hin zu riesigen Flachbildschirmen, von der Mauseingabe über Touchbedienung hin zur Sprachsteuerung, vom internetaffinen »Digital Native« über den Gelegenheitssurfer hin zum Netzeinsteiger. Wie sollen Sie diese Aufgabe erfüllen können?

Die Antwort auf diese Herausforderung liegt darin, jede Technologie zu dem Zweck einzusetzen, für den sie gedacht ist. Trennen Sie konsequent Inhalt von Design und Verhalten – versuchen Sie nicht, mit Inhaltstechnologien Design zu machen, denn dafür stehen Ihnen bessere Verfahren zur Verfügung. Diese Technologien bezeichnet man auch als Webstandards, und wer sie beachtet, erstellt standardkonforme Webdesigns.

Grob gesagt können Sie sich die Übersicht in Abbildung 1.11 zu Herzen nehmen.

Webstandards

Webstandards sind von Organisationen wie dem World Wide Web Consortium (W3C, *www.w3.org*) definierte Technologien und Handlungsempfehlungen.

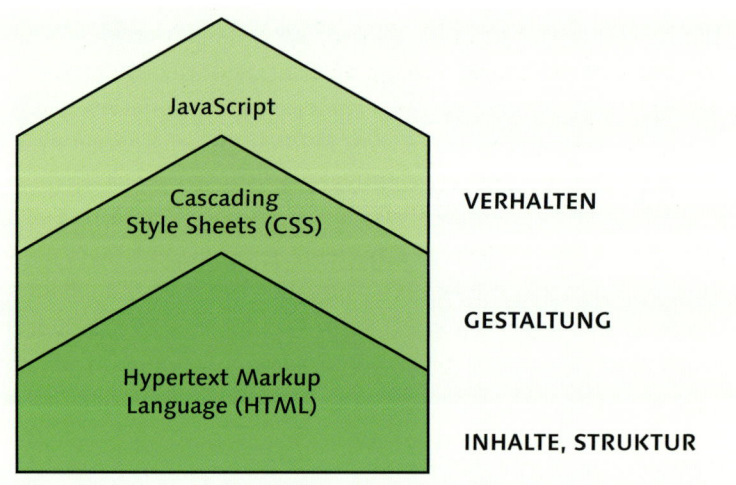

JavaScript

Cascading
Style Sheets (CSS)

VERHALTEN

GESTALTUNG

Hypertext Markup
Language (HTML)

INHALTE, STRUKTUR

Abbildung 1.11 ▶
Die wichtigsten Webtechnologien

Inhalte mit HTML

*HTML wird zur Auszeichnung
von Inhalten verwendet – und
nur dazu.*

Auf der inhaltlichen Seite des kleinen Schaubilds finden Sie HTML.
HTML ist die Abkürzung für »Hypertext Markup Language« und
wurde ab 1989 von Sir Tim Berners-Lee am Institut CERN in der
Schweiz entwickelt. HTML ist die Grundlage des World Wide Web,
das heute oft als Synonym für das Internet gilt. Im Laufe seiner
Geschichte sind verschiedene Versionen von HTML entstanden.
Aktuell in Arbeit ist HTML5, das zwar noch nicht fertig ist, aber
bereits heute von vielen Browsern unterstützt wird. Sie können
also schon damit beginnen, HTML5 in Ihren Webprojekten einzusetzen, und sind damit gut gerüstet für die Zukunft. In Kapitel 2,
»Website-Konzeption«, werden Sie lernen, mit welchen Elementen
von HTML5 Sie schon jetzt auf der sicheren Seite sind.

Gestaltung mit CSS

*Visuelle Gestaltung wird
mit CSS vorgenommen.*

CSS ist eine Abkürzung für »Cascading Style Sheets«, was auf
Deutsch für verschachtelte Gestaltungsvorlagen stehen kann. Der
Name bezieht sich auf die sogenannte Kaskade: Sie können Eigenschaften miteinander kombinieren und gegenseitig überschreiben
und ergänzen, sodass der Browser ausrechnet, welche Ihrer Angaben für ein Element gültig sein soll. Diese Kaskade werden Sie in
Kapitel 4, »Layout und Komposition«, in Aktion sehen.

Ähnlich wie bei HTML gibt es auch bei CSS verschiedene Versionen. Seit einigen Jahren wird an CSS3 gearbeitet, das zahlreiche Verbesserungen verspricht. Abgeschlossen ist die Entwicklung noch nicht, und selbst von der Vorgänger-Version 2.1 werden noch längst nicht alle Funktionen in Browsern unterstützt.

In der Praxis ist das aber ebenso wenig relevant wie im Falle von HTML5: Es gibt eine Vielzahl von Eigenschaften, die bereits implementiert sind, sodass Sie CSS3 bedenkenlos einsetzen können. In diesem Buch werden Sie daher bereits einige der grundlegenden CSS3-Funktionen lernen.

Verhalten mit JavaScript

Stellen Sie sich einmal folgende häufige Situation vor: Wenn wir in einem HTML-Dokument einen Link setzen und ihn mit CSS gestalten, öffnet sich der Inhalt. Nicht mehr und nicht weniger. Manchmal möchten wir aber, dass beim Öffnen des Inhalts etwas Besonderes geschieht. Man kann beispielsweise ein Bild in einer kleinen Vorschau anzeigen und auf Klick eine größere Version öffnen, die sich über den Inhalt legt.

Das Verhalten von Webdokumenten wird über JavaScript oder davon abgeleitete Technologien gesteuert.

Surface Sky: Konzert in Schwarz-Weiß

▲ **Abbildung 1.12**
Galerien gibt es in allen Formen, zum Beispiel als Overlay per JavaScript.

Dies ist nur eines von vielen Beispielen, wie Sie das Verhalten eines Dokuments beeinflussen können. Für derartige Verhaltensände-

Neu: CSS3-Animationen

Animationen können auch mit CSS3 realisiert werden. Allerdings ist die Unterstützung von CSS3-Animationen in den Browsern noch nicht sehr weit fortgeschritten, sodass Sie meist (noch) auf JavaScript setzen müssen.

rungen bietet sich JavaScript an. Hierbei handelt es sich um eine einfache Skriptsprache, die im Browser auf dem Rechner der Nutzer ausgeführt wird. Sie können damit auf Aktionen der Nutzer reagieren, indem Sie bestimmte Funktionen daran knüpfen: Bei einem Klick auf einen Link können Sie so eine Funktion ausführen lassen, die das nächste Bild animiert.

Neben reinem JavaScript kommen heute oft sogenannte JavaScript-Bibliotheken zum Einsatz: jQuery (*http://jquery.com*) und MooTools (*http://mootools.net*) sind bekannte Beispiele. Dabei handelt es sich um Sammlungen häufiger Effekte und Funktionen, die Sie zentral einbinden und einsetzen können – Sie ersparen sich damit die Arbeit, alles eigenhändig programmieren zu müssen. Ein weiterer Vorteil: Der Einstieg in diese Bibliotheken ist einfacher als in reines JavaScript, und sie lassen sich auch ohne große Programmierkenntnisse einsetzen.

JavaScript sowie davon abgeleitete Bibliotheken kommen in diesem Buch nicht zum Einsatz – sie würden den Rahmen eindeutig sprengen.

Tipp: jQuery-Kurs

Eine schöne Einführung in jQuery ist Gerrit van Aakens Undsoversity-Kurs (*http://undsoversity.de/detailed.php?id=10*).

Dynamische Inhalte mit PHP und anderen Sprachen

Ein Bereich fehlt Ihnen noch, um Ihren Überblick über die Technologien des Webs abzurunden: PHP und andere Programmiersprachen, mit denen Inhalte dynamisch erzeugt werden können. Dynamisch erzeugt? Was soll das bedeuten?

Stellen Sie sich folgende Situation vor: Sie sind der Webdesigner eines großen Zeitungsverlags. Jeden Tag werden mehrere Dutzend Artikel veröffentlicht, außerdem werden natürlich ältere Artikel aktualisiert. Also schreiben die Autoren ihre Artikel in Word und schicken sie Ihnen per E-Mail zu. Sie öffnen die Anhänge und schreiben den Inhalt in eigene HTML-Dateien, die Sie auf den Server hochladen. Außerdem verändern Sie bei jedem neuen Artikel von Hand die Startseite, damit er dort auch erscheint. Während Sie noch am ersten Artikel sitzen, laufen drei weitere in Ihrer Inbox auf. Bis Sie den letzten veröffentlicht haben, ist er bereits veraltet, sodass die Besucher der Zeitungsseite niemals den aktuellen Stand sehen können.

Was bedeutet »PHP«?

PHP stand ursprünglich für »Personal Home Page« – heute aber steht es für »PHP: Hypertext Preprocessor«. Dieser Code wird zunächst von einem Programm ausgeführt, um eine Webseite zu erzeugen und Ihrem Browser zu schicken. Statische HTML-Seiten liegen hingegen schon fertig auf dem Server.

Klingt kompliziert und sinnlos? Ist es auch. Zum Glück gibt es auch dafür eine Lösung: dynamisch erzeugte Webinhalte. Sowohl Eingabe als auch Ausgabe der Inhalte übernimmt dabei ein Content Management System. Die Autoren der Zeitung schreiben ihre Texte in dieses System hinein – meist werden diese dabei in einer Datenbank abgelegt. Ruft nun ein Nutzer die Webseite auf, verbindet sich der Server mit der Datenbank, sucht den gewünschten Artikel heraus und benutzt Ihre Programmierung, um eine HTML-Datei zu erzeugen und an den Nutzer zu schicken. Grob vereinfacht können Sie sich das Vorgehen so vorstellen:

Dynamische Webinhalte werden auf dem Server erzeugt und den Nutzern zur Verfügung gestellt.

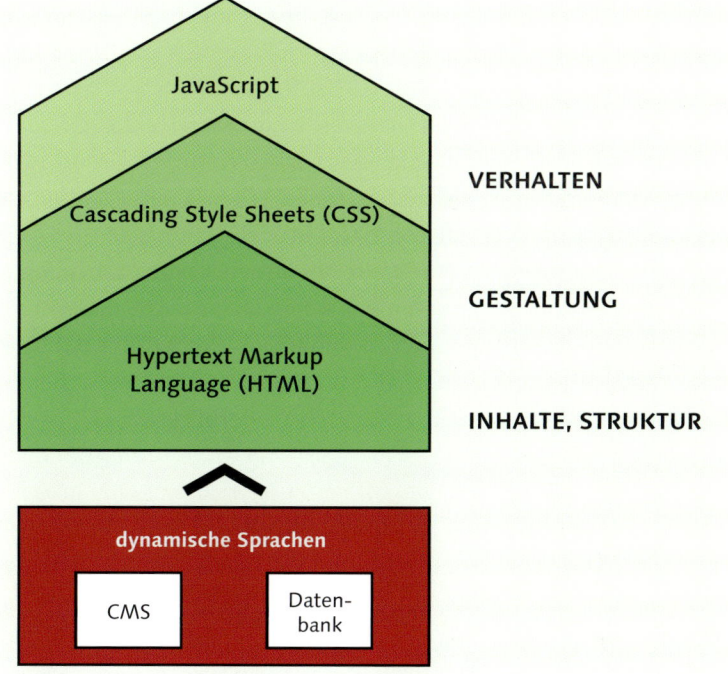

◄ **Abbildung 1.13**
Bei der dynamischen Erzeugung wird die Website über dynamische Sprachen auf dem Server erzeugt, bevor die normalen Webtechnologien zum Einsatz kommen.

Solche Systeme lassen sich mit verschiedenen Programmiersprachen realisieren – PHP ist eine weit verbreitete Variante.

In diesem Buch wird die dynamische Erzeugung von Webinhalten keine Rolle spielen. Wenn Sie im Laufe Ihrer Arbeit als Webdesigner stärker in die Entwicklung eingreifen, werden Sie jedoch nicht darum herumkommen, sich früher oder später mit Content-Management-Systemen zu beschäftigen.

1.4 Zusammenfassung

An diesem Punkt besitzen Sie ein gutes Wissen über wichtige Grundlagen. Sie wissen, wie Sie mit offenen Augen durch die Welt gehen und bewusst Ihre Kreativität fördern können. Außerdem kennen Sie nun einige wichtige Grundlagen für die Gestaltung guter Websites und verstehen ein wenig besser, worauf es Ihren Nutzern ankommt. Schließlich kennen Sie die Namen wichtiger Webstandards und wissen, welche Technologie für welchen Zweck angebracht ist.

Damit können wir uns nun in das Abenteuer Webdesign stürzen. In den folgenden Kapiteln werde ich mit Ihnen Schritt für Schritt wichtige Gestaltungsaspekte durchgehen und erläutern, wie Sie Websites in HTML und CSS aufbauen.

Noch ein kleiner Hinweis: Ich werde hier einen recht schematischen Ablauf verfolgen, weil ich das aus didaktischen Gründen für sinnvoll halte. So werden wir uns zunächst um einen grundlegenden Aufbau kümmern, diesen dann in HTML umsetzen und uns erst in den nächsten Schritten um Details wie Farbe und Typografie kümmern. Das ist natürlich ein wenig konstruiert, denn in der Praxis laufen viele dieser Vorgänge parallel. Wenn Sie erfahrener sind, werden Sie Ihre eigene Methode entwickeln, die für Sie gut funktioniert.

Website-Konzeption

So planen Sie eine gute Website

▶ Was muss ich bei der Konzeption einer Website beachten?

▶ Welche Techniken gibt es, um meine Kreativität anzuregen?

▶ Was sind Webstandards?

▶ Wie funktioniert HTML?

2 Website-Konzeption

Am Beginn jeder Website steht die Konzeption. Sie müssen wissen, wer Ihre Zielgruppe ist und was mit Ihrer Website erreicht werden soll, damit Sie später konkrete Entscheidungen treffen können. Das mag trivial klingen, jedoch basieren viele Probleme während der Arbeit auf unzureichender Konzeption im Vorfeld. Sie sollten diese Phase also sehr ernst nehmen, denn sie ist integraler Bestandteil jedes Projekts und entscheidet oft über dessen Erfolg oder Misserfolg.

2.1 Konzeptionsphasen

Die Konzeption von Websites besteht grob gesagt aus zwei Aspekten: Analyse und Kreation. Mario Pricken bringt diesen Vorgang auf folgende Formel mit vier Phasen:

Abbildung 2.1 ▶
Kreative Konzeption nach
Mario Pricken mit eigenen
Ergänzungen. Jede Phase des
Projekts verlangt eine eigene
Denkweise und folgt eigenen
Regeln.

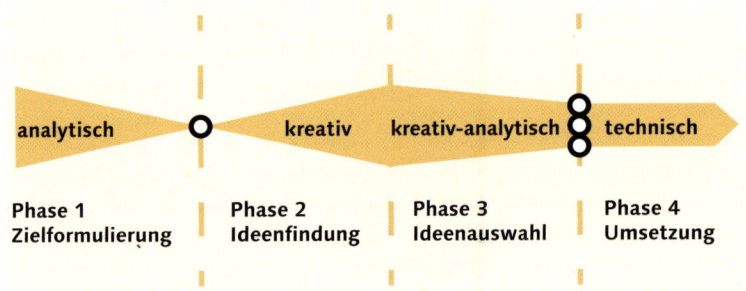

Mario Pricken

Mario Pricken ist Kreativberater und Autor mehrerer Bücher zur Generierung kreativer Ideen, etwa des Bestsellers »Kribbeln im Kopf«.

▶ In Phase 1 geht es darum, rein analytisch vorzugehen und alle Informationen zu sammeln, die für das Projekt relevant sein könnten. Diese Informationen werden anschließend gesiebt und verdichtet auf eine einzige klare Zielformulierung.

▶ In der Ideenfindung (Phase 2) geht es um reine Kreativität: Alle Lösungsansätze werden gesammelt – egal, wie abstrakt und unlösbar sie scheinen. In dieser Phase ist es ganz zentral, dass *keine* der Ideen bewertet wird – das würde Sie nur daran hindern, weitere Ideen zu finden.

▶ Eine Evaluation und Verfeinerung der Ideen folgt erst in Phase 3. Hier geht es darum, aus dem Ideenpool die vielversprechenden Lösungen auszuwählen. Es handelt sich also um eine Phase, in der Kreation und Analyse gleichberechtigt nebeneinander stehen.

▶ In Phase 4 schließt sich dann die Umsetzung an. Natürlich sollten Sie dabei flexibel genug bleiben, um reagieren zu können: Manchmal verändern sich Voraussetzungen im Lauf eines Projekts, sodass man sich nicht immer an seiner ursprünglichen Idee festhalten kann. Bedenken Sie dabei jedoch: Wenn sich grundlegende Faktoren verändern, ist immer auch eine neue Konzeption notwendig.

Im folgenden Abschnitt möchte ich Ihnen die analytischen und kreativen Aspekte in den Phasen 1 und 2 näherbringen. Sie bilden die Basis für ein erstes Konzept für Ihre Website. Im Anschluss wird es in Abschnitt 2.5 darum gehen, die Ideen zu verfeinern und einen konkreten Ansatz für die Realisierung auszuwählen – dieser Abschnitt ist in Phase 3 anzusiedeln. Schließlich möchte ich Ihnen einige Grundlagen für die Umsetzung in Phase 4 mitgeben und erklären, wie Webseiten aufgebaut werden. Dazu lesen Sie die Abschnitte 2.6 und 2.7.

2.2 Projektstart: Die Zielgruppe definieren

Von zentraler Bedeutung ist die Definition einer Zielgruppe. Denn als Designer gehen Sie zwangsläufig ein Risiko ein: Sie treffen ästhetische Entscheidungen, zeigen Ihre eigene Interpretation eines Themas – und einigen Menschen wird Ihr Design daher nicht gefallen.

Das ist aber nicht weiter tragisch: Ein gutes Design bedeutet nicht, dass es möglichst vielen Menschen gefällt, sondern den *richtigen*. Ein gutes Design richtet sich perfekt nach den Bedürfnissen seiner Zielgruppe und kommuniziert exakt die Aussage, die auf diese Zielgruppe passt.

Zielgruppe ist niemals »alle«

Mario Pricken bringt es auf den Punkt: »Alle ist der größte Niemand« – wenn Sie »alle« ansprechen möchten, sprechen Sie niemanden an.

Personas

Ein spannendes Werkzeug, um sich die eigene Zielgruppe plastisch vor Augen zu führen, ist eine Persona. Darunter versteht man einen archetypischen Nutzer, dessen Bedürfnisse möglichst anschaulich bestimmt werden sollten. Wenn eine Webseite unterschiedliche Zielgruppen ansprechen soll, sind mehrere Personas notwendig. Personas helfen so dabei, eine Zielgruppe zu verstehen und sich im Zweifel ganz konkret zu fragen, welches Design diese Persona am stärksten ansprechen würde.

Das war ganz schön abstrakt. Ein konkretes Beispiel, die Persona »Michael«, soll das Ganze verdeutlichen.

Was ist eine »Persona«?

Eine Persona ist ein archetypischer Nutzer, also ein Nutzer, der alle Eigenschaften einer bestimmten Nutzergruppe in sich vereint.

Abbildung 2.2 ▶
Personas sind zwar keine realen Nutzer, basieren aber stets auf den Ergebnissen aus der Recherche – sei es aus demografischen Erkenntnissen oder persönlichen Gesprächen.

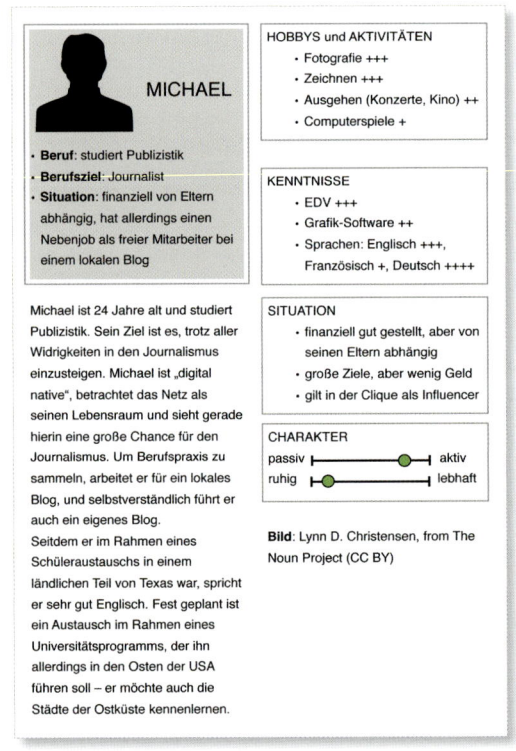

Personas enthalten alle Eigenschaften, die für das Verständnis der Zielgruppe einer konkreten Website notwendig sind.

Die Persona sollte alle Eigenschaften enthalten, die notwendig sind, um sich in die personifizierte Zielgruppe hineinzuversetzen. Je nach Ziel der Website sind diese Eigenschaften sehr unterschiedlich: Für eine Software-Seite sind EDV-Kenntnisse sehr wichtig, für eine Beratungsseite für chronisch kranke Menschen hingegen die persönliche Krankheitsgeschichte.

Welche Aspekte Sie also für die Beschreibung der Persona aufnehmen, hängt stark vom konkreten Projekt ab. Hauptsache ist, dass die Persona Ihnen hilft, sich in Ihre Zielgruppe hineinzuversetzen und konkrete Entscheidungen zu treffen.

Design Personas

Wenn Sie möchten, können Sie mit der Erstellung von Personas noch weiter gehen. Bisher haben Sie sich umfassend mit der Persönlichkeit Ihrer Nutzer beschäftigt. Aaron Walter empfiehlt, das Konzept auch auf das Design an sich auszuweiten und sich eine Persönlichkeit zu schaffen, die als Vorbild für die Gestaltung dienen kann. Dieses Vorgehen bezeichnet er als Design Persona. Solch eine Design Persona ist eine personifizierte Vorstellung einer Website, die auch als Maskottchen für die Website verwendet werden kann.

Der Gorilla der Usability-Software Silverback (*http://silverbackapp.com*) ist eines der treffendsten Maskottchen, die ich kenne, und kann hervorragend als Design Persona dienen. Seine Kleidung macht unmissverständlich klar, dass es um ernsthafte Usability-Tests geht. Zugleich jedoch hat er etwas Augenzwinkerndes, weil er nun einmal ein Gorilla ist, und sein freundliches Aussehen symbolisiert die Einfachheit von Silverbacks Ansatz. Hervorragend sind außerdem natürlich die Wortspiele (Gorilla – Guerrilla). Eine Design Persona wie diese kann so stark sein, dass sich die komplette Gestaltung nach ihr ausrichtet.

Eine Design Persona entwickeln

Es ist gar nicht so kompliziert wie es klingt, eine Design Persona zu entwickeln. Stellen Sie sich kurz vor, Ihre Webseite wäre eine Person. Was würde diese Person tragen, wie würde sie sprechen? Welche Charaktereigenschaften würden zu ihr passen? Alternative: Wenn Ihre Website ein Tier wäre, welches wäre das? Wäre es freundlich? Aggressiv? Scheu? Ein Haustier oder ein wildes Tier? Hätte es menschliche Züge, zum Beispiel Kleidung?

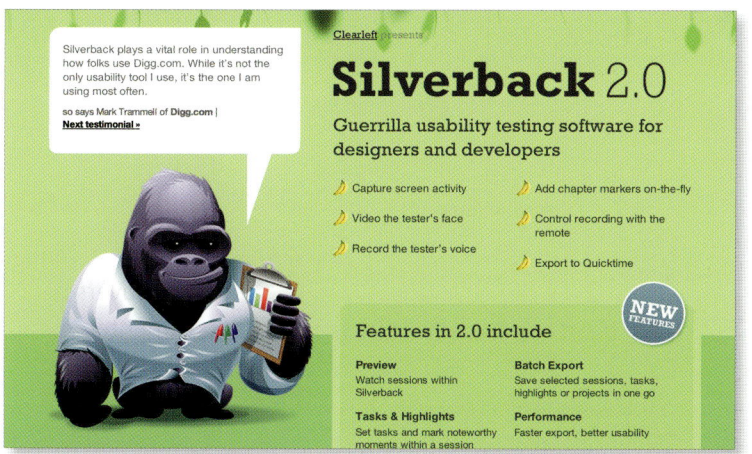

◄ **Abbildung 2.3**
Der Gorilla von Silverback
(*http://silverbackapp.com*)

Folgende Aspekte gehören in die Beschreibung der Design Persona:

▶ **Informationen zur Marke**: Name und zentrale Eigenschaften Ihrer Marke

▶ **Vorbild**: Ein reales Bild, das Ihrer Design Persona nahekommt – zum Beispiel ein Prominenter, eine Figur aus Film und Literatur oder eine historische Person.

▶ **Charaktereigenschaften**: Fünf bis sieben wünschenswerte Charakterzüge Ihrer Design Persona – und einer, den Sie unbedingt vermeiden wollen.

▶ **Persönlichkeits-Grafik**: Grafische Anordnung Ihrer Design Persona auf den Achsen freundlich – unfreundlich sowie Dominanz – Zurückhaltung.

▶ **Stimme**: Typische Aussagen und Redewendungen Ihrer Design Persona – am besten direkt mit ein paar Textbeispielen.

▶ **Visuelles Lexikon**: Übersicht über zentrale Gestaltungsmittel der Design Persona – Farbe, Typografie, Formen.
Engagement: Wie würde die Person die Zielgruppe zu überzeugen versuchen?

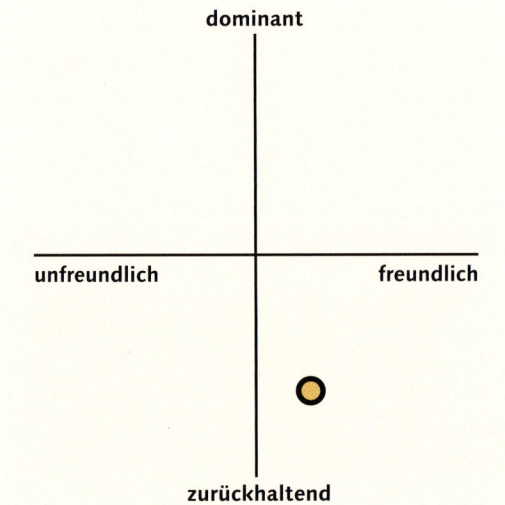

Abbildung 2.4 ▶
Eine Design Persona kann in einem Koordinatensystem angeordnet werden, um ihre Persönlichkeit zu bestimmen. Bei Bedarf sind auch andere Charaktereigenschaften möglich – oder auch mehrere Dimensionen.

2.3 Das Konzept entwickeln: Analysephase

In der Analysephase legen Sie den Grundstein für Ihr Projekt – wenn Sie hier nachlässig sind, werden Sie die Arbeit vervielfachen, die Sie in das Projekt stecken müssen. Sehr wahrscheinlich ist auch, dass Sie nicht die beste Lösung für die Aufgabe finden werden – wie auch, wenn Ihnen nicht klar ist, was überhaupt die Aufgabe ist.

Recherche

Sie haben ganz richtig gelesen: In der ersten Phase hat Ihre Arbeit als Designer viel mit der eines Wissenschaftlers gemein. Sie stellen Fragen und schauen sich nach allen Informationen um, die Ihnen bei der Arbeit behilflich sein könnten.

Voraussetzung für jedes Projekt: Sie verstehen, worum es geht. Bei Ihren eigenen Projekten dürfte das wenig Schwierigkeiten bereiten; allerdings werden Sie es im Lauf Ihrer Karriere auch mit Themen zu tun bekommen, von denen Sie wenig Ahnung haben. Das müssen Sie ändern. Es gibt dazu eine Reihe von Verfahren:

Gute Designer designen nur für ein Thema, das Sie wenigstens in Grundzügen verstehen.

- ▶ thematische Gespräche mit wichtigen Personen
- ▶ Einführungen in das Thema lesen, für das Sie ein Design entwerfen möchten
- ▶ strategische Positionspapiere lesen
- ▶ zeitweises »Hineinschnuppern«, z. B. durch kurzzeitiges Arbeiten bei Ihrem Kunden

Marktanalyse

In der Marktanalyse suchen Sie alle Informationen, die das Projekt und die Zielgruppe beeinflussen. Hier geht es darum herauszufinden, was andere Menschen tun, die sich in einem ähnlichen Segment bewegen wie Ihre Webseite – vollkommen unabhängig davon, ob es sich um eine Seite für ein Produkt, ein Unternehmen oder auch Ihr privates Blog handelt. In der Marktanalyse geht es besonders um folgende Fragen:

Je wichtiger der Erfolg eines Projekts ist, desto sorgfältiger sollte die Marktanalyse ausfallen.

- ▶ **Die Zielgruppe kennenlernen**: Statistiken, Umfragen, … – eben alles, was Ihnen helfen kann, Ihre Zielgruppe besser zu verstehen
- ▶ **Visuelle Recherche**: Wie sehen andere Webseiten zu ähnlichen Themen aus?
- ▶ **Ausrichtung anderer Websites zum Thema**: Welche Aspekte des Produkts oder der Dienstleistung werden von verwandten Websites betont? Das Design der Produkte oder eher die Technik? Steht der Service im Vordergrund oder ist eher das

Ergebnis wichtig? Möglicherweise geht es sogar vorrangig um den Preis.

▸ **Inhalte auf verwandten Websites**: Wie werden die Inhalte auf ähnlichen Websites präsentiert? Kurz und prägnant? Eher einführend? Oder eher in die Tiefe gehend? Gibt es Teilbereiche, die gar nicht zu Sprache kommen?

▸ **Stilistische Recherche**: Wie ist die Art und Weise, mit der verwandte Webseiten ihr Publikum ansprechen? Eher formell? Eher persönlich?

Zielformulierung

Wenn Sie sich über die Zielgruppe im Klaren sind und relevante Faktoren analysiert haben, können Sie sich an die Königsaufgabe der analytischen Phase 1 machen: die Zielformulierung. Wie eine gute Zielformulierung aussehen sollte, erläutert Mario Pricken:

▸ Formulierung als Frage

▸ einfache Sprache

▸ Akzeptanz von allen Beteiligten, sofern Sie in einem Team oder mit dem Kunden zusammen arbeiten

▸ kein »und« – die Zielformulierung dient einem einzigen Zweck

Wenn Sie sich an diese Regeln gehalten haben, haben Sie den analytischen Teil eines Projekts bereits gut im Griff – Sie werden im Laufe dieses Buchs lernen, warum dies so wichtig ist.

Hier finden Sie ein paar Beispiele für Zielformulierungen, mit denen man gut arbeiten kann:

▸ Für einen **Blumenladen**: Wie zeige ich gestressten Ehemännern, dass Sie bei mir auch noch kurzfristig einen schönen Strauß finden können?

▸ Für einen **Metzger**: Wie mache ich besorgten Kunden klar, dass unserer Metzgerei nachhaltige Tierhaltung ganz wichtig ist?

▸ Für einen **Architekten**: Wie überzeuge ich zukünftige Hausherren, dass sie sich auf meine Planung verlassen können?

An diesen Beispielen erkennen Sie außerdem, dass eine Entscheidung getroffen wurde: Der Blumenladen hebt seine Schnelligkeit und Flexibilität hervor, nicht sein Sortiment an exotischen Pflanzen. Der Metzger setzt auf Nachhaltigkeit als Verkaufsargument, nicht auf den Preis. Dem Architekten schließlich ist es wichtig, verlässlich zu erscheinen, nicht als besonders ausgefallen. Diese Entscheidungen können für andere Blumenläden, Metzger oder Architekten ganz anders aussehen.

2.4 Der Weg zur richtigen Idee – Kreativitätstechniken

Nun besteht eine Website ja nicht nur aus Konzeption, sondern auch aus einer guten Gestaltung. Sie werden in diesem Abschnitt daher lernen, wie Sie möglichst viele Ideen generieren können. Möchten Sie sich ans Werk machen, benötigen Sie eine Reihe von Methoden und Kreativitätstechniken, wie Sie kreative Einfälle fördern und festhalten können.

Die folgenden Techniken können Sie auf alle Teile Ihrer kreativen Gestaltung anwenden: Farben, Schriften, Formen, Bilder … Es geht darum, in kurzer Zeit möglichst viele Lösungsansätze für die konkrete Zielformulierung Ihrer Website zu finden.

Moodboards

Moodboards sind Sammlungen inspirierender Elemente zu Beginn eines kreativen Projekts. Sie sind ein sinnvolles Werkzeug, um die Stimmung und den grundlegenden Charakter einer Gestaltung zu fassen: ein visueller Stimulus, der Ihnen während der kreativen Phase wichtige Impulse geben kann in Bezug auf verschiedene Aspekte Ihrer Gestaltung:

▸ Stile der Fotografien
▸ Farbpaletten
▸ Typografie
▸ Muster und Layoutbilder
▸ emotionale Ansprache

Wenn Sie während der Marktanalyse inspirierende Beispiele gefunden haben, könnten Sie diese nun verwenden. Abgesehen davon stehen Ihnen aber alle denkbaren Mittel zur Verfügung, die geeignet sind, um Ihre Kreativität zu beflügeln: Fotografien, Typografie, Farbkleckse, Ausschnitte aus Zeitungen und Zeitschriften,

In Zusammenarbeit mit dem Kunden

Moodboards können Sie auch Ihren Kunden präsentieren oder sogar gemeinsam mit ihnen gestalten.

Moodboards

+ inspirierend
+ im Team oder mit Kunden einsetzbar
+ gut in der Frühphase eines Website-Designs, um die grundsätzliche Richtung festzulegen
− relativ zeitaufwändig

Vorsicht vor der Rechtefalle

Vorsicht, wenn Ihnen Ihre Moodboards so gut gefallen, dass Sie sie in Ihrem Layout verwenden möchten: In diesem Fall müssen Sie sorgfältig die Rechte klären.

gedruckte Websites … Alle diese Materialien können Sie auf ein großes Blatt Papier aufkleben und zu einer Collage verbinden, oder aber Sie erstellen eine schnelle digitale Collage.

▲ **Abbildung 2.5**
Moodboard zum Thema »Wein«. Auf einen Blick werden farbliche und thematische Assoziationen sichtbar (Grün, Natur, Weintrauben oder -reben), aber auch Ideen jenseits der Klischees (abstrakte Flaschen von oben, Trauben auf dem Rand des Behälters).

Brainstorming

Brainstorming

+ schnell
+ viele Ergebnisse
+ im Team einsetzbar

Die bekannteste Kreativitätstechnik ist das sogenannte Brainstorming. Es wurde von dem amerikanischen Wissenschaftler Alex Faickney Osborn entwickelt. Dabei geht es darum, in möglichst kurzer Zeit möglichst viele Ideen zu sammeln. Brainstorming folgt klaren Regeln:

▶ Alle Ideen sind gleichberechtigt.
▶ Bewerten von Ideen ist streng verboten.
▶ Es sollen so viele Ideen wie möglich erzeugt werden.
▶ Ungewöhnliche Ideen sind ausdrücklich gewollt – egal, wie unrealistisch sie erscheinen.
▶ Ideen können und sollen kombiniert werden.

Bei mehreren Brainstorming-Teilnehmern sind alle Teilnehmer gleichberechtigt. Wichtig zudem: Die Teilnehmer sollten aus ganz unterschiedlichen Bereichen kommen, und auf keinen Fall sollten Menschen mitbrainstormen, die später über die Ideen entscheiden.

Beim Brainstorming benötigen Sie Platz – am besten einen eigenen Raum, in dem Sie ungestört sind. Außerdem sollte es genügend Papier für jeden Teilnehmer geben – Post-Its sind ein gutes Werkzeug, da man sie schön zu ähnlichen Ideen dazukleben kann.

Hervorragend kombinieren lässt sich das klassische Brainstorming mit der Methode der **Mindmaps**. Dabei wird das zentrale Thema in der Mitte eines Blatts Papier angeordnet. Anschließend kann man in die Randbereiche alle möglichen Assoziationen schreiben, die einem zu diesem Thema einfallen, und über Pfeile lassen sich interessante Querverbindungen herstellen.

In der folgenden Abbildung sehen Sie einen Ausschnitt aus einer Mindmap, die ich vor einigen Jahren einmal für die Website eines Weinguts erstellt habe. Ausgehend von verschiedenen Assoziationen habe ich mir Farben überlegt, die mir dazu passend erschienen. Wenn mehrere Assoziationen zu einer Farbe passten, habe ich sie mit Pfeilen verbunden – diese Farben kamen später in die nähere Auswahl für die Hauptfarbe. Aber auch Widersprüche habe ich verdeutlicht – in diesem Fall mit einem Doppelpfeil zwischen den traditionellen Weinfässern und den modernen Edelstahltanks. Daraus erwuchs letztendlich die Idee, den Lesern in einer kleinen Artikelreihe die moderne Weinproduktion zu erklären.

Digitale Mindmaps

Wenn Sie Mindmaps gerne digital anfertigen möchten, hilft eine Software wie FreeMind (*http://freemind.source-forge.net*).

Mindmap

+ schnell
+ strukturiert
+ sowohl für grundsätzliche (z. B. thematische Ausrichtung der Website) als auch spezifische Aspekte (z. B. Farben) anwendbar

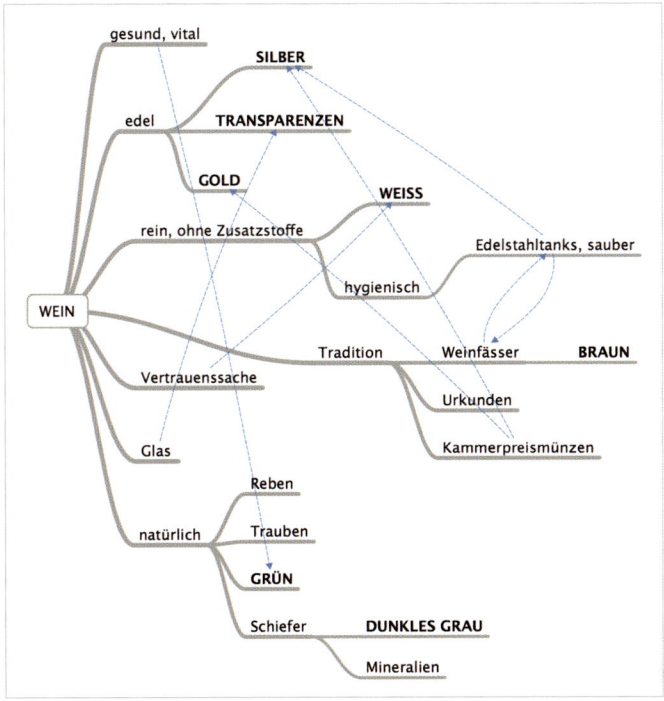

◀ **Abbildung 2.6**
Mindmap zum Thema »Wein & Farben«

Zur Vorbereitung des Brainstormings sollten Sie sich ausgiebig Gedanken über das Thema machen. Die Art und Weise, wie Sie die Aufgabe stellen, hat einen großen Einfluss auf das Brainstorming selbst. Eine überraschende oder provozierende Frage, die genügend Spielraum für Interpretationen lässt, ist meist die sinnvollste Wahl.

Morphologische Matrix

Morphologische Matrix

+ systematisch
+ erzeugt sehr viele Ideen, die kombiniert werden können
− sehr zeitaufwändig

Die Kreativitätstechnik der Morphologischen Matrix geht auf Fritz Zwicky zurück, einem Astrophysiker aus der Schweiz, der damit eine Fragestellung vollständig und in allen seinen Aspekten erfassen möchte. Der große Pluspunkt dieser Technik ist die große Systematik, mit der nacheinander mögliche Ideen notiert werden.

Um die Morphologische Matrix anzuwenden, gehen Sie am besten von Ihrer Zielformulierung aus und führen dann folgende Schritte durch:

1. Notieren Sie alle Parameter, die bei der Aufgabenstellung relevant sein könnten. Bei einer Website sind dies beispielsweise Typografie, Farbe, Inhalte, Technologien, Effekte, Bildelemente…

2. Danach notieren Sie alle Ausprägungen, die diese Parameter einnehmen könnten. Welche Symbole könnte man einsetzen, welche Schriften verwenden? Schreiben Sie alle diese Ausprägungen in eine Tabelle.

3. Kombinieren Sie nun die unterschiedlichen Elemente miteinander. Das können Sie entweder systematisch machen, oder aber Sie gehen ganz intuitiv vor und fragen sich, welche Kombination besonders inspirierend ist.

▼ **Tabelle 2.1**
Beispiel für eine einfache Morphologische Matrix, wie sie zu dem Gorilla-Maskottchen der Usability-Software Silverback geführt haben könnte. In der ersten Spalte werden Ideen notiert, rechts davon verschiedene Möglichkeiten, diese Ideen umzusetzen. Schließlich können die Einfälle kombiniert werden (hier fett markiert).

Was?	Wie?			
Guerilla	Krieg (Waffen, zielen, Messer)	Revolution (Che Guevara, rote Fahnen)	Spanien	Partisanenkämpfe
Wortspiel »Gorilla«	**muskulös**	Dian Fossey	**Silberrücken**	gefährlich	**Dschungel**
Usability-Forschung klassisch	**Laborkittel**	Blickaufzeichnungs-Kamera	**Auswertungen als Diagramme**		

»The Four R's«

Die Methode der »Four R's« dient dazu, neue Ideen zu generieren, ohne sie zu bewerten. Sobald man die erste Idee bekommen hat, lassen sich von ihr weitere Abwandlungen erzeugen. Die Verfahren, die Sie dabei einsetzen, beginnen im Englischen alle mit einem R und begründen somit den Namen der Methode:

- **Revolution**: Drehen Sie die Idee auf den Kopf und ignorieren Sie alle Annahmen, die als absolut sicher gelten. Ist Ihr Projekt ein Reiseportal, bei dem die Nutzer ihren Urlaub bewerten können, fragen Sie sich, wie es aussehen könnte, wenn sie das ganz ohne Internet machen müssten.
- **Re-Expression**: Drücken Sie Ihre Idee aus einer anderen Sichtweise aus. Wie würde das Kopfkissen die Gäste bewerten, die in einem Hotel übernachtet haben?
- **Related Worlds**: Übertragen Sie Ihre Idee in eine verwandte Welt. Was könnte man auf Ihrem Reiseportal noch bewerten, das für Ihre Nutzer interessant sein könnte? Vielleicht die Anzahl der Schlaglöcher auf der Straße vor dem Hotel? Oder die Farbe der Seife im Badezimmer?
- **Random Links**: Suchen Sie sich einen zufälligen Gegenstand aus, und verbinden Sie ihn auf Biegen und Brechen mit Ihrer Website. Was könnte eine Kuh auf der Weide mit Ihrem Reiseportal zu tun haben?

Methode der »Four R's«
+ zufällige Assoziationen
− keine Garantie, dass etwas Brauchbares entsteht

Durch diese Methode und die entstehenden zufälligen Assoziationen haben Sie die Chance, aus dem Korsett festgefügter Denkweisen auszubrechen – wenn Sie dieses Vorgehen systematisch in Ihre Projekte einbauen, werden Sie sich wundern, auf welche überraschenden Ideen Sie kommen.

Gegensatzpaare

Eine spannende Technik, die zu schönen Ergebnissen führen kann, ist die Technik der Gegensatzpaare. Gehen Sie dabei von den Schlüsselbegriffen aus, die Sie im Laufe Ihrer Zielformulierung entwickelt haben. Bilden Sie verwandte Gegensatzpaare. Ein paar Beispiele:

- alt – neu
- dunkel – hell

Gegensatzpaare
+ einfach
+ anschaulich

- ▸ warm – kalt
- ▸ preiswert – teuer

Diese Gegensatzpaare können eine gute Ausgangsbasis für neue Ideen sein. Wie müsste die Website aussehen, wenn Sie das genaue Gegenteil davon aussagen sollte, was in der Zielformulierung steht? Es ist oft einfacher zu ermitteln, welcher Eindruck nicht entstehen darf, als den gewünschten Effekt in Worte zu fassen.

Kreativität und Druck

Auf die Dosierung achten

Druck ist ein zweischneidiges Schwert. Es gibt wenig, das stärker die Kreativität zerstört, als wenn Sie an zwanzig Projekten gleichzeitig arbeiten müssen und jedes davon bis zur Fertigstellung ewig dauert – bei zu viel Druck fällt die Kreativität rapide ab. Achten Sie also auf die richtige Menge.

Damit die oben genannten Methoden funktionieren können, müssen die Voraussetzungen für kreative Arbeit geschaffen werden – auch hier gibt es einiges, was Sie tun können.

Hand aufs Herz: Haben Sie schon einmal die ganze Nacht durchgearbeitet, um eine schriftliche Arbeit gleich welcher Art abzugeben, für die Sie eigentlich Wochen vorher schon Zeit gehabt hätten?

Ja? Dann willkommen in der Welt der Prokrastination. Darunter versteht man ein Verhalten, wichtige Arbeiten lieber so lange aufzuschieben, bis sie so drängend werden, dass man sich wirklich daran begeben muss. Durch dieses Verhalten entsteht ein Druck, der sich sehr produktiv auswirken kann – immer vorausgesetzt, er ist wohldosiert.

Tatsächlich kann Druck sich positiv auf Kreativität auswirken – vorausgesetzt, die Menge stimmt. Tina Seelig hat dazu folgende Matrix entwickelt:

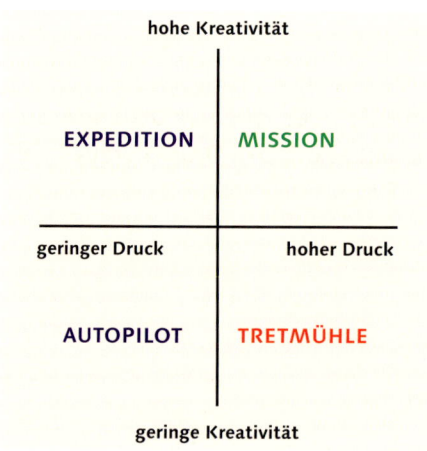

Abbildung 2.7 ▸
Matrix von Druck und Kreativität nach Tina Seelig – erfahrene Designer schaffen intuitiv die richtige Mischung für die aktuelle Aufgabe. Gefährlich aus kreativer Hinsicht ist die Tretmühle, vielversprechend für zielgerichtete Kreativität ist die Mission.

▶ **Autopilot**: Ist eine Aufgabe wenig dringend und verlangt kaum Ideen, schalten wir in den Autopilot – wir machen uns kaum Gedanken darüber. Ein gutes Beispiel ist das Autofahren – wir können uns dabei ohne Probleme auf das Radio konzentrieren.

▶ **Tretmühle**: Dieser Bereich ist sehr gefährlich für uns Kreative – wenn wir das Gefühl haben, ständig gestresst zu sein, ohne dass unsere Ideen wirklich wichtig sind, fühlen wir uns wie in einer Tretmühle. In dieser Phase arbeiten wir wie Tiere, ohne jedoch wirklich den Funken zum Überspringen zu bringen.

▶ **Expedition**: Wenn wir eine hohe Kreativität verspüren, ohne ein wirkliches Ziel vor Augen zu haben, fangen wir an zu spielen. Dabei können sehr gute Ideen herauskommen – müssen aber nicht. Die Expedition ist daher eher ein spielerischer kreativer Zeitvertreib.

▶ **Mission**: Hoher Druck, hohe Kreativität – diese Mischung ist ideal, um zielgerichtet zu konkreten Ergebnissen zu kommen.

Druck wirkt nicht bei allen Menschen gleich: Während einige Kreative ihn sehr positiv erleben und zur Höchstform auflaufen, wirkt er auf andere stressig und lähmend. Sie werden im Laufe der Zeit für sich selbst herausfinden, welche Menge Druck Ihnen gut tut.

Achten Sie gut darauf, wie viel Druck Ihnen und Ihrer Kreativität gut tut.

Experimentieren Sie ein wenig mit den verschiedenen Mischungen aus Kreativität und Druck, damit Sie ein Gespür dafür bekommen, was in welcher Situation angeraten ist. Manchmal müssen auch Kreative einfach stupide etwas fertigmachen, ohne neue Ideen zu generieren – willkommen im Tretmühlen-Modus. Und obwohl der Autopilot eigentlich wenig kreativitätsfördernd ist, haben wir bei simplen Nebenbei-Tätigkeiten immer wieder hervorragende Ideen. Bisweilen ist daher auch einfach Variation angeraten – wenn Sie verbissen an einer Idee arbeiten, der Funke aber nicht recht überspringen will, hilft es oft, den Druck herauszunehmen, um den Kopf wieder frei zu bekommen.

Eine Nacht darüber schlafen…

Oft hilft es, einen Tag zu warten, bevor man seine Ideen bewertet. So können Sie etwas Abstand gewinnen und haben einen frischen Blick.

2.5 Die Ideen bewerten

In dieser Phase des Projekts dürften Sie bereits einige Ideen bekommen haben. Wahrscheinlich haben Sie einige Seiten in Ihrem Notizbuch mit Ideen gefüllt, und vielleicht ist sogar die eine oder andere Skizze dabei entstanden. Nun geht es darum, einen Schritt zurückzutreten und die Ideen zu bewerten.

Konzeption mit einer Projektmatrix auf den Punkt bringen

Wenn Sie sich im Brainstorming darüber klar geworden sind, welchen Eindruck Sie mit Ihrer Website vermitteln möchten, müssen Sie das gewissermaßen »nur« noch umsetzen. Um alles auf einen Blick zu haben, möchte ich Ihnen ein Verfahren vorstellen, das ich »Projektmatrix« getauft habe.

Methodisch besteht es aus einer einfachen Tabelle, bei der Sie in die Zeilen alle Adjektive schreiben, die Ihre Website beschreiben sollen. Die Spalten lassen Sie vorerst frei, nur ganz ans Ende setzen Sie eine Spalte namens »Summe«.

Diese Matrix sollten Sie von nun an stets neben Ihrem Rechner liegen haben, bis Sie das Projekt beendet haben. Schreiben Sie dann für jedes Gestaltungselement, für das Sie sich entschieden haben, seinen Namen in eine Spalte – egal ob Logo, Typografie, Farbgebung …

Gehen Sie nun alle Adjektive durch und überlegen Sie, ob dieses Gestaltungselement zu dem gewünschten Eindruck beiträgt. Ich verwende dazu gerne eine fünfstufige Skala von ++ (trifft sehr zu) über 0 (trägt zu diesem Eindruck gar nichts bei) bis -- (widerspricht diesem Eindruck). Anschließend addieren Sie alle + und - getrennt voneinander in der Spalte »Summe«.

Eindruck/ Gestaltungs-element	Farbe rosa	runde Formen	Farbe weiß	Schreib-schrift	Ansprache mit »du«	Bilder von Schmetter-lingen	SUMME
weiblich	++	++	+	0	0	0	5+
jung	+	0	+	++	++	0	6+
unschuldig	+	0	++	+	+	++	7+
natürlich	0	++	0	+	0	++	5+
hell	+	0	++	0	0	0	3+

▲ **Tabelle 2.2**
Beispiel für eine Projektmatrix für einen Onlineshop, der sich an junge Frauen wendet.

In Tabelle 2.2 wird ersichtlich, dass diese Gestaltungselemente zwar den gewünschten Eindruck vermitteln, aber auch leicht klischeehaft wirken können:

▶ Unter »Summe« erkennen Sie: Es gibt kein einziges »–« in der Tabelle – nichts, was ein klein wenig Spannung schaffen könnte. Gute Gestaltung tanzt jedoch oft auch ein wenig aus der Reihe – Sie könnten zum Beispiel die Schreibschrift austauschen gegen eine Schrift, die zwar etwas weniger jung und unschuldig wirkt, dafür dem Design aber das gewisse Etwas gibt. Die Adjektive »weiblich«, »jung«, »unschuldig«, »natürlich« und »hell« sind für einen Onlineshop für junge Frauen alles andere als originell. Weiblichkeit wird hier mit bloßen Klischees assoziiert – aber müssen Frauen immer jung, unschuldig und natürlich sein? Manchmal liegt das Gute in einer Gestaltung gerade darin, solche Klischees zu hinterfragen – die Projektmatrix hilft Ihnen dabei, sie zu erkennen.

▶ Es gibt sehr viele »++« in der Tabelle. Diese Elemente sollten Sie kritisch hinterfragen – manchmal sind sie genau richtig, manchmal einfach zu viel. Natürlich erzeugen Bilder von Tieren den Eindruck von Natürlichkeit – aber das bedeutet nicht, dass Bilder von Tieren zu jeder Gestaltung passen, die natürlich wirken soll. Ein gutes Beispiel dafür ist der Lingerie-Shop Sugarshape. Auf ihn treffen viele der beschriebenen Gestaltungselemente zu. Damit es aber nicht zu arg klischeehaft wird, bauen die Gestalter immer wieder witzige Elemente ein, beispielsweise eine Ostereier-Jagd mit Comic-Sprechblasen.

◀ **Abbildung 2.8**
Ostereier-Jagd auf
www.sugarshape.de

- ▶ Viele »++« können auch bedeuten, dass eine Gestaltung viel zu sehr auf bereits Bekanntes setzt. Klar kann man »Weiblichkeit« durch Rosa und runde Formen darstellen – aber oft wirkt gerade das sehr kitschig und abgegriffen.
- ▶ Die Spalte »Summe« hilft Ihnen dabei, den vorherrschenden Eindruck zu analysieren – in diesem Beispiel fällt »hell« gegenüber den anderen Assoziationen etwas ab. Falls Ihnen diese Assoziation besonders wichtig ist, sollten Sie Ihre Gestaltung noch einmal überdenken.
- ▶ Außerdem hilft Ihnen die Projektmatrix dabei zu untersuchen, ob Sie alle Assoziationen erfasst haben. Natürlich ist Schreibschrift mit »jung« assoziiert, aber kann sie nicht auch »unerfahren« wirken? Und wenn Sie diese Assoziation ergänzen, bestätigen die anderen Gestaltungsmittel auch diesen Eindruck? Stört das die Aussage, die Ihre Gestaltung vermitteln soll?

Projektmatrix

+ jederzeit erweiterbar
+ schneller Überblick
+ systematisch
– kann bei falscher Anwendung zu bloßen Klischees führen

Nützliches Hilfsmittel

Die Projektmatrix ist nur ein Hilfsmittel – die letzte Entscheidung liegt bei Ihnen als Gestalter. Das schmälert ihren Wert jedoch nicht, wenn sie sinnvoll eingesetzt wird.

Als Hilfsmittel nutzen | Noch ein Hinweis: Sie sollten dieses Verfahren als das betrachten, was es ist – ein Hilfsmittel. Gestaltungen lassen sich nicht mathematisch fassen nach dem Motto »ich addiere alle eleganten Elemente zusammen, dann ist meine Gestaltung elegant« – vielleicht tritt genau das Gegenteil ein, weil Sie den Bogen überspannen. Unser gestalterisches Auge hat also immer das letzte Wort und kann die Projektmatrix jederzeit überstimmen.

Dennoch habe ich mit der Projektmatrix gute Erfahrungen gemacht, denn oft gibt es widersprüchliche Erwartungen an ein Projekt, oder aber ein Gestaltungselement ist ambivalent. Diese Stellen entscheiden oft darüber, ob eine Gestaltung in sich stimmig wirkt oder nicht. Ambivalenz lässt sich nicht immer mit nur einem Gestaltungselement auflösen – eine Farbkombination kann nun einmal mehrere Bedeutungen haben. Wenn Sie in Ihrer Matrix Assoziationen haben, die Sie nicht möchten, können Sie mit anderen Gestaltungselementen dazu beitragen, sie wieder abzuschwächen – manchmal kann die Formsprache die Farbgebung eindeutig machen.

Ein weiterer Vorteil ist, dass die Matrix Ihnen kleine Ausrufezeichen setzen kann, wo Sie aufpassen müssen. Das ist bei den Werten ++ und –– der Fall: Diese Assoziationen sind so stark, dass man sie nur schwer mit anderen Gestaltungselementen beseitigen kann. Bewegt sich Ihre Gestaltung hingegen meist um 0 herum, sollten Sie aufpassen, dass sie nicht fade wirkt.

Ideen bewerten

Empfehlenswert ist ein systematisches Vorgehen: Nehmen Sie sich jede Idee nacheinander vor und fragen Sie sich, was daran nicht funktionieren könnte, und welche Lösungen und Alternativen es dazu gibt. Mit anderen Worten: Versuchen Sie, jede Idee zu retten! Mario Pricken empfiehlt 2–5 Minuten pro Idee – wenn eine Idee nach dieser Zeit nicht zu retten ist, lassen Sie sie los.

Jede Idee hat 2–5 Minuten verdient. Ist sie danach nicht überzeugend, bieten sich eher andere Einfälle an.

In einem nächsten Schritt versuchen Sie, Ideen zu kombinieren. Welcher Ihrer Ansätze passt gut zu einem anderen?

Schließlich bewerten Sie Ihre Ideen. Folgende Kriterien könnten dabei hilfreich sein:

- ▶ Hat die Idee eine zu kurze Halbwertszeit? Nutzt sie sich zu rasch ab?
- ▶ Passt die Idee zur Zielformulierung?
- ▶ Wie reagieren Menschen aus der Zielgruppe auf die Idee? Verstehen sie die Idee?
- ▶ Könnte man die Idee missverstehen? Was würde jemand darüber denken, der sie geradezu bösartig umdeuten möchte?
- ▶ Wie unverwechselbar ist die Idee? Setzen Sie einmal ein anderes Logo ein: Würde sie dann immer noch funktionieren? Das könnte ein Zeichen sein, dass die Idee zu beliebig ist.

Sie sollten maximal drei Ideen herauspicken, an denen Sie weiterarbeiten. Diese drei Kandidaten werden Sie im Laufe des weiteren Projekts verfeinern und systematisch ausweiten. Dabei können Sie auf das gesamte Repertoire von Gestaltungsmitteln zurückgreifen, das Sie im Laufe dieses Buches lernen werden.

Am Ende der Bewertung sollten bis zu drei Ideen stehen bleiben.

2.6 Inhalte sammeln und ordnen

Die Inhalte einer Website dürfen in der Konzeption natürlich nicht zu kurz kommen. Der erste Schritt ist also, alle Inhalte zu sammeln. Wenn Sie eine bestehende Website neu gestalten, liegen bereits konkrete Inhalte vor. Bei neuen Websites gibt es häufig bereits Texte oder wenigstens Grundgedanken zu den späteren Inhalten.

Informationsarchitektur festlegen

Im nächsten Schritt geht es darum, die gesammelten Inhalte für die Website vorzubereiten. Dabei geht es zunächst darum, eine **Informationsarchitektur** festzulegen, also eine Anordnung der Inhalte auf der Website.

Wichtig: Die Informationsarchitektur ist nicht zwangsläufig identisch mit der Navigation! Ein typisches Beispiel ist das Impressum: Nach §5 Telemediengesetz müssen alle nicht rein privaten Websites ein Impressum aufweisen, aus dem Name und Adresse der verantwortlichen Person hervorgehen. Das heißt aber nicht, dass das Impressum einen prominenten Platz in der Navigation einnehmen muss – es sollte lediglich direkt erkennbar sein.

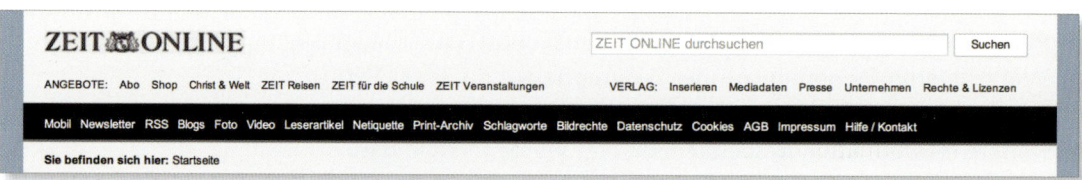

▲ **Abbildung 2.9**
Die Zeit (*http://zeit.de*) setzt den Link zum Impressum in den Footer und nicht in die Hauptnavigation – rechtlich kein Problem.

Begriffe

Vorsicht bei der Verwendung der folgenden Begriffe:

▸ Der englische Begriff **Website** bezeichnet die Gesamtheit der Seiten eines Webauftritts.

▸ Eine einzelne Seite wird als **Webpage** oder (auf deutsch) **Webseite** bezeichnet.

▸ **Homepage** steht für die eigentliche Startseite.

Am besten visualisieren Sie die Informationsarchitektur Ihrer Website, wie es das folgende Beispiel zeigt. Der Vorteil davon: Sie erkennen auf einen Blick, wie viele Einzelseiten Sie benötigen und über wie viele Klicks sie erreichbar sein sollen. Jede Einzelseite sollte einen kurzen Namen bekommen, aus dem eindeutig hervorgeht, worum es auf der Seite geht.

Ein letzter Tipp zum Thema Informationsarchitektur: Die Entscheidungen, die Sie in dieser Phase treffen, haben sehr viel damit zu tun, wie benutzerfreundlich Ihre Website werden wird. In Kapitel 3 gehe ich ausführlich darauf ein, wie Sie gute Nutzbarkeit bei der Strukturierung einer Website sicherstellen können.

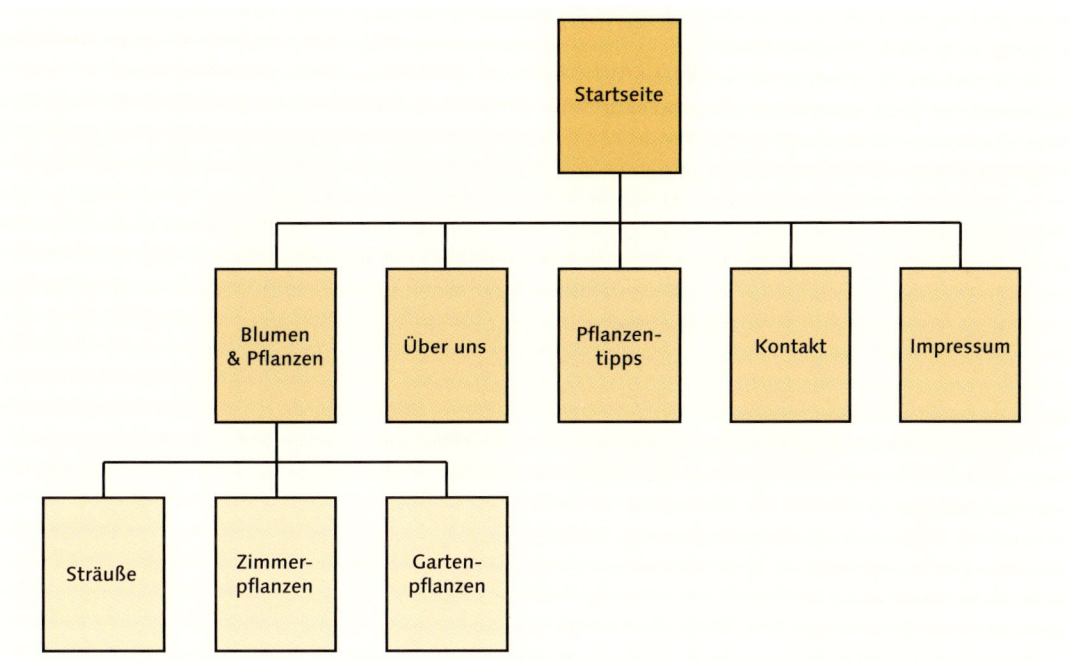

▲ **Abbildung 2.10**
Beispiel für eine Informationsarchitektur

Seitentypen festlegen

Auf Basis der Informationsarchitektur können Sie die nächste wichtige Entscheidung treffen: die Definition der **Seitentypen**. Überlegen Sie sich, auf welchen Einzelseiten Ihrer Website sich etwas
Grundsätzliches ändern muss. Eine Kontaktseite mit einem Formular ist strukturell anders aufgebaut als ein einzelner Artikel, und die
Startseite wiederum erfüllt ganz andere Funktionen als eine Seite,
die Suchergebnisse auflistet.

Im Laufe der Zeit haben sich einige Konventionen herausgebildet. Nutzer erwarten von der Startseite etwas anderes als von
einzelnen Artikel- oder Detailseiten. Sie werden diese Konventionen in Kapitel 3, »Benutzerfreundliche Websites«, kennenlernen,
da die Beachtung von Nutzererwartungen an verschiedene Seiten
einen großen Einfluss auf die Usability hat.

Nachdem Sie die geplanten Seitentypen festgelegt haben, geht
es darum, deren Struktur zu visualisieren. Bevor Sie sich jedoch in
die detaillierte Gestaltung stürzen, bietet sich zunächst ein ganz
grobes Vorgehen an. Gut geeignet sind dafür sogenannte Wireframes.

Strukturen mit Wireframes visualisieren

Unter dem Begriff »Wireframe« oder auch »Mockup« verstehen Webdesigner einen strukturellen Entwurf eines Layouts. Bei einem Wireframe geht es jedoch noch nicht um die Details, sondern nur um einen ganz groben Überblick über die Struktur einer Website. Daher werden schematische Blöcke verwendet, um die einzelnen Elemente zu visualisieren. Erfahrungsgemäß helfen Wireframes gerade unerfahrenen Kunden enorm, ihren Fokus auf Struktur und Bedienung zu legen und nur diese Aspekte zu bewerten – ohne dass eine Farbe, eine Schrift oder gar der Inhalt eines Textes störend wirkt.

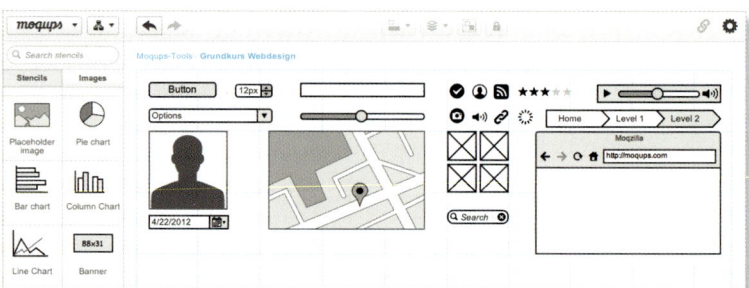

Abbildung 2.11 ▶
Bei Wireframes (hier das Tool Moqups unter *http://moqups. com*) geht es darum, mittels einfacher, gezeichneter Elemente Struktur und Bedienung einer Website zu visualisieren.

Wireframes

+ schnell
+ Konzentration auf das Wesentliche in frühen Projektphasen
+ erlauben Suche nach möglichen Usability-Problemen
− werden bisweilen als Designs missverstanden

Der große Vorteil von Wireframes liegt in ihrer Geschwindigkeit. Mit wenigen Skizzen lässt sich bereits gut einschätzen, welche Strukturen funktionieren. Auf diese Weise sparen Sie sich, die nicht zielführenden Ansätze aufwändig in Photoshop anzulegen, bevor Sie sie aussortieren.

Um Wireframes anzulegen, benötigen Sie prinzipiell nichts weiter als einen Stift und ein Blatt Papier. Es gibt außerdem einige Tools, die Ihnen bei Ihren Wireframes helfen können:

▶ Moqups (*http://moqups.com*) ist ein feines Onlinetool für schnelle Wireframes.
▶ Das Open-Source-Tool Pencil (*http://pencil.evolus.vn*) lässt sich auf allen Plattformen installieren und kommt mit einer feinen Auswahl von grafischen Vorlagen.

Zudem gibt es eine Vielzahl kostenpflichtiger Software und Tools. Eine kleine Auswahl: Hotgloo (*http://hotgloo.com*), Balsamiq Mockups (*www.balsamiq.com*), Axure (*www.axure.com*).

Analyse | Nachdem Sie die Wireframes angelegt haben, gilt es, sie zu analysieren: Welche Struktur funktioniert für die einzelnen Seitentypen, welche nicht? Entsprechen die Wireframes etablierten Nutzererwartungen? An welchen Stellen sind Probleme zu erwarten, und wie können diese durch Gestaltungselemente abgefedert werden? Das Kapitel 3, »Benutzerfreundliche Websites«, wird Ihnen dabei helfen, diese Fragen zu beantworten.

Ausgestaltung | Auf Basis der ausgewählten Wireframes geht es ab dem vierten Kapitel an die Umsetzung Ihrer Gestaltungsideen mit Hilfe von Photoshop und CSS. Dabei sollten Sie vom Großen zum Kleinen vorgehen. Zunächst werden die Inhalte auf der Seite positioniert, anschließend geht es an die Feinheiten rund um Schrift, Farbe und Grafiken.

HTML-Umsetzung | Einen Schritt sollten Sie jedoch bereits jetzt gehen: die Struktur der Website in HTML und Webstandards umsetzen. Diese Technologie ist das Mittel der Wahl, Ihre Wireframes in Quelltext zu überführen. Damit schaffen Sie ein Grundgerüst mit den Inhalten Ihrer Website, das Sie später mit Hilfe von CSS nach Belieben gestalten können.

> **Rapid Prototyping**
>
> Wireframes lassen sich hervorragend beim sogenannten Rapid Prototyping einsetzen. Dabei werden verschiedenen Interessengruppen (z. B. Designer, Entwickler, Benutzer, Entscheider) Prototypen einer Website vorgelegt und nach deren Wünschen angepasst. Anschließend wird dieser Prozess wiederholt. Auf diese Weise entstehen in mehreren iterativen Phasen immer genauere Entwürfe, und unterschiedliche Sichtweisen verschiedener Gruppen werden schon früh erkennbar.

2.7 Auf die richtige Ordnung kommt es an – Webstandards

Der Begriff »Webstandards« bedeutet, die Technologien des Webs zu den Zwecken einzusetzen, zu denen sie entwickelt worden sind, und sich dabei an die offizielle Spezifikation zu halten. Das bedeutet ganz praktisch, dass Sie die Gestaltung einer Webseite über CSS lösen, nicht jedoch über HTML – ganz so, wie Sie es in der Übersicht in Abschnitt 1.3, »Die wichtigsten Technologien«, gelernt haben. Das ist übrigens auch aus ganz praktischen Gründen empfehlenswert: Möchten Sie im Nachhinein beispielsweise eine Farbe ändern, stellen Sie das an einer einzigen Stelle ein. Trennen Sie jedoch nicht wie vorgeschlagen zwischen den verschiedenen Technologien, müssten Sie jede Einzelseite öffnen und manuell anpassen – und das kann sehr viel Arbeit bedeuten.

»Webstandards« bezeichnet jedoch auch eine gewisse Philosophie im Webdesign. Von der Arbeitsersparnis – und damit den Kosten – habe ich ja bereits gesprochen. Korrekte Verwendung von Web-standards ermöglicht kleinere Dateigrößen, weil die Gestaltung nicht auf jeder Einzelseite erneut definiert wird – mobile Nutzer werden es Ihnen danken. Webstandards sind außerdem zukunfts-sicher, suchmaschinenfreundlich und barrierearm – über die Aspekte Usability und Accessibility werden Sie im kommenden Kapitel noch einiges lernen.

Ich gehe bei den folgenden Ausführungen davon aus, dass Sie bereits einige Erfahrungen mit HTML gesammelt haben. Ich werde daher keine Grundlagen für absolute Einsteiger vermitteln, sondern einige zentrale Aspekte hervorheben, insbesondere zum Thema »HTML5«. Sollten Sie mit HTML noch gar nicht vertraut sein, emp-fehle ich Ihnen Peter Müllers Werk »Das große Little Boxes-Buch« – es vermittelt wertvolles Einsteiger-Wissen rund um HTML in anschaulicher Weise.

Ein wenig HTML-Theorie

HTML ist eine Sprache zur **Strukturierung** von Inhalten. Damit ist gemeint, dass Sie den Browsern mitteilen, von welcher Art ein bestimmter Inhalt ist. Strukturierung von Inhalten bedeutet stets auch, sie **semantisch richtig** zu strukturieren. Dazu sollten Sie die richtigen Elemente und Attribute verwenden. Dies soll an einigen Beispielen erläutert werden.

Links semantisch richtig setzen | Links gehören zu den wichtigsten Elementen in HTML. Sie verwenden dazu das HTML-Element `<a>` (für »anchor«, Anker) mit einer Reihe von Attributen:

```
<p>Ich bin ein Absatz, der einen <a href="http://spiegel.
de" title="Website vom Spiegel">Link</a> enthält.</p>
```

▲ **Listing 2.1**
Der vollständige Link

Die beiden Attribute `href` und `title` kommen in fast allen Fäl-len gemeinsam mit dem `<a>`-Attribut vor. `href` legt das Ziel des Links fest, `title` wiederum enthält eine Erklärung, was den Nutzer hinter diesem Link erwartet. Sie können diese Erklärung sehen, wenn Sie einmal für eine Weile mit dem Mauszeiger über dem Link verharren.

Ich bin ein Absatz, der einen Link enthält.

Website vom Spiegel

▲ **Abbildung 2.12**
Das `title`-Attribut gibt einen Hinweis auf das Linkziel, wenn man länger über dem Link verharrt.

Es ist zwar nicht falsch, `href` und `title` wegzulassen – es würde aber nichts passieren, wenn sie auf den »Link« klicken.

Einen Link dieser Form bezeichnet man als **externen Link**, denn er verweist auf eine andere Website. Sie können aber auch auf eine andere Unterseite Ihrer eigenen Website verlinken:

```
<p>Ich bin ein Absatz, der einen Link auf das
<a href="impressum.html" title="Impressum dieser
   Website">Impressum</a> enthält.</p>
```

◄ **Listing 2.2**
Link innerhalb einer Website

Schließlich gibt es noch die **Sprungmarke** innerhalb eines Dokuments.

```
<h1><a name="anfang">Ich bin eine große Überschrift</a>
   </h1>
<p>Ich bin ein erster Absatz.</p>
<p>Ich bin ein weiterer Absatz.</p>
<p>Ich bin ein Absatz, der eine <a href="#anfang"
   title="zurück zum Anfang der Seite">Sprungmarke an
   den Anfang</a> enthält.</p>
```

◄ **Listing 2.3**
Link innerhalb einer Webseite

Sprungmarken werden also irgendwo auf der Seite mittels `<a name="begriff">...</a>` definiert und irgendwo anders mittels `<a href="#begriff" title="beschreibung">...</a>` eingefügt. Ob zuerst die Sprungmarke selbst oder die Definition des Ziels erscheint, ist unerheblich – Hauptsache, beides befindet sich auf derselben Seite.

Abbildung 2.13 ►
Sprungmarken kommen häu-
fig als Inhaltsverzeichnisse auf
langen Seiten zum Einsatz,
etwa bei der Wikipedia.

```
Inhaltsverzeichnis [Verbergen]
1 Schätzungen des IWF für 2011 (Stand April 2012)
2 Historische Vergleichswerte
3 Einzelnachweise
4 Weblinks
5 Siehe auch
```

So richtig Sinn macht das natürlich nur bei sehr langen Dokumenten, um Ihren Nutzern mühsames Scrollen zu ersparen – dann
jedoch umso mehr. Neu in HTML5 ist, dass Links auch um mehrere
Block-Elemente gesetzt werden dürfen:

Listing 2.4 ►
Links dürfen nun auch Block-
Elemente umfassen.

```
<a href="linkziel.html" title="Informationen zum Thema x">
    <h1>Überschrift</h1>
    <p>Eine kurze Einleitung ins Thema.</p>
</a>
```

Semantische HTML-Elemente zur Strukturierung | In HTML5 gibt
es eine ganze Reihe von neuen Elementen, die der Strukturierung
von Websites dienen. Alle diese Elemente können beliebige andere
Block- oder Inline-Elemente enthalten.

Element	Funktion
`<section>...</section>`	Unterteilung von Dokumenten in Sinn-abschnitte
`<header>...</header>`	Definition des Kopfbereichs, z. B. der ge-samten Seite oder auch eines einzelnen Artikels
`<footer>...</footer>`	Definition des Fußbereichs, z. B. der ge-samten Seite oder auch eines einzelnen Artikels
`<nav>...</nav>`	Definition der Bereiche einer Seite, die Navigationselemente enthalten
`<aside>...</aside>`	Definition ergänzender Informationen zu einem Bereich, z. B. einer Randspalte
`<article>...</article>`	Definition sinntragender Einheiten, die in sich geschlossen sind, z. B. von einzelnen Artikeln

Tabelle 2.3 ►
Semantische HTML-Elemente
zur Strukturierung von Dokumenten

Diese semantischen Elemente sind für Ihre Arbeit als Webdesigner sehr wichtig. Ich möchte sie daher einmal an einem typischen Beispiel der Reihe nach durchgehen.

Praxisbeispiel | Als Anschauungsbeispiel soll uns der folgende Quelltext dienen, der eine typische Artikelseite erzeugt.

```html
<!doctype html>
<html>
  <head>
    <!-- verschiedene Meta-Angaben zum Dokument -->
  </head>
  <body>
    <header>
        <!-- Logo-Bild mit Slogan -->
        <nav>
          <ul>
          <li><a href="index.html" title="zur Startseite">
          Home</a></li>
          <!-- weitere Navigationspunkte -->
          </ul>
        </nav>
    </header>
    <aside>
      <!-- Subnavigation -->
    </aside>
    <section>
      <article>
        <header>
          <h1>Überschrift des Artikels</h1>
          <!-- weitere Meta-Angaben zu diesem Artikel:
          Autor, Publikationsdatum -->
        </header>
        <p>Ich bin der erste Absatz des Textes.</p>
        <!-- weitere Absätze -->
        <footer>
          <p>Dieser Beitrag ist zuerst im Beispielmüller-
          Magazin erschienen.</p>
          <!-- weitere Fußzeilen-Angaben für diesen
          Artikel -->
        </footer>
```

◀ **Listing 2.5**
HTML5-Quellcode mit den neuen Strukturelementen

```
        </article>
        <article>
            <!-- ein weiterer Artikel, diesmal zu einem
            anderen Thema -->
        </article>
    </section>
    <footer>
            <!-- verschiedene Angaben im Footer, zum Beispiel
            ein Link auf das Impressum oder ein Urheberrechts-
            Hinweis -->
    </footer>
    </body>
</html>
```

Listing 2.5 ▶
HTML5-Quellcode mit den
neuen Strukturelementen
(Forts.)

In diesem Beispiel-Code entdecken Sie einiges, das Sie bereits kennen: das HTML-Grundgerüst, Überschriften und Absätze, Listen, Kommentare, Links. Die **Kommentare** habe ich in diesem Beispiel so eingesetzt, dass sie für etwas anderes stehen – statt des Kommentars `<!-- Logo-Bild mit Slogan -->` würden Sie in einem reellen Beispiel natürlich das Logo selbst als Bild einbauen. Ich möchte an dieser Stelle allerdings noch nicht vorgreifen, denn mit Bildern werden wir uns noch ausgiebig beschäftigen. An dieser Stelle sollen aber die semantischen Elemente im Mittelpunkt stehen.

Direkt unterhalb des öffnenden `<body>` sehen Sie einen `<header>`. Darin befinden sich Angaben, die für das gesamte Dokument von struktureller Bedeutung sind, zum Beispiel das **Logo**. Ein Logo gilt für die gesamte Website und bietet dem Leser Orientierung – es steht daher sinnvollerweise im **Kopfbereich** der Seite.

Außerdem enthält der `<header>` die **Hauptnavigation**, die von `<nav>` eingeschlossen wird. Auch die Hauptnavigation gehört natürlich in den Seitenkopf, denn sie gilt für das gesamte Dokument. Innerhalb von `<nav>` selbst sammelt eine einfache Liste alle Links, die in der Hauptnavigation zu sehen sein sollen.

In einen `<nav>`-Bereich setzen Sie übrigens am besten wirklich nur die ganz wichtigen Navigationen auf einer Website, zum Beispiel Haupt- oder Subnavigation. Vermeiden sollten Sie es, für jeden kleinen Link einen eigenen `<nav>`-Block zu öffnen.

Klar: Wo ein Kopfbereich ist, findet sich häufig auch ein **Fußbereich**. In diesem Fall ist er ganz unten innerhalb von `<footer>`. Auch die Inhalte im Fußbereich beziehen sich auf das gesamte

Dokument, sollen aber nicht so zentrale Aufmerksamkeit erhalten wie der `<header>`. Typische Beispiele für Inhalte im Footer sind der Link zum Impressum oder ein Hinweis auf das Urheberrecht – beides gehört zwar zum Dokument, soll aber nicht ganz so prominent erscheinen wie Logo oder Hauptnavigation oben.

Zwischen `<header>` und `<footer>` befindet sich der eigentliche **Inhalt einer Seite**, den ich in eine `<section>` und einen `<aside>` gepackt habe.

Die `<section>` ist ein sehr einfaches semantisches Element: Sie besagt nichts weiter, als dass die enthaltenen Elemente irgendwie inhaltlich zusammengehören. In diesem Fall gibt es zwei Artikel, beide von `<article>` umschlossen. Gemeinsam bilden die beiden Artikel den eigentlich Hauptinhalt der Seite – `<section>` ist also eine gute Wahl, um sie zusammenzufassen.

Ganz anders sieht es mit den Inhalten aus, die ich in `<aside>` gesetzt habe. Hier soll die **Subnavigation** eingefügt werden. Eine Subnavigation gehört zwar zum Dokument, ist aber zum *inhaltlichen Verständnis* nicht unbedingt notwendig – sie ergänzt die Seite und erlaubt es, weitere Seiten zu finden, aber man muss sie nicht unbedingt gelesen haben, um die Artikel zu verstehen. Genau dafür ist `<aside>` gedacht.

Ein Element fehlt noch aus unserem Beispiel: `<article>`. Es enthält wie erwähnt den gesamten **Artikel**, und alle Inhalte innerhalb von `<article>` gehören zu einem Thema und sind in sich geschlossen – alles, was Sie zum Verständnis des Themas brauchen, steht im Artikel. Innerhalb von `<article>` stehen meist Textbeiträge wie News, Posts in Blogs und Foren oder Kommentare, bisweilen aber auch die Artikel (also Produkte) eines Onlineshops.

Natürlich können auch mehrere Artikel auf einer Seite gezeigt werden – in diesem Fall verwenden Sie am besten einfach mehrere `<article>`-Bereiche.

Und noch eine Beobachtung ist interessant: Wie Sie sehen können, habe ich auch innerhalb des `<article>` einen `<header>` und einen `<footer>` eingebaut! So etwas ist kein Problem, denn auch für einen einzelnen Artikel gibt es Informationen, die für diesen Artikel gültig sind: die Überschrift, das Publikationsdatum, der Autor. Wichtig ist nur, dass ein Header innerhalb eines Artikels eben nur für diesen Artikel gilt, während ein Header innerhalb des Hauptdokuments übergeordnet für alle Inhalte gültig ist.

Einfache Blöcke in HTML | Die semantischen Elemente wie `<section>`, `<aside>` und `<article>` sind neu in HTML5 hinzugekommen und bieten eine Vielzahl von Möglichkeiten, Inhalte semantisch sinnvoll auszuzeichnen.

Manchmal benötigen Sie hingegen wirklich nur einen HTML-Block, der **keine semantische Bedeutung** hat. Dafür gibt es ein weiteres strukturierendes Element, das Sie kennen sollten: `<div>`.

```html
<article>
  <header>
    <h1>Beispielmüller wird neuer Vorstandsvorsitzender</h1>
  </header>
  <p>Der 53-jährige Gustav Beispielmüller wird neuer
  Vorstandvorsitzender der Beispielmeier GmbH.</p>
  <p>"Beispielmüller ist ein langjähriges Mitglied
  des Vorstands und hat sich sehr verdient gemacht",
  begründete Aufsichtsratchef Hermann Beispielschmidt
  die Entscheidung.</p>
  <div>
    <!-- eine Werbeanzeige -->
  </div>
  <p>Beispielmüllers Vorgänger Karl Beispielschulze war im
  Januar in den Ruhestand getreten.</p>
</article>
```

Listing 2.6 ►
Ein (sehr) beispielhafter Artikel mit einem `<div>`

In diesem Beispiel sehen Sie, wie in das `<div>` eine Werbeanzeige eingefügt wurde. Diese Werbung ist weder ein inhaltlich relevanter Teil des Dokuments (`<section>`) noch eine Ergänzung dazu (`<aside>`). Es ist einfach nur eine Werbung, die inhaltlich und semantisch nichts mit dem Dokument zu tun hat, aber in einen HTML-Block gesetzt werden sollte. `<div>` ist hier also eine gute Wahl.

Sie sehen: Sie können ein `<div>` verwenden, wenn Sie einmal einen sinnleeren Kasten erzeugen möchten – für alle semantisch wichtigen Strukturierungen sollten Sie eines der anderen Elemente verwenden.

`<div>` ist ein Block-Element und erzeugt somit eine neue Zeile. Natürlich gibt es auch ein sinnleeres Inline-Element: `<span>`. Sie können es verwenden, wenn Sie einzelne Teile hervorheben möchten, ohne dass eine neue Zeile erzeugt wird.

≫ *`<div>` ist ein inhaltsleeres Block-Element, `<span>` ein inhaltsleeres Inline-Element.*

```
<p>Hin und wieder möchte man <span>einzelne Teile
besonders hervorheben</span>, ohne dazu ein semantisches
Element zu verwenden.</p>
```

◀ **Listing 2.7**
`<span>` im Einsatz

Mehr Überschriften-Vielfalt dank HTML5 | Die Überschriften `<h1>` bis `<h6>` sind bereits seit Langem Bestandteil von HTML. Mit dem neuen HTML5 kommt nun ein neues Verfahren hinzu – der sogenannte **Outline-Algorithmus**.

Dieser Algorithmus besagt, dass die neuen semantischen Elemente wie `<section>` und `<article>` jeweils neue Gliederungen erzeugen. Schauen wir uns einmal ein Beispiel an, um das zu verstehen.

> **Outline**
>
> Unter dem Begriff »Outline« versteht man die Gliederung einer Webseite – also die logische Struktur der Inhalte, die durch das HTML festgelegt wird.

```
<h1>Alle Artikel zum Thema "Autovermietung"</h1>
<article>
  <h1>Die besten Autovermieter im Vergleich</h1>
  <section>
    <h1>Beispielmüllers Autovermietung</h1>
    <h2>Tarife für kleine Fahrzeuge</h2>
    <h2>Tarife für große Fahrzeuge</h2>
  </section>
  <section>
    <h1>Leihwagen24 Autovermietung</h1>
    <h2>Kurzzeit-Vermietung</h2>
    <h2>Vermietungen ab 3 Tagen</h2>
  </section>
</article>
```

◀ **Listing 2.8**
Beispiel für den neuen Outline-Algorithmus

Huch, was ist denn hier passiert? Wie Sie sehen, gibt es hier mehrere Hauptüberschriften `<h1>`, die nach alter Logik alle gleichberechtigt wären. Genau das ist nach dem neuen HTML5-Outline-Algorithmus nicht mehr der Fall. Hier gilt die erste `<h1>` für das gesamte Dokument, während sich die nächste `<h1>` mit dem Titel »Die besten Autovermieter im Vergleich« nur noch auf den `<article>` bezieht, in dem sie steht – es handelt sich eben um die Hauptüberschrift dieses Artikels. Innerhalb des Artikels habe ich mittels `<section>` für jede Vermietungsfirma eine logische Unterrubrik erzeugt, in der wiederum `<h1>` auftreten – es handelt sich dabei um die Hauptüberschrift für eben jene Firma. Schließlich gibt es in den Sektionen noch mehrere `<h2>` für verschiedene Tarife, die

Dank des neuen HTML5-Outline-Algorithmus beziehen sich Überschriften immer auf die aktuelle semantische Einheit.

besprochen werden – hier ist `<h2>` die richtige Wahl, denn es sind Unterüberschriften zu den jeweiligen Firmen. In einem modernen Browser, der den HTML5-Outline-Algorithmus versteht, entsteht durch den Code oben die folgende Gliederung:

1. Alle Artikel zum Thema »Autovermietung«
    1.1. Die besten Autovermieter im Vergleich
        1.1.1. Beispielmüllers Autovermietung
            1.1.1.1. Tarife für kleine Fahrzeuge
            1.1.1.2. Tarife für große Fahrzeuge
        1.1.2. Leihwagen24 Autovermietung
            1.1.2.1. Kurzzeit-Vermietung
            1.1.2.2. Vermietungen ab 3 Tagen

Wichtig zu wissen: Der Outline-Algorithmus funktioniert nur mit `<section>`, `<article>`, `<aside>` und `<nav>` – alle anderen Elemente erzeugen keine neue Gliederungseinheit.

Wofür soll das nun genau gut sein? Der Outline-Algorithmus erzeugt ungeahnte Flexibilität: Da Sie beliebig viele semantische Unterrubriken schaffen können, sind erstmals mehr als sechs Gliederungsebenen in HTML möglich.

Allerdings sollten Sie sich auch der Nachteile bewusst sein. Der Outline-Algorithmus funktioniert nur in den neueren Versionen der Browser – in den älteren bleibt von Ihrer Dokumentenstruktur eher eine wilde Ansammlung von Hauptüberschriften übrig. Für das obige Beispiel sähe das so aus (und das ist überhaupt nicht die Gliederung, die Sie erreichen möchten):

1. Alle Artikel zum Thema »Autovermietung«
2. Die besten Autovermieter im Vergleich
3. Beispielmüllers Autovermietung
    3.1. Tarife für kleine Fahrzeuge
    3.2. Tarife für große Fahrzeuge
4. Leihwagen24 Autovermietung
    4.1. Kurzzeit-Vermietung
    4.2. Vermietungen ab 3 Tagen

Im Produktiveinsatz würde ich daher noch warten, bis Sie den Outline-Algorithmus einsetzen – arbeiten Sie solange mit `<h1>` bis `<h6>`, und steigen Sie um, sobald die Browser kaum noch verbreitet sind, die den Outline-Algorithmus noch nicht verstehen.

HTML5-Outline-Algorithmus

Der Outline-Algorithmus von HTML5 ermöglicht mehr als sechs Überschriftenebenen und funktioniert mit den Elementen `<section>`, `<article>`, `<aside>`, `<nav>`.

In älteren Browsern führt er allerdings zu Problemen.

2.8 Beispielprojekt – Konzeption

In diesem Kapitel haben Sie bereits einiges über die Konzeption von Projekten sowie über HTML5 gelernt. Vielleicht haben Sie ja bereits das eine oder andere auf Ihr eigenes Projekt angewandt.

Ich möchte nun gemeinsam mit Ihnen ein Projekt entwickeln, damit Sie in der Praxis lernen, wie Sie das Gelesene in die Tat umsetzen können.

Sehr gut wäre es, wenn Sie die beschriebenen Schritte selbst ausprobieren – wahrscheinlich kommen Sie auf ganz andere Ideen als ich, bestimmt sogar auf viel bessere. Noch besser: Wenn Sie schon ein eigenes Projekt vor Augen haben, wenden Sie die Verfahren einfach direkt darauf an.

Unser Übungsobjekt wird ein Projekt sein, das ich bereits eine ganze Weile mit mir herumtrage, aber noch nicht realisiert habe: die Netzschreibstube. Die Domains *netzschreibstube.de* und (mein Favorit) *netzschreibstu.be* sind bereits seit Längerem gesichert.

Noch eine kurze **Warnung**: Passen Sie auf, wenn Sie Code-Schnipsel aus dem Projekt in Ihre eigenen Websites kopieren – verwenden Sie dazu stets die getestete Version aus Kapitel 8. Das Beispielprojekt ist didaktisch aufbereitet, und an einigen Stellen habe ich kleinere Fehler eingebaut, an denen ich Ihnen wichtige Techniken für Ihre Arbeit als Webdesigner zeigen werde.

Phase 1: Analyse

In der ersten Phase geht es darum, das Projekt genau zu beschreiben und sich vor allem über die Inhalte und die Zielgruppe der Website klar zu werden.

Ausrichtung | Um welche Themen soll es bei der Netzschreibstube überhaupt gehen? Mein Hauptziel ist es, meinen Lesern die Liebe am Schreiben und Lesen zu vermitteln – die Netzschreibstube soll Spaß machen und aufzeigen, dass Schreiben Spaß macht. Zwei Aspekte werden dabei im Vordergrund stehen: praktische Ratschläge zum Schreiben sowie eigene kurze Texte als Inspirationsquellen.

Freiraum lassen, wo nötig

Sie merken beim Lesen dieser Zeilen vielleicht: Die Netzschreibstube ist eher ein Experiment als ein festes Projekt. Das ist okay – Experimente brauchen auch konzeptionell größere Freiheiten. Besonders bei wirtschaftlich wichtigen Projekten sollte die Ausrichtung jedoch genauer definiert werden.

Wie viel Recherche?

Sie sollten für jedes Projekt selbst einschätzen, wie viel Rechercheaufwand gerechtfertigt ist. Für ein persönliches Projekt wie die Netzschreibstube reichen informelle Erfahrungen vollkommen aus, für eine Business-Website sollte es aber schon etwas Handfesteres sein.

Zielgruppe | Um die Zielgruppe klarer fassen zu können, habe ich mir eine Persona ausgedacht – es ist jener Michael, den Sie in diesem Kapitel bereits kennengelernt haben (siehe Seite 40). Im Grunde genommen war das leicht, denn ich kenne zahlreiche Menschen in der Situation und mit den Interessen, wie ich sie für Michael umschrieben habe:

▸ eher gut gebildet und am aktiven Schreiben interessiert
▸ mit einem großen Interesse am Lesen, besonders als unterhaltsamer Zeitvertreib
▸ finanziell abhängig und auf der Suche nach einfachen, kostengünstigen Ratschlägen

Ich richte mich also an vorrangig junge Menschen mit eher höherer Bildung, die ein Interesse am aktiven Schreiben haben und gerne lesen.

Marktanalyse | Da die Netzschreibstube zwei miteinander verwobene Teilbereiche abdecken soll, teilt sich auch die Marktanalyse in zwei grobe Bereiche auf.

Zum einen gibt es da eine ganze Reihe von Magazinen, die ich als Vorbild für die Netzschreibstube ansehe. Im gedruckten Bereich wäre das beispielsweise die Neon, die immer wieder amüsant geschriebene Kolumnen mit augenzwinkerndem Blick auf die Absurditäten dieser Welt bringt. Online möchte ich außerdem den Postillon hervorheben (*www.der-postillon.com*), ein großartiges Satire-Magazin. Anders als die Netzschreibstube behandelt der Postillon die aktuelle Nachrichtenlage, nicht jedoch den Alltag um uns herum.

Was den Bereich der Schreibtipps angeht, habe ich den Eindruck, dass es wenig in der Richtung gibt, die ich einschlagen möchte.

Es gibt sehr viele Blogs und Websites, die sich mit Software-Tests beschäftigen, dabei aber einen sehr technischen Fokus haben – mir geht es aber eher darum, wie Software den kreativen Schreibprozess erleichtern kann. Und was konkrete Schreibtipps angeht, gibt es viel zum Thema »Schreiben fürs Web« aus dem journalistischen oder wissenschaftlichen Umfeld – auch hier möchte ich etwas weniger Trockenes anbieten.

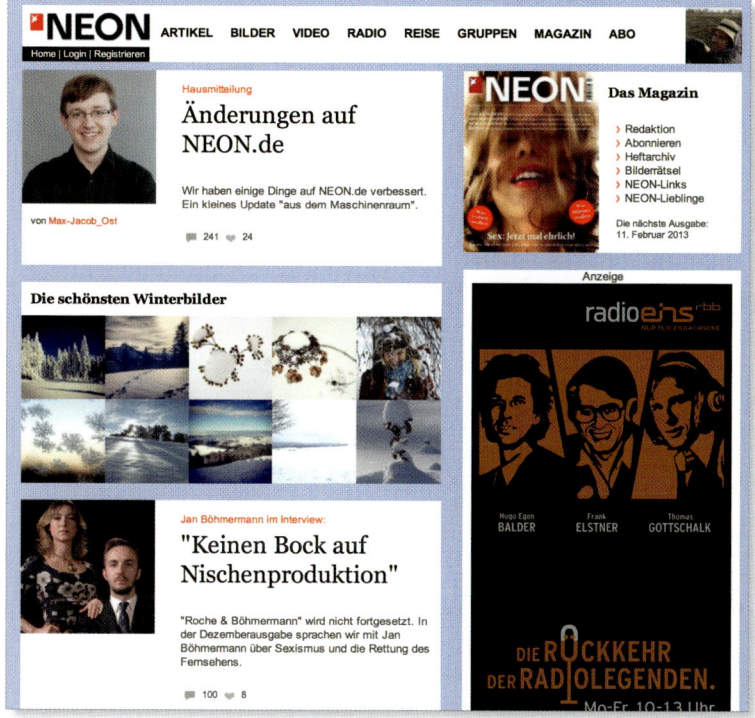

Noch ein Tipp: Zu einer guten Konzeption gehört auch, realistisch einschätzen zu können, wie viel Marktanalyse notwendig ist. Die Netzschreibstube ist ein Experiment – ich habe mich daher entschieden, die Marktanalyse bei den skizzierten, eher groben Umrissen zu belassen. Bei einem wirtschaftlich agierenden Onlineshop beispielsweise sollten Sie mehr Zeit in die Marktanalyse stecken.

Zielformulierung | Zielgruppe, Marktanalyse, Recherche – all das läuft auf eine einzige Frage hinaus, die als Ziel für die gesamte Gestaltung dienen kann. Für die Netzschreibstube habe ich mich für folgende Zielformulierung entschieden:

Wie schaffe ich es, jungen, gebildeten Menschen Lust aufs Schreiben und Lesen zu machen?

Phase 2: Ideenfindung

Ist die Analysephase abgeschlossen, und wissen Sie ganz genau, welches Ziel Sie verfolgen, kann die Ideenfindung losgehen.

Brainstorming | Zu Beginn der Ideenfindung setze ich gerne auf das klassische Brainstorming in Kombination mit dem Verfahren der Mindmap – ich habe damit gute Erfahrungen gemacht, insbesondere entstehen so viele Lösungsansätze in kurzer Zeit. Folgende Mindmap ist dabei entstanden:

Abbildung 2.15 ▼
Erste Lösungsansätze und Assoziationen nach einigen Minuten Brainstorming

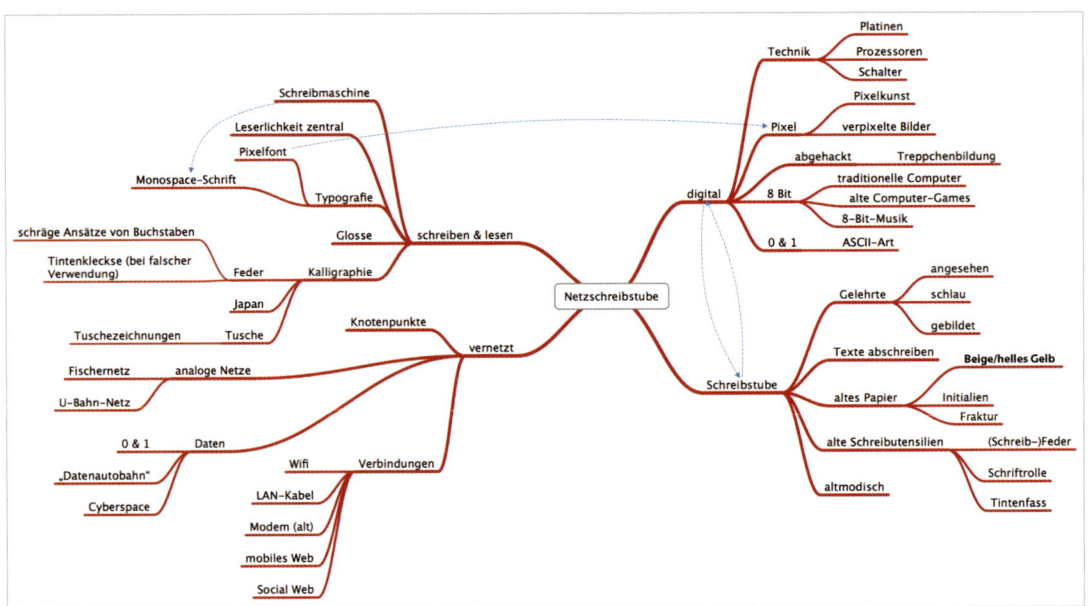

Software-Tipp

Die Mindmap in Abbildung 2.15 ist mit der Software Mindnode Pro auf dem Mac entstanden (*http://mindnode.com*). Damit lassen sich Mindmaps mit wenig Aufwand erstellen.

In der Mitte steht das Thema, davon ausgehend einige zentrale Aspekte, die damit zusammenhängen. Bei der Netzschreibstube waren das die Aspekte »vernetzt«, »digital«, »schreiben/lesen« und »Schreibstube«. Daraus habe ich Assoziationen abgeleitet. Einige konkrete Gestaltungsmittel, z. B. zu möglichen Schriftarten, sind mir ebenfalls eingefallen – ich habe sie in der Mindmap fett markiert.

Außerdem ist mir ein spannender Gegensatz aufgefallen. Der Begriff einer Schreibstube erweckt in meinen Augen eher traditionelle Assoziationen – in eine Schreibstube ist man früher gegangen, um ein Dokument abschreiben zu lassen, meist, weil man gar nicht selbst schreiben konnte. Andererseits habe ich viel an digitale Assoziationen und Vernetzung gedacht. Dieser Gegensatz könnte einen gewissen Reiz bilden. Im Brainstorming vermerke ich mir das mit gestrichelten Linien.

Viel mehr benötigt das Brainstorming nicht, denn es dient mir hier als Ausgangspunkt für weitere Verfahren.

Morphologische Matrix | Im Brainstorming entstehen häufig bereits erste Ansätze für eine Visualisierung – etwa die Assoziation einer Schriftrolle oder eines Federkiels für eine altertümliche Schreibstube. Allerdings hatte ich nach dem Brainstorming das Gefühl, einen systematischeren Ansatz wählen zu müssen, damit mir auch Visualisierungen einfallen, die weniger offensichtlich sind.

Dazu habe ich mich für die Morphologische Matrix entschieden. Ihr Vorteil: Sie erlaubt, in simplen Skizzen auf einen Blick unterschiedliche Lösungsansätze zu erkennen und beliebig zu kombinieren.

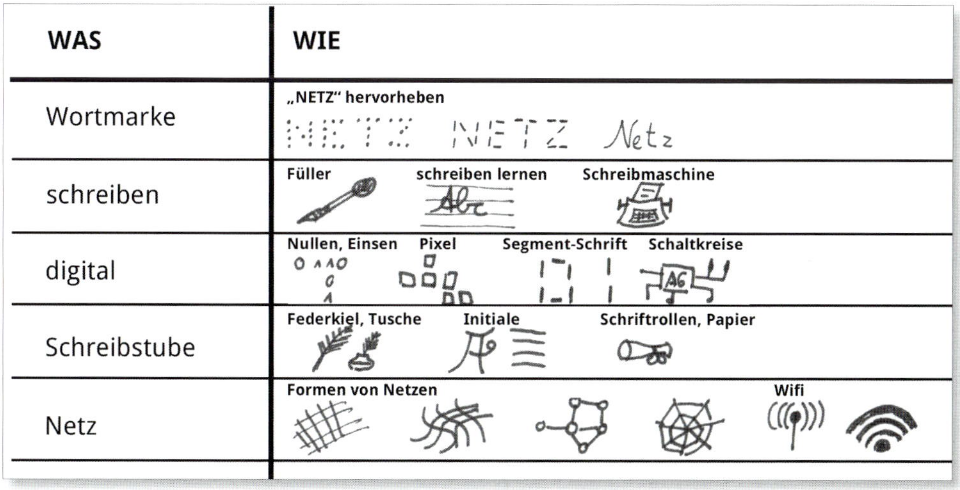

▼ **Abbildung 2.16**
Beispielhafte Morphologische Matrix für die Netzschreibstube

In der Morphologischen Matrix greife ich einige Ideen aus dem Brainstorming auf und versuche, erste Lösungsansätze zu entwickeln. Ergänzt habe ich eine Spalte mit Ansätzen für eine Wortmarke, die später zu einem Logo führen könnte.

In diesem Stadium der Konzeption habe ich das Gefühl, bereits über einige vielversprechende Ideen zu verfügen. Allerdings fehlt mir noch ein wenig die klare Linie, der das Projekt folgen soll. Um dieses Profil zu schärfen, möchte ich einige Adjektive entwickeln, mit denen die Netzschreibstube beschrieben werden könnte – und dazu eignet sich hervorragend die Methode der Gegensatzpaare.

Schnelle Skizzen

Das Verfahren lässt sich gut mit schnellen Skizzen von Ideen verwenden – eine Reinzeichnung der Ansätze lohnt sich erst, wenn man sich entschieden hat.

Gegensatzpaare | Oft hilft es in der Konzeption, Dinge auf den Kopf zu stellen. Wie müsste die Website sein, damit sie ihr Ziel garantiert nicht erreicht? Eine solche Frage bringt uns oft zum Schmunzeln, und meistens wissen wir sofort, wie wir unsere Nutzer vergraulen könnten. Für die Netzschreibstube habe ich folgende Antworten auf diese Frage gefunden:

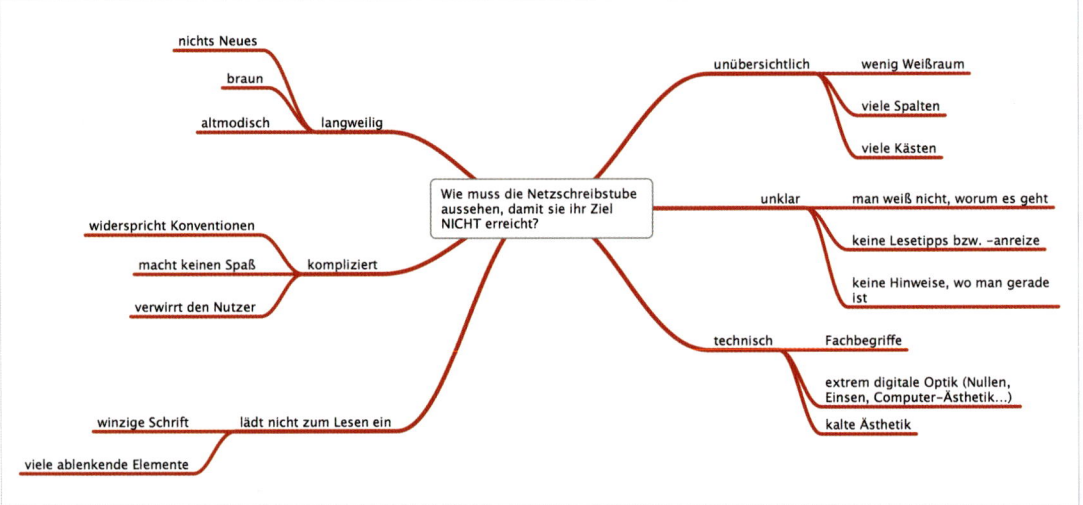

▲ **Abbildung 2.17**
Was es zu vermeiden gilt, erfährt man häufig, indem man sich fragt, wie ein Projekt garantiert ein Misserfolg wird.

Phase 3: Bewerten und ausarbeiten

Einige Ideen haben Sie bereits gesammelt, einige klingen recht vielversprechend, andere sind noch vage und unkonkret. Nun geht es daran, jede dieser Ideen zu bewerten.

Projektmatrix | Mit den Gegensatzpaaren ist es mir gelungen, einige Adjektive zu erzeugen, die auf meine Gestaltung nicht zutreffen sollen. In ihr Gegenteil verkehrt und durch weitere Ideen ergänzt, bilden sie eine gute Ausgangsbasis für eine Projektmatrix.

GEWÜNSCHTER EINDRUCK										SUMME
einfach und klar zu bedienen										
übersichtlich aufgebaut										
modern										
lädt zum Lesen ein										
Assoziation mit »schreiben«										
Assoziation mit »Digitalität«/»Netz«										

▲ **Abbildung 2.18**
Projektmatrix der Netz-schreibstube

Ideen bewerten | Bei der Bewertung meiner Ideen sollen die Fragen als Ausgangspunkte dienen, die in diesem Kapitel formuliert worden sind:

▸ **Nutzt sich die Idee rasch ab?** Zu naheliegende Ideen haben meist eine geringe Halbwertszeit und stechen kaum aus der Masse heraus. So empfinde ich meine Assoziationen rund um den Begriff »Netz« – sie sind mir zu platt oder zu technisch.

▸ **Passt die Idee zur Zielformulierung?** Ideen, die nicht zur Zielformulierung passen, leiten in die falsche Richtung. So geht es mir mit den verschiedenen Assoziationen traditioneller Schreibstuben, etwa Schriftrollen oder Initialen – es geht mir ja eben nicht um die Geschichte der Schrift.

▸ **Verstehen die Menschen die Idee?** Ist eine Idee zu unverständlich, spricht sie den Nutzer nicht genug an. Diesen Eindruck habe ich bei vielen Ideen rund um das »Schreiben«, besonders bei der Schreibschrift oder Hilfen zum Lernen der Schrift – da würde man zu sehr daran denken wie Kinder schreiben lernen.

▸ **Kann man die Idee missverstehen?** Bei dieser Frage geht es darum, ob eine Idee zu falschen Assoziationen führen kann, die man auf jeden Fall vermeiden möchte. Bei mir ist das mit der Schreibmaschine so, die ich als Idee angedacht habe – man könnte die Netzschreibstube damit als 10-Finger-Schreibmaschinen-Kurs missverstehen. Auch viele der digitalen Ideen sprechen mich nicht so sehr an, denn ich möchte ja eben keinen zu technischen Eindruck vermitteln.

▸ **Ist die Idee unverwechselbar?** Schließlich geht es darum, ob die eigene Idee mit einer anderen verwechselt werden könnte – insbesondere aus dem direkten Umfeld. Hier sehe ich bei den Ergebnissen meines Brainstormings eher weniger Probleme.

Zusammenfassend erscheinen mir folgende drei Ideen geeignet, die Bildsprache meiner Gestaltung zu kennzeichnen:

▸ **Pixelgrafiken und Papier**: Die Pixel-Idee fasziniert mich, da sie gut zum Medium passt, in dem ich schreiben werde. Sehr treffend finde ich auch die Papier-Assoziationen, bei denen ich direkt an Schreiben denken muss. Das könnte eine spannende Kombination werden. Die Papier-Assoziationen könnte ich durch eine schreibmaschinenartige Schrift verstärken.

▸ **Hervorhebungen**: Im Zuge meiner ersten Ansätze für eine Wortmarke kam mir die Idee, Teile der Titel hervorzuheben. Das passt gut zu meinem Wunsch, dass dem Leser direkt klar sein soll, worum es geht. Zum Beispiel könnte ich das Thema eines Beitrags explizit nennen, visuell hervorheben und diese Stilmittel dann für die Wortmarke aufgreifen.

▸ **Modern**: Ein wenig befürchte ich, dass die Netzschreibstube bei all der Papier-Ästhetik zu altmodisch wirken könnte – das ist aber eines der Schlagworte, die das Projekt eben nicht beschreiben sollen. Ich möchte also darauf achten, dass die Gestaltung trotz allem modern ist – zeitgemäße Webtechniken wie beispielsweise Transparenzen und Verläufe könnten dabei helfen.

Informationsstruktur | Mit diesen noch recht groben Ideen im Hinterkopf geht es nun darum, die Inhalte der Netzschreibstube zu sammeln und zu strukturieren. Texte liegen noch keine vor, allerdings gibt es bereits einige grundsätzliche Überlegungen:

▸ Es gibt **zwei Themenschwerpunkte**: Artikel mit konkreten Tipps zum Schreiben sowie Artikel, die eher inspirierend sein sollen.

▸ Außerdem gibt es **Themenreihen** von Artikeln zu inhaltlichen Schwerpunkten.

▸ Schließlich gibt es **Seiten** mit feststehenden Informationen, die sich selten ändern – etwa das Impressum oder eine Seite mit Informationen zum Autor.

▸ Abgesehen davon folgt die Netzschreibstube dem klassischen **Blog-Prinzip**: Es gibt Schlagworte, die bei der Suche nach verwandten Beiträgen helfen, und die neuen Beiträge sollen weiter oben stehen.

Aus diesen Überlegungen lässt sich eine einfache Informationsstruktur für die Website ableiten:

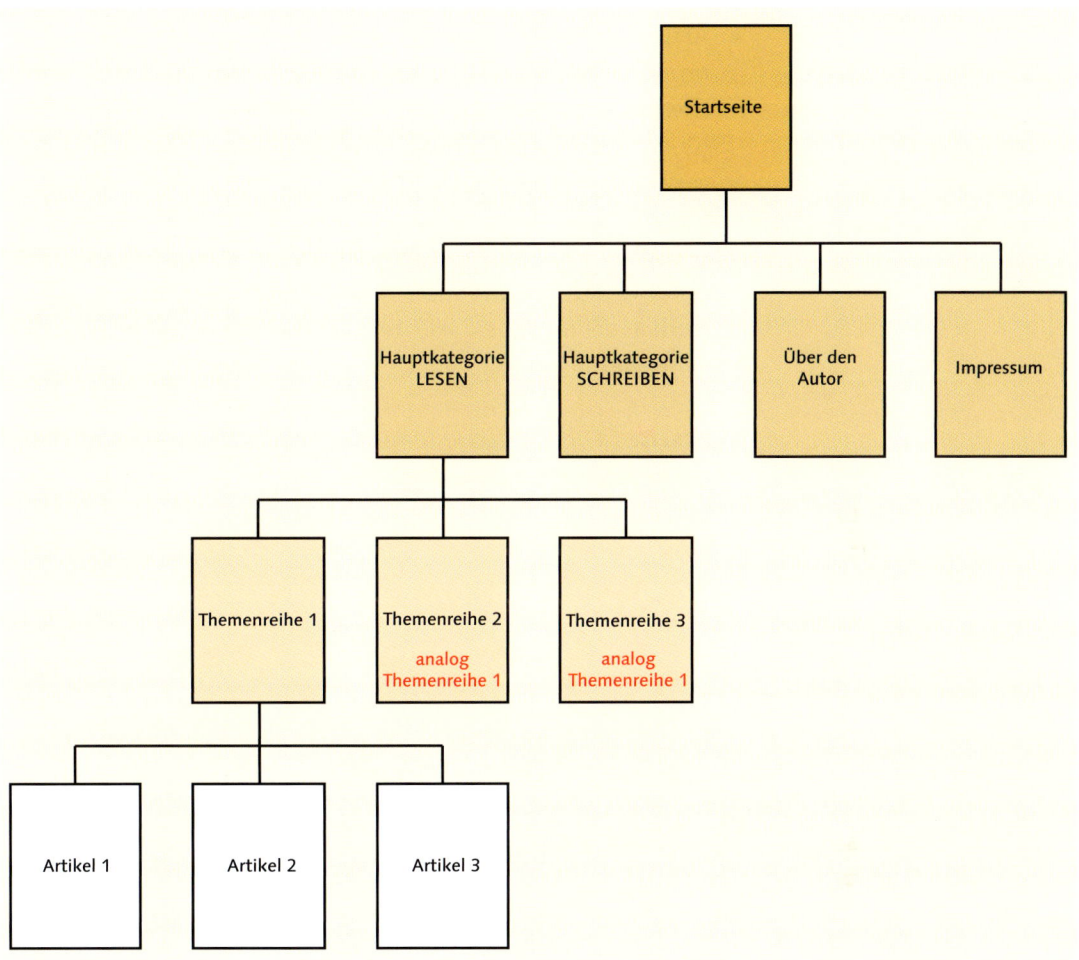

▲ **Abbildung 2.19**
Informationsstruktur der
Netzschreibstube

In Bezug auf die Seitentypen möchte ich die folgenden Exemplare ausarbeiten:

▶ **Startseite**: Auf der Startseite soll das Grundkonzept der Seite sichtbar werden und Lust auf das Lesen gemacht werden. Dazu bietet es sich an, einige neue Artikel sowie eine Auswahl von Themenreihen zu zeigen. Zudem möchte ich eine Kurzvorstellung des Autors integrieren, um den Lesern etwas Orientierung zu bieten.

▶ **Kategorienseite**: Dieser Seitentyp ist eine chronologische Auflistung der Beiträge, die zur gewählten Themenreihe gehören. Ist eine der Hauptkategorien ausgewählt, werden stattdessen die zugehörigen Themenreihen gezeigt.

▸ **Artikelseite**: Bei einem einzelnen Artikel steht klar das Lesen im Vordergrund. Alles andere soll in den Hintergrund treten. Dieser Seitentyp kann nicht nur für die Beiträge, sondern auch für die festen Seiten wie das Impressum oder die Autoren-Seite verwendet werden.

Wireframes | Die drei Seitentypen kann ich nun mit Hilfe von Wireframes strukturieren. Die etablierten Konventionen zum Seitenaufbau sollen dabei beachtet werden, damit die Nutzer nicht verwirrt werden.

Startseite | Für die Startseite habe ich nach einigen Versuchen das folgende Wireframe entwickelt:

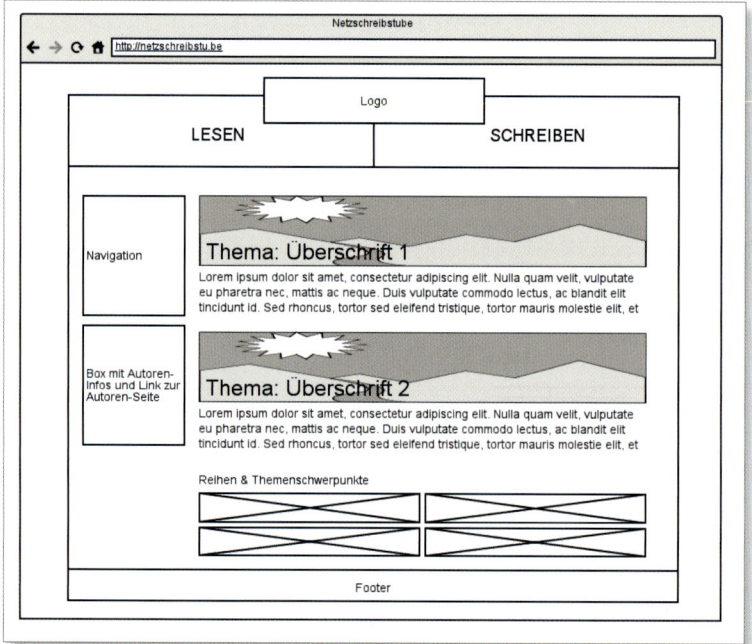

▲ **Abbildung 2.20**
Wireframe für die Netzschreibstube – dieses Wireframe ist noch nicht größenproportional, da wir auf die Größe von Websites noch zu sprechen kommen werden.

Da die Netzschreibstube nur aus zwei Hauptkategorien besteht, habe ich mich entschieden, den Header in diese beiden Bereiche zu teilen und ihn als Navigation zu verwenden. Beide Bereiche sollen eindeutige Bezeichnungen erhalten. Um dennoch ein Gefühl der Zusammengehörigkeit zu erzeugen, könnte sich das Logo zentral über beide Bereiche hinwegspannen.

Abgesehen davon folgt die Startseite etablierten Vorbildern. Zwei aktuelle Artikel werden untereinander aufgelistet – Bilder und kurze Texte sollen Lust aufs Lesen machen, das Thema eines Beitrags soll genannt werden, und als besonderes Gestaltungsmittel könnte ich mir eine halbtransparente Unterlegung der Überschrift vorstellen. Sinnvoll finde ich eine Auswahl von Themenreihen direkt über dem Footer. In der linken Spalte gibt es eine Navigation (etwa für beliebte Artikel) mit einer Autorenbox, und am Ende der Seite folgt ein Footer, in den ich Informationen wie das Impressum unterbringen könnte.

Kategorienseite | Auf den Kategorienseiten wird strukturell recht wenig verändert. Jedoch soll die aktuell gewählte Themenreihe oder Kategorie direkt unter dem Header mit einer Einleitung hervorgehoben werden. Die Auflistung der Artikel erfolgt blogtypisch umgekehrt chronologisch.

Eindeutige Gestaltung notwendig

Mir ist durchaus bewusst, dass dieser Ansatz ungewöhnlich ist – vertrauter dürften die Nutzer mit einem Navigationsmenü oben sein. Ich werde über verschiedene Gestaltungsmittel versuchen, Verwirrung auf Seiten meiner Nutzer zu vermeiden – ich werde darauf noch zu sprechen kommen.

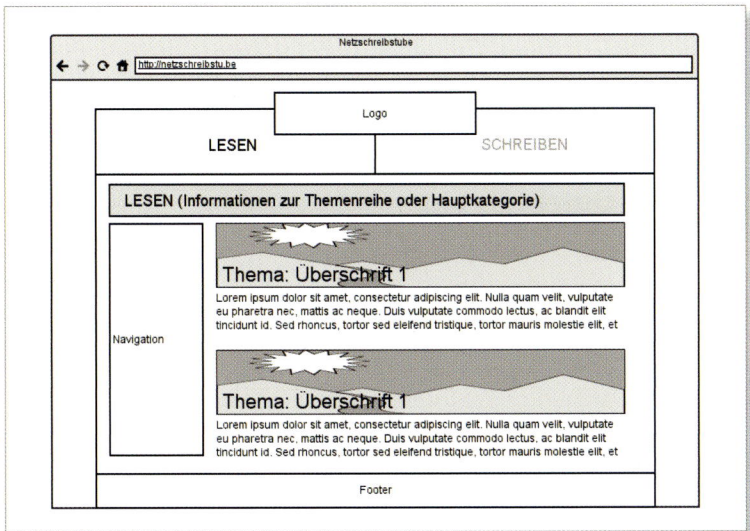

◀ **Abbildung 2.21**
Wireframe einer Kategorienseite

Artikelseite | Bei den Artikelseiten vertraue ich auf gewohnte Konventionen.

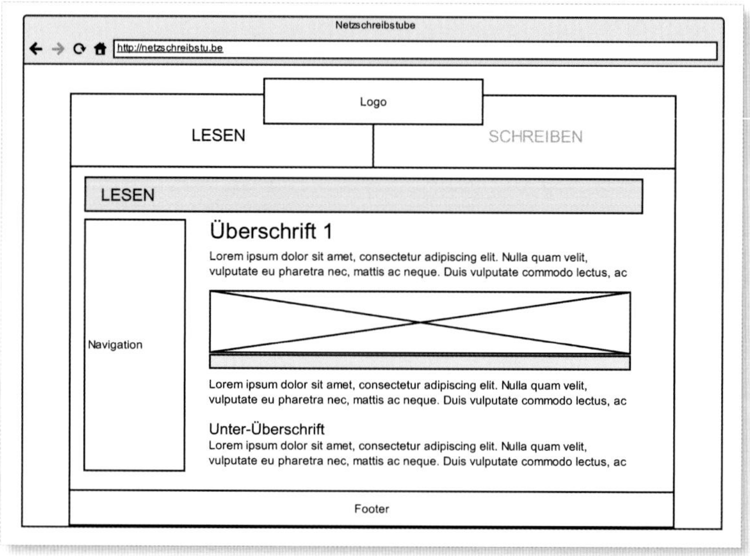

Abbildung 2.22 ▶
Wireframe einer Artikelseite

Sie finden das HTML-Grundgerüst im Ordner BEISPIELPROJEKT • KAPITEL_2.

HTML-Grundgerüst | Nachdem im Wireframe die grundsätzliche Struktur der Website weitgehend klar ist, kann ich sie bereits in HTML gießen. Sie finden das HTML-Gerüst auf der DVD – es gibt dort nichts, das Sie nicht bereits kennen.

In den kommenden Kapiteln werden wir die einzelnen Elemente nach und nach mit Inhalten füllen und gestalten.

Phase 4: Durchführung

Mit Ideen ausgerüstet geht es nun darum, sie in eine stimmige Gestaltung zu gießen. An dieser Stelle ist die Konzeption abgeschlossen, und Sie können alles, was Sie in den kommenden Kapiteln lernen werden, auf Ihre Konzeption anwenden. Vorher jedoch möchte ich auf einige Faktoren zu sprechen kommen, die sich wie ein roter Faden durch jedes Web-Projekt ziehen sollten: Usability, Accessibility und die Frage, für welche Geräte die Website eigentlich bereitgestellt werden soll.

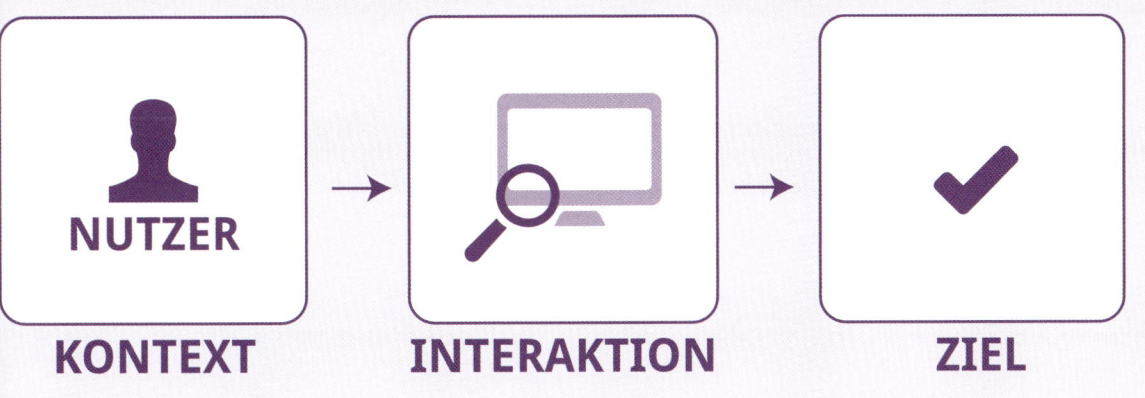

Benutzerfreundliche Websites

So machen Sie es den Nutzern Ihrer Website leicht

- ▸ Welche Konventionen gilt es zu beachten?
- ▸ Wann darf ich mich von Konventionen abheben?
- ▸ Was ist Accessibility?
- ▸ Wie funktioniert meine Website auf mobilen Geräten?

3 Benutzerfreundliche Websites

Der Nutzer steht im Web über allem – denn ohne Nutzer machen Websites keinen Sinn. In diesem Kapitel lernen Sie, was Sie tun können, um Ihren Nutzer gut zu behandeln – egal, unter welchen Umständen.

3.1 Usability

Der englische Begriff Usability steht für die Benutzerfreundlichkeit von Produkten, worunter auch Websites fallen. Der Begriff ist eine Wortschöpfung aus »to use« (benutzen) und »ability« (Möglichkeit) und bezeichnet die Möglichkeit, eine Website benutzen zu können.

An dieser Definition sehen Sie schon, dass der Nutzer für die Usability im Mittelpunkt steht. Der Nutzer tritt in eine Interaktion mit Ihrer Website, indem er auf Links klickt, sich die Inhalte anschaut oder andere Aktionen unternimmt.

Abbildung 3.1 ►
Usability betrachtet die Qualität der Interaktion eines Nutzers mit einer Website, die zu einem bestimmten Ziel führen soll. (Icons: *www.smashingmagazine.com/2011/12/29/ freebie-free-vector-web-icons-91-icons*)

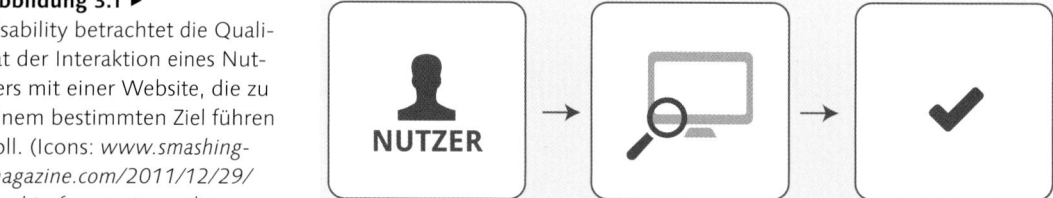

Die Internationale Standardisierungsorganisation ISO definiert Usability in der Norm DIN EN ISO 9241 wie folgt:

»Usability ist das Ausmaß, in dem ein Produkt durch bestimmte Benutzer in einem bestimmten Nutzungskontext genutzt werden kann, um bestimmte Ziele effektiv, effizient und zufriedenstellend zu erreichen.«

Aus dieser Definition lassen sich die zentralen Aspekte für eine gelungene Usability ableisen:

- **Bestimmte Nutzer**: Usability hängt stark von der jeweiligen Zielgruppe ab – in Kapitel 2 haben Sie bereits gelernt, wie wichtig es ist, Ihre Zielgruppe gut zu kennen.
- **Bestimmter Nutzungskontext**: Usability richtet sich stark nach dem Kontext der Benutzung, etwa der konkreten Zielsetzung der Website sowie der Situation der Nutzer.
- **Bestimmte Ziele**: Schließlich sind es immer die Ziele, nach denen Usability beurteilt wird. Wichtig dabei ist, dass Nutzer ihre Ziele überhaupt erreichen (effektiv), dass der Aufwand nicht zu hoch ist (effizient) sowie dass sie mit diesem Prozess zufrieden sind.

Usability folgt stets einem grundlegenden Ziel: **Orientierung** bieten. Im Web können wir nicht wissen, wie groß eine Website ist, wie viele Gliederungsebenen sie hat und wo ich bei einem Klick eigentlich herauskomme – bedenken Sie, ich könnte sogar auf einer ganz anderen Website landen!

Konventionen und Faustregeln für gute Usability

In den letzten Jahren haben sich Konventionen herausgebildet, an die sich die meisten Websites halten. Diese Konventionen haben klare Erwartungen geschaffen: Wer auf ein Logo klickt, erwartet, auf die Startseite zurück zu gelangen. Geschieht nichts oder etwas anderes, sind die Nutzer verwundert oder sogar verwirrt.

Designer sind oft zwiegespalten, was Konventionen angeht. Zum einen möchte man seinen Besuchern ein optimales Nutzungserlebnis bescheren. Andererseits möchten sich Designer aber auch nicht sklavisch an jede Konvention halten, die ihre Kreativität einschränkt. Denken Sie nur an Links: Müssen Links immer blau und unterstrichen sein, nur weil das eine Konvention ist? Auf vielen Websites würde das nicht wirklich gut aussehen.

Sie werden für jede Website selbst entscheiden müssen, an welche Konventionen Sie sich halten möchten und an welchen Stellen Sie Ihrer Kreativität freien Lauf lassen. Mein Rat an dieser Stelle: Wenn Sie einen guten Grund haben, Konventionen zu brechen, tun Sie das ruhig – etwa, weil Ihre Idee besser ist. Ansonsten sollten Sie Ihre Kreativität nicht auf Kosten der Nutzer ausleben.

Konventionen nur dann brechen, wenn die eigene Idee besser ist. Und das müssen Sie begründen oder – noch besser – testen.

Im Laufe der Jahre haben sich für den strukturellen Aufbau von Websites einige klare Konventionen herausgebildet. Die meisten

Seiten bestehen aus einem **Header** oben mit einer Navigation, einem **Hauptbereich** mit Inhalten, einer **Subnavigation** (meist linksspaltig, bei Blogs oft rechtsspaltig) und einem **Footer**.

Abbildung 3.2 ▶
Typische Websites bestehen aus einem Header mit Navigation, einer Subnavigation links (rechts bei Blogs), einem Content-Bereich und einem Footer.

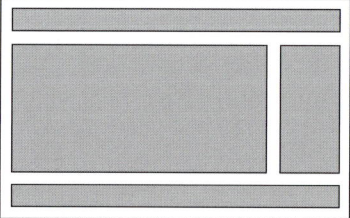

Komplexe Seiten haben oft drei Spalten – in diesem Fall befinden sich rechts meist Meta-Informationen.

Konventionen für den Header | Steve Krug beschreibt in seinem Standardwerk »Don't Make Me Think« fünf Elemente eines typischen Headerbereichs.

▲ **Abbildung 3.3**
Der Header der Deutschen Post (*http://post.de*) hält sich vorbildlich an die etablierten Konventionen.

Die Website-Kennung ❶ findet sich auf westlichen Websites fast immer oben links – eine gute, aufmerksamkeitsstarke Stelle für dieses wichtige Orientierungselement. Meist handelt es sich um ein Logo, um den Wiedererkennungswert einer Marke zu erhöhen.

▲ **Abbildung 3.4**
Konventionen sind stark kulturell geprägt. Die hebräische Site *http://opus. co.il* setzt die Site-Kennung nach rechts, denn Hebräisch wird von rechts nach links gelesen.

Ein Button zurück zur Startseite ist ein ganz zentrales Element zur Stärkung des Vertrauens in eine Website – wenn ich mich verirren sollte, kann ich immer wieder an den Ausgangspunkt zurückkehren. Standard ist es, die Site-Kennung ❶ mit der Startseite zu verlinken – so nimmt sie eine Doppelfunktion ein. Gerade unerfahrenen Nutzern könnte dies aber noch nicht geläufig sein. Für diese Zielgruppe bietet es sich also an, einen zusätzlichen Link namens »Home« oder »Startseite« einzubauen.

Die Sektionen einer Seite ❷ entsprechen nahezu immer ihrer Hauptnavigation. Und da es zur Navigation einiges zu sagen gibt, habe ich sie in einen eigenen Abschnitt ausgelagert.

In der Hilfsnavigation ❸ können Informationen untergebracht werden, die nicht so wichtig sind, dass sie in die Hauptnavigation gehören – das Impressum oder Informationen über das Unternehmen sind beliebte Beispiele.

Auf die Suchfunktion ❹ verzichten können allenfalls sehr kleine Websites. Nach Erkenntnissen von Usability-Experte Jakob Nielsen gibt es Nutzer, die eine Suchfunktion der gewöhnlichen Navigation vorziehen – er bezeichnet sie als suchdominante Nutzer.

> **Usability von Suchfeldern**
>
> Die Usability von Suchfeldern lässt sich verbessern, indem automatisch Rechtschreibfehler erkannt und schon beim Tippen Vorschläge gemacht werden. Erweiterte Suchoptionen machen Sinn, sollten jedoch optional sein. Und die Darstellung der Ergebnisse sollte möglichst übersichtlich gestaltet werden. Auf die technischen Details kann ich im Rahmen dieser Einführung nicht eingehen.

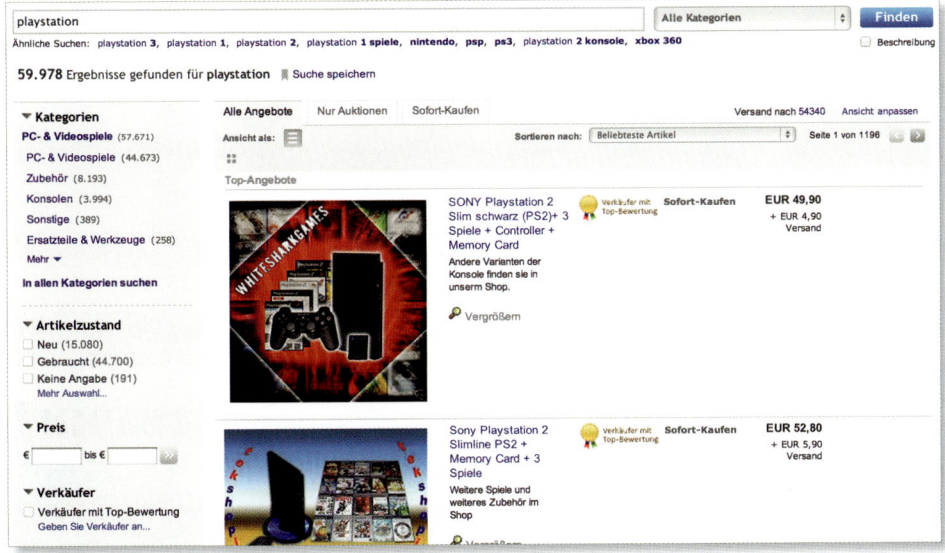

▲ **Abbildung 3.5**
Onlineshops und Aktionsplattformen wie Ebay (*http://ebay.de*) sind zu großen Teilen von ihrer Suchfunktion abhängig und investieren viel in sinnvolle Filterfunktionen der Ergebnisse.

Konventionen für die Navigation | Preisfrage: Wofür ist eine Navigation da? Klar, zum Navigieren – aber das ist nicht die ganze Wahrheit. Die Navigation einer Website hat folgende Funktionen:

▸ einen Eindruck von **Tiefe** und **Breite** der Website geben,

▸ das **Kernthema** der Website vermitteln,

▸ **Orientierung** bieten, wo auf der Website sich ein Nutzer gerade befindet,

▸ implizite **Anweisungen** geben, was man als Nutzer als nächstes tun könnte.

Abgesehen davon soll die Navigation **Vertrauen** schaffen: Weiß der Betreiber einer Website, wovon er spricht? Sind alle Themen enthalten, die man hier erwarten könnte? Macht er es mir einfach, sie zu finden? Oft müssen Sie eine Abwägung zwischen Konventionen und kreativem Ausdruck treffen. Ungewohnt positionierte Navigationen wie auf *www.enercity.de* können einer Gestaltung zwar das gewisse Etwas geben, allerdings auch zu großer Verwirrung bei den Nutzern führen.

Abbildung 3.6 ▸
Eine mittig positionierte Navigation wie auf *www.enercity. de* kann vor allem unerfahrene Nutzer verwirren.

Es ist also **nicht** Aufgabe der Navigation, die Organisationsstruktur eines Unternehmens oder einer Institution abzubilden. Das wird noch immer häufig vergessen. Wie viele Universitäten erwarten eigentlich von ihren Nutzern, dass sie auf »Fachbereich II« klicken, um bei der Germanistik herauszukommen? Woher aber soll ein externer Nutzer wissen, zu welchem Fachbereich die Germanistik gehört?

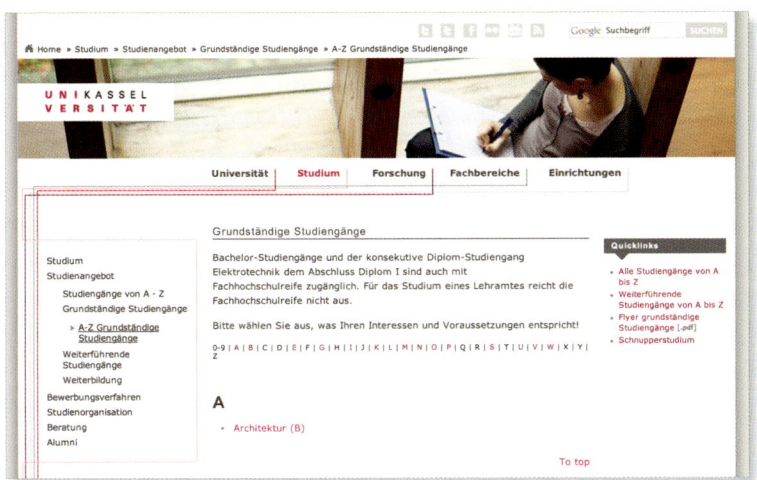

◄ **Abbildung 3.7**
Die Uni Kassel (*www.uni-kassel.de*) sortiert die Studiengänge alphabetisch.

Websites für Unis
Universitäten gehören zu den größten konzeptionellen Herausforderungen im Webdesign – während sich Interne hervorragend mit der Struktur der Fachbereiche auskennen, wissen Externe davon nichts. Viele Universitäten wählen daher den Ausweg, für Externe in einer eigenen Rubrik (meist »Studium«) Informationen alphabetisch zu gruppieren.

Ein weiterer wichtiger Punkt: Auf die Navigation muss Verlass sein. Dazu gehört nicht nur, dass die Links auch funktionieren, sondern besonders, dass sich die Hauptnavigation auf jeder Seite an derselben Stelle befindet.

Schließlich darf die Navigation nicht verwirren: Stellen Sie sicher, dass die Begriffe für Ihre Zielgruppe verständlich sind. Das ist schwieriger als Sie vermuten könnten – wenn ich einen Drucker für mein Büro zu Hause benötige, muss ich dann bei den Produkten auf »Für das Büro« oder »Für zu Hause« klicken?

◄ **Abbildung 3.8**
Canon (*www.canon.de*) hat Drucker für den privaten Bereich (»Consumer«) sowie professionelle Drucker (»Business«) im Angebot. Wozu aber gehört mein Büro zu Hause?

Apropos Klicken: Natürlich gibt es eine ganze Reihe von Konventionen, was eigentlich ein Link ist, wie er auszusehen und zu reagieren hat. Wie erwähnt sind Links traditionellerweise blau und unterstrichen. Nun passt das allerdings nicht zu jedem Layout. Sie müssen also abwägen, ob Sie eher der Konvention folgen möchten oder auf ein individuelles Design bauen.

Gute Usability hört jedoch nicht bei der Wahl von Farben auf. Machen Sie es Ihren Nutzern leicht zu erkennen, was sie hinter einem Link erwartet. Ein Linktext namens »hier klicken« ist dazu eher wenig geeignet. Ein guter Link zum Spiegel sähe z. B. so aus:

```
<a href="http://spiegel.de" title="Aktuelle Nachrichten
vom Spiegel">Website von Spiegel Online</a>
```

▲ **Listing 3.1**
Vorbildlicher Quelltext eines Links

»
Gute Links haben einen eindeutigen Linktext und ein aussagekräftiges `title`*-Attribut.*

»
Zeigen Sie Ihren Nutzern über CSS, welchen Link sie gerade ausgewählt haben.

Sie sehen: ein sinnvolles `title`-Attribut und ein eindeutiger Linktext – der Nutzer bleibt so nicht darüber im Dunkeln, was ihn bei einem Klick erwartet. Gute Usability ist also gar nicht so schwer, wenn Sie ein paar Grundregeln beachten.

Wo wir gerade bei Grundregeln sind – insbesondere für die Navigation gilt: Der aktuell angewählte Punkt sollte hervorgehoben werden. Ihre Nutzer sollten jederzeit sehen können, ob ein Link gerade aktiv ist oder nicht. Sie können außerdem klar hervorheben, ob ein Link gerade mit der Maus überfahren wird oder per ⇥ ausgewählt ist. Wie das konkret geht, erfahren Sie im folgenden Kapitel, wenn wir uns CSS anschauen (siehe Seite 128).

Konventionen für die Struktur | Prinzipiell steht es Ihnen frei, beliebig viele Strukturebenen einzusetzen. Empfehlenswert sind jedoch möglichst flache Hierarchien. Zum einen helfen sie bei der Suchmaschinenoptimierung, weil Suchmaschinen nur ungern in tief verschachtelte Ebenen eintauchen. Zum anderen erleichtern sie Ihren Benutzern, zu den Inhalten zu navigieren – und sich zu merken, wo sie einen Inhalt gefunden haben.

Abbildung 3.9 ▼
Tiefe Hierarchien sind sehr strukturiert, erfordern aber viele Klicks. Flache Hierarchien machen Inhalte mit wenigen Klicks erreichbar, erfordern aber meist klare Entscheidungen, welche Informationen nicht so wichtig sind, dass sie auf der Website dargestellt werden müssen.

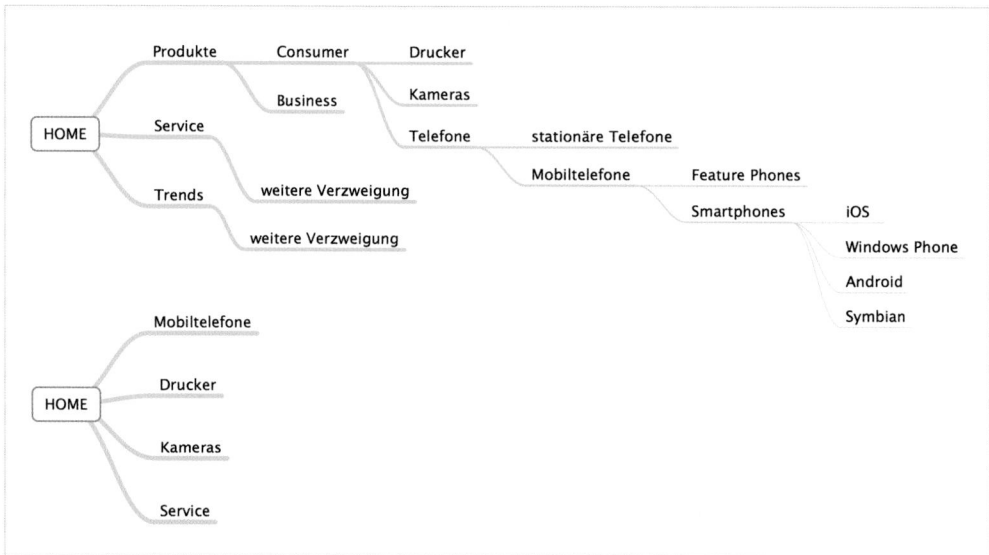

Die Design-Plattform Crowdspring ist ein gutes Beispiel dafür, wie Sie in der Praxis hierarchische Navigationen abbauen können. Würde man dort alle Informationen in eine klassische Navigation pressen, wäre das sehr unübersichtlich: »Design > Graphic Design > Open Contests > 3 Days Left«. Ein weiteres Problem: Wenn ein Nutzer alle Wettbewerbe sehen möchte, die bald ablaufen, lässt sich diese Aufgabe mit einer hierarchischen Struktur kaum lösen. Besser ist es da, mit Filtern (z. B. für Kategorien und Typen) und Icons (z. B. für die restlichen Tage) zu arbeiten.

Tipps für flache Hierarchien

Zu Beginn eines Projekts sind meist viele Hierarchie-Ebenen geplant. Es hilft jedoch, sich kritisch zu fragen, welche Informationen wirklich so wichtig sind, dass sie eine eigene Ebene erfordern.

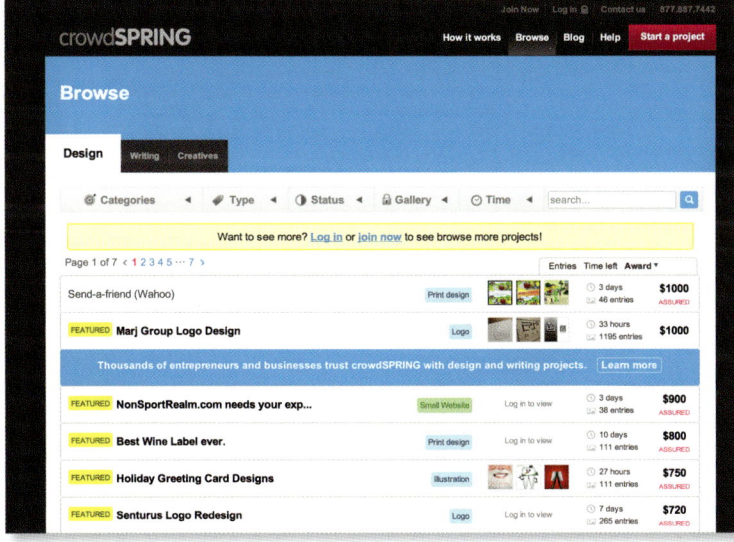

◄ **Abbildung 3.10**
Icons und Filter statt komplexer Hierarchien auf Crowdspring (*http://crowdspring. com*)

Eine gute Faustregel ist, im Idealfall nicht mehr als drei Gliederungsebenen zu verwenden. Eine etwas grobe Richtlinie: Je leichter ein Klick fällt, desto mehr Navigationsebenen sind in Ordnung. Sie merken, dass die verschiedenen Usability-Faktoren miteinander verbunden sind: Wenn die Begriffe auf der zweiten Navigationsebene so kompliziert sind, dass Nutzer lange darüber nachdenken müssen, werden sie wohl kaum viele weitere Ebenen durchklicken. Umgekehrt können einfache Begriffe dabei helfen, viele Navigationsebenen abzumildern.

Zu einer klaren Seitenstruktur gehört natürlich auch Orientierung. Jede Seite benötigt einen Seitentitel – und zwar direkt beim Inhalt, nicht (nur) irgendwo oben in der Menüzeile des Browsers oder neben dem Logo. Dass er auffällig sein und sowohl zum Inhalt als auch zur Beschriftung des entsprechenden Navigationspunkts passen sollte, versteht sich von selbst.

▲ **Abbildung 3.11**
Die Welt (*http://welt.de*) hebt die aktuelle Rubrik ❶ in der Hauptnavigation hervor. In einigen Rubriken kommen zusätzlich auffällige Grafiken ❷ direkt über dem Inhalt vor – absolut vorbildlich, denn so weiß ein Leser sofort, wo er sich befindet. Noch besser wäre es, diese Grafiken konsequent in allen Rubriken zu verwenden.

▲ **Abbildung 3.12**
Breadcrumbs, hier am Beispiel von *http://lovefilm.de*, zeigen den konkreten Navigationspfad mit Links.

Außerdem bedeutet Orientierung, den aktuell aktiven Navigationspunkt deutlich hervorzuheben. Ergänzend sind Breadcrumbs denkbar – kleine Links direkt über dem Inhalt, die den konkreten Navigationspfad abbilden.

Aber wie viele Navigationspunkte sollte unsere Hauptnavigation denn nun haben? Da gibt es keine Patentlösungen – Richtlinien allerdings schon. Haben Sie schon einmal etwas von der Millerschen Zahl gehört? George A. Miller, ein amerikanischer Psychologe, veröffentlichte 1956 einen Artikel, nach dem Menschen maximal sieben (plus/minus zwei) Informationen gleichzeitig im Kurzzeitgedächtnis verarbeiten können. Bei einer größeren Anzahl von Optionen gehe der Überblick verloren.

Trotz einiger Kritik an der Millerschen Zahl bietet sie eine brauchbare Faustregel für die Zahl der Navigationsoptionen. Ein paar mehr oder weniger sind allerdings kein Problem, denn schließlich müssen die Nutzer die Navigation nicht auswendig lernen.

Konventionen für die Seitentypen | In der Praxis hat sich herausgestellt, dass nicht jede Einzelseite einer Website die gleiche Funktion ausübt. Die Folge: An unterschiedliche Seitentypen werden verschiedene Anforderungen gesetzt, die sich auf Usability und Gestaltung auswirken. Als sinnvoll hat sich die folgende grobe Einteilung herausgestellt:

▶ **Startseite**: Die Entwicklung der Startseite dürfte die anspruchsvollste Aufgabe jeder Website sein. Hier soll die Zielgruppe angesprochen und überzeugt werden, auf die Unterseiten zu navigieren. Die Startseite soll daher die Hierarchie der Website aufzeigen und zugleich Lust auf die Inhalte machen.

▶ **Kategorienseite**: Kategorienseiten sind die eigentlichen Rubriken einer Website. Das können die Kategorien eines Blogs sein, die Produkttypen eines Onlineshops oder die Themen einer Nachrichtenseite.

▶ **Detailseite**: Detailseiten oder Artikelseiten enthalten die eigentlichen Inhalte einer Website. Das kann ein Artikel oder ein Produkt sein.

Am schwierigsten zu gestalten ist die **Startseite**. Da sie die meiste Aufmerksamkeit erhält, sind Kompromisse meist unvermeidlich – schließlich möchte jedes Thema hier gerne möglichst prominent präsentiert werden. Steve Krug formuliert fünf Fragen, die Sie bei aller Kompromissbereitschaft niemals vernachlässigen dürfen:

▶ Worum geht es hier?
▶ Was kann ich hier machen?
▶ Was bietet die Website an?
▶ Warum soll ich hier sein – und nicht irgendwo anders?
▶ Wo fange ich an?

Eine gute Startseite bietet Antworten auf alle diese Fragen. Im Idealfall gibt bereits die Gestaltung Antwort auf die ersten beiden Fragen – im Laufe dieses Buches werden Sie verschiedene Verfahren kennenlernen, wie Sie die richtigen Assoziationen sicherstellen.

Die Antworten auf die dritte und vierte Frage sind besonders gut über Inhalte zu lösen, ob als Texte oder Bilder. Wichtig: Auf prägnante Texte und aussagekräftige Bilder achten. Erklärungsintensive Websites können zum Beispiel einen Willkommenstext und

Card Sorting

Card Sorting ist ein effektives Verfahren zur Strukturierung von Websites. Schreiben Sie jeden geplanten Inhalt der Website auf eine Karte und verschieben Sie diese Karten, bis Sie eine sinnvolle Struktur haben. Inhalte, die in einem Hauptpunkt zusammengefasst werden können, legen Sie dazu untereinander. Inhalte auf einer Gliederungsebene legen Sie nebeneinander. Wenn Sie das Verfahren von Mitgliedern Ihrer Zielgruppe durchführen lassen, können Sie direkt in einem testen, ob Ihre Struktur der Ihrer Zielgruppe entspricht.

Grafiken verwenden, um kurz und prägnant auf ihre Mission hinzuweisen.

Wireframes für Unterseiten

Lassen Sie aber bei aller Liebe für die Startseite nicht die anderen Seiten hinten runterfallen. Jeder Seitentyp verdient ein eigenes Wireframe und später ein eigenes Layout. Dass das noch lange nicht immer der Fall ist, merken Sie an den vielen Websites, bei denen die Unterseiten nach einer starken Homepage gestalterisch abfallen.

Die fünfte Frage schließlich lässt sich in drei Nutzungsabsichten gliedern. Wer suchen will, sollte ein auffälliges Suchformular geboten bekommen. Wem eher nach Browsen zu Mute ist, benötigt eine klare Navigation. Und wer eine Vorselektion wünscht, wird durch redaktionelle Angebote fündig – etwa die besten Angebote oder besonders beliebte Artikel.

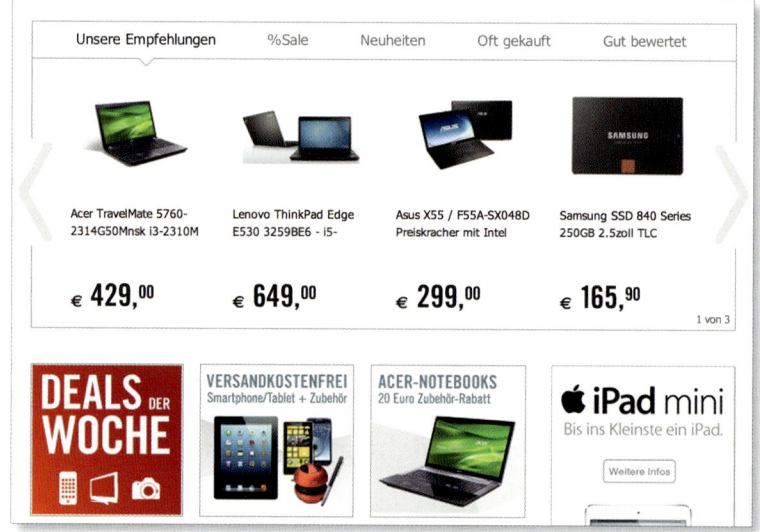

Abbildung 3.14 ▶
Der Onlineshop Cyberport (*http://cyberport.de*) versucht mit verschiedenen Tipps, unentschlossene Besucher für seine Angebote zu begeistern.

Usability und Inhalte

Obwohl Sie als Designer bereits einiges für eine gute Usability tun können, dürfen Sie sich darauf nicht ausruhen. Gute Usability hat genauso viel mit den Inhalten zu tun wie mit dem Design. Wenn

Sie selbst die Inhalte beisteuern, können Sie direkt darauf Einfluss nehmen. Werden die Inhalte jedoch von Kunden oder Redakteuren erstellt, sollten Sie zumindest beratend tätig werden.

Da es in diesem Buch ja um die Gestaltung von Websites geht, kann ich auf inhaltliche Aspekte der Usability nur am Rande eingehen – Quellen für ausführliche Informationen finden Sie in meinen Literaturempfehlungen. Die wichtigste Faustregel für inhaltlich gute Usability: Lassen Sie alles Unnötige weg. Darunter fallen unnötige Wörter ebenso wie sinnlose Texte à la »Willkommen auf unserer Homepage. Wir freuen uns, dass Sie da sind«. Bedienungsanleitungen für Websites werden übrigens auch nicht gelesen – sie helfen Ihnen also nicht weiter, wenn Ihre Website nicht per se intuitiv ist.

3.2 Accessibility – Zugänglichkeit und Barrierefreiheit

Accessibility bedeutet wörtlich »Zugänglichkeit«, wird im Deutschen aber häufig als Barrierefreiheit bezeichnet. Dem Nutzer sollen also bei der Benutzung einer Website keine Steine in den Weg gelegt werden. Das klingt zunächst einmal logisch, wird jedoch in der Praxis überraschend häufig nicht beachtet. Nämlich besonders dann, wenn es um behinderte Menschen geht. Wenn Ihre Website auf die Bedürfnisse dieser Menschen keine Rücksicht nimmt, entstehen oft unüberwindbare Barrieren, und behinderte Menschen können Ihre Website nicht besuchen. Das Paradebeispiel dafür sind sicherlich blinde und sehbehinderte Nutzer.

Behinderte Menschen in Deutschland

Das Statistische Bundesamt sprach für 2010 von 8,7 Millionen behinderten Menschen in Deutschland – das entspricht jedem zehnten Bürger. Auch wenn nicht jede Behinderung die Verwendung des Internets einschränkt, handelt es sich dabei um eine relevante Zielgruppe.

Warum Accessibility wichtig ist – immer

Als Webdesigner werden Sie leider häufig auf Unverständnis stoßen und von vielen Kunden Sätze zu hören bekommen wie »Blinde Menschen gehören nicht zu meiner Zielgruppe«. Eine solche Einstellung ist direkt aus einer ganzen Reihe von Gründen problematisch:

▶ Sie ist arrogant, weil sich niemand sicher sein kann, von einer Behinderung bewahrt zu bleiben.

▶ Sie ist kurzsichtig, weil Suchmaschinen bei ihrer Indexierung von Inhalten sehr viel mit blinden Nutzern gemein haben.

▶ Sie basiert auf der sachlich falschen Annahme, dass Behinderungen nur einzelne Menschen beträfen, jedoch nicht alltäglich seien.

Die letzte Aussage möchte ich ein wenig erläutern, denn wenn ich einmal genau darüber nachdenke, fallen mir sehr viele Situationen im täglichen Leben ein, in denen ich auf die Vorteile der Accessibility zurückgreife. Dieses Buch ist, wie viele andere meiner Texte, in einer Anwendung entstanden, die es mir erlaubt, den gesamten Inhalt meines Rechners auszublenden und nur noch meinen Text vor mir zu sehen – nicht einmal Schaltflächen gibt es dann noch. Ich tue dies ganz bewusst, um Dinge auszublenden, die mich vom Schreiben ablenken könnten. Manchmal stelle ich diesen Text auf »Weiß auf Schwarz«, weil mich Schwarz auf Weiß zu sehr blendet – besonders abends ist das der Fall, während ich tagsüber gerne die hellere Variante wähle. Und obwohl ich gerne lese, lasse ich mir Texte bisweilen per Sprachausgabe vorlesen – sei es, weil ich gerade Auto fahre oder weil ich einfach meine Augen entspannen möchte. Vielleicht geht es Ihnen ähnlich.

Accessibility hat also nicht nur etwas damit zu tun, behinderten Menschen Zugang zu einer Website zu ermöglichen, sondern auch, seine Nutzer mit Achtung zu behandeln und ihnen die Flexibilität zu ermöglichen, die sie sich von einer Website wünschen.

Hilfsmittel für behinderte Menschen

Es gibt zahlreiche Hilfsmittel, mit denen behinderte Menschen auf Websites surfen können. Für blinde Menschen gibt es spezialisierte Software, die Inhalte von Websites vorlesen kann (Screenreader), und selbstredend gibt es Ein- und Ausgabegeräte mit Braille-Schrift.

Menschen mit Seheinschränkungen können den Bildschirm per Bildschirmlupe vergrößern oder aber Einstellungen in ihrem Browser vornehmen, die für sie angenehm sind – diese Nutzereinstellungen haben *immer* Vorrang vor Ihren Angaben als Webdesigner.

Accessibility testen

Accessibility muss wie viele andere Aspekte einer Website getestet werden. In Kapitel 8, »Testen und optimieren«, werde ich auf einige Verfahren dafür zu sprechen kommen.

▲ **Abbildung 3.15**
Bildschirmlupe unter Mac OS X

Wer Schwierigkeiten mit der Bedienung per Maus oder Touchscreen hat, kann auf alternative Eingabegeräte zurückgreifen – Computer lassen sich mit dem Mund, per Spracheingabe oder durch bloße Blicke steuern.

Barrierefreiheit per Gesetz

In Deutschland darf niemand diskriminiert werden – Artikel 3 des Grundgesetzes enthält einen eindeutigen Hinweis darauf, dass niemand »wegen seiner Behinderung benachteiligt werden« darf.

In §4 des Gesetzes zur Gleichstellung behinderter Menschen (BGG) wird erläutert, was das konkret bedeutet. »Systeme der Informationsverarbeitung«, zu denen auch Websites zählen, sind dann barrierefrei, »wenn sie für behinderte Menschen in der allgemein üblichen Weise, ohne besondere Erschwernisse und grundsätzlich ohne fremde Hilfe zugänglich und nutzbar sind«.

Noch konkreter wird das in der BITV (Barrierefreie Informationstechnik-Verordnung), von der seit 22. September 2011 die Version 2.0 in Kraft ist. Sie kann als Handlungsempfehlung für alle Websites gelten. Für Einrichtungen des Bundes und seiner Verwaltung ist Barrierefreiheit nach der BITV vorgeschrieben.

Niemand darf diskriminiert werden

Barrierefreiheit leitet sich in Deutschland aus dem Verbot von Diskriminierung ab.

BITV 2.0 im Netz

Unter *www.bitvtest.de/ infothek/artikel/lesen/ bitv-20.html* können Sie den genauen Wortlaut dieser Verordnung nachlesen.

Initiativen für Barrierefreiheit

Neben den deutschen Verordnungen gibt es eine ganze Reihe internationaler Initiativen für mehr Barrierefreiheit.

Wichtig sind die **Web Content Accessibility Guidelines** (WCAG). Das sind offizielle Accessibility-Richtlinien des W3C, die Sie in deutscher Übersetzung unter *www.w3.org/Translations/WCAG20-de* finden können. Kennen sollten Sie außerdem die **Web Accessibility Initiative Accessible Rich Internet Applications Suite** (WAI-ARIA) – ein sehr sperriger Name, hinter dem sich aber einige sinnvolle Maßnahmen für größere Accessibility in interaktiven Webanwendungen verbergen. WAI-ARIA finden Sie unter *www.w3.org/WAI/intro/aria.php*.

Ich möchte an dieser Stelle darauf verzichten, die einzelnen Bestimmungen und Initiativen im Detail durchzugehen – das wäre eher etwas für erfahrene Webdesigner. Allerdings möchte ich Ihnen einige konkrete Ratschläge mitgeben, mit denen Sie auf ganz einfache Weise sehr viel für die Zugänglichkeit Ihrer Websites tun können.

Accessibility und Webstandards

Zunächst die gute Nachricht: Barrierefreiheit ist gar nicht so schwer umzusetzen, wenn Sie konsequent daran denken und einige Regeln beachten. Verwenden Sie die jeweiligen HTML-Elemente, um Text richtig auszuzeichnen. Ein Beispiel: Überschriften sollten nicht einfach nur per CSS groß dargestellt, sondern wirklich auch mit den entsprechenden HTML-Tags als Überschriften bezeichnet werden. Screenreader verstehen kein CSS – warum auch, Gestaltung hilft blinden Menschen sowieso nicht. Jedoch sind Screenreader sehr wohl in der Lage, die verschiedenen HTML-Elemente zu unterscheiden.

Ein weiterer Vorteil von Webstandards ist die gute **Linearisierbarkeit**. Damit ist gemeint, ein Dokument vollkommen losgelöst von CSS verwenden zu können. Denken Sie daran: CSS ist ein Gestaltungsvorschlag des Designers, aber das HTML muss auch vollkommen ungestaltet alle Inhalte vermitteln. Achten Sie deshalb auf eine logische Reihenfolge im Dokument. Eine Überschrift gehört auch im Quelltext über den Text und nicht im Nachhinein per CSS nach oben geschoben.

Die Linearisierbarkeit eines Layouts können Sie testen, indem Sie das CSS komplett ausschalten. Eine gute Website macht auch in dieser Rohversion Sinn.

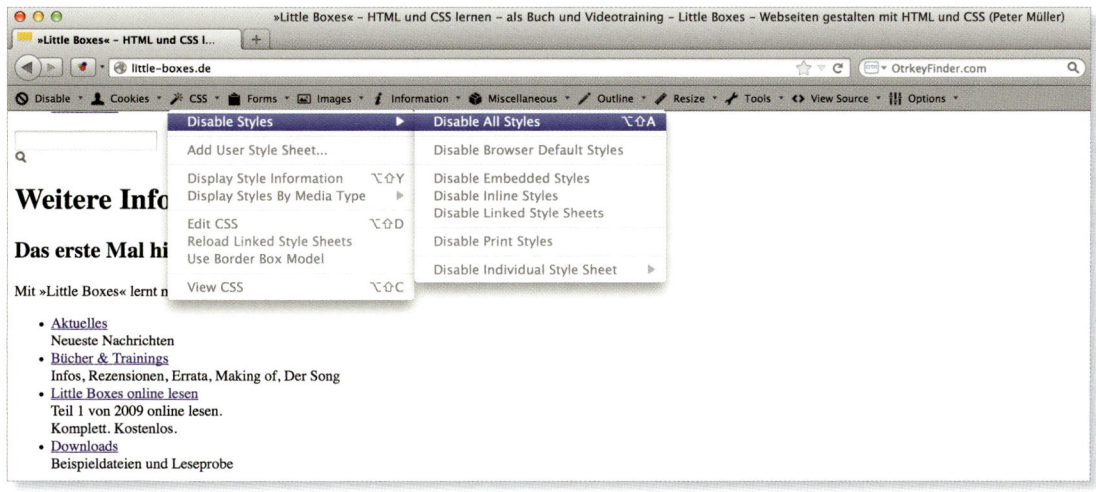

▲ **Abbildung 3.16**
Test der Linearisierbarkeit: Im Firefox installieren Sie dazu die Web Developer Toolbar (*https://addons.mozilla.org/de/firefox/addon/web-developer*) – ein Klick schaltet dann das gesamte CSS ab.

Accessibility und Navigation

Im Bereich der Navigation können Sie viel bewegen, indem Sie auf eine gute Usability achten, denn von einer logischen Navigation profitieren alle Nutzer gleichermaßen. Einige Aspekte gibt es jedoch, auf die Sie aus Sicht der Accessibility besonders achten sollten. Die Grundregel lautet: Ermöglichen Sie Ihren Nutzern, mit dem Eingabegerät ihrer Wahl zu arbeiten. Das ist nicht unbedingt die Maus – und daraus ergeben sich Folgen.

Eine dieser Folgen betrifft die Größe von Buttons und Schaltflächen. Während Sie nämlich mit der Maus recht genau zielen können, sind Sie auf einem Touchscreen oder mittels Mausersatz-Technologien wesentlich ungeschickter. Buttons und Schaltflächen dürfen also nicht zu klein werden. In Kapitel 7, »Grafiken und Bilder«, werden wir uns noch ausgiebig mit Buttons beschäftigen.

Außerdem sollten Sie die Tastaturbedienung gezielt fördern. Mittels ⇥ kann man sich von Link zu Link hangeln. Der Browser geht dabei schnöde von oben nach unten vor. Alternativ gibt es ein eigenes HTML-Attribut, mit dem Sie die Reihenfolge festlegen können, in der Links per ⇥ ausgewählt werden: tabindex.

Accesskey

Theoretisch gäbe es noch ein weiteres HTML-Attribut für die Accessibility: accesskey. Damit können Sie ganze Tastaturkürzel für wichtige Navigationspunkte festlegen. In der Praxis hat sich dies nicht durchgesetzt, denn Sie müssten genau darauf achten, keine Tastaturkürzel der Browser zu überschreiben – und das für alle Browser auf allen Betriebssystemen.

Listing 3.2 ▶
Mittels `tabindex` kann die Tabulator-Reihenfolge flexibel festgelegt werden, sofern die Reihenfolge im Quelltext selbst nicht verändert werden soll.

```
<ul>
  <li><a href="http://spiegel.de" tabindex="4" title=
    "Website des Spiegel">Spiegel Online</a></li>
  <li><a href="http://focus.de" tabindex="1" title=
    "Website des Focus">Focus</a></li>
  <li><a href="http://sueddeutsche.de" tabindex="2" title=
    "Website der Süddeutschen Zeitung">Süddeutsche Zeitung
  </a></li>
  <li><a href="http://faz.net" tabindex="3" title=
    "Website der Frankfurter Allgemeinen Zeitung">
    Frankfurter Allgemeine Zeitung (FAZ)</a></li>
</ul>
```

》 *Achten Sie auf eine sinnvolle Reihenfolge der HTML-Elemente im Quelltext – auch ohne CSS.* `tabindex` *sollten Sie nur im Notfall verwenden.*

An dem Beispiel erkennen Sie bereits: `tabindex` ist häufig nicht notwendig, wenn man auf eine gute Reihenfolge der HTML-Elemente im Quelltext achtet. So wäre es im obigen Beispiel überhaupt kein Problem, die Links einfach in der richtigen Reihenfolge zu setzen und somit auf `tabindex` zu verzichten. Wann immer es also möglich ist, sollten Sie Ihr Hauptaugenmerk darauf richten, schon im HTML eine sinnvolle Reihenfolge der Elemente festzulegen. `tabindex` können Sie verwenden, sofern das nicht möglich sein sollte.

Accessibility und Inhalte

Wie die Usability hängt auch Accessibility eng mit inhaltlichen Aspekten zusammen. Menschen mit geistiger oder Lernbehinderung sind davon ebenso betroffen wie Nicht-Muttersprachler. Wenn Sie selbst die Inhalte schreiben, bedenken Sie, dass verständliche Sprache und einfacher Satzbau ein Plus sind. Dies hängt natürlich stark von Ihrer Zielgruppe ab. Im Zweifel ist einfache Sprache immer besser, denn damit verprellen Sie niemanden.

Flash

Vor einigen Jahren waren animierte Websites auf Basis von Adobe Flash total angesagt. Flash hat allerdings große Zugänglichkeitsprobleme und ist daher heute nur noch in Randbereichen des Webdesigns ein Thema.

Das hilft aber alles nichts, wenn ein Nutzer Ihren Inhalt gar nicht wahrnehmen *kann*. Bedenken Sie, dass nicht alle Nutzer visuelle Informationen aufnehmen können. Ob Farben, Audio oder Bewegtbild: Kein Inhalt sollte ausschließlich über einen Sinneskanal vermittelt werden. Text eignet sich dafür am besten, denn er kann durch Software wie Screenreader flexibel in andere Sinneskanäle übertragen werden. Wie Sie Text-Alternativen anbieten, werden wir später noch behandeln (siehe Seite 354).

Obwohl Screenreader durchaus leistungsfähig sind, hilft es ihnen, wenn Sie am Anfang eines Dokuments schreiben, in welcher Sprache der Text eigentlich ist. Das geht über das `lang`-Attribut direkt in HTML:

```
<html lang="de">
```

▲ **Listing 3.3**
Dieses HTML-Dokument enthält deutschen Text.

Bedenken Sie außerdem: Screenreader erlauben es ihren Nutzern, sich nur die Links vorlesen zu lassen – ungemein praktisch, um sich auf einer Website zu bewegen. Die Folge davon ist allerdings, dass alle Links selbsterklärend sein sollten. Ein Link namens »mehr« oder »hier« ist das nicht.

> *Selbsterklärende Links tragen zur Suchmaschinenoptimierung bei, denn so kann die Suchmaschine das Thema der verlinkten Website erkennen.*

Razzien bei der Deutschen Bank

Fahnder sollen Zufallsfund zu Kirch gemacht haben

Zwei Razzien bei der Deutschen Bank gab es binnen einer Woche - und die hängen offenbar eng zusammen. Laut einem Zeitungsbericht sind Fahnder, die Beweismittel wegen Steuerbetrugs suchten, auch auf Akten zum Kirch-Prozess gestoßen. Also hätten die Ermittler erneut zugeschlagen. mehr... [Forum]

- Kirch-Verfahren: Schon wieder Razzia bei der Deutschen Bank
- Italien: Gericht verurteilt Deutsche Bank wegen schweren Betrugs

▲ **Abbildung 3.17**
Spiegel Online bietet seinen Nutzern »mehr« ❶ – wer sich jedoch nur die Links vorlesen lässt, weiß nicht, wovon mehr. Dabei wäre eigentlich genug Platz für »mehr über die Razzia bei der Deutschen Bank«.

Das `title`-Attribut

Das `title`-Attribut aus HTML, das Sie bereits kennen, kann zur näheren Beschreibung eines Links verwendet werden. Aber Vorsicht: Es wird in Screenreadern nur optional ausgegeben. Einen nicht sprechenden Textlink können Sie also nicht durch ein aussagekräftiges `title`-Attribut wieder wettmachen.

3.3   Responsive Webdesign

Das mobile Web wird immer relevanter. Das Unternehmen Accenture spricht in seiner Studie »Mobile Web Watch 2012« für Deutschland von satten 30 Millionen mobilen Nutzern, was 58 % der Teilnehmer der repräsentativen Umfrage entspricht. Für Österreich (71 %) und die Schweiz (76 %) ist dieser Prozentsatz noch einmal wesentlich höher. Noch ein Jahr zuvor waren lediglich 28 %

Mobile First

Luke Wroblewski sind mobile Nutzer sogar so wichtig, dass er das mobile Web als Grundlage der Konzeption sieht: »Mobile First« lautet sein vieldiskutierter Ansatz.

der Teilnehmer mobil online. Mobile Internetnutzung ist damit eindeutig im Massenmarkt angekommen.

Diese Nutzerzahlen sprechen eine eindeutige Sprache: Wer heute eine Website baut, möchte sie meist auch direkt für die mobile Nutzung optimiert haben. Und da Sie ja sowieso gerade erst damit anfangen: Was läge näher, als sich direkt bei der Konzeption mit der mobilen Nutzung zu beschäftigen?

Möglichkeiten für mobile Websites

Wenn es um eine mobile Website geht, haben Sie prinzipiell zwei Möglichkeiten.

Eigene Mobilversion

+ Inhalte auf spezielle Bedürfnisse mobiler Nutzer anpassbar
− aufwändig
− könnte Nutzer verwirren

Mobile Versionen einer Webseite | Die erste lautet: Extrawurst. Sie entwerfen eine zweite Website. Da können Sie sich dann nach Herzenslust austoben – eine andere Gestaltung und andere Inhalte sind problemlos möglich. Und natürlich können Sie auf Wunsch auch eine dritte Version für Tablets machen. Die Umschaltung erfolgt dann meist über eine Browserweiche. Dabei wird abgefragt, welcher Browser und welches System verwendet werden, und eine entsprechende Version angezeigt.

Empfehlenswert ist dieses Vorgehen, wenn Sie davon ausgehen können, dass Nutzer unterwegs auf Ihrer Webseite andere Bedürfnisse haben als an ihren Rechnern. Durch die Umleitung auf ein alternatives Angebot können Sie ihnen andere Inhalte anbieten als auf der »normalen« Webseite. So macht es zum Beispiel die Bahn. Auf der mobilen Version gibt es die umfangreichen Informationen der Hauptseite nicht mehr, dafür liegt der Fokus klar auf den Features, die man unterwegs verwenden möchte – Fahrpläne, Haltestellen, Buchung.

Die Nachteile liegen ebenfalls auf der Hand: Eine eigene mobile Website macht wesentlich mehr Arbeit, besonders, wenn aktuelle Inhalte erscheinen sollen – die müssen dann nämlich für jede Version separat eingepflegt werden.

▲ **Abbildung 3.18**
Die Bahn bietet unter *http://mobile.bahn.de* eine spezielle Mobilversion ihrer Website an.

Responsive Webdesign | Der Trend geht daher derzeit klar in eine andere Richtung: eine Version für alle, aber flexible Anpassung an die spezifischen Gegebenheiten. Der Fachbegriff für diesen Trend lautet »Responsive Webdesign« und bezeichnet die Fähigkeit einer

Website, automatisch auf die jeweiligen Herausforderungen reagieren zu können.

Responsive Webdesign setzt daher bei der Gestaltung an: Statt verschiedene Versionen mit unterschiedlichen Inhalten anzubieten, soll sich das CSS flexibel an die Bedürfnisse der Nutzer auf verschiedenen Geräten anpassen. Statt »One Layout to Rule Them All« (Jeffrey Zeldman in Anlehnung an das Buch »Herr der Ringe«) soll also die Flexibilität gefördert werden, die das Netz zu dem macht, was es heute ist. Responsive Webdesign besteht prinzipiell aus vier Bestandteilen:

▶ einem flexiblen Raster, das sich an Herausforderungen unterschiedlicher Größenverhältnisse anpassen kann,
▶ flexiblen Bildern und Medien, die auf allen Geräten funktionieren,
▶ dem Meta-Viewport-Element und
▶ den »Media Queries« von CSS3.

Über das Raster und die Bilder werden wir noch gesondert sprechen. Das Meta-Viewport-Element und die Media Queries hingegen sollten wir uns schon jetzt einmal kurz anschauen.

> *Responsive Webdesign passt die Darstellung flexibel an die Endgeräte an, hält den Inhalt allerdings identisch.*

Responsive Webdesign

+ relativ einfach zu implementieren
+ flexible Anpassung des Layouts an die jeweiligen Geräte
− nur wenige inhaltliche Anpassungen möglich (z. B. Ausblenden von Inhalten über CSS)

Meta-Viewport-Element

`meta viewport` gehört zu den `meta`-Elementen und legt fest, dass mobile Browser Media Queries verwenden sollen. Der Bildschirm eines iPhones verkleinert Websites ohne das Meta-Viewport-Element auf die Größe des Displays (hier 320 px). Für diese verkleinerte Darstellung wird von einer Breite von 980 px (dem sogenannten »Layout-Viewport«) ausgegangen. Auf diese Weise funktionieren auch nicht-responsive Websites verhältnismäßig gut.

Um dieses Verhalten zu verändern und den mobilen Browsern mitzuteilen, dass Sie sich über die mobile Darstellung Gedanken gemacht haben, fügen Sie die folgende Textzeile in den `head` Ihrer Website ein:

```
<meta name="viewport" content="width=device-width">
```

◀ **Listing 3.4**
`meta viewport` für mobile Websites

Dank dieser Maßnahme laden die mobilen Browser nun die Media Queries, die Sie definiert haben.

Media Queries

Media Queries sind für Responsive Webdesign wie das Wasser für das Meer: Ohne geht es nicht. »Media Query« bedeutet übersetzt so viel wie Medienabfrage – aber was genau wird hier abgefragt?

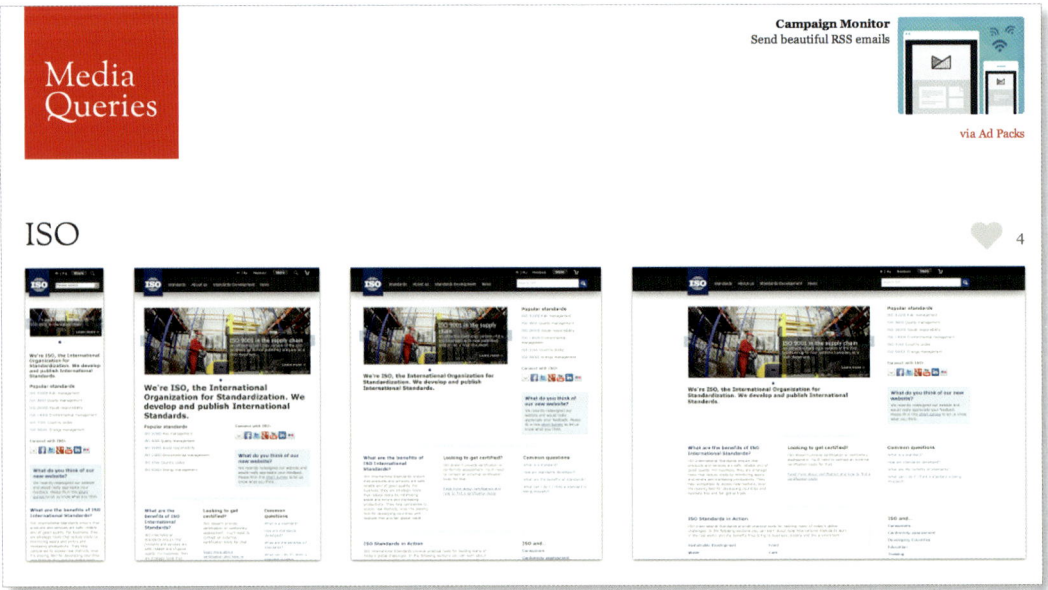

▲ **Abbildung 3.19**
Die Website *http://mediaqueri.es* sammelt gelungene Beispiele für Responsive Webdesign.

Grundlagen | Schauen wir uns zunächst einmal ein Beispiel für eine Media Query an.

Listing 3.5 ▶
Eine einfache Media Query

```
@media screen and (max-width: 1024px) {
  /* Hier kann beliebiges CSS stehen */
}
```

Ganz zu Beginn unserer Media Query steht das Schlüsselwort `@media` – damit teilen Sie Ihrem Browser mit, dass Sie hier etwas abfragen möchten. Ein wenig flapsig könnte man es mit »Ich hätte da mal eine Frage« übersetzen.

Media Types | Nun würde man es damit nicht unbedingt bewenden lassen, also ergänzen wir, **was genau** wir eigentlich abfragen wollen. Vorhang auf für unseren ersten Media Type: `screen`.

Das Konzept des Media Type hatten wir noch nicht: Sie legen damit das **Ausgabemedium** fest. Dazu muss man wissen, dass CSS sehr viele Medien unterstützt, von denen screen und print die häufigsten sein dürften. Mit screen legen Sie fest, welches CSS am Bildschirm angezeigt werden soll, print hingegen versammelt CSS-Angaben, die beim Ausdruck einer Website verwendet werden sollen.

Die ersten beiden Wörter unserer Media Query @media screen bedeuten also, etwas frei übersetzt: »Ich hätte da mal eine Frage: Wirst du gerade am Bildschirm angezeigt?« Zeigt der Browser Ihre Website gerade am Bildschirm an, wird er mit »ja« antworten. Bereitet er hingegen gerade einen Ausdruck vor, lautet die Antwort »nein«. Nun verstehen Sie ein wenig besser, warum man bei Media Queries von einer Abfrage spricht: Sie stellen dem Browser Ihrer Nutzer eine Frage, was er gerade tut.

So weit so gut. So richtig hilft uns das noch nicht weiter, denn wir wollen ja eine angepasste Version zeigen, je nachdem, ob jemand mit einem Rechner oder mit einem Smartphone auf unserer Website surft – nur antworten Rechner und Smartphone beide mit »ja« auf @media screen. Streng genommen gibt es noch den Media Type handheld für »Mobiltelefon«– eigentlich müsste das Smartphone bei @media screen mit »nein« und bei @media handheld mit »ja« antworten.

Nun, es ist nicht so, und das liegt zum großen Teil an uns Webdesignern. Frühe Mobiltelefone hatten keine guten Browser, sodass wir Webdesigner viele Jahre lang handheld einfach ignoriert haben – es wurde ja sowieso nicht ordentlich dargestellt. Die Folge: Als die mobilen Browser besser wurden, gab es so gut wie keine CSS-Angaben für handheld, und die Hersteller gingen dazu über, einfach die screen-Angaben zu akzeptieren – immer noch besser als gar kein CSS. Jetzt haben wir den Salat und müssen damit leben, dass handheld keine Rolle spielt. Wir brauchen also eine andere Lösung.

Und was tut man, wenn man mit nur einer Frage keine zufrieden stellende Antwort bekommt? Klar, man stellt eine zweite Frage. Diese wird in CSS mittels and eingeleitet, und es folgt eine CSS-Eigenschaft in runden Klammern. In diesem Beispiel verwenden wir die Eigenschaft max-width (Maximalbreite). So können Sie **den zur Verfügung stehenden Platz** herausfinden.

Vierstufige Layoutanpassung

Im Beispiel in Abbildung 3.19 bietet die Website vier Stufen, in denen sich das Layout anpasst – von sehr schmalen Handy-Displays bis zu breiten Bildschirmen.

Tipp: Code »übersetzen«

Auch wenn es Ihnen vielleicht etwas komisch vorkommt: Das Übersetzen von Anweisungen in natürliche Sprache ist eine ganz wichtige Fähigkeit. Je komplexer die Sprachen werden, die Sie verwenden, umso wichtiger ist es, dass Sie aus Ihrer Alltagssprache computerlesbare Anweisungen extrahieren können.

Unsere Media Query `@media screen and (max-width: 1024px)` bedeutet also übersetzt: »Ich hätte da mal eine Frage: Wirst du am Bildschirm angezeigt? Und: Bist du höchstens 1024 Pixel breit?«

Was nun folgt, ist einfach: zwei geschweifte Klammern { und } legen fest, was geschehen soll. Antwortet der Browser auf unsere Media Query zweimal mit »ja«, wird alles ausgeführt, was zwischen diesen Klammern steht.

Unterschiedliche Displaygrößen | Responsive Webdesign lebt von einer guten Konzeption. Für den vorliegenden Fall bedeutet das insbesondere festzulegen, ab welchen Breitenangaben sich die Website verändern soll und was genau mit ihr geschehen soll.

Die erste Frage ist nach oben hin noch relativ einfach zu beantworten. Tablets wie das iPad oder das Nexus 10 liegen in ihrer Auflösung meist im Rahmen von Rechnern – 1024 px Breite sind hier im Querformat meistens drin.

Schwieriger wird es bei Smartphones, denn sie gibt es in unterschiedlichsten Größen und Auflösungen. Das iPhone bringt es auf 320 px Breite, was ein guter Richtwert auch für andere Mobiltelefone in dieser Größenordnung ist. Größere Telefone wie das Samsung Galaxy S III drehen sich eher um die 500 px-Marke (z. B. 480 px beim S III).

Sinnvoll kann außerdem noch eine Breite von um die 720-800 px sein, um die etwas kleineren Tablets und Rechner zu bedienen. Ein iPad im Hochformat hat beispielsweise eine Auflösung von 768 px.

Sie sehen: Eine Patentlösung für gelungenes Responsive Webdesign gibt es nicht. Sie werden sich für jedes Projekt neu entscheiden müssen, an welchen Punkten Sie das Layout umstellen, und für die Zwischenstufen auf die Flexibilität Ihres Rasters vertrauen müssen – dazu später mehr.

Unterstützung von Media Queries | Media Queries sind recht neu in der Familie der Webgestaltung: Erst mit CSS3 kamen sie hinzu. Dennoch sind sie gewissermaßen der neue Star auf der Webstandards-Party, denn sie sind praktisch und beliebt.

Besonders erfreulich ist die Unterstützung in den Browsern: Opera ab Version 9.5, Firefox ab 3.5, WebKit-Browser (Safari ab

---

Retina macht alles anders

Für die folgenden Ausführungen werde ich erst einmal auf die Thematik der Retina-Displays verzichten. Ich werde in Abschnitt 7.6, »Retina: Die Auflösung kehrt zurück«, noch darauf zu sprechen kommen.

Layoutanpassungen

Bleibt die Frage, wie Ihr Layout konkret reagieren soll, sobald eine bestimmte Maximalbreite erreicht ist. Auf diese Thematik werde ich später eingehen, wenn es um Anpassungen am Layout geht. Schlagen Sie dazu auf Seite 166 nach.

Version 3, Chrome ab Version 4), Internet Explorer ab Version 9 und fast alle mobilen Browser – wow!

Kritik am Responsive Webdesign

Nicht unerwähnt sollte bleiben, dass der Ansatz des Responsive Webdesign durchaus Kritiker hat. Manche Designer werfen den Freunden des Responsive Webdesign vor, dass mobile Nutzer eben andere Bedürfnisse hätten als Verwender von Desktop-Rechnern. Diese Bedürfnisse aber könne man besser mit speziellen Versionen bedienen als mit einer Kompromisslösung für alle.

Was ist von diesem Argument zu halten? Wie so oft lautet die Antwort: Es kommt darauf an.

Zunächst einmal ist die Frage, ob wir überhaupt wirklich wissen können, was unsere Nutzer gerade wollen. Wir gehen davon aus, dass ein Nutzer am Desktop-Rechner auf einer Restaurant-Website Bilder von der Innenausstattung und die Speisekarte finden möchte, während er auf der mobilen Version auf Öffnungszeiten und Adresse aus ist. Abgesehen davon, dass diese Aufgabe durchaus über Responsive Webdesign lösbar wäre, bleibt die Frage: *Wissen* wir, dass unsere Nutzer so denken, oder *denken* wir nur, dass sie das tun? Und falls Sie der Meinung sind, es sei logisch und positiv für die Usability, dass mobile Nutzer andere Bedürfnisse haben als stationäre Nutzer: Ich könnte das Argument genauso gut umdrehen. Verschiedene Versionen einer Website könnten den Nutzer heillos verwirren und der Usability damit extrem schaden.

Hinzu kommt: Mobil ist nicht gleich mobil. Wer beim Warten an der Bushaltestelle einen Beitrag auf einer Website liest, würde das nur wenige Minuten zuvor auf dem Weg zur Bushaltestelle wohl kaum getan haben – das Risiko, beim Lesen gegen einen Laternenpfahl zu laufen, ist den meisten Menschen zu groß.

Letztendlich handelt es sich bei unseren Annahmen über die Bedürfnisse unserer Nutzer um genau das: Annahmen. Wir vermuten, dass sie sich in einem gewissen Kontext bewegen, von dem wir glauben, man könnte ihn an einem Gerät festmachen. Ob das jedoch so ist, wird letztlich ohne ausführliche Forschung nicht zu beantworten sein.

Als Webdesigner bleibt Ihnen also nichts anderes übrig, als sinnvoll scheinende Annahmen über Ihre Nutzer zu treffen, entspre-

Ältere Browser

Für ältere Browser, die mit Media Queries nicht umgehen können, gibt es Lösungen auf Basis von JavaScript (vgl. Seite 376).

Nicht immer sinnvoll

Responsive Webdesign ist kein Zaubermittel. Wie immer müssen Sie genau abwägen, ob das Verfahren Sinn macht, und Feedback Ihrer Nutzer einholen.

chende Lösungen zu gestalten und Ihre Annahmen zu überprüfen – nehmen Sie Feedback Ihrer Nutzer sehr ernst! Und dass Sie hin und wieder einmal hinüberschauen, was Ihre Kollegen aus der Wissenschaft so Neues herausgefunden haben, versteht sich von selbst.

Grundlagen für modernes Webdesign | Machen Sie sich keine Sorgen, wenn der eine oder andere Aspekt in diesem Kapitel ein wenig abstrakt erscheint und Sie noch nichts im Detail damit anfangen können: Das ist ganz normal. In den folgenden Kapiteln werde ich ausführlich auf unterschiedliche Aspekte zu sprechen kommen, die Sie in Bezug auf Usability, Accessibility und Responsive Webdesign in der Praxis beachten sollten.

Es ist aber wichtig, dass Sie diese drei Konzepte in der Theorie kennen – denn sonst wissen Sie später nicht, worum es überhaupt geht. Außerdem fällt es erfahrungsgemäß sehr viel leichter, eine gut nutzbare, barrierefreie und flexible Website zu gestalten, wenn man direkt von Anfang an daran denkt.

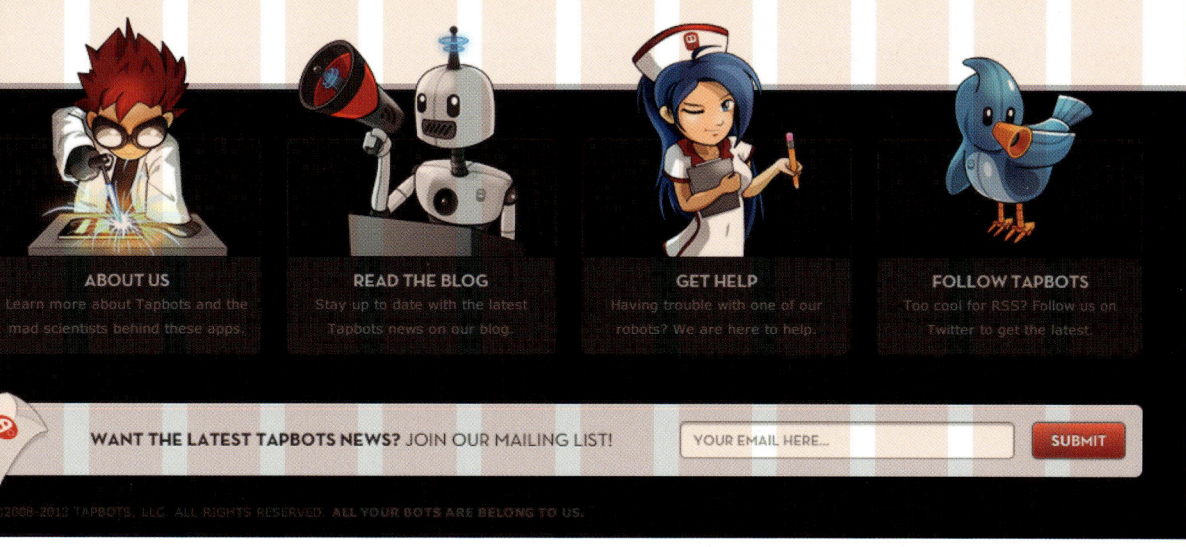

Layout und Komposition

So schaffen Sie eine stimmige Anordnung

- ▸ Welchen Grundregeln folgt eine gute Gestaltung?
- ▸ Wie wirken meine Design-Entscheidungen?
- ▸ Wie funktioniert CSS3?
- ▸ Was ist ein Raster?

4 Layout und Komposition

Mit HTML haben Sie nun das Fundament gelegt, auf dem sich Ihre Gestaltung entwickeln kann. Es gilt nun, die im Wireframe angelegte Konzeption konkret in die Praxis umzusetzen und dabei auf die richtige Komposition zu achten. Wie in der Musik bestimmen Sie mit der Zusammenstellung der einzelnen Elemente den Gesamteindruck einer Gestaltung.

4.1 Die Grundlagen moderner Gestaltung

Gestaltung ist nicht einfach nur Geschmackssache – sie folgt klaren, psychologisch fundierten Regeln. Diese Grundregeln sollten Sie kennen, damit Ihre Designs keine Zufallsprodukte sind.

Wahrnehmungsgesetze

Zu den wichtigsten psychologischen Grundlagen zählen die Wahrnehmungsgesetze. Sie gehen zurück auf eine Richtung der Psychologie, die man Gestaltpsychologie nennt (daher auch der Begriff Gestaltgesetze) und deren wichtigste Vertreter Max Wertheimer, Kurt Koffka und Wolfgang Köhler sind. Diese Forschungsrichtung versucht, die Regeln zu identifizieren, denen die menschliche Wahrnehmung folgt, und hat diese Regeln in einer Reihe von Gestaltgesetzen definiert.

Figur und Grund | Das Gesetz von Figur und Grund erklärt, nach welchen Maßstäben Menschen Vorder- und Hintergrund unterscheiden. Eine Figur scheint im Vordergrund zu liegen, wenn sie als Form erkennbar ist, z. B. durch regelmäßige Gestaltung und Abgegrenztheit. Im Gegensatz dazu wird der Hintergrund als nicht begrenzt wahrgenommen. Versuchen Sie einmal folgendes Gedankenspiel: Die helle Fläche in Abbildung 4.1 ist die Figur im Vordergrund, hat aber eine Aussparung, durch die man den dunklen

▲ **Abbildung 4.1**
Ein dunkles Quadrat auf einem hellen Grund

Untergrund sehen kann. Diese Interpretation liegt weniger nahe als die vorherige.

Als Beispiel sollten Sie sich einmal einen Artikel über die Gestaltgesetze auf der Website des Designers Andy Rutledge (*www.andyrutledge.com/gestalt-principles-1-figure-ground-relationship.php*) anschauen. Dort interpretieren die Nutzer das Bild des Adlers als dekorativen Hintergrund – es stört also nicht weiter, wenn die Überschrift über den Schnabel reicht oder sogar der gesamte Text beim Hochscrollen halbtransparent über dem Vogel liegt.

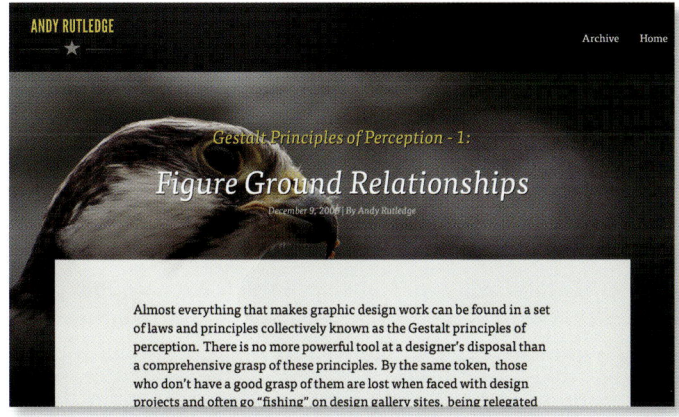

◄ **Abbildung 4.2**
Das Gesetz von Figur und Grund im Einsatz

Richtig spannend wird das Gesetz von Figur und Grund jedoch, wenn Sie mit der eindeutigen Unterscheidbarkeit spielen. Das passiert auf der Kontaktseite der Designer hinter Duoh (*www.duoh.com/contact*), wo durch die runden Wölbungen und Linien auf einmal der Eindruck entsteht, Vorder- und Hintergrund würden ineinanderreichen.

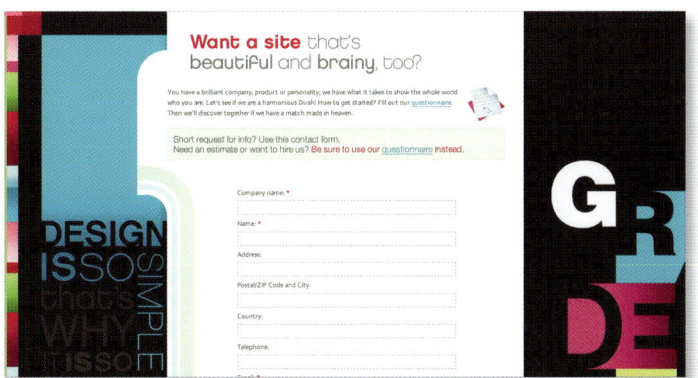

◄ **Abbildung 4.3**
Kreativer Einsatz von Figur und Grund

Nähe | Elemente, die nahe beieinander liegen, scheinen zusammenzugehören. Wenn Sie Bereiche einer Website nahe beieinander positionieren, werden Ihre Nutzer sie als Einheit wahrnehmen, ohne sie durch einen Rahmen oder ähnliches »zusammenzuschweißen«.

▲ **Abbildung 4.4**
Nähe bestimmt Zusammengehörigkeit.

Abbildung 4.5 ▶
Die Nähe von Überschrift, Text und Link stellt klar, wo ein neuer Block beginnt (*http://debeka.de*).

Als soziale Wesen sind wir Menschen auf diese Interpretation gepolt: Menschen, die sich kennen, stehen beieinander, während Unbekannte Abstand wahren. Nähe verbindet, auch visuell.

Ähnlichkeit | Struktur und Zusammengehörigkeit entsteht auch, wenn Elemente einander ähnlich sind. Ähnlichkeit kann sich auf alle visuellen Mittel beziehen: Form, Farbe, Größe.

Das Gesetz der Ähnlichkeit eignet sich gut, um Inhalte zuzuordnen. Die Karlshochschule (*http://karlshochschule.de*) verwendet dazu Farben: Jedem Studienschwerpunkt wird eine Farbe zugewiesen, die sich beim Navigieren oder in den Inhaltsbereichen wieder findet.

▲ **Abbildung 4.6**
Ähnlichkeit bewirkt den Eindruck von Zusammengehörigkeit.

Abbildung 4.7 ▶
Farbleitsystem der Karlshochschule

Geschlossenheit | Das Gesetz der Geschlossenheit erfasst einen der spannendsten Aspekte von Gestaltung: Menschen sehen Dinge, die gar nicht da sind, indem sie getrennte Formen als ein Ganzes betrachten. Schauen Sie dazu einmal das folgende Beispiel an.

Wenn die Elemente in einer Weise angeordnet werden, die eine naheliegende Form andeutet (in Abbildung 4.8 ein Kreuz), wird diese Form auch wahrgenommen – die äußere, unsichtbare Form verbindet also die einzelnen Elemente. Dieses Gesetz erläutert anschaulich, dass Menschen ihre Umgebung nicht einfach nur wahrnehmen, sondern *interpretieren*. Auf diesen Aspekt werden wir noch häufig zu sprechen kommen.

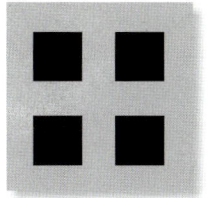

▲ **Abbildung 4.8**
Formen werden als Ganzes interpretiert – hier ein helles Kreuz.

Erfahrung | Ein weiteres Gesetz, das Ihnen die Interpretation der Wahrnehmung aufzeigt, ist das Gesetz der Erfahrung. Menschen beurteilen ihre Eindrücke auf Basis ihrer gesammelten Erfahrungen. Für Sie als Gestalter bedeutet das, dass Sie nicht alles vollständig zeigen müssen: Sie können eine Form anschneiden, ohne dass Ihre Nutzer die Form nicht mehr verstehen – Menschen kennen Sterne und erkennen sie auch, wenn ein Teil davon verdeckt ist.

◄ **Abbildung 4.9**
Die Form der Sonne scheint hinter der Navigation zu liegen – die Interpretation, es sei nur eine halbe Sonne, ist eher ungewöhnlich.

Prägnanz | Das Gesetz der Prägnanz oder Einfachheit ist auch als Gesetz der guten Gestalt bekannt. Eine gute Gestalt wird definiert als eine Form, die sich eindeutig vom Hintergrund und anderen Formen unterscheidet. Dies sind immer die einfachen Grundformen, die von Menschen bei ihrer Interpretation bevorzugt werden. In Abbildung 4.10 liegt die Interpretation eines Rechtecks mit einem Kreis nahe – kaum jemand kommt auf die Idee, dies könne ein eigenartiges Gebilde mit Ecken und Kurven sein.

▲ **Abbildung 4.10**
Eher ein Rechteck mit einem Kreis als ein – ja, was eigentlich?

Fortsetzung | Menschen achten bevorzugt auf Linien. Wenn sie welche finden, setzen sie diese in Gedanken fort. Im Beispiel in Abbildung 4.11 erkennen Sie das Prinzip: Die dunkle Linie wird zwar von einer anderen Linie unterbrochen, in Gedanken aber fortgesetzt und mit ihrer Artgenossin verbunden. Sie nehmen **eine**

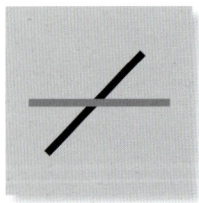

▲ **Abbildung 4.11**
Formen werden gedanklich
fortgeführt.

dunkle Linie wahr, durch die eine andere läuft, aber nicht zwei
voneinander getrennte Linien.

Das Gesetz der Fortsetzung können Sie auf der Website des
Frankfurter Zoos (*www.zoo-frankfurt.de*) in Aktion erleben. Dort
wird eine Aufnahme der Frankfurter Skyline von der Navigation
unterbrochen, und das Logo sitzt auf einem Zebra-Untergrund.
In beiden Fällen werden die Grafiken jedoch als zusammengehörig erlebt – ja, sie bekommen durch die Unterbrechung sogar noch
eine gewisse ästhetische Spannung.

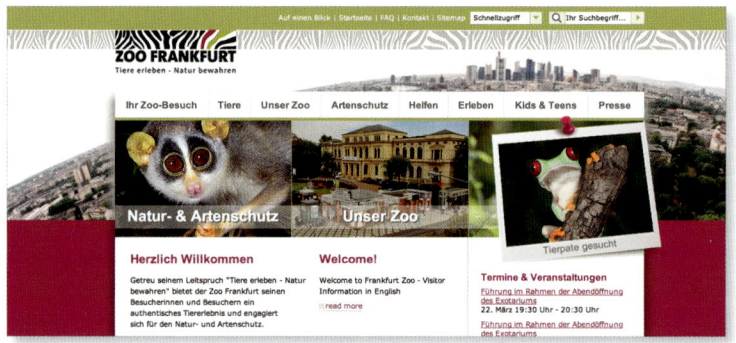

Abbildung 4.12 ▶
Skyline auf der Website vom
Frankfurter Zoo

Symmetrie | Menschen achten auf Ordnung. Symmetrische Ele-
mente werden als zusammengehörig wahrgenommen, asymmetrische eher als diffus. Auf Symmetrie werde ich noch ausführlich
eingehen (siehe Seite 122).

Abbildung 4.13 ▶
Das Designer-Ehepaar
Samuel und Leesa Mealing
(*www.themealings.com.au*)
nutzt Symmetrie auf der
Website.

◀ **Abbildung 4.14**
Asymmetrie kann durch einfache Maßnahmen wie ein zur Seite versetztes Bild erreicht werden und erzeugt größere Spannung (*www. cakesweetcake.co.uk*).

Formen

Wenn Sie ein Weblayout erstellen, denken Sie auch daran, wie Formen die Wirkung Ihrer Designs beeinflussen können. Das gilt zum einen für das gesamte Layout, die verschiedenen Flächen und Bereiche darin, aber auch für Icons und Schmuckelemente.

Formtypen | Grob vereinfacht gibt es drei Arten von Formen: geometrisch, natürlich und abstrakt.

◀ **Abbildung 4.15**
Verschiedene Typen von Formen

Geometrische Formen dürften Ihnen hinreichend bekannt sein – es sind alle regelmäßigen Formen wie Dreiecke, Rechtecke, Kreise. Sie wirken mathematisch konstruiert, stehen für eine klare Formsprache, aber auch für eine gewisse abweisende Stimmung – die sprichwörtliche geometrische Kälte. Außerdem sind sie starken Konventionen unterworfen, besonders in Verbindung mit Farben: Schilder mit roten Dreiecken bedeuten stets »Achtung, Stop, etwas stimmt nicht«, grüne Kreise (Ampel) »Alles in Ordnung, weiterfahren«.

Formtypen

Es gibt drei Formtypen, die sehr unterschiedliche Wirkungen haben:
- ▶ geometrisch: konstruiert, mathematisch, abweisend
- ▶ natürlich: geschwungen, schön, kitschig
- ▶ abstrakt: modern, intellektuell, schwer greifbar

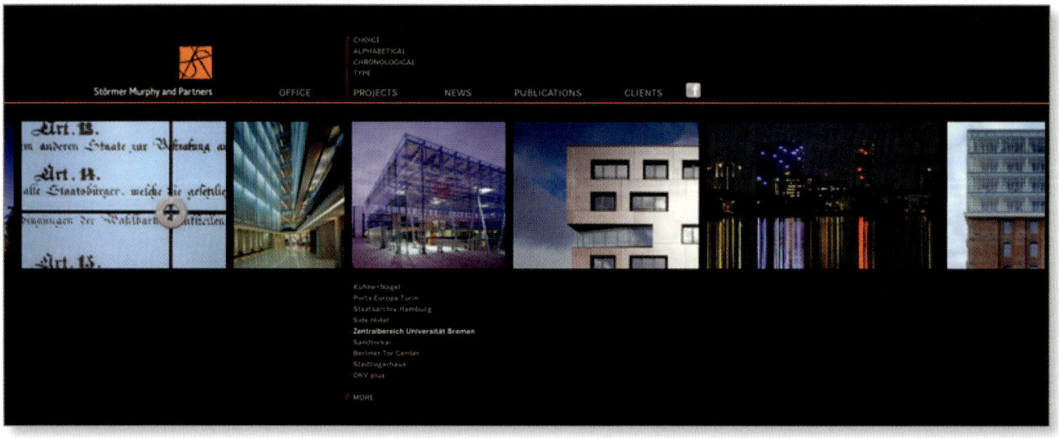

▲ **Abbildung 4.16**
Weil geometrische Formen Inbegriff der Architektur sind, nutzt
http://stoermer-partner.de sie in Verbindung mit klaren Linien.

Natürliche Formen sind der freien Natur nachempfunden. Sie basieren auf geschwungenen Linien und haben starke Assoziationen mit natürlichen Dingen: Blumen, Bäume, Ornamente. Solche Formen wirken verspielt, sympathisch und heimelig, können aber auch ins Kitschige abgleiten.

Die Website von Beanstalk in Abbildung 4.17 möchte gemeinsames Programmieren als natürlichste Sache der Welt erscheinen lassen – visuell setzt man daher auf natürliche Ornamente und lässt das Logo über den Header wachsen.

Abbildung 4.17 ▶
Natürliche Ornamente und
das Logo unterstreichen das
Motto von Beanstalk (*http://
beanstalkapp.com*).

Abstrakte Formen schließlich sind modern und lassen uns an abstrakte Kunst denken. Wenn Sie mehr über die Wirkungen und Möglichkeiten dieser Formen lernen möchten, sollten Sie sich ein wenig mit moderner Kunst beschäftigen.

In ihrer Wirkung sprechen abstrakte Formen unseren Intellekt an, Sie können für eine sehr freie Gestaltung stehen. Allerdings sind abstrakte Formen auch schwer greifbar und wenig intuitiv.

Wenn Sie Ihr Auge schulen möchten, versuchen Sie einmal, die Welt um Sie herum in Formen wahrzunehmen. Vereinfachen Sie alles, was Sie sehen, in die grundlegenden Formen. Achten Sie dabei besonders auf den Raum *zwischen* den Formen – denn erst dieser Zwischenraum macht eine Form zu einer Form. Wir werden darauf noch zu sprechen kommen.

Formen mischen

Natürlich gibt es auch Mischformen zwischen den Typen. Eine Blume kann durchaus geometrisch konstruiert wirken, wenn alle Blätter regelmäßig angeordnet sind. Und abstrakte Kunst lebt oft gerade davon, dass sie noch eine gewisse Ähnlichkeit zur natürlichen Umgebung aufweist.

◄ **Abbildung 4.18**
Abstrakte Formen stehen für die eher künstlerisch angehauchten Bereiche der Architektur (*http://diearchitekturwerkstatt.com*).

Formkontraste nutzen | Formen kommunizieren Ideen und helfen dabei, eine Aussage zu vermitteln. Vertraute Formen legen bekannte Interpretationen nahe – so sehr, dass Sie diese Formen nicht einmal ganz zeigen müssen (Gesetz der Erfahrung). Ungewöhnliche Formen hingegen ziehen die Aufmerksamkeit auf sich. Ungewöhnlich steht dabei nicht nur für wirklich neue Formen, sondern auch für Formen, die innerhalb der Gestaltung anders sind.

Bei der Gestaltung von Websites können Sie sich solche Kontraste zu Nutze machen: Nehmen wir einmal an, Sie möchten eine Aussage besonders betonen, zum Beispiel einen Rabatt in einem Onlineshop. Wenn Sie auf der Website vornehmlich mit Kästen arbeiten, können Sie eine auffällige Form verwenden, um den Rabatt besonders hervorzuheben.

In Aktion können Sie einen solchen Formkontrast beim Brillen-Shop Mister Spex sehen (siehe Abbildung 4.19). Bei der Gestaltung herrschen waagerechte Kästen vor – die Kästen links, die Schriften, der Button, die Bilder von den Brillen in einem länglichen weißen Streifen. Im Gegensatz dazu kommt bei der Angabe der Preisersparnis eine rundliche Form zum Einsatz und das Gesicht des

Interesse vs. Skepsis

Bedenken Sie außerdem: Neuartigen Formen wird mit einer gewissen Skepsis begegnet, da Menschen sich emotional eher mit Bekanntem verbunden fühlen. In Deutschland, der Hochburg der Kulturpessimisten, ist dieser Effekt noch stärker als in anderen Ländern.

Mannes ist freigestellt. Durch diesen Formkontrast erhalten der freundlich schauende Mann und die Preiserparnis eine besondere Betonung.

Eigenschaften von Linien

Linien haben folgende Eigenschaften:

- ▶ schaffen Struktur
- ▶ lenken Aufmerksamkeit
- ▶ führen Leser (horizontal)
- ▶ trennen Bereiche (vertikal)
- ▶ sind dynamisch (schräg)
- ▶ können je nach Leserichtung steigen oder fallen

Linien | Linien sind häufige Design-Elemente im Web. Sie lenken die Aufmerksamkeit des Lesers und strukturieren eine Gestaltung, indem sie Bereiche abtrennen.

Die Wahrnehmung von Linien hängt stark von ihrer Richtung ab. Horizontale Linien erscheinen uns natürlicher, weil wir uns stets in der Horizontalen bewegen. Vertikale Linien hingegen sind abstrakter: Ein Turm von 300 m Höhe erscheint uns gewaltig hoch, während eine Brücke von 300 m Länge leicht zu überwinden ist.

Horizontale Linien wirken sehr gut zur Förderung der Leseführung, denn das Auge kann sich an ihnen gut entlanghangeln – im Prinzip sind die Zeilen eines Texts nichts anderes.

Abbildung 4.20 ▶
Microsoft bietet traditionell verschiedene Versionen seines Betriebssystems an. Horizontale Linien helfen bei der Orientierung.

Vertikale Linien haben eine trennende Funktion – denken Sie nur an Tabellen, in denen Sie dank vertikaler Linien die Spalten erkennen können. Das sind aber eher Tendenzen als Regeln – natürlich können auch horizontale Linien Abschnitte trennen.

 Hallo, mein Name ist Nicolai Schwarz.
Ich biete Ihnen Design & Webentwicklung.

◄ **Abbildung 4.21**
Nicolai Schwarz (*http://text-former.de*) verwendet eine vertikale Linie zur dekorativen Trennung von Logo und Text.

Eine Besonderheit sind schräge Linien: Sie eignen sich hervorragend, um Dramatik und Dynamik zu erreichen. Wir beurteilen Schrägen nach ihrer Nähe zur Horizontalen oder zur Vertikalen – je näher an der Horizontalen, desto mehr scheint die Schräge zu fallen (Schwerkraft). Ähnelt eine Schräge der Vertikalen, scheint sie sich aufzurichten. Schrägen im 45°-Winkel sind von dieser Interpretation gelöst – sie erscheinen als ideale Schräge.

Die Interpretation einer Schrägen hängt von der kulturell geprägten Leserichtung ab. Achten Sie außerdem darauf, dass die Linien schräg genug sind, um nicht zufällig zu wirken – Sie dürften kaum wollen, dass ein Betrachter denkt, Sie hätten »aus Versehen« eine schräge Linie eingesetzt.

▲ **Abbildung 4.22**
Aus guten Gründen ist dieses Symbol mit der absteigenden Linie nicht das Logo der Deutschen Bank, denn die Assoziationen mit »Niedergang« sind zu stark.

Strichstärke | Die Stärke einer Linie hat eine wichtige Rolle. Feine Linien wirken zierlich, dicke Linien hingegen dominant. Feine Linien erwecken einen dynamischen Eindruck – was daran liegt, dass eine Linie als ein sich schnell bewegender Punkt vorstellbar ist. Dicke Linien hingegen scheinen massig und statisch.

   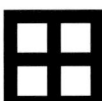 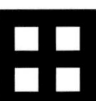 

▲ **Abbildung 4.23**
Mit zunehmender Strichstärke wird aus einer Linie eine Fläche.

Eine gute Faustregel ist, sich an der Schrift zu orientieren, um Linien zu gestalten, die sich gut in das Layout einfügen – darüber werden Sie in Kapitel 5, »Typografie im Web«, noch einiges lernen.

Rechtecke und Kanten | Rechtecke lösen in ihrer einfachen Form in der Horizontalen starke Assoziationen nach Häusern und Behäl-

▲ **Abbildung 4.24**
Ab einem bestimmten Verhältnis von Länge der Linie zu Strichstärke verliert sich der Eindruck einer Linie.

tern aus. Der Inhalt eines Rechtecks scheint uns von der Außenwelt abgesetzt und zugleich zueinander zu gehören.

Abbildung 4.25 ▶
Gewöhnliche Rechtecke lassen sich verspielt anordnen (*www.barntarnst.com*), um eine ungewöhnliche Gestaltung zu erzielen.

Sehr viel abstrakter wirken Rechtecke, wenn sie nicht in der Horizontalen liegen. Noch abstrakter wird es, wenn die Seiten nicht in einem rechten Winkel zueinander liegen – das Trapez. Bei diesen Formen fällt uns die Regelmäßigkeit nicht unmittelbar auf – wir wissen zwar, dass die Form mathematisch regelmäßig ist, es »fühlt« sich aber nicht so an. Gebäude in Trapezform würden wenig Vertrauen erwecken.

Eine Sonderform des Rechtecks ist das Quadrat: ein Rechteck mit gleich langen Seiten. Quadrate sind das Paradebeispiel für symmetrische Formen. Auf Symmetrie werde ich auf Seite 122 noch zu sprechen kommen.

Rechtecke bewirken zwangsläufig die Entstehung von Kanten. Kanten wirken männlich und markant, zugleich jedoch ein wenig abweisend, denn an Kanten kann man sich leicht stoßen.

Formen in CSS

Linien und Rechtecke sind die häufigsten Formen im Webdesign, da sie mittels CSS einfach erzeugt werden können. Für andere Formen bieten sich Bilder und Hintergründe an.

Dreiecke | Dreiecke liegen uns Menschen nahe – sehr oft suchen wir intuitiv nach einem dritten Element, wenn wir zwei Elemente entdeckt haben. Vielleicht hat das etwas damit zu tun, dass das Dreieck die Urform einer kleinen Familie ist und wir das dritte Element als »natürlich« oder »logisch« empfinden.

Doch woher unsere Vorliebe für Dreiecke auch immer kommt, Sie können sie vorzüglich zur Aufmerksamkeitssteuerung verwenden. Schauen wir dazu zunächst einmal einem alten Meister über die Schulter: Leonardo da Vinci mit seinem Werk »Das Abendmahl« (um 1495).

◀ **Abbildung 4.26**
»Das Abendmahl« von da Vinci

Keine Frage, wo die Aufmerksamkeit bei diesem Werk liegen soll: Jesus Christus. Um das zu erreichen, hat da Vinci eine Dreieckskomposition um die Hauptfigur gewählt und mittels zweier leerer Dreiecke zusätzliche Fokussierung erzeugt. Über diesen sogenannten Weißraum werden wir im Kapitel über Raster noch sprechen.

Stabil ist ein Dreieck mit einer breiten Basis. Steht das Dreieck auf der Spitze, wirkt es instabil und scheint jeden Moment zu kippen. Das Verkehrsschild für »Vorfahrt gewähren« steht zum Beispiel nicht ohne Grund auf der Spitze – die Lage hier ist brenzlig, denn es könnte jemand mit Vorfahrt kommen.

Generell sind Dreiecke mit Hierarchien assoziiert, da es immer eine Spitze gibt – entweder thront sie wie ein König über den anderen, oder aber sie wird von den anderen buchstäblich unterdrückt.

▲ **Abbildung 4.27**
Das Schild für »Vorfahrt gewähren« steht auf der Spitze. Logisch, dass das Vorfahrtsschild genau umgekehrt ist.

Kreise und Kurven | Kreise erscheinen uns vollkommen, denn sie sind die regelmäßigste Form überhaupt – ein Mittelpunkt und ein Radius sind alles, was man für einen vollständigen Kreis benötigt. Kreise sind untrennbar mit der Idee der Mitte verbunden, und in der Mitte sehen Menschen sehr oft sich selbst. Kreise sind mit Ewigkeit oder Unfassbarkeit assoziiert, denn sie haben weder Anfang noch Ende – klar, dass Eheringe kreisförmig sind.

Eng mit dem Kreis verwandt ist die Kurve – jede Kurve lässt sich als Ausschnitt aus einem Kreis begreifen, ob mit fixem oder veränderlichem (ovalem) Radius. Kurven wirken natürlich, wir fühlen uns bei Kurven wohl – das liegt daran, dass in der Natur nahezu keine vollkommen geraden Formen vorkommen. Zudem sind Kurven stark mit Weiblichkeit assoziiert.

◀ **Abbildung 4.28**
Kurven können selbst trockenen Themen wie diesen einen Hauch Menschlichkeit geben (*http://siteoptimizer.co.uk*).

Offene Formen | Offene Formen, die keinen Innenraum umschließen, wirken eher abstrakt als geschlossene – wir sind gezwungen, uns selbst eine Interpretation zurechtzulegen. Wir empfinden diese Formen instinktiv eher als Zeichen und fragen uns, wofür genau sie stehen könnten.

Abbildung 4.29 ▶
Offene Formen erschweren uns ihre Deutung häufig – sofern sie nicht, wie das Kreuz, kulturell festgelegt sind.

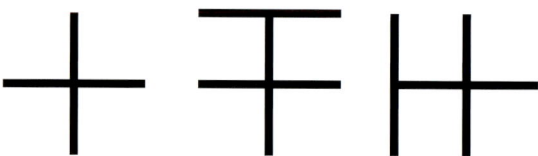

Vertraute Formen | Es fehlt noch eine Lektion in Sachen Formsprache – und die ist sehr wichtig: Wann immer eine Form an ein vertrautes Element erinnert, wird diese Assoziation gegenüber anderen sehr viel stärker wirken.

Abbildung 4.30 ▶
In diesen Formen, obgleich abstrakt und geometrisch konstruiert, ist es fast unmöglich, etwas anderes als Buchstaben zu erkennen.

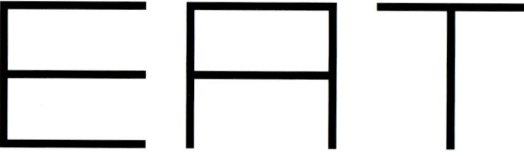

Gestaltungsregeln

Wenn es konkret an die Ausgestaltung eines Layouts und die Anordnung von Elementen auf einer Website gehen soll, helfen Ihnen die folgenden Gestaltungsregeln.

Der Goldene Schnitt | Schon einmal gehört? Die meisten Kunstschüler laufen früher oder später jenem Goldenen Schnitt über den Weg, der ein harmonisches Verhältnis von Elementen sicherstellen soll. Die Basis des Goldenen Schnitts ist die Idee, dass natürliche Proportionen ästhetisch ansprechend sind – namentlich die Zahl 1,618. Nach dieser Idee sind zwei Segmente dann schön, wenn sie in einem Verhältnis von 1:1,618 zueinander stehen.

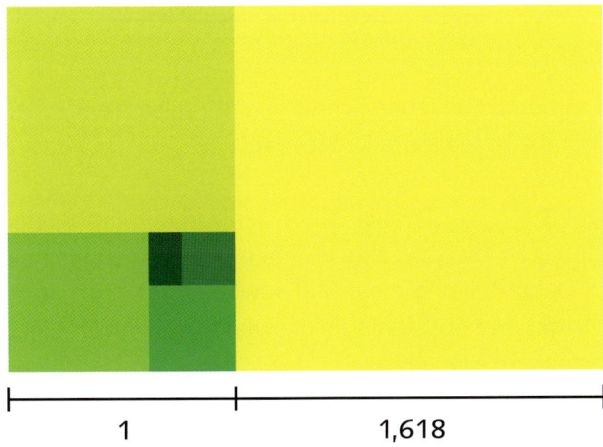

1   1,618

◀ **Abbildung 4.31**
Mit dem Goldenen Schnitt kann eine Fläche immer weiter in einem harmonischen Verhältnis geteilt werden.

Bevor Sie nun Ihren Rechenschieber herausnehmen: In der Praxis rechnet kaum ein Designer das Verhältnis nach dem Goldenen Schnitt aus. Es ist eher so, dass Sie im Laufe der Zeit einen Blick dafür entwickeln und intuitiv auf den Goldenen Schnitt setzen, weil es sich richtig anfühlt.

    Der Goldene Schnitt eignet sich gut, um eine harmonische Seitenaufteilung zu erzielen. Das ist auf der Website der Berater von Chama (*www.chamainc.com*) der Fall (siehe Abbildung 4.32). Die gesamte Website ist 975 px breit und hat 10 px Rand auf der linken Seite. Diese 975 px werden dem Goldenen Schnitt folgend aufgeteilt – auf die rechte Spalte mit dem Haupttext (grün) fallen 610 px (975 px /1,6), auf die Randspalte (rot) mit den Überschriften die

Goldene Lisa

Das bekannteste Kunstwerk auf Basis des Goldenen Schnitts dürfte die »Mona Lisa« von Leonardo da Vinci sein.

verbleibenden 365 px. Das Ergebnis ist eine sehr harmonisch wirkende Aufteilung mit einfachen Mitteln.

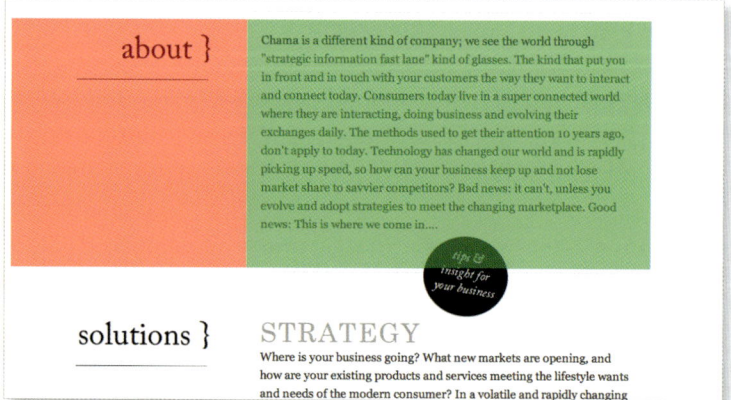

Abbildung 4.32 ▶
Goldener Schnitt auf der
Chama-Website

Eng verwandt mit dem Goldenen Schnitt – und zugleich einfacher umzusetzen – ist die sogenannte Drittelregel.

Die Drittelregel | Wenn Sie sich schon einmal mit Fotografie beschäftigt haben, ist die Drittelregel Ihnen bestimmt über den Weg gelaufen. Dabei teilen Sie ein Bild sowohl vertikal als auch horizontal in Drittel und positionieren die wichtigen Bildelemente jeweils auf diesen Drittellinien.

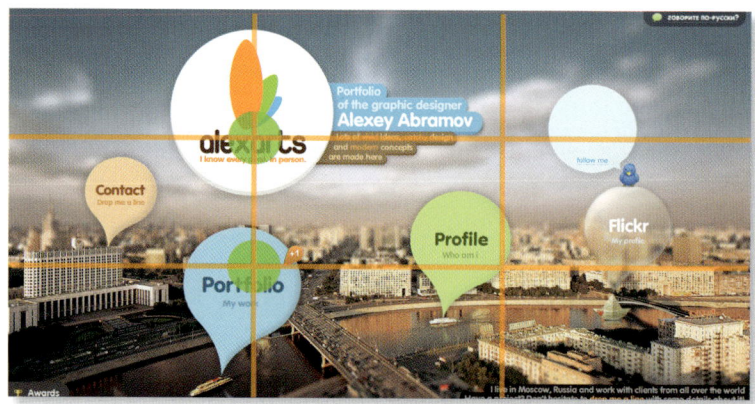

Abbildung 4.33 ▶
Alexey Abramov (*http://
alexarts.ru/en/index.html*) legt
zentrale Gestaltungselemente
auf die Schnittpunkte der
Drittel, um ihnen größere
Bedeutung zu verleihen.

Symmetrie und Asymmetrie | Symmetrische Designs sind gleichmäßig verteilt. Ihnen liegt eine klar erkennbare Regel zugrunde. Das bewirkt, dass diese Layouts sehr ruhig, traditionell und in sich geschlossen wirken – zugleich aber auch ein wenig langweilig. Sie stehen für Tradition und Rationalität. Symmetrische Gestaltungen tendieren dazu, den Inhalt zu betonen, da die Gestaltung selbst angesichts ihrer Gleichmäßigkeit in den Hintergrund tritt.

Asymmetrische Layouts sind dynamisch und stehen für Bewegung. Unseren Lesegewohnheiten entsprechend scheinen Elemente von links in das Blickfeld hineinzukommen und nach rechts hinauszugehen. Asymmetrische Layouts bringen Dynamik und Spannung in Ihre Gestaltung, können aber auch chaotisch und »undesignt« wirken, wenn Sie nicht aufpassen. Asymmetrie war ein zentrales Element in der Designrevolution der 1920er- und 1930er-Jahre.

▲ **Abbildung 4.34**
Ausgewogener kann eine Gestaltung nicht werden.

◄ **Abbildung 4.35**
Bereits ein Minimum an Asymmetrie bringt Bewegung – ob in das Bild hinein, von oben fallend oder aus dem Bild hinaus.

Symmetrische Gestaltungen werden im Webdesign sehr häufig verwendet, etwa zur Darstellung von Bildergalerien oder Portfolios. Dabei sollen die einzelnen Projekte im Vordergrund stehen, die Gestaltung selbst soll den Nutzer jedoch nicht ablenken.

Symmetrie im Webdesign

Nutzen Sie ein symmetrisch aufgebautes Design, wenn Sie folgende Wirkung erzielen wollen:
- ▶ Struktur
- ▶ Ordnung
- ▶ Vollkommenheit
- ▶ Sterilität

◄ **Abbildung 4.36**
Symmetrisch aufgebaute Galerien ziehen die Aufmerksamkeit weg von der Gestaltung und hin zum Inhalt (*http://carstenroth.com*).

▲ Abbildung 4.37
Asymmetrische Galerien wirken chaotischer, aber auch lebhafter und menschlicher (*http://media.24ways.org/2009/14/5/index.html*).

Asymmetrie im Webdesign

Asymmetrische Designs sind geeignet, wenn folgende Stichworte auf Ihre Entwürfe zutreffen sollen:
▶ Chaos
▶ Kreativität
▶ Leben
▶ Unordnung
▶ Spannung

Heute finden Sie in der Praxis häufig eine Mischung aus symmetrischen und asymmetrischen Elementen auf Websites. Der Musik-Abo-Dienst eMusic macht es vor: Obwohl die Navigation das erste Drittel der Seite einnimmt, also unsymmetrisch ist, werden die einzelnen Alben klar symmetrisch aufgeteilt.

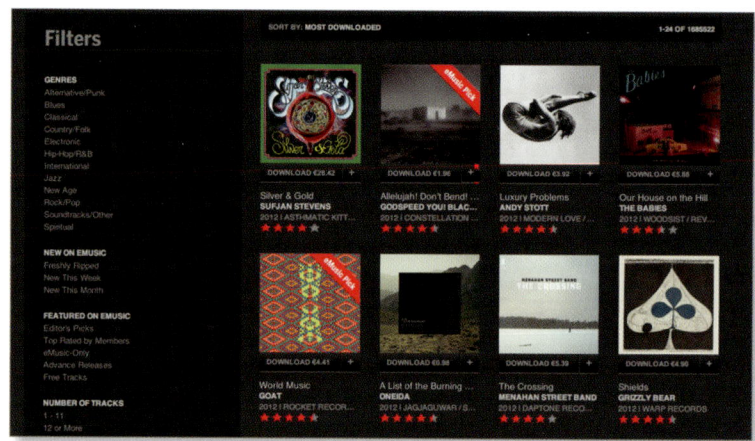

▲ Abbildung 4.38
Asymmetrisches Layout mit symmetrischer Galerie (*http://emusic.com*)

Oft finden Sie auch einige asymmetrisch, chaotisch wirkende Elemente, um einer geradlinigen Gestaltung etwas mehr Leben einzuhauchen.

◄ **Abbildung 4.39**
Ein klein wenig Asymmetrie kann einer symmetrischen Gestaltung Leben einhauchen – z. B. über verschiedene Bildgrößen (*www.heldin-deines-lebens.de*).

Psychologische Effekte

Seien wir ehrlich: Wir können nicht in die Köpfe unserer Nutzer hineinschauen. Dennoch gibt es Anhaltspunkte, wie Ihre Gestaltung auf Ihre Besucher wirkt.

Überraschung | Eine angenehme Überraschung ist ein starkes Gestaltungsmittel: Sie komprimiert eine Emotion auf einen kurzen Augenblick. Das ist der Grund dafür, dass wir uns ganz besonders freuen, wenn wir einem guten Bekannten spontan über den Weg laufen. Dabei fällt die Freude über das Wiedersehen in einem kurzen Moment zusammen.

Auf ähnliche Weise können Sie Überraschung einsetzen, um Ihren Nutzern einen gewissen Aha-Effekt zu bescheren. Das Gehirn ist in diesem Fall gezwungen, eine Situation in kürzester Zeit neu zu bewerten – Neugierde und Aufmerksamkeit sind die Folge.

»Do Not Pull«, sagt zum Beispiel ein Button auf *http://photojojo.com* (siehe Abbildung 4.40). Tut man es doch, zieht ein langer Arm den Content von unten nach oben. Die lustige Überraschung bewirkt, dass Nutzer die Produktbeschreibungen wahrnehmen – was sie sonst vielleicht nicht getan hätten.

Abbildung 4.40 ▶
Solch eine witzige Gestaltung wie bei Photojojo passt natürlich nicht zu jedem Webshop – hier ist sie dafür besonders gut gelungen.

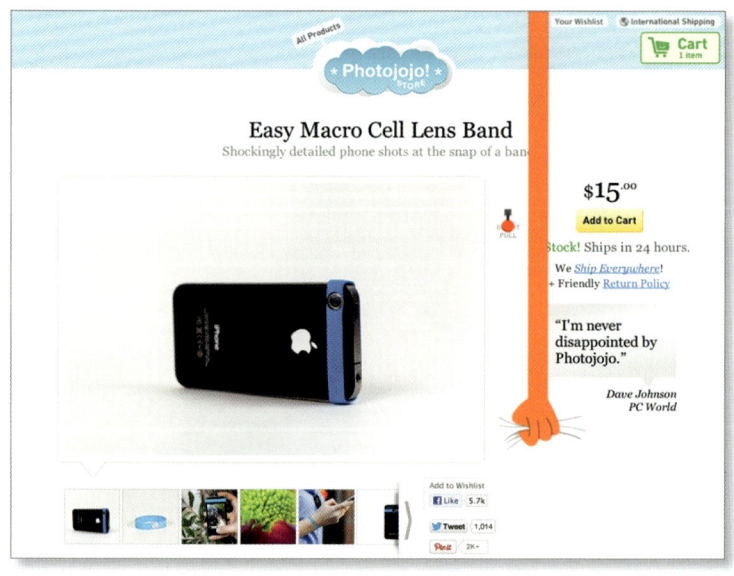

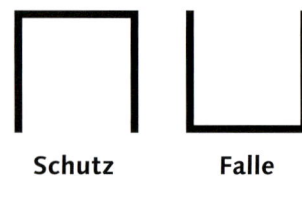

Schutz   Falle

▲ **Abbildung 4.41**
Oben und unten sind mit starken emotionalen Reaktionen verkettet, und schon ein Strich kann die Deutung umkehren.

Richtung in psychologischer Betrachtung | Die Richtung ist für den Eindruck einer Form von entscheidender Bedeutung. Die Dualität oben–unten ist mit starken psychologischen Eindrücken verkettet. Oben bedeutet Schutz, sei es vor Regen oder Sonne. Nach oben offene Formen lassen uns hingegen immer ein wenig schutzlos fühlen.

Im westlichen Kulturkreis ist die Dualität von links und rechts stark mit Anfang und Ende assoziiert – eine Folge unserer Schreibgewohnheiten.

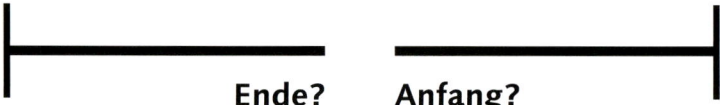

Ende?   Anfang?

▲ **Abbildung 4.42**
Links heißt Anfang, rechts heißt Ende – die umgekehrte Deutung erscheint abwegig.

Achten Sie auf diese Grundregel besonders, wenn Sie einen Prozess auf Ihrer Website darstellen möchten. So machen es beispielsweise die Designer hinter Labor B (*www.laborb.de/leistungen*) bei der Beschreibung Ihrer Arbeitsabläufe. Sie halten sich an die Leserichtung von links nach rechts – sogar dann, wenn Sie auf eine Projektphase eingehen und einen Pfeil quer über den Bildschirm ziehen.

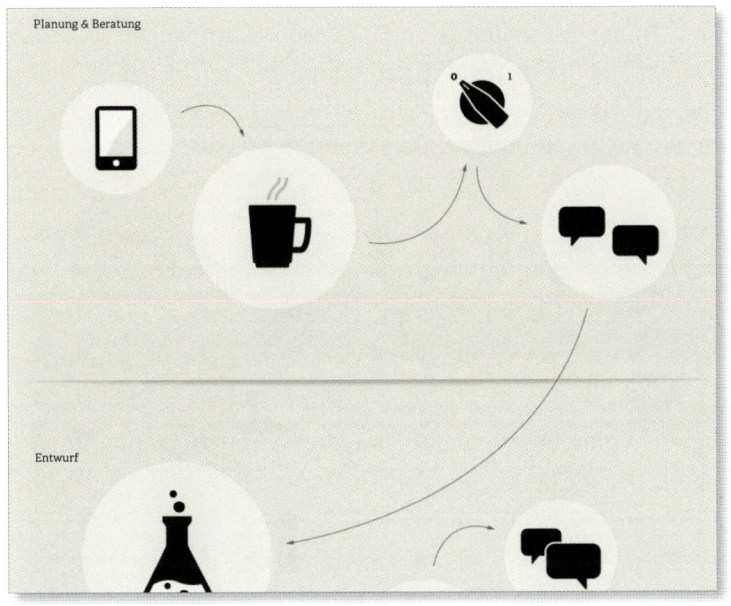

◄ **Abbildung 4.43**
Projektablauf auf der Website
des Labor B

Trennung und Verbindung | Die Interpretation von Formen hängt häufig davon ab, in welchem Zusammenhang sie mit anderen Formen stehen. Schauen Sie sich dazu einmal folgendes einfaches Beispiel an.

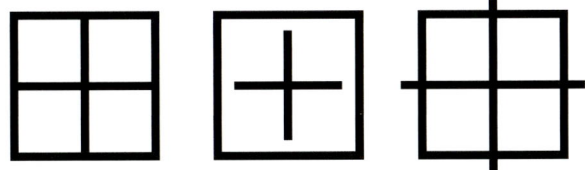

◄ **Abbildung 4.44**
Wahrnehmung von Formen

Die Wirkung ist hier eine völlig andere, obwohl alle drei Beispiele aus den gleichen Elementen bestehen – ein Quadrat mit einem Kreuz. Im ersten Beispiel wird das Kreuz in trennender Funktion wahrgenommen, und die Assoziation eines Fensters liegt nahe. Im zweiten Beispiel bewirkt ein wenig Abstand, dass beide Formen voneinander getrennt wahrgenommen werden – hier scheint es ein Logo oder Zeichen zu sein. Das dritte Beispiel betont das Kreuz, Assoziationen mit einer Zielscheibe liegen nahe.

Durch Überlappungen von Bereichen können Sie also den Eindruck verstärken, dass die Elemente zusammengehören. Das geschieht auf der Seite *http://24ways.org*, einem Adventskalender mit Tipps für Webdesigner. Dort bewirkt ein Balken zwischen den Jahreszahlen oben und den Inhalten, dass der Bezug eindeutig festgestellt werden kann. Dieses Prinzip kommt auch zum Tragen, wenn ein Reiter aus einem Inhaltsbereich hervorsteht.

Abbildung 4.45 ▶
Bezug durch verbindende Balken

4.2 CSS-Layouts und -Elemente

Nachdem Sie nun einiges über gestalterische Grundlagen gelernt haben, wird es höchste Zeit, dass wir ein wenig in die Technik einsteigen. Das Thema hier: CSS, Ihr treuer Begleiter für alle gestalterischen Fragen beim Webdesign.

Für die folgenden Ausführungen gehe ich davon aus, dass Sie bereits grundlegende Kenntnisse haben und CSS einbinden sowie schreiben können.

CSS-Spezifizität

Die Datei »spezifizitaet.html« liegt im Ordner WEITERE_BEISPIELDATEIEN • KAPITEL_4.

Die Spezifizität gehört zu den wichtigsten und zugleich schwersten Aspekten von CSS. Sie legt im Fall von Konflikten fest, welche CSS-Eigenschaften den Vorrang erhalten.

Schauen Sie sich einmal das Beispiel »spezifizitaet.html« von der DVD an. Dabei dürften einige Fragen auftauchen:

▸ Warum ist `p.special` gelb und nicht rot? Immerhin werden Angaben für `p.special` **und** `.special` **gleichzeitig** (!) auf ihn angewendet.

▸ Und was ist mit dem Absatz mit der ID `fazit` und der Klasse `special`? Auch hier wirken mehrere Angaben **gleichzeitig**.

Spezifizität richtet sich immer nach den Selektoren. Treffen zwei Selektoren aufeinander, gewinnt derjenige mit der höheren Spezifizität. Die Rangfolge der Spezifizität lautet wie folgt, gegliedert von unten nach oben:

▸ Element-Selektoren (und Pseudo-Elemente): h1, p
▸ Klassen (und Attribute sowie Pseudoklassen): .special
▸ IDs: #intro
▸ Stilangaben per `style`-Attribut: `<h1 style="color: red;">`

Spezifizität ist dabei abhängig vom Selektor. Bei Konflikten gewinnt der Selektor mit der höheren Spezifizität.

Pseudoklassen und -Elemente
Auf Pseudoklassen und Pseudo-Elemente werde ich auf Seite 132 zu sprechen kommen.

Star Wars-Analogie | Das klingt viel zu theoretisch. Um das im Detail zu erklären, greife ich auf eine großartige Idee von Andy Clarke zurück, der Spezifizität mit Hilfe von Star Wars erklärt. Ich hoffe, Sie mögen Star Wars.

Ganz unten in der Hackordnung stehen die Sturmtruppen. Sie kennen sich kaum mit der dunklen Seite der Macht aus, sind leicht zu beeinflussen und folgen ihren Vorgesetzten aufs Wort. Sie entsprechen in CSS den einfachen Element-Selektoren, z. B. h1 und p. Ihre Sith-Stärke könnte man als 0-0-0-1 bezeichnen – wie ich auf diese Zahl komme, erfahren Sie später.

Sith?
Die Sith sind in Star Wars die Anhänger der dunklen Seite der Macht.

▲ **Abbildung 4.46**
»Das sind nicht die Droiden, die ihr sucht…« – Sturmtruppen sind leicht zu überwinden. Das gilt auch für die einfachen CSS-Selektoren.

Es folgt Darth Vader. Dieser stets schwer atmende Zeitgenosse ist ein harter Brocken und ein echter Experte in Sachen Sith. Alle fürchten ihn ... na gut, fast alle. Seine Sith-Stärke liegt bei 0-0-1-0, und er entspricht unseren Klassen wie etwa `.special`.

Abbildung 4.47 ▶
Der gefürchtete Darth Vader – ähnlich den Klassen-Selektoren in CSS kann ihm kaum jemand etwas anhaben.

Ganz oben im Imperium thront der Imperator. Er ist der Sith-Meister, regiert sein Reich mit eiserner Hand und verfolgt stets teuflische Pläne. Seine Sith-Stärke liegt bei 0-1-0-0. In CSS entspricht er den ID-Selektoren wie z. B. `#intro`.

Abbildung 4.48 ▶
Doch auch ein Darth Vader hat seinen Meister – der Imperator schießt mit blauen Blitzen um sich und ist kaum zu überwinden, ganz ähnlich wie ein ID-Selektor in CSS.

Wenn Sie Star Wars kennen, wissen Sie, dass am Ende stets die gute Seite der Macht gewinnt – wenn auch mit einigen Umwegen. Denn am Ende versagt der Imperator, Darth Vader wird bekehrt, und die lustigen Ewoks trommeln auf den Helmen der Sturmtruppen. Die gute Seite der Macht hat also eine Stärke von 1-0-0-0 – gegen sie ist alles machtlos. Man kann hier gar nicht mehr von Sith-Stärke sprechen, denn mit den Sith hat sie nichts mehr zu tun. Das ist ein gutes Bild für diese Stufe der Spezifizität, denn sie entspricht den Angaben im `style`-Attribut – und die gelten nur für einen Einzelfall und werden auch ganz anders eingebunden als die externen Stylesheets.

Sith-Stärke | Was das mit der Sith-Stärke soll? Nun, sie hilft Ihnen dabei auszurechnen, wer im Falle eines Konfliktes gewinnt. Sie stimmen mir sicherlich zu, dass sich ein Darth Vader niemals von einer Sturmtruppe aufhalten lassen würde. Trifft also eine Angabe für eine Klasse `.special` auf eine andere Angabe für ein Element p, gewinnt stets die Klasse. Oder, in Sith-Stärke ausgedrückt: 0-0-1-0 ist nun einmal stärker als 0-0-0-1.

Das Praktische an der Sith-Stärke ist aber, dass Sie sie addieren können:

- `.klasse1 .klasse2` entspricht zwei Darth Vaders und hat daher eine Sith-Stärke von 0-0-2-0
- `element.klasse1` wäre einmal Darth Vader und einmal Sturmtruppe, also 0-0-1-1
- `#id1 p.klasse1 .klasse2` ist ein Imperator, zwei Darth Vaders und eine Sturmtruppe: 0-1-2-1
- `#id1 p span.klasse2` wäre einmal Imperator, ein Darth Vader und zwei Sturmtruppen: 0-1-1-2

Außerdem hilft es Ihnen dabei zu entscheiden, was Sie tun müssen, wenn eine Ihrer Regeln nicht angewendet wird. Nehmen wir einmal an, Sie hätten einen Absatz p mit einer Klasse `special` ...

```
<h1>Ich habe eine <span class="special">grüne
  Hervorhebung</span>
<p class="special">Und ich soll rot sein.</p>
```

◀ **Listing 4.1**
HTML-Beispiel für unser Spezifizitätsproblem

... und Ihr CSS sähe wie folgt aus:

```
P { color: red; }
.special { color: green; }
```

◀ **Listing 4.2**
Beispiel für ein Spezifizitätsproblem in CSS

Sie sehen: Das passt nicht, denn die Sturmtruppe p ist zu schwach gegenüber dem Darth Vader `.special` – der Absatz unten ist also grün. Dank unserer Sith-Stärken-Formel ist die Lösung aber einfach: Stellen Sie Ihrer Sturmtruppe einfach einen Darth Vader zur Seite, und schon wird der Absatz unten rot.

```
p.special { color: red; }
.special { color: green; }
```

◀ **Listing 4.3**
Lösung für das Spezifizitätsproblem

Pseudoklassen und Pseudo-Elemente in CSS

Im vorherigen Abschnitt über die Spezifizität von CSS sind Sie über einen neuen Begriff gestolpert: Pseudoklassen. Wie bei gewöhnlichen Klassen dienen sie dazu, bestimmte Arten von HTML-Elementen auszuwählen. Anders als normale Klassen werden sie jedoch nicht explizit von Ihnen als Webdesigner bestimmt, sondern automatisch vom Browser zur Verfügung gestellt.

Schauen wir dazu einmal die beiden beliebtesten Pseudoklassen an: :hover und :focus. Beide kommen bevorzugt bei Links zum Einsatz und legen fest, was geschehen soll, wenn der Nutzer mit der Maus darüber fährt oder aber den Link mit ⇥ anwählt.

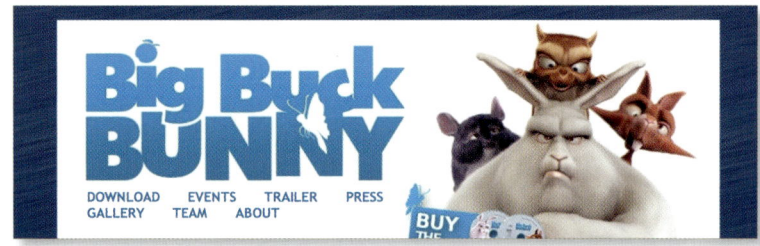

▲ **Abbildung 4.49**
Normalerweise sind die Links auf *www.bigbuckbunny.org* blau.

Technisch realisiert werden die Links über folgendes CSS:

```
a {
  color: #0183b7;
  text-decoration: none;
}
```

Listing 4.4 ▶
CSS der Links

Fährt man mit der Maus über die Links, verändern sie sich: Aus Blau wird Schwarz, und eine Unterstreichung kommt auch hinzu.

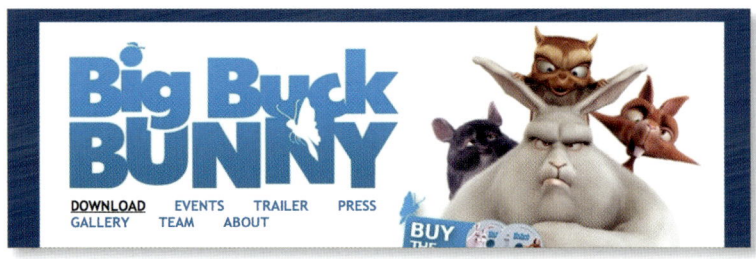

Abbildung 4.50 ▶
Schwarz und unterstrichen – die Links auf *http://bigbuckbunny.org* beim Navigieren.

Hier das CSS dazu:

```
a:hover {
    color: #1x232f;
    text-decoration: underline;
}
```

▲ **Listing 4.5**
Die Pseudoklasse :hover fügt CSS-Eigenschaften während der
Maus-Navigation hinzu

Die Pseudoklasse :hover bedeutet also nichts weiter, als dass die
folgenden Eigenschaften gelten sollen, wann immer die Nutzer mit
der Maus über einen Bereich fahren. Achten Sie aus Gründen der
Usability darauf, dass die Änderungen deutlich sind. Auf keinen Fall
:focus vergessen – diese Pseudoklasse bezieht sich auf die Auswahl
mittels ⇥ und stellt daher ein wichtiges visuelles Kennzeichen für
Menschen dar, die nicht mit einer Maus navigieren. Es ist absolut
in Ordnung, für :hover und :focus identische Stile zu verwenden.

Pseudo-Elemente | Eng mit den Pseudoklassen verwandt sind
die Pseudo-Elemente. Auch sie werden mit einem Doppelpunkt :
angesprochen, beziehen sich jedoch auf andere HTML-Elemente.
Ein Beispiel ist :after, mit dem Sie das folgende HTML-Element
ansprechen – egal, welches das ist, und ob es stets das gleiche ist.

```
section:after { /* beliebige CSS-Eigenschaften */ }
```

▲ **Listing 4.6**
Das CSS-Pseudo-Element :after bezieht sich in diesem Fall
auf das HTML-Element, das nach der section kommt.

CSS-Reset

Treten wir einen Schritt zurück und betrachten noch einmal unsere
erste HTML-Seite, die Sie gerade geschrieben haben. Wenn Sie
dieses Dokument in einem Browser öffnen, dürften Ihnen einige
Formate auffallen. So ist alles in Times New Roman gesetzt, und
die Überschrift sieht größer aus als der Fließtext.

Wie kann das sein? Bedenken Sie: Sie haben zwar Farben definiert, aber kein (CSS-)Wort über Größe und Schriftart verloren!
Woher kommen dann diese Formatierungen? Die Antwort ist einfach: von Ihrem Browser. Damit ungestylte HTML-Dokumente

---

**Mehr zu Pseudoklassen
und -Elementen**

Pseudoklassen und -Ele-
mente erlauben Ihnen
ungeahnte Flexibilität im
Umgang mit CSS. Es
würde den Rahmen die-
ses Buchs sprengen, alle
Möglichkeiten aufzuzäh-
len. Wo notwendig,
werde ich auf einige
Details zu sprechen kom-
men. Wenn Sie mehr
wissen möchten: Eine
gute Einführung finden
Sie im Smashing Magazi-
ne unter *http://coding.
smashingmagazine.com/
2011/03/30/how-to-use-
css3-pseudo-classes*.

Kommentare in CSS

Ähnlich wie in HTML
können und sollten Sie
auch in CSS Ihren Code
kommentieren. Dazu
dient die folgende Syn-
tax:

```
/* Ich bin ein
Kommentar */
```

Was auch immer Sie zwi-
schen /* und */ schrei-
ben, wird als Kommentar
interpretiert. Absätze
innerhalb von Kommen-
taren sind natürlich auch
möglich.

nutzbar bleiben, geben alle Browserhersteller ihrer Software Basis-Stylesheets mit (auch Default-Stylesheet genannt).

Das hat praktische Vorteile, wenn ein Dokument eben keine Stylesheets mitliefert. Was aber geschieht, wenn zu den Browser-Stilen noch Stilangaben von Designern oder Nutzern stoßen?

Abbildung 4.51 ▶
Vorgaben in den verschiedenen Stylesheets folgen einer klaren Hierarchie.

Nutzer   Webdesigner   Browser

Abbildung 4.51 verdeutlicht es: Wann immer Sie eine Angabe machen, wird Ihre Gestaltung verwendet, nicht die Vorstellungen der Browser. Und wenn der Nutzer sich ein individuelles Stylesheet festlegt, hat es Vorrang – immer.

Sie haben nun prinzipiell zwei Möglichkeiten, mit dieser Tatsache umzugehen. Die erste besteht darin, einfach Ihre gewünschten CSS-Eigenschaften einzutragen – Sie überschreiben damit die Standardwerte der Browser. Nachteil daran: Sie können nicht unbedingt davon ausgehen, dass die Standardwerte aller Browser identisch sind. Daher müssen Sie Ihre Website sehr genau in verschiedenen Browsern testen und evaluieren, ob Sie wirklich alle Angaben gemacht haben.

Eine andere Methode hört auf den schicken Namen **CSS-Reset**. Das ist eine spezielle Angabe, die Sie an den Anfang Ihrer CSS-Datei schreiben und die **alle** Standardwerte zurücksetzt.

Dabei können Sie unterschiedlich radikal vorgehen – und wenn Sie einmal nach »CSS-Reset« suchen, werden Sie im Web verschiedenste Lösungsvorschläge finden.

Listing 4.7 ▶
Einfacher CSS-Reset

```
* { margin: 0; padding: 0; }
```

Mit dem * wählen Sie alle HTML-Elemente aus und setzen Außen- und Innenabstände auf 0. Man bezeichnet dieses Verfahren daher auch als globalen Reset, weil er sich auf alle Elemente bezieht.

Detaillierter und weitreichender ist ein Vorschlag von Eric Meyer, den er **Reset Reloaded** nennt. Sie finden den häufig eingesetzten Reset unter *http://meyerweb.com/eric/thoughts/2007/05/01/reset-*

reloaded. Nachteil: Wenn Sie die Standardwerte der Browser sehr weitreichend zurücksetzen, müssen Sie alle Angaben selbst in Ihr CSS hineinschreiben und sorgfältig aufpassen, nichts zu vergessen.

Eine Alternative kann das **normalize.css** sein, das Sie unter *http://necolas.github.com/normalize.css/* finden. Der Vorteil ist, dass dieses CSS zwar die Darstellung verschiedener Browser vereinheitlicht, aber nicht so radikal vorgeht wie ein CSS-Reset – einige sinnvolle Vorgaben bleiben daher erhalten.

Maßeinheiten in CSS

Wenn Sie in CSS die physischen Ausmaße Ihrer Angaben festlegen möchten, stehen Ihnen dazu verschiedene Möglichkeiten zur Verfügung.

Zunächst könnten Sie **absolute Maßeinheiten** verwenden. CSS unterstützt Angaben wie cm, mm und pt. In der Praxis kommen diese Einheiten nicht vor, weil sie für Websites selten sinnvoll sind.

Sehr viel häufiger ist die Verwendung **relativer Einheiten**, denn diese beziehen sich auf die Auflösung des Geräts und müssen nicht vorher umständlich in absolute Werte umgerechnet werden. Die wichtigsten relativen Einheiten sind Pixel (px), Prozent (%) und em. Der Wert px ist relativ zum Ausgabegerät und den Einstellungen des Nutzers. Pixel sind daher nur halbrelativ, denn die Größe eines Pixels ändert sich nur, wenn man die Auflösung anpasst – vorausgesetzt, das geht auf dem Gerät überhaupt. Angaben in % sind relativ zur Größe des Elternelements: Geben Sie einer Box zum Beispiel eine Breite von 50%, nimmt es die Hälfte des Raums ein, der ihm normalerweise zustehen würde – das ist dann entweder das Browserfenster oder (bei verschachtelten Boxen) die Breite der höheren Box. Auf die Einheit em werde ich im nächsten Abschnitt eingehen.

Merkmale der Maßeinheiten

Es gibt verschiedene Maßeinheiten für CSS. Folgendes sollten Sie sich dazu merken:

▶ Absolute Einheiten (cm, mm, pt) sind nur für Druck-Stylesheets sinnvoll.
▶ Pixel (px) sind nur bedingt relativ.
▶ Prozentwerte (%) sind von der Größe des Elternelements abhängig.
▶ em richten sich nach der Schriftgröße.

4.3 Typen von CSS-Layouts

Es gibt eine Reihe von Grundtypen von CSS-Layouts, die immer wieder zum Einsatz kommen. Hierbei geht es aber nicht darum, wie viele Spalten ein Layout hat oder Ähnliches, sondern darum, wie sich das Layout in Bezug zur Größe des Browserfensters verhält.

▲ **Abbildung 4.52**
Die Software-Firma AgileBits
(*http://agilebits.com*) fixiert
ihre Website auf eine Breite
von 900 px. Steht weniger
Platz zur Verfügung, muss
horizontal gescrollt werden.

Fixes Layout

Bei einem fixen Layout legen Sie die Breite der Spalten und des
Gesamtlayouts per CSS in Pixeln fest. Haben Sie beispielsweise
ein div mit einer ID page, könnten Sie im CSS folgende Angabe
machen:

```
#page { width: 760px; }
```

▲ **Listing 4.8**
Fixe Breitenangabe für die ID page

Damit wäre Ihre Seite stets 760 px breit. Bei kleineren Bildschirmen
entstehen horizontale Scrollbalken – das wird von vielen Nutzern
und Gestaltern aber als störend empfunden. Umgekehrt bleibt bei
einem großen Widescreen-Display viel Raum ungenutzt.

Auf der Minus-Seite von fixen Layouts stehen somit Nachteile in
der Usability, besonders auf Smartphones. Dafür können Sie Ihre
Gestaltung sehr genau kontrollieren. Zudem ist die Arbeit mit fixen
Layouts für Sie als Webdesigner einfacher, da Sie nicht mit dem
Umrechnen relativer Angaben beschäftigt sind.

Fluides Layout

Bei einem fluiden Layout geben Sie die Maße in Prozentwerten ein.

```
#page { width: 75%; }
```

▲ **Listing 4.9**
Fluide Breitenangabe für die ID page

Durch diese Maßnahme passt sich Ihr Layout flexibel an den Browser Ihrer Nutzer an – den sogenannten Viewport. Das kann zu
sehr langen oder eben sehr schmalen Zeilen führen – in der Praxis
werden fluide Layouts daher meist mit anderen Angaben zu Misch-
Layouts kombiniert.

Abbildung 4.53 ▶
Der Inhalt der Wikipedia
nimmt den gesamten Raum
ein – abzüglich der Navigation
links.

Elastisches Layout

Elastische Layouts basieren auf typografischen Angaben – immerhin dürfte Text bei den meisten Websites das wichtigste Element sein. Das Layout selbst soll sich dann entsprechend der Schriftgröße anpassen.

In der Praxis setzen Sie dabei auf die relative Einheit em. 1 em entspricht dabei stets der eingestellten Schriftgröße. In der Grundeinstellung der Browser entspricht der Schriftgrad 16 px genau 1 em. Mit dieser Angabe können Sie rechnen:

```
#page { width: 47.5em; }
```

▲ **Listing 4.10**
Breitenangabe in em für die ID page

Dieser HTML-Bereich mit der ID page hätte also bei Standardeinstellung von 47.5 × 16 px = 760 px. Haben Sie also keine Angst vor Kommazahlen bei der Arbeit mit em – der Browser kümmert sich um die richtige Darstellung. Verwenden Sie allerdings einen Punkt statt des deutschen Kommas als Trennzeichen.

Der Vorteil von elastischen Layouts: Nutzer können, wenn Sie es möchten, eine andere Schriftgröße einstellen, z. B. 20 px. In diesem Fall würde gelten: 1 em = 20 px – und damit für die Seite #page: 47.5 × 20 px = 950 px. Automatisch hat sich Ihre Website also den Wünschen Ihrer Nutzer angepasst.

Historischer Ursprung

Historisch geht die Einheit em auf den Buchstaben M zurück: Als Typografen noch mit beweglichen Metall-Lettern arbeiteten, entsprach die Breite der Letter M genau der Schriftgröße. Achtung, Verwechslungsgefahr: gemeint ist nicht die Größe des Buchstaben selbst, sondern die des Metallstücks, auf das der Buchstabe aufgebracht war.

Mischformen

Häufig anzutreffen sind außerdem Mischformen verschiedener Layouttypen.

```
#page {
  width: 75%;
  min-width: 25em;
  max-width: 55em;
}
```

▲ **Listing 4.11**
Mischform mit fluiden und elastischen Elementen

In diesem Layout kombinieren Sie ein fluides mit einem elastischen Layout. Die #page nimmt normalerweise 75 % der Breite des Viewports ein (width: 75%;), mindestens aber 25 em (min-width:

Mischlayouts im Responsive Webdesign

Mischformen sind sehr häufig beim Responsive Webdesign, um Zwischenstufen zwischen den gewählten Media Queries abfangen zu können – schließlich kann man nicht für jedes Gerät eine eigene Media Query anlegen.

25em;). Damit stellen Sie sicher, dass es auch auf kleinen Displays eine gewisse Mindestbreite gibt und die Textzeilen nicht extrem schmal werden – im Zweifelsfall sind horizontale Scrollbalken dann sinnvoller. Zugleich vermeiden Sie mit `max-width:55em`, dass auf breiten Displays ellenlange Zeilen entstehen.

4.4 Gestaltung mit CSS

Nachdem Sie im vorangegangenen Abschnitt wichtige Grundlagen von CSS gelernt haben, wird es nun Zeit für die konkreten Techniken zum Aufbau einer Website in CSS.

Elemente anordnen mit CSS

CSS erlaubt Ihnen eine Freiheit bei der Anordnung von Elementen, die Sie im schnöde hierarchisch aufgebauten HTML niemals hätten. Lernen Sie in diesem Abschnitt, wie aus einfachen HTML-Gerüsten ansehnliche Websites werden.

▲ **Abbildung 4.54**
Der Onlineshop Gravis (*www.gravis.de*) ohne …

▲ **Abbildung 4.55**
… und mit CSS

Verfolgen Sie das Float-Beispiel auf der DVD mit. Sie finden es unter WEITERE_BEISPIELDATEIEN • KAPITEL_4.

Elemente links und rechts fließen lassen | HTML-Elemente sind einfach gestrickt: Das eine folgt auf das andere. Block-Elemente erzeugen immer eine neue Zeile. In der Praxis reicht das schon lange nicht mehr aus: In nahezu jedem Design werden Sie einige Elemente nebeneinander anordnen wollen. Ein klassisches Beispiel ist ein Bild, das schön neben dem umfließenden Text stehen soll.

```
<p><img src="baum.jpg" alt="Baum im Herbst" width="300"
height="200">Ich bin ein langer Absatz mit Text. Das Bild
bezieht sich auf meinen Inhalt und illustriert, was ich
sage.</p>
```

◄ Listing 4.12
Bild in einem Absatz

Ohne CSS entspricht das nicht unbedingt dem, was Sie erreichen möchten. Das Bild klebt unschön an der ersten Zeile fest.

Bilder einbinden

Das <img> ist Ihnen sicherlich bekannt. Ich werde in Kapitel 7, »Grafiken und Bilder«, ausgiebig behandeln, was es damit auf sich hat.

◄ **Abbildung 4.56**
Das Bild klebt oben im Absatz.

Vorhang auf für float. Diese CSS-Eigenschaft rückt Elemente entweder nach links (left) oder nach rechts (right). Alle nachfolgenden Inhalte fließen an dem float-Element vorbei, sofern ausreichend Platz verfügbar ist.

```
img { float: left; margin-right: 3px; }
```

◄ **Listing 4.13**
Das Bild erhält einen float.

◄ **Abbildung 4.57**
Dank float:left steht das Bild links neben dem Text.

Ergänzen wir einmal einen weiteren Absatz und schauen, was geschieht.

```
<p><img src="images/bild.jpg" width="300" height="200">Ich
   bin ein langer Absatz mit Text. Das Bild bezieht sich
   auf meinen Inhalt und illustriert, was ich sage.</p>
<p>Neuer Absatz, neues Glück. Auch hier steht eigentlich
   wenig Wissenswertes.</p>
```

Listing 4.14 ▶
Ein zweiter Absatz stößt dazu.

Abbildung 4.58 ▶
Auch nachfolgende Absätze fließen um das Bild herum.

Wie Sie sehen, fließt auch der neue Absatz um das Bild herum, wenn der Platz es zulässt. Das ist interessant, weil das p-Element in HTML ein Blockelement ist, es erzeugt einen neuen Absatz.

Dieses Verhalten verdankt sich der Arbeitsweise von float: Ein Element mit float nimmt sich den Raum, den es braucht, ohne sich um die anderen Elemente zu scheren. Auf Wunsch können Sie dieses Verhalten aber auch unterbinden. Dazu dient die Eigenschaft clear.

Floats mit Clear beenden

Rechtsfließende Elemente werden mit clear: right; beendet. Gibt es sowohl rechts- als auch linksfließende Elemente, kann clear: both; verwendet werden.

```
<p><img src="images/bild.jpg" width="300" height="200">
   Ich bin ein langer Absatz mit Text. Das Bild bezieht
   sich auf meinen Inhalt und illustriert, was ich sage.</p>
<p style="clear: left;">Neuer Absatz, neues Glück. Auch
   hier steht eigentlich wenig Wissenswertes.</p>
```

▲ **Listing 4.15**
clear für den zweiten Absatz

◀ **Abbildung 4.59**
float wird mit clear beendet – auch wenn dadurch ein
größerer Freiraum entsteht.

Es gibt eine weitere Eigenschaft von floats, die Sie beachten
sollten. Sie sitzen nicht einfach nur auf der Seite, sondern werden
aus dem Dokumentfluss herausgenommen. Was bedeutet das
in der Praxis? Schauen Sie sich einmal das folgende einfache Beispiel an.

```
<div id="container" style="background-color: yellow;">
  <img src="baum.jpg" alt="Bild eines Baums">
  <p>Lorem ipsum</p>
</div>
```

◀ **Listing 4.16**
Ein Bild und ein Absatz in
einem Container

◀ **Abbildung 4.60**
Die gelbe Farbe gilt für die
gesamte Fläche des Contai-
ners – inklusive Bild.

Klare Sache: #container ist ein Elternelement von p und img,
sodass die Hintergrundfarbe auch für sie gilt. Das Elternelement

#`container` wächst in der Höhe mit seinen Inhalten an. Was aber passiert, wenn `img` ein `float:left` erhält?

Abbildung 4.61 ▶
`float` löst Elemente aus dem Elementfluss, sodass die gelbe Hintergrundfarbe des Eltern-containers für das Bild nicht mehr gilt.

CSS für Fortgeschrittene

clearfix ist eine CSS-Lösung, um heraushängende `float`-Elemente wieder in die umgebende Box zu drücken. Er gehört zu den anspruchsvolleren CSS-Techniken, mit denen Sie sich im Laufe Ihrer Karriere beschäftigen sollten.

An diesem Beispiel können Sie ablesen, was es bedeutet, ein Element mittels `float` aus dem Dokumentfluss herauszuheben: Nun wächst der Container nicht mehr mit der Höhe des Bildes mit, wie er es bei einem normalen Dokumentfluss tun würde.

Was aber, wenn das Bild zwar links fließen, aber trotzdem gelb umschlossen sein soll? Eine Lösung: der **clearfix**. Er wird meist über eine eigene Klasse namens `.clearfix` gelöst, da er in den meisten CSS-Layouts vorkommt. Die umgebenden Boxen, aus denen keine Inhalte herausragen sollen, erhalten dann diese Klasse.

Listing 4.17 ▶
Der Container erhält eine Klasse `.clearfix`, ...

```
<div id="container" class="clearfix">
  <img src="baum.jpg" alt="Bild eines Baums">
  <p>Lorem ipsum</p>
</div>
```

Im CSS wird der clearfix dann wie folgt definiert:

```
#container { background-color: yellow; }
img { float: left; }
.clearfix:after {
  content: ".";
  display: block;
  clear: both;
  height: 0;
  visibility: hidden;
}
```

Listing 4.18 ▶
... die spezielle Formatierungen erhält.

Das sollten wir uns ganz langsam und der Reihe nach anschauen. Zunächst wird die Klasse `.clearfix` mit der Pseudoklasse `:after` angesprochen – Ergebnis: Alles, was innerhalb dieser Angaben steht, soll **am Ende** des Elements mit der Klasse `.clearfix` geschehen. Die Bezeichnung `content` kennen Sie noch nicht – sie dient dazu, in CSS Inhalte zu erzeugen, in diesem Fall ein einzelner Punkt – dank `:after` steht dieser Punkt **nach** dem `float`-Bild. Dieser Punkt erhält die Eigenschaften `display: block` und `clear: both`. Auf `display` werden wir im Anschluss zu sprechen kommen. Das `clear` bewirkt, dass der neu erzeugte Punkt das Fließen des Bilds beendet – und da er nach dem Bild, aber noch innerhalb des Elterncontainers `#container` sitzt, wächst der Container wieder so weit an, bis er den Abschnitt, das Bild und den neuen Punkt umfasst. Tja, und da so ein einzelner Punkt meistens eher stören würde, erhält er eine Höhe von 0 und wird außerdem über `visibility: hidden` ausgeblendet.

◀ **Abbildung 4.62**
Die Clearfix-Methode bewirkt, dass das Bild die Größe des Elterncontainers wieder beeinflusst.

Elemente frei anordnen | Mit Floats stehen Ihnen bereits einige Möglichkeiten zur Verfügung, mit denen Sie die Anordnung von HTML-Elementen steuern können. Wenn Sie damit jedoch an die Grenzen stoßen, hilft Ihnen die CSS-Allzweckwaffe weiter: `position`. Und wie mit jeder Allzweckwaffe ist auch hier ein wenig Vorsicht geboten.

Das Prinzip von `position` lautet, dass Sie zunächst bestimmen, auf welche Art und Weise ein Element positioniert werden soll, und anschließend seine Position festlegen.

Zwei dieser Positionierungsarten sind einfach zu verstehen. `posi-tion: static;` ist der Normalzustand – Elemente mit dieser Angabe befinden sich im ganz normalen Dokument-Fluss. Wenn Sie keine andere Angabe machen, gilt immer `position: static`. Ähnlich einfach ist `position: inherit`. Elemente mit dieser Eigenschaft übernehmen die Positionierungsart ihrer Elternelemente.

Ein wenig komplexer wird es bei `position: fixed`. Wie der Name vermuten lässt, stehen diese Elemente fest an einer Position. Der Orientierungspunkt ist der Viewport, also das Browserfenster Ihres Nutzers. Haben Sie ein Element mit `position:fixed;` und `top:0;` oben am Browserfenster festgezurrt, wird es dort stehen bleiben – auch wenn Ihre Nutzer scrollen.

▲ Abbildung 4.63
Dank `position: fixed;` bleibt die Kopfzeile auf *techcrunch.com* immer oben – auch beim Scrollen.

Ein wenig verzwickt wird es bei den beiden anderen Positionierungsarten: `relative` und `absolute`. »Relativ« klingt zunächst einfach: Ein Element wird **relativ zu seiner normalen Position** angeordnet. Der Browser berechnet also zuerst die Position, die ein Element im ganz normalen Elementfluss hätte, und schiebt das Element dann entsprechend Ihrer Angaben durch die Gegend.

`position: absolute;` hingegen ordnet ein Element relativ zu demjenigen Eltern-Element, das **nicht die Normalpositionierung** `position: static;` besitzt. Ich gebe zu, dass das am Anfang etwas verwirrend ist, daher ein kleines Beispiel:

```
<section style="position: relative; width: 300px;">
  <img src="baum.jpg" alt="Bild eines Baums">
  <div style="position: absolute; top: -18px; right: -18px;
  background-color: white;">
    <a href="einlinkziel.html" title="zurück">schließen</a>
  </div>
</section>
```

▲ Abbildung 4.64
Verhalten von `position: absolute;`

▲ Listing 4.19
Beispiel für `position: absolute;`

In Beispiel von Listing 4.19 gibt es ein Bild in einer `section` mit einem Zurück-Button. Dieser Button soll oben rechts sitzen und ein wenig aus der `section` herausragen. `position: absolute;` sowie die Angaben für `top` und `right` sorgen dafür – aber nur, weil der Elterncontainer mittels `position: relative;` eine besondere Positionierung besitzt. Gibt es kein Elternelement, das eine solche besondere Positionierung besitzt, richtet sich `position: absolute;` nach dem `html` und damit nach der Seite selbst. Wichtig außerdem: `position: absolute;` nimmt ein Element vollkommen aus dem Elementfluss heraus – ganz so, wie Sie es schon für `float` gelernt haben.

Im Einsatz können Sie dieses Verfahren bei vielen Bildergalerien sehen.

Wenn Sie sich für eine Positionierungsart entschieden haben, fehlen nur noch die konkreten Positionsangaben. Dazu dienen die CSS-Eigenschaften `top`, `left`, `bottom` und `right`, denen Sie numerische Angaben in px, % oder em mitgeben können. Negative Werte sind natürlich auch möglich.

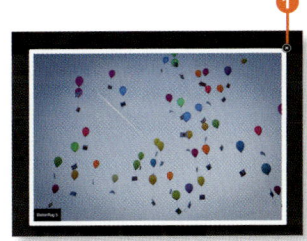

▲ Abbildung 4.65
Diese Bildergalerie vergrößert ein Bild, indem sie es mit `position: fixed;` über die gesamte Seite legt. Das »x« zum Schließen ❶ wird per `position: absolute;` in die rechte obere Ecke geschoben.

Anzeige steuern | Manchmal möchten Sie in CSS die Anzeige von Elementen beeinflussen. Dazu dient die Eigenschaft `display`. Wofür könnte diese Eigenschaft nützlich sein?

Ein Anwendungsfall wäre die Arbeit mit Inline- und Block-Elementen. Mittels `display: block;` könnten Sie nun aus einem Inline-Element ein Block-Element machen:

```
a { display: block; }
```

▲ Listing 4.20
Ein Link als Block-Element

Der umgekehrte Weg geht natürlich auch:

```
p { display: inline; }
```

▲ Listing 4.21
Ein Absatz als Inline-Element

Ein weiterer Anwendungsfall wäre `display: none;` – diese Eigenschaft blendet ein Element komplett aus.

Wofür man so etwas gebraucht könnte? Ein häufiges Beispiel ist ein Stylesheet, das den Druck einer Website steuert. So könnten Sie beispielsweise die Navigation einer Website ausblenden,

`display` in CSS3

CSS3 wird eine Vielzahl weiterer `display`-Eigenschaften einführen, die sehr weit reichende Folgen für Ihre Layouts haben. Die Browser-Unterstützung für diese Techniken ist allerdings noch etwas zu löchrig, um sie im großen Stil einzusetzen. Wenn Sie sich aber bereits darüber informieren möchten, empfehle ich Ihnen den Beitrag von Richard Shepherd unter *http://coding.smashingmagazine.com/2011/09/19/css3-flexible-box-layout-explained*.

145

wenn man sie ausdruckt, ohne damit die Bedienbarkeit beim Surfen zu beeinflussen:

```
@media print {
  nav { display: none; }
}
```

▲ **Listing 4.22**
Ausgeblendete Navigation beim Druck

Sie haben nun einige grundlegende Regeln gelernt, wie Sie HTML-Elemente einmal ganz grob im Layout anordnen können. Design lebt jedoch auch von den Details – feine Abstände innerhalb der großen Bereiche. Es wird also Zeit, sich einmal mit Weißraum zu befassen.

Weißraum in CSS3

Was ist Weißraum?

Weißraum, auch negativer Raum genannt, ist der Raum *zwischen* den Elementen einer Gestaltung.

Weißraum ist der Raum zwischen den Elementen einer Komposition – daher nennt man ihn häufig auch negativer Raum. Weißraum muss nicht immer weiß sein – wenn das auch häufig der Fall ist.

Das klingt viel unspektakulärer als es ist. Es gibt Gestalter, die Weißraum möglichst minimal halten möchten: »Alles muss unbedingt ohne Scrollen auf dem Bildschirm zu sehen sein. Mach die Schrift kleiner.«

So etwas ist Quatsch. Weißraum ist vielleicht das wichtigste Element jeder Gestaltung: Ohne Weißraum haben Sie nämlich keine Formen, die irgendetwas aussagen können, oder Akzentuierungen, die Ihre Nutzer leiten könnten – ohne Weißraum haben Sie einen großen visuellen Brei.

Weißraum ist aber nicht gleich Weißraum. Grob vereinfacht gibt es zunächst **Makro-Weißraum** zwischen großen Hauptelementen wie Headern oder Blöcken. Der Weißraum zwischen den Details einer Website wird **Mikro-Weißraum** genannt – der Raum zwischen einem Bild und seiner Bildunterzeile oder zwischen einem Aufzählungszeichen und dem zugehörigen Text etwa. In diesem Abschnitt werden wir uns nur mit dem Makro-Weißraum beschäftigen. Der Mikro-Weißraum kommt im Kapitel über Typografie zur Sprache, da er maßgeblich für die Lesbarkeit verantwortlich ist.

◀ **Abbildung 4.66**
Makro-Weißraum, hier am
Beispiel von *http://freitag.de*
und in roter Farbe gekenn-
zeichnet, bestimmt das
Zusammenspiel der großen
strukturellen Blöcke.

Weißraum schafft Marken | Weißraum ist maßgeblich dafür ver-
antwortlich, eine Marke als Marke zu erkennen. Er wirkt edel und
wertet eine Marke auf, besonders in Kombination mit edlen Fotografien und feinen Schriften. Die Assoziationen sind klar: viel Weißraum = luxuriös, großzügig; wenig Weißraum = billig. Insofern kann
wenig Weißraum natürlich auch gewollt sein – dann nämlich, wenn
Sie einen billigen Eindruck vermitteln wollen, wie es in Branchen
mit hartem Preiskampf notwendig ist.

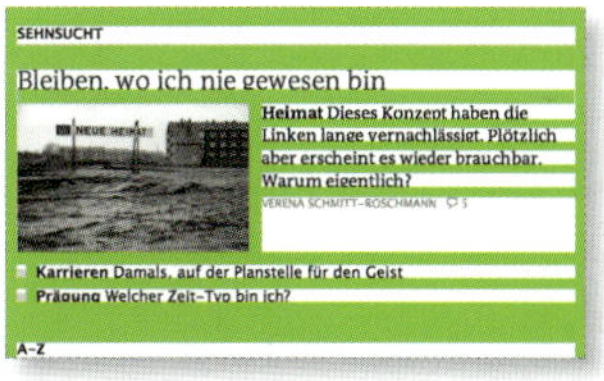

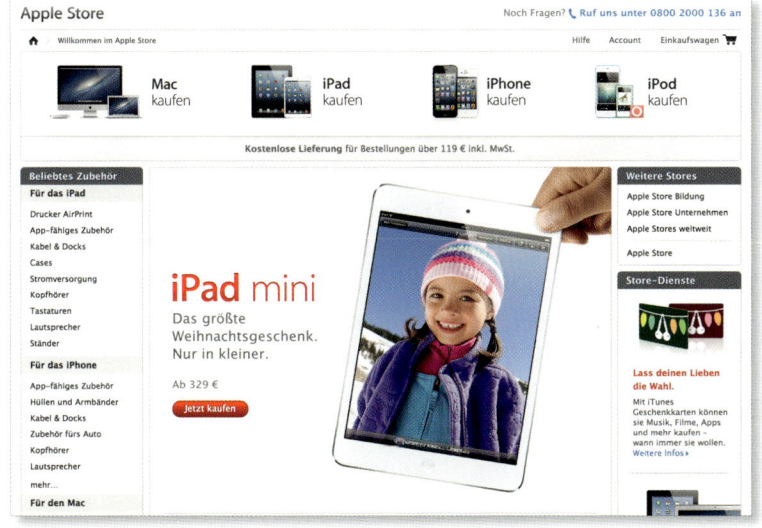

▲ **Abbildung 4.67**
Mikro-Weißraum, hier in
grüner Farbe (wieder *http://
freitag.de*), bezieht sich auf
typografische Elemente und
Details.

◀ **Abbildung 4.68**
Weißraum ohne Ende auf
http://apple.de. Die Aussage
ist klar: Unsere Produkte sind
edel, Preiskampf haben wir
nicht nötig wir können es
uns sogar leisten, den Preis
ganz klein zu schreiben.

Abbildung 4.69 ►
Bei Saturn (*http://saturn.de*) ist Geiz zwar nicht mehr geil, aber Preiskampf oberstes Gebot. Preise sind auffällig, alles ist voller Werbung, Weißraum ist Mangelware, und die 0%-Finanzierung muss auch noch irgendwo rein.

Weißraum wird über das Zusammenspiel mehrerer CSS-Eigenschaften bestimmt – Sie ordnen die verschiedenen HTML-Boxen in der gewünschten Reihenfolge an und schieben sie mit Abständen auseinander. Wie aber berechnen sich Abstände in CSS? Hier kommt das Box Model ins Spiel.

Das Box Model

Auf der DVD finden Sie einige Beispiele zum Box Model im Ordner WEITERE_BEISPIELDATEIEN • KAPITEL_4.

Auf geht's ans Eingemachte: das Box Model. Damit legt die offizielle CSS-Spezifikation fest, welche CSS-Angabe zur Größe einer HTML-Box überhaupt in welcher Reihenfolge greift. Prinzipiell gibt es dazu fünf Bereiche, die wir uns anschauen müssen: den Inhalt, die Breite, den Innenabstand, den Rahmen und den Außenabstand.

Abbildung 4.70 ►
Das Box Model von CSS

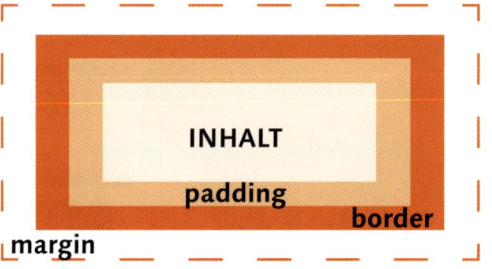

CSS-Eigenschaften für Breite und Höhe: *width* **und** *height*

Breite und Höhe | Normalerweise nimmt jede HTML-Box genau den Raum ein, der ihr zur Verfügung steht. Wenn Sie eine explizite Breite einer Box festlegen möchten, können Sie dazu die CSS-Eigenschaft width verwenden:

```
width: 200px;
```

▲ **Listing 4.23**
CSS-Breitenangabe von 200 px

Und wo eine Breite ist, gibt es auch eine Höhe:

```
height: 200px;
```

▲ **Listing 4.24**
CSS-Höhenangabe von 200 px

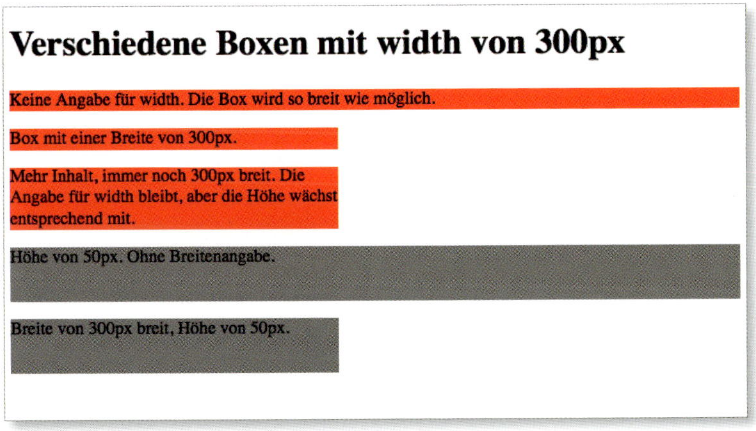

◀ **Abbildung 4.71**
CSS-Beispiele für `width`
und `height`

Es gibt auch Situationen, in denen Sie den Boxen eben keine fixe Breite geben wollen – zum Beispiel, weil Sie eine Website für jemand anderen entwickeln und nicht wissen können, wie viel Inhalt in einer Box enthalten sein wird. In diesen Fällen kann es sinnvoll sein, der Box eine maximale Breite zu geben.

```
max-width: 300px;
```

▲ **Listing 4.25**
Angabe einer maximalen Breite in CSS

Natürlich gibt es auch eine minimale Breite:

```
min-width: 100px;
```

▲ **Listing 4.26**
Angabe einer minimalen Breite in CSS

Innenabstand | Den Innenabstand einer Box definiert man über die CSS-Eigenschaft `padding`. Padding wird zur Breite einer Box *hinzugefügt*. Probieren wir das einmal aus. Geben wir den Boxen in unserer Baukasten-Seite doch ein wenig `padding`.

padding legt den Innenabstand einer Box fest, wird jedoch zur Breite hinzugefügt.

149

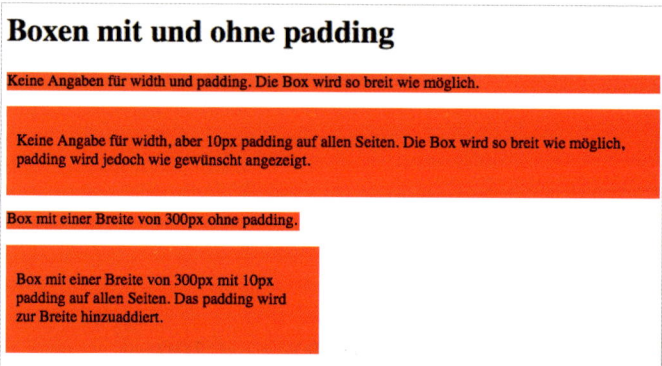

Boxen mit und ohne padding

Keine Angaben für width und padding. Die Box wird so breit wie möglich.

Keine Angabe für width, aber 10px padding auf allen Seiten. Die Box wird so breit wie möglich, padding wird jedoch wie gewünscht angezeigt.

Box mit einer Breite von 300px ohne padding.

Box mit einer Breite von 300px mit 10px padding auf allen Seiten. Das padding wird zur Breite hinzuaddiert.

Abbildung 4.72 ▶
HTML-Boxen mit und ohne
`padding`

Mit einer Angabe wie `padding: 10px;` legen Sie fest, dass *auf allen Seiten* 10 px Innenabstand gelten soll – oben, rechts, unten, links. Alternativ könnten Sie auch ganz unterschiedliche Paddings festlegen, indem Sie die CSS-Anweisung etwas anpassen:

```
padding-top: 5px;
padding-right: 4px;
padding-bottom: 10px;
padding-left: 0px;
```

Listing 4.27 ▶
Unterschiedliche Angaben
von `padding`

Das sieht natürlich nicht so schön aus – zum Glück geht es auch noch etwas kürzer.

Tipparbeit sparen | Tatsächlich können Sie nämlich auch alle Angaben innerhalb einer `padding`-Deklaration vereinen. Diese Kurz-Schreibweise nennt man »Shorthand«. Sie müssen dabei jedoch einige Regeln beachten, damit der Browser Ihre Anweisung richtig versteht. Die Interpretation der Browser hängt nämlich maßgeblich davon ab, wie viele Angaben Sie festlegen.

Eine Angabe ist simpel: Auf allen Seiten 10 px Innenabstand.

Listing 4.28 ▶
`padding` mit einer Angabe

```
padding: 10px;
```

Machen Sie **zwei Angaben**, heißt das für den Browser: oben und unten bitte den ersten Wert nehmen – hier 10 px. Links und rechts bitte den zweiten – 5 px.

Listing 4.29 ▶
`padding` mit zwei Angaben

```
padding: 10px 5px;
```

Es folgen **drei Angaben**. Übersetzt heißt das für den Browser: oben die erste Angabe verwenden: 10 px Innenabstand. Rechts und links

auf die zweite (5 px) zurückgreifen. Unten gilt die dritte Angabe
(4 px).

```
padding: 10px 5px 4px;
```

▲ **Listing 4.30**
`padding` mit drei Angaben

Vier Angaben sind logisch – jede Seite wird einzeln spezifiziert.
Wichtig ist aber die konkrete Reihenfolge: Wert 1 steht für oben
(10 px), Wert 2 für rechts (5 px), Wert 3 für unten (4 px) und Wert
4 für links (2 px).

```
padding: 10px 5px 4px 2px;
```

▲ **Listing 4.31**
`padding` mit vier Angaben

> **Merkhilfe**
> Wenn Sie vier Angaben
> machen möchten, den-
> ken Sie einfach an eine
> Uhr: oben anfangen und
> dann im Uhrzeigersinn
> weiter.

Rahmen | Weiter im Box Model: der Rahmen. In CSS können Sie
einer HTML-Box mit wenigen Zeichen Code einen Rahmen verpassen. Dazu dient die CSS-Eigenschaft `border`. Und da so ein Rahmen von verschiedenen Faktoren abhängig ist, gibt es von `border`
mehrere Unterangaben.

Da wäre zunächst die **Farbe des Rahmens**, die über `border-
color` festgelegt wird.

```
border-color: black;
```

◄ **Listing 4.32**
Ein CSS-Rahmen erhält eine
schwarze Farbe.

Bei der Angabe des Farbwertes können Sie auf verschiedene Verfahren zurückgreifen – ich werde in Kapitel 6, »Farbe im Web«,
darauf eingehen.

Außerdem können Sie die **Liniendicke** bestimmen: `border-
width` ist Ihr Freund.

```
border-width: 1px;
```

▲ **Listing 4.33**
Ein CSS-Rahmen erhält eine Breite von 1 px.

Die **Linienart** gibt es in mehreren Geschmacksrichtungen, die Sie
mit `border-style` festlegen können – im Beispiel unten wäre die
Linie durchgängig.

```
border-style: solid;
```

▲ **Listing 4.34**
Ein CSS-Rahmen wird durchgängig.

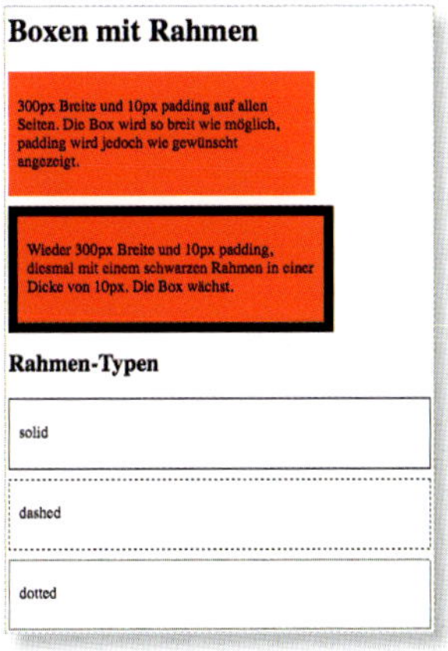

▲ **Abbildung 4.73**
CSS-Boxen mit Rahmen

Nichts vergessen!

Für einen Rahmen müssen Sie stets alle drei Angaben machen (`border-color`, `border-width`, `border-style` oder eben Shorthand) – sonst sehen Sie nichts.

Neben »solid« spielen in der Praxis noch »dashed« (gestrichelt) und »dotted« (gepunktet) für `border-style` eine Rolle.

Dank Shorthand können Sie diese Angaben auch kombinieren.

```
border: solid black 1px;
```

▲ **Listing 4.35**
Shorthand für `border`

So weit so gut, aber CSS bietet noch mehr Flexibilität. Sie können nämlich auch festlegen, auf welchen Seiten der HTML-Box ein Rahmen angelegt werden soll. Dazu dienen die Schlüsselwörter `-top`, `-right`, `-bottom`, `-left` – Sie kennen sie ja nun schon vom Innenabstand. Der Clou: Diese Schlüsselwörter können Sie auf alle Angaben von `border` anwenden. Ein paar Beispiele:

Listing 4.36 ▶
Beispiele für `border`-Angaben auf spezifischen Seiten

```
border-left-style: dotted;
border-top-width: 5px;
border-right-style: dashed;
border-left-color: white;
```

Regel für border-Angaben

Zuerst geben Sie die Eigenschaft (`border`) an, dann die Position (`top/right/bottom/left`), schließlich die Stilistik (`style/color/width`).

Der Vollständigkeit halber möchte ich erwähnen, dass CSS3 die Möglichkeit einführen wird, ein Bild als Rahmen zu verwenden. Damit wären verschiedenste Effekte möglich, etwa verschnörkelte Bilderrahmen. In der Praxis spielt `border-image` noch kaum eine Rolle, denn die Eigenschaft wird derzeit nur von sehr aktuellen Versionen von Firefox, Chrome und Safari unterstützt. Wenn Sie sich die Funktionsweise von `border-image` dennoch bereits heute anschauen möchten, empfehle ich Ihnen den Artikel von Chris Coyier unter *http://css-tricks.com/understanding-border-image*.

Außenabstand | Es bleibt der Außenabstand, und der ist schnell abgehakt. Ein Außenabstand addiert sich zu den bisherigen Angaben hinzu. Sie legen ihn fest mit Hilfe der CSS-Eigenschaft `margin`.

Listing 4.37 ▶
CSS-Außenabstand von 10 px

```
margin: 10px;
```

`margin` verhält sich genauso wie `padding`: Es gibt `margin-left`, `margin-top`, `margin`-Shorthand usw. – genauso wie Sie es bereits für `padding` gelernt haben.

Noch ein Tipp: Wenn Sie einen gesamten Bereich zentrieren möchten, bietet sich `margin: auto;` an.

Das Box Model steuern | Wie Sie jetzt wissen, besagt das Box Model, dass Sie eine Breite angeben können und die Werte für Innenabstand, Rahmen und Außenabstand zu dieser Breite *hinzu addiert* werden. Normalerweise lässt sich mit diesem Box Model gut rechnen. Problematisch wird dieses Verhalten jedoch, wenn Sie ein fluides Layout im Responsive Webdesign entwickeln. Schauen wir uns dazu einmal ein Beispiel an.

```
<div id="container" style="width:100%;">
  <aside style="width:25%; border-right: 10px solid blue;
  background-color: grey;">
    <p>Dieser Bereich enthält ein wenig Inhalt für die
    Navigation links.</p>
  </aside>
  <section style="float: left; width:75%; margin-left: 25%;
  background-color: yellow;">
    <img src="baum.jpg" alt="Bild eines Baums">
      <p>Dieser Bereich enthält ein wenig Inhalt.</p>
    </section>
</div>
```

◄ **Listing 4.38**
Navigation und Inhalt in einem fluiden Bereich

Was hier geschehen soll, dürfte Ihnen mittlerweile klar sein: Der Elterncontainer #container soll den maximal verfügbaren Raum einnehmen. Das aside darin soll links positioniert werden und 25% Breite einnehmen, die section mit dem Hauptinhalt lässt extra 25% Abstand links und soll die verbleibenden 75% einnehmen. Eine schicke 10px dicke Linie soll die Bereiche trennen. Alles klar, oder? Schauen Sie einmal, was passiert:

◄ **Abbildung 4.74**
Ergebnis unseres Beispiels

Dieses Verhalten ist absolut logisch: Zunächst berechnet der Browser die 25% Breite für das `aside`, anschließend *addiert* er 10px Rahmen hinzu. Und weil 25% + 10px nun einmal *mehr* als 75% sind, bleibt für unsere `section` nicht mehr genügend Platz – der Rahmen schiebt das Bild nach rechts weg – oder, sofern auch dafür nicht genügend Platz ist, nach unten.

Würden Sie mit fixen Pixelwerten arbeiten, wäre das nun kein großer Aufwand – Sie würden dann einfach die gewünschten 10px Rahmen zuvor von der Breite des `aside` abziehen. In einem fluiden Kontext wie hier hilft Ihnen das nicht: Weil Sie nicht wissen, wie groß der Elterncontainer nun tatsächlich ist, wissen Sie auch nicht, von welchem Wert Sie 10px abziehen müssten …

Die Lösung kommt in Form der noch recht jungen CSS3-Eigenschaft `box-sizing`, die es Ihnen erlaubt, das Box Model umzustellen:

Listing 4.39 ▶
Das `aside` erhält `box-sizing`.

```
aside {
  -moz-box-sizing: border-box;
  -webkit-box-sizing: border-box;
  box-sizing: border-box;
}
```

Die Angabe `box-sizing: border-box;` bewirkt, dass `border` und `padding` von der Box *abgezogen* werden:

Abbildung 4.75 ▶
Neues Box Model durch `box-sizing`

Dass es sich bei `box-sizing` noch um eine sehr junge Technologie handelt, können Sie an den sogenannten **Vendor Prefixes** bemerken. Das sind die Kürzel `-moz-` (für Mozilla Firefox) oder `-webkit-` (für Safari und Chrome), die Sie an dem Beispiel sehen können.

Vendor Prefixes werden verwendet, solange sich die Hersteller noch nicht sicher sind, ob Ihre Browser die neuen Eigenschaften schon richtig interpretieren. Innerhalb dieser Experimentierphase können Webdesigner die jungen CSS3-Eigenschaften nur mit Hilfe der Vendor Prefixes verwenden.

Später, sobald die Browser-Hersteller genügend Erfahrung mit den neuen Eigenschaften gesammelt haben, interpretieren sie auch die normalen Angaben.

Beispiel gefällig? Während ich diesen Absatz schreibe, versteht der aktuelle Firefox (Version 21) noch kein `box-sizing` – die Angabe `-moz-box-sizing` hingegen schon. Der Safari hingegen benötigt sein Vendor Prefix `-webkit-` seit Version 5.1 nicht mehr.

Ein Tipp: Schreiben Sie die Version mit Vendor Prefix immer zuerst und danach stets die normale Angabe. Damit stellen Sie sicher, dass die richtige Schreibweise interpretiert wird, sobald sie von den Browsern verstanden wird. Falls Sie ältere Browser wie etwa den Internet Explorer 7 unterstützen möchten, sollten Sie auf diese Eigenschaft ganz verzichten, denn auch mit Vendor Prefix versteht der IE7 `box-sizing` nicht. Zum Glück spielt der Internet Explorer 7 jedoch keine große Rolle mehr.

Umgang mit zu viel Inhalt | Solange Sie genau wissen, welcher Inhalt in eine Box hineinkommt, kommen Sie mit `width` schon ganz gut zurecht. Das ist aber oft nicht der Fall, etwa wenn jemand anderes die Inhalte einbauen wird, oder wenn sich Inhalte der Boxen vielleicht sogar von Artikel zu Artikel verändern sollen. Außerdem könnten Ihre Nutzer auf die Idee kommen, die Schriftgröße einfach anders einzustellen als von Ihnen gedacht – Accessibility lässt grüßen. Für diese Fälle müssen Sie sich Gedanken machen, was eigentlich geschehen soll, wenn der Inhalt einer Box größer ist als die `width`, die Sie ihr mitgegeben haben.

Für diesen Zweck gibt es eine eigene CSS-Eigenschaft namens `overflow`, was so viel bedeutet wie »überlaufen« und eine schöne Metapher für das ist, was in diesen Fällen geschieht – der Inhalt läuft eben über den Rand der Box hinaus. Welche Werte für `overflow` erlaubt sind, zeigt die folgende Tabelle.

Vendor Prefixes im Überblick

Die wichtigsten Vendor Prefixes sind:
- Firefox: `-moz-`
- Chrome, Safari: `-webkit-`
- Opera: `-o-`
- Internet Explorer: `-ms-`

Kennen Sie »Can I Use«?

Die Website *http://caniuse.com* sagt Ihnen mit praktischen Übersichten, welche CSS3-Eigenschaften Sie noch gar nicht, nur mit Vendor Prefix oder komplett verwenden können.

CSS-Wert	Ergebnis
overflow: visible	Standardeinstellung: Der Inhalt hat Priorität und soll auf alle Fälle sichtbar bleiben. Im Zweifel läuft er eben über die Box hinaus.
overflow: hidden	Die Größe der Box hat Vorrang. Zu großer Inhalt soll abgeschnitten werden – im Zweifel auch mitten im Wort.
overflow: scroll	Wenn der Inhalt einer Box zu groß wird, soll der Browser Scrollbalken innerhalb der Box anbieten.
overflow: auto	Der Browser soll entscheiden, was er für sinnvoll hält.

Tabelle 4.1 ▶
Mögliche Werte für overflow

4.5 Raster – Inhalte im Layout anordnen

Gestaltungsraster

Ein Gestaltungsraster ist ein Instrument zur strukturierten Anordnung von Designelementen.

Mit den unterschiedlichen Techniken zur Positionierung von HTML-Elementen und zur Gestaltung des Weißraums verfügen Sie über ein breites CSS-Grundwissen, um eine Website aufzubauen. Doch nach welchen Kriterien sollen Sie die Anordnung der HTML-Elemente vornehmen? Diese Frage beantworten Webdesigner häufig mit einem Gestaltungsraster. Das ist eine Art Gitternetz, das Ihnen dabei hilft, Inhalte in einem Layout anzuordnen und eine sinnvolle Struktur zu schaffen.

Pro und Contra von Rastern

Raster-Beispiele finden Sie auf der DVD im Ordner Weitere_Beispieldateien • Kapitel_4.

Raster bieten Ihnen eine Reihe von Vorteilen. Sie sind vorhersehbar, klar und strukturiert. Nutzer nehmen Raster zwar selten in der Art wahr, dass Sie intuitiv sagen könnten, wo die einzelnen Gitterlinien liegen. Dennoch fühlen sich Designs, die auf einem Raster basieren, ordentlicher und strukturierter an.

Nicht verschweigen sollte man die Nachteile von Rastern: Sie können zu einem engen Korsett werden, im schlimmsten Fall sogar langweilig aussehen. Designs ohne Raster haben daher das Potenzial, visuell ansprechender zu sein – aber sie können auch chaotisch und beliebig wirken. Gerade als Anfänger sollten Sie daher sehr vorsichtig mit Designs ohne Raster sein – Sie benötigen einige Erfahrung, um eine Gestaltung ohne dieses Hilfsmittel ordentlich aussehen zu lassen, und müssen sehr sorgfältig arbeiten.

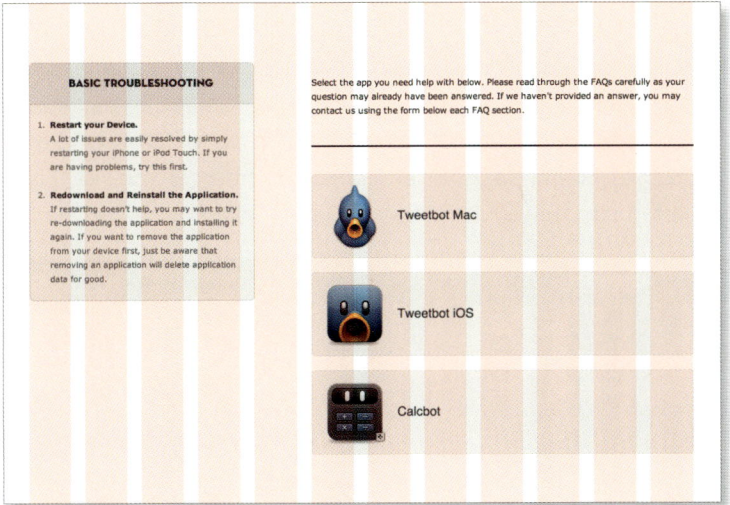

▲ **Abbildung 4.76**
Die Website von Tapbots (*http://tapbots.com*) basiert auf einem
12-spaltigen Raster mit 960 px Breite.

Raster auf einen Blick

Raster legen den Fokus
auf die Inhalte, Gestal-
tungen ohne Raster wir-
ken eher künstlerisch.
Raster ermöglichen also
strukturierte und ordent-
liche Layouts, sie können
aber auch schnell zu sehr
einschränken und lang-
weilig wirken.

◄ **Abbildung 4.77**
Die Website von Usability-
Experte Nick Finck (*http://
nickfinck.com*) hat ebenfalls
eine Breite von 960 px, verteilt darauf jedoch 16 Spalten.

Bedenken sollten Sie außerdem: Raster sollten zum Thema passen.
Inhaltsbasierte Websites werden nahezu immer auf Rastern aufgebaut – sie erinnern an Magazine, und das Raster gibt den Lesern
Struktur und Orientierung, damit sie sich in Ruhe mit den Inhalten
beschäftigen können. Freie Gestaltungen ohne Raster passen hingegen gut zu künstlerisch angehauchten Websites.

Fertige Raster verwenden

Wenn es um Raster geht, müssen Sie das Rad nicht unbedingt neu erfinden. Es gibt eine Vielzahl von Rastern, die häufig eingesetzt werden. Eines der bekanntesten ist Nathan Smiths 960 Grid System (*http://960.gs*), das es in Geschmacksrichtungen mit zwölf und 16 Spalten gibt, jeweils mit einer Gesamtbreite von 960 px.

▼ **Abbildung 4.78**
Beispiele für das 960 Grid System

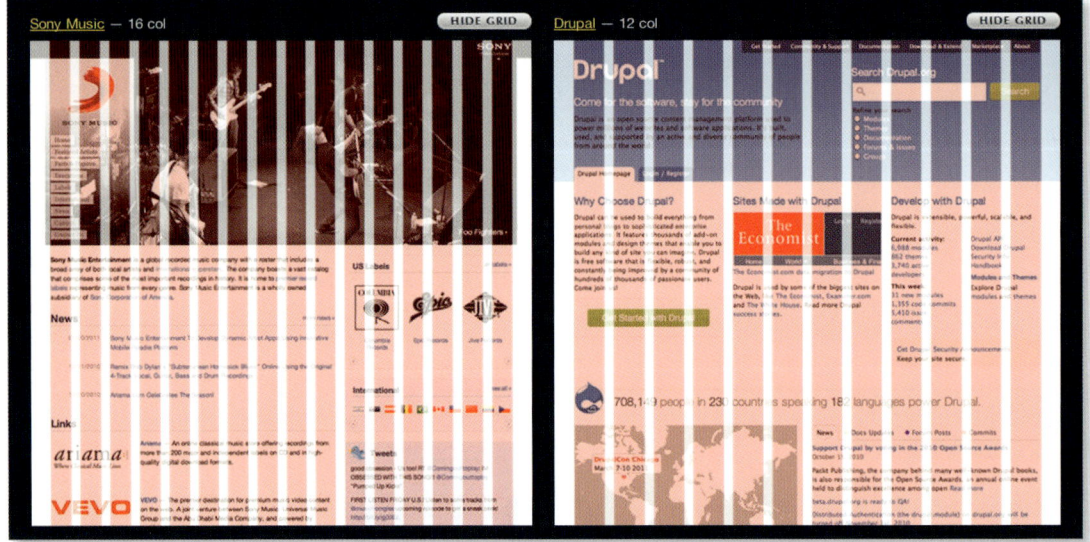

Ein eigenes Raster entwickeln

Vielleicht möchten Sie aber auch ein eigenes Raster entwickeln? In diesem Fall sollten Sie einen Kompromiss zwischen formellen Regeln und kreativer Freiheit finden, ohne dass das Raster zu komplex wird. Das ist gar nicht so einfach: Natürlich könnten Sie ein Raster mit 150 Spalten entwerfen. Nachteil: Ein so kleinteiliges Raster dürften Ihre Nutzer kaum als Raster wahrnehmen. Außerdem wäre es schwierig, überhaupt die Abstände zwischen den Gitterspalten auszurechnen, denn 150 Spalten sind nicht gerade übersichtlich.

Wählen Sie eine Spaltenzahl, mit der sich angenehm rechnen lässt, z. B. 12 oder 16.

In der Praxis beschränken sich Gestalter daher auf eine Spaltenzahl, mit der sich gut rechnen lässt. Sinnvoll ist eine gerade Zahl, die Sie gut aufteilen können. Meist arbeiten Designer mit 12 oder 16 Spalten – denn das bietet viele Möglichkeiten, Inhalte aufzuteilen.

Ausgangsbasis eines jeden Rasters ist die Größe des Mediums, auf dem es angezeigt werden soll – und schon sind wir beim ersten Problem. Denn wie groß ist der Monitor, auf dem Ihre Website laufen wird? Darauf gibt es nur eine Antwort, und die kennen Sie mittlerweile: Es kommt darauf an. Denn nicht nur sind die Monitore dieser Welt verschieden – noch dazu haben die meisten Menschen mittlerweile mehrere Geräte, mit denen sie im Web surfen.

Eine Lösung für dieses Dilemma haben Sie bereits kennengelernt: **graceful degradation**. Dabei wählen Sie die höchste Auflösung, die Sie unterstützen möchten, und legen anschließend fest, was bei kleineren Displays geschehen soll.

Wenn Sie eine bestehende Website neu gestalten, haben Sie vielleicht schon konkrete Werte, mit welchen Auflösungen Ihre Nutzer bei Ihnen unterwegs sind – diese Daten werden bei vielen Websites gesammelt. Wenig falsch machen können Sie, wenn Ihre Website bei einer Auflösung von 1024 × 768 px gut funktioniert – damit erreichen Sie den größten Teil der Desktop-Nutzer.

Der nächste Schritt bei der Entwicklung eines Rasters ist, die Rasterspalten und -abstände festzulegen. Dabei könnten Sie von der höchsten Auflösung ausgehen, die Sie unterstützen möchten, und sich überlegen, wie Sie diesen Wert sinnvoll untergliedern können. Manchmal gibt es auch feste Elemente, die auf jeden Fall verwendet werden sollen – wenn Ihre Website beispielsweise Anzeigen enthalten soll, haben diese Anzeigen meist bereits eine festgelegte Breite, sodass sie sich gut als Wert für eine Spalte eignen. Alternativ können natürlich auch konzeptionelle Überlegungen zur Definition der Rasterspalten führen.

Vorsicht mit Reihen

Im Print-Design arbeiten Sie bei Rastern nicht nur mit Spalten, sondern auch mit Reihen. So etwas ist im Web eher schwierig umzusetzen. Zwar könnten Sie Elementen eine maximale Höhe zuweisen, schwierig wird es dann jedoch beim Vergrößern durch den Nutzer. Ich rate Ihnen daher eher von der Verwendung eines Reihen-Layouts ab.

Alternative: Progressive Enhancement

Sie wählen ein kleines Display (z. B. ein Smartphone) und optimieren Ihre Website davon ausgehend im Rahmen des progressive enhancement auch für höhere Auflösungen.

Inhalte im Raster verteilen

Wenn Sie sich für ein Raster entschieden haben, können Sie es zur Verteilung Ihrer Inhalte verwenden. Als Beispiel möchte ich noch einmal die Website der Software-Firma Tapbots anschauen. Sie basiert wie erwähnt auf dem 960gs-System mit zwölf Spalten.

Im Header bestimmt das Raster Breite und Position von Logo, Slogan und Navigation. Für das Logo wurden zwei Rasterspalten gewählt – bei einer wäre das Logo zu klein, bei dreien zu groß. Sie können eine solche Entscheidung ruhig nach Ihrem gestalterischen Auge treffen. Der Slogan wird einfach in die nächste Rasterspalte gesetzt und nimmt den vom Raster festgelegten Abstand ein. Innerhalb der Navigation wird das Raster aufgeweicht: die einzelnen Navigationspunkte werden gleichmäßig über die gesamte Breite verteilt, auch wenn sie so nicht mehr mit den Rasterspalten übereinstimmen. Hier ist das Gesetz der Ähnlichkeit wichtiger als das Raster, denn jeder Navigationspunkt soll gleichwertig erscheinen.

▼ **Abbildung 4.79**
Header der Tapbots

Im Inhaltsbereich werden die Inhalte flexibel auf die Rasterspalten verteilt, je nachdem wie wichtig sie erscheinen sollen. So werden der großen Grafik in der Mitte alle zwölf Spalten zugewiesen. Darunter gibt es drei Kästen mit kleineren Software-Tipps – jeder davon erhält vier Rasterspalten.

Abbildung 4.80 ▼
Inhaltsbereich der Tapbots

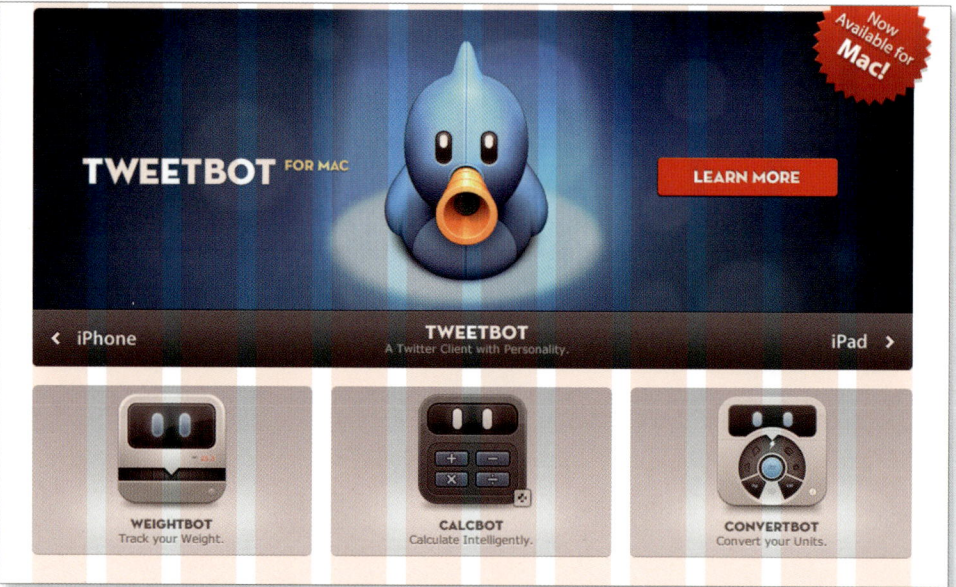

Wie flexibel Raster sind, erfahren Sie im Footer: Dort gibt es vier Kästen, die untergebracht werden sollen – macht drei Rasterspalten pro Kasten. Sie sehen, dass Sie sich bei der Aufteilung dieser Elemente einfach von der Gesamtzahl leiten lassen können.

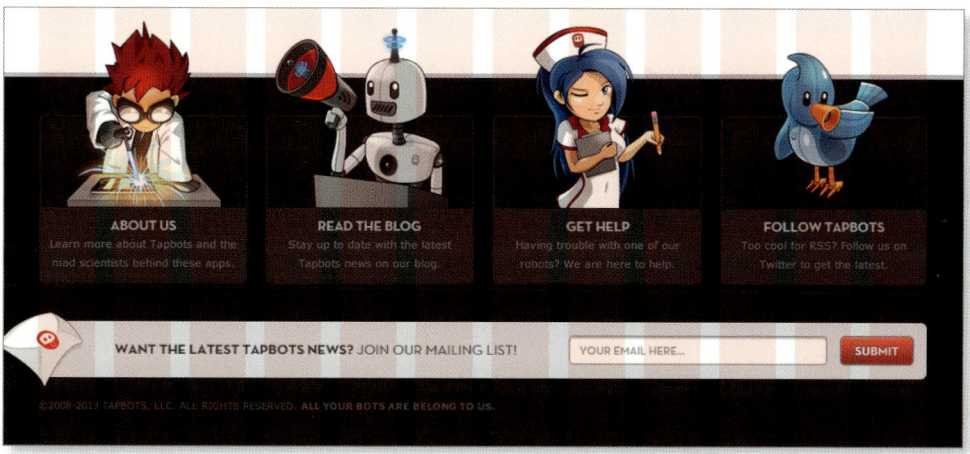

▲ **Abbildung 4.81**
Footer der Tapbots

Schließlich erlauben Raster auch ganz andere Seitentypen. Das ist beispielsweise auf der Support-Seite der Tapbots der Fall. Dort wird der Randspalte nach der Drittelregel genau ein Drittel der Gesamtbreite zugewiesen: 320 px oder vier Rasterspalten. Der Inhalt wird dann mit ein wenig Abstand auf die übrigen Rasterspalten verteilt.

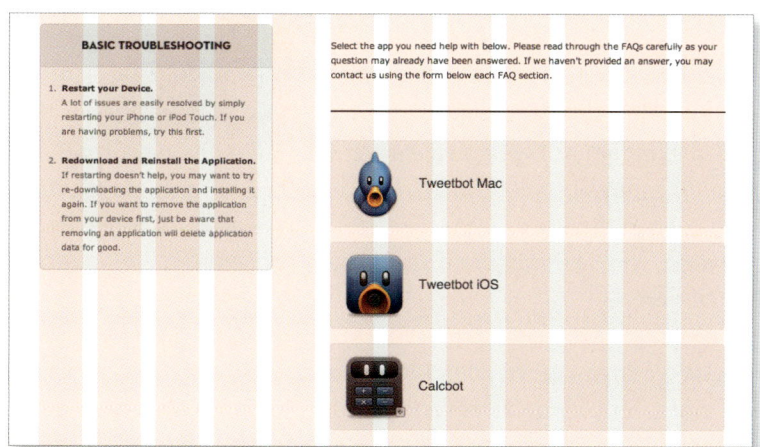

◀ **Abbildung 4.82**
Support-Seite der Tapbots

Aus Rastern ausbrechen | Natürlich müssen Sie sich nicht rigide an Ihr Raster halten. Sie können an der einen oder anderen Stelle aus dem Raster ausbrechen und Ihrem Design damit das gewisse Etwas geben. Bedenken Sie stets: Dies ist Ihr Raster, und Sie dür-

Bei der Anordnung von Inhalten innerhalb eines Rasters können Sie sich an folgenden Regeln orientieren:

▸ Inhalte nach Bedarf über mehrere Rasterspalten zusammenfassen

▸ Gesamtbreite gleichmäßig (Symmetrie) oder ungleichmäßig (Assymmetrie) aufteilen – je nachdem, welcher Eindruck gewünscht ist

▸ unterschiedliche Aufteilungen für Seitentypen möglich

▸ Drittelregel oder Goldener Schnitt funktionieren gut für Randspalten

▸ nicht sklavisch an die Rasterspalten halten – es geht um das große Ganze

fen es jederzeit brechen, wenn es sinnvoll ist. Dadurch können Sie ein Element betonen und visuell herausheben. Elemente, die eben nicht auf den Rasterlinien sitzen, bekommen eine besondere Bedeutung.

Auch das können Sie an der Website der Tapbots erkennen: Der Hinweis ❶, dass die Software nun auch für den Mac verfügbar sei, durchbricht bewusst das Raster und erhält so eine besondere Aufmerksamkeit.

▲ **Abbildung 4.83**
Hinweis außerhalb des Rasters

Rastergestaltung in Photoshop

Die Theorie haben Sie nun ganz gut im Kopf: Sie kennen Gestaltungsgrundlagen, können etwas mit CSS anfangen, haben Ihre Ideen in einem Konzept ausgearbeitet und kennen die Grundidee hinter Responsive Webdesign. Nun wird es Zeit, dass Sie die Theorie auch in die Praxis umsetzen. Zunächst werde ich Ihnen dabei erklären, wie Sie Photoshop verwenden können, um Ihre Ideen zu visualisieren.

Raster-Vorlagen verwenden | Recht einfach haben Sie es, wenn Sie auf eines der vielen Rastersysteme zurückgreifen: Meist finden Sie nach dem Download einer Vorlage eine .psd-Datei, die Sie direkt in Photoshop öffnen und anpassen können.

Außerdem sollten Sie sich einen Grundstock von typischen Browser-Elementen zulegen – Sie werden immer wieder einmal eine Checkbox oder ein Formularfeld brauchen, um es schnell in Photoshop zu ziehen. Eine Suche hilft hier meist recht schnell wei-

ter, und wenn Sie einigen der empfohlenen Info-Quellen regelmäßig folgen, können Sie sich im Laufe der Zeit eine regelrechte
Sammlung von Vorlagen anlegen.

Ein Tipp: Geoff Teehan hat eine schöne Sammlung unter *www.
teehanlax.com/blog/browser-form-elements-psd* veröffentlicht. In seiner psd-Datei befindet sich neben einigen Formular-Elementen
auch ein praktischer Rahmen mit einem Browser-Interface, den Sie
über Ihr Design legen können. Ihre Kunden können sich so besser
vorstellen, wie die Gestaltung im Browser aussehen wird.

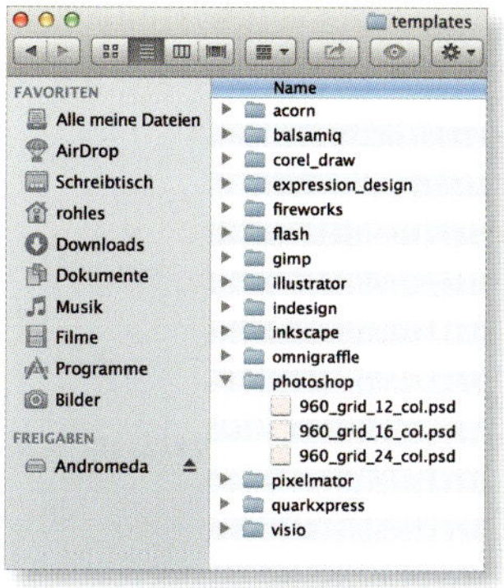

◀ **Abbildung 4.84**
Simpel – fertige Raster kommen häufig von Haus aus mit
einer .psd-Datei.

Schritt für Schritt
Ein eigenes Raster in Photoshop anlegen

Wenn Sie lieber von Grund auf loslegen möchten, gehen Sie am
besten wie folgt vor.

1 **Voreinstellungen anpassen**
Zunächst sollten Sie sicherstellen, dass Photoshop in Pixeln denkt
– das hilft Ihnen beim Gestalten von Websites am meisten. Öffnen
Sie dazu die Voreinstellungen der Software unter PHOTOSHOP •
VOREINSTELLUNGEN • MASSEINHEITEN & LINEALE. Stellen Sie dort
unter MASSEINHEITEN ❷ die Option PIXEL ein.

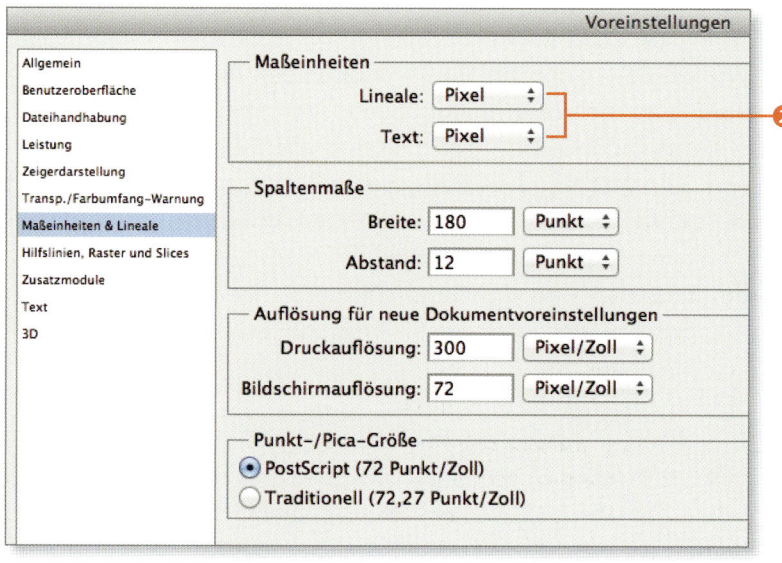

◀ **Abbildung 4.85**
Voreinstellungen von Photoshop

2 Dokument anlegen

Erstellen Sie nun in Photoshop unter DATEI • NEU ein neues Dokument. Es sollte die Maße in Pixeln haben, für die Sie Ihre Website gestalten möchten (z. B. 920 × 760 px), sowie ein wenig Rand nach außen. Wählen Sie RGB (8 Bit) als FARBMODUS (vgl. dazu Kapitel 6) und belassen Sie die AUFLÖSUNG bei 72 Pixel/Zoll – diese Einstellung bezieht sich auf Print-Designs und spielt für das Web keine Rolle. Sie lesen mehr darüber in Kapitel 7, »Grafiken und Bilder«.

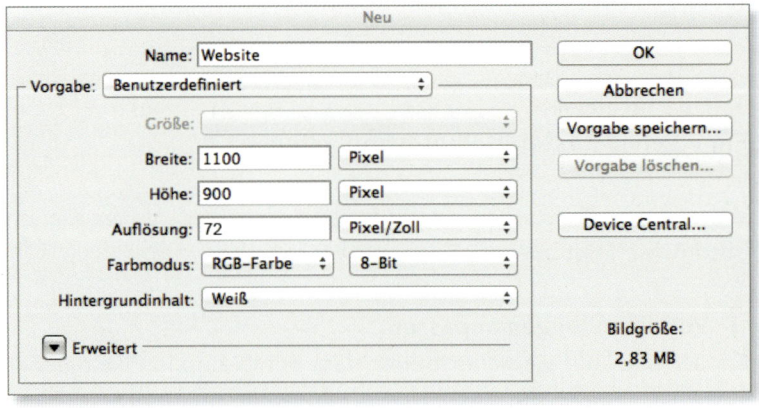

Abbildung 4.86 ▶
Neues Dokument in Photoshop anlegen

Photoshop erlaubt zwar die Einstellung eines Standard-Rasters, verhält sich dabei aber wenig Webdesigner-freundlich.

3 Plugin installieren

Wir werden daher mit Hilfslinien arbeiten. Photoshop lässt sich über Plugins erweitern, und Cameron McAffee hat mit dem kostenlosen GuideGuide ein ebensolches praktisches Plugin geschrieben. Sie finden es unter *www.guideguide.me*. Laden Sie es von dort herunter und folgen Sie den Installationsanweisungen.

Wenn mit der Installation alles funktioniert hat, können Sie GuideGuide unter FENSTER • ERWEITERUNGEN • GUIDEGUIDE erreichen. Alle Einstellungen erreichen Sie im ersten Tab unter Grid.

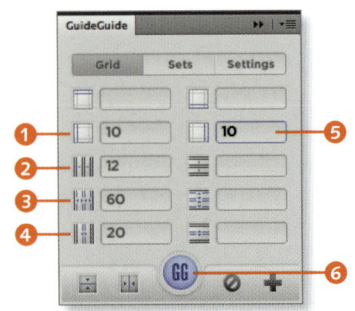

▲ **Abbildung 4.87**
GuideGuide ist ein unverzichtbares Tool für Webdesigner, die in Photoshop mit Rastern arbeiten.

4 Außenabstände einstellen

Die ersten vier Icons dienen dazu, den Außenrand Ihres Rasters einzustellen. Die Optionen für oben und unten benötigen Sie eher selten. Die Abstände für links ❶ und rechts ❺ legen die Zwischenräume zum eigentlichen Inhaltsbereich an der Außenkante fest. In vielen Rastern betragen sie jeweils die Hälfte der Zwischenräume innerhalb des Rasters. Eine Pflicht ist das aber nicht – wenn Sie ein eigenes Raster anlegen, steht es Ihnen frei, auch die Außenabstände nach Ihren Wünschen festzulegen.

5 Spalten anlegen

Unter NUMBERS OF COLUMNS ❷ tragen Sie die Zahl Ihrer Spalten ein, die Breite einer einzelnen Spalte unter COLUMN WIDTH ❸ und den Abstand des Zwischenraums unter COLUMN GUTTER ❹ .

6 Raster erstellen

Auf Wunsch könnten Sie dieses Prozedere für die Reihen wiederholen, um ein vertikales Raster zu erstellen. Ein Klick auf das GG-Symbol ❻ erzeugt automatisch das gewünschte Raster.

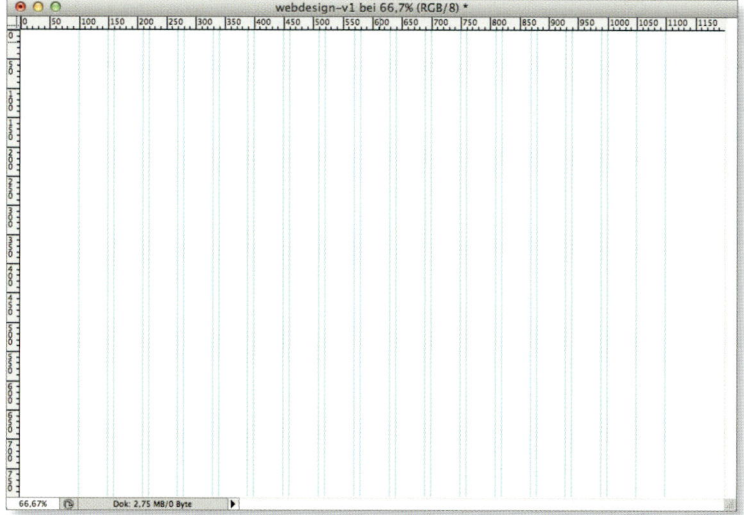

◄ **Abbildung 4.88**
GuideGuide erzeugt fertige Raster aus Hilfslinien.

7 Magnetische Hilfslinien

Praktischerweise bietet Ihnen Photoshop die Möglichkeit, das Raster als Ausrichtungshilfe zu verwenden, indem Sie den Hilfslinien magnetische Kräfte verleihen. In diesem Fall richten sich Ihre Gestaltungselemente nämlich automatisch an der nächstgelegenen Hilfslinie aus, wenn Sie sie nahe genug ranschieben. Diese Option ist versteckt unter ANSICHT • AUSRICHTEN. Achten Sie darauf, dass unter ANSICHT • AUSRICHTEN AN ein Häkchen bei HILFSLINIEN gesetzt ist.

Photoshop für Webdesigner

Wenn Sie mit Photoshop noch nicht so fit sind und eine systematische Einführung in das Webdesign mit dieser Software wünschen, empfehle ich Gerrit van Aakens Videokurs unter *http://undsoversity.de/photoshop-fuer-webdesigner*.

4.6 Raster als Grundlage für Responsive Webdesign

Websites auf Raster-Basis lassen sich gut für verschiedene Gerätegrößen anpassen. Sie lassen einfach einige Rasterspalten wegfallen und ordnen den Inhalt so an, dass er in die verbleibenden Spalten hineinpasst.

Vorüberlegungen – wie viele Spalten für welche Monitorgröße?

Nehmen wir als Beispiel einmal an, Sie haben ein Layout aus 16 Rasterspalten von je 60 px Breite und einem Abstand von jeweils 10 px nach links und rechts. Es gibt einen breiten Inhaltsbereich aus acht Rasterspalten sowie zwei Seitenleisten links und rechts, die jeweils vier Spalten umfassen. Auf der linken Seite befindet sich eine Navigation, auf der rechten einige Meta-Angaben wie etwa eine Box mit Autoren-Informationen.

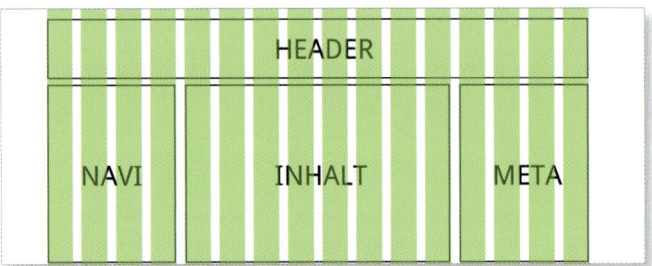

Abbildung 4.89 ▶
Website mit 16 Rasterspalten

Dieses Raster wäre insgesamt stattliche 1280 px breit – 16 Spalten × (60 px Breite + 2 × 10 px Abstand links und rechts). Diese 1280 px stellen gewissermaßen den »Normalzustand« unseres Layouts dar.

Komplexer ist die Frage, was eigentlich bei schmaleren Displays geschehen soll. Ein 10-Zoll-Tablet wie das iPad im Querformat hat eine Auflösung von 1024 px. Nun ist das natürlich zu wenig für unser Raster. Die Lösung ist jedoch sehr einfach: Wenn wir statt der 16 Rasterspalten nur zwölf verwenden, kommen wir auf eine Breite von 960 px – der Rest könnte einfach frei bleiben. Für Sie als Designer bedeutet das, dass Sie ein zweites Layout anlegen sollten, das nur noch diese zwölf Rasterspalten umfasst. Eine einfa-

che Lösung wäre, den Inhaltsbereich auf sechs Spalten zu verkleinern und die beiden Seitenleisten auf jeweils drei.

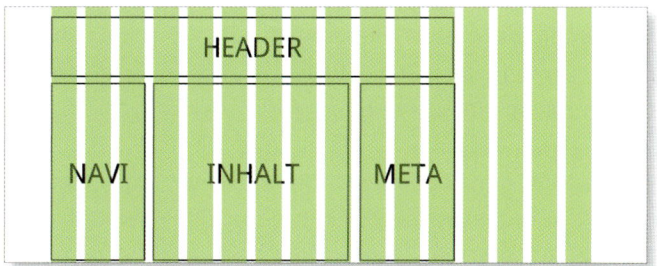

◄ **Abbildung 4.90**
Auf einem iPad könnte man
statt auf 16 nur noch auf
zwölf Rasterspalten setzen
und die Inhaltsbereiche entsprechend verkleinern.

Auf einem Smartphone sieht das schon anders aus. Ein etwas
betagtes iPhone 3GS zeigt im Hochformat 320 px in der Breite an.
Auch hier ist die Rechnung einfach: vier Spalten sind ideal, denn
sie entsprechen genau diesen 320 px. Schwieriger ist jedoch die
Frage, wie Sie aus den zwölf Spalten vier machen sollen. Sinnvoll
scheint es, den Inhaltsbereich auf die vier Spalten zu kürzen. Die
beiden Seitenleisten können dann nicht mehr neben dem Inhalt
angeordnet werden, sondern müssten entweder darüber oder darunter erscheinen.

◄ **Abbildung 4.91**
Auf einem Smartphone bleiben nur noch vier Spalten
übrig.

Mit diesem Verfahren können Sie beliebig viele weitere Variationen
erstellen, beispielsweise für ein Smartphone im Querformat.

An diesem Vorgehen merken Sie bereits, wie wichtig Flexibilität für Ihre Arbeit als Webdesigner ist. Ein paar Ratschläge dazu:

▸ Überlegen Sie sich genau, wann ein Monitor so schmal wird,
dass Sie die Inhalte nicht mehr sinnvoll nebeneinander quet-
schen können. Positionieren Sie sie in diesem Fall untereinander.

▸ Es ist ganz normal, dass Kästen auf kleinen Monitoren schmal
werden. Scrollen ist auf kleinen Smartphones aber ein ganz all-
tägliches Verhalten der Nutzer und sollte Sie nicht stören.

167

- Bilder sollten sich flexibel anpassen und auf kleinen Monitoren einfach schmaler werden – die Verwendung relativer Einheiten ermöglicht das ohne Probleme.
- Auf ausladende dekorative Elemente sollten Sie auf kleinen Smartphones verzichten. Das ist oft bei Header-Grafiken der Fall – lassen Sie sie einfach weg.
- Achten Sie genau auf Inhalte, die zu lang werden, wenn man sie untereinander statt nebeneinander anordnet. Das ist häufig bei der Navigation der Fall und nicht selten ein Hinweis darauf, dass sie inhaltlich gestrafft werden sollte – auch auf den großen Monitoren.
- Sollte eine einzelne Seite wirklich viel zu lang werden, ist das ein Hinweis darauf, dass Sie besser zwei oder noch mehr Seiten daraus machen – auch auf der Version für große Rechner. Achten Sie darauf, ob Sie Teilbereiche der Seite sinnvoll auslagern können.
- Falls ein Inhaltsbereich trotz allem zu lang wird, überlegen Sie sich, ob Sie Inhalte auf den kleinen Monitoren weglassen können. Dazu kann die Eigenschaft `display: none;` verwendet werden.

Steuerung per JavaScript

JavaScript kann Ihnen dabei helfen, einzelne Inhaltsbereiche wie beispielsweise die Navigation nur auf Wunsch anzuzeigen. Da JavaScript in diesem Buch nicht behandelt wird, möchte ich das folgende Einsteiger-Tutorial empfehlen: *www.hongkiat.com/blog/ responsive-web-nav*.

Umsetzung mit CSS3

Ein Themenbereich fehlt Ihnen nun noch zu Ihrem responsiven Glück: Wie kann man seine Grundgestaltung aus Photoshop in CSS übertragen?

Layout-Typ für Responsive Webdesign | Beginnen wir mit einem einfachen HTML, das unser Beispiel aus Abschnitt 4.6 abbildet.

```
<!DOCTYPE html>
<html>
  <head>
    <!-- verschiedene Meta-Angaben -->
  </head>
  <body>
    <div id="page">
      <header>
        <!-- verschiedene Inhalte im Header -->
      </header>
```

Listing 4.40 ▶ HTML-Quelltext einer einfachen Seite

```
    <nav>
      <!-- Navigation -->
    </nav>
    <section>
      <!-- Hauptinhalt -->
    </section>
    <aside class="clearfix">
      <!-- Meta-Informationen zum Inhalt -->
    </aside>
    </div>
  </body>
</html>
```

◄ **Listing 4.40**
HTML-Quelltext einer ein-
fachen Seite (Forts.)

Ein wenig CSS brauchen wir auch noch. Zunächst erhalten alle Boxen eine andere Hintergrundfarbe sowie eine Höhe, damit wir sie unterscheiden können. Die drei Hauptbereiche fließen jeweils links, damit sie nebeneinanderrücken, nach aside wird per clear-fix-Methode der normale Dokumentenfluss wiederhergestellt. Damit steht nun das Grundgerüst, das wir für unsere Experimente benötigen.

```
header {
  background-color: yellow;
  height:100px;
}
section { background-color: red; }
nav { background-color: green; }
aside { background-color: blue; }
nav, aside, section {
  float: left;
  height:300px;
}
.clearfix:after {
  content: ".";
  display: block;
  clear: both;
  height: 0;
  visibility: hidden;
}
```

◄ **Listing 4.41**
Grundlegendes CSS für unser
Beispiel

Erinnern Sie sich noch an die Grundtypen von CSS-Layouts? Vier Typen gibt es davon:

▸ **fixe Layouts** auf Basis von Pixelmaßen
▸ **fluide Layouts** auf Basis von Prozentwerten
▸ **elastische Layouts** auf Basis eines typografischen Grundwertes, ausgedrückt in em
▸ **Mischformen** dieser Layouts

Wenn Sie sich für ein fixes Layout entscheiden sollten und die Lineale in Photoshop wie beschrieben auf px umgestellt haben, können Sie die Größe Ihrer Boxen einfach in Photoshop ablesen. Wählen Sie dazu das Lineal-Werkzeug und messen Sie die Strecke mit Hilfe der Optionsleiste aus. Sie finden den Wert unter B (Breite) oder H (Höhe).

▼ **Abbildung 4.92**
Optionsleiste nach Ausmessen eines Objekts in Photoshop

Diese Werte können Sie nun in Ihr CSS übertragen

Listing 4.42 ▶
Fixes Layout in CSS

```
#page { width: 1280px; }
nav, aside { width: 320px; }
section { width: 640px; }
```

Und wenn Sie statt eines fixen ein elastisches Layout bevorzugen? Wie bekommen Sie aus den Pixelwerten von Photoshop die gewünschten Werte in em?

Sie finden die Datei »raster-a-fix.html« für das nebenstehende Beispiel im Ordner WEITERE_BEISPIELDA-TEIEN • KAPITEL_4.

Aus Pixeln relative Werte machen | Webdesign mit relativen Werten (ob in em oder in %) basiert auf der Idee, Größenverhältnisse als Relation zu verstehen. Um diese Relationen auszurechnen, gibt es eine zentrale Formel:

Zielgröße / Kontext = Ergebnis

Die Zielgröße können Sie direkt aus Ihrem Photoshop-Layout ablesen. Der Kontext ist stets das direkte Elternelement, das Ihre Zielgröße bestimmt.

Schauen wir uns das einmal in der Praxis an. Unsere gesamte Seite #page soll 1280 px breit sein. Der Kontext in diesem Fall ist das Element <html>, das unser #page enthält. Da wir ein elastisches Layout einsetzen möchten, müssen wir die Zielgröße auf die Schriftgröße beziehen. Basiswert (1 em) der Schriftgröße ist in allen Browsern 16 px, sofern Sie keine explizit andere Angabe machen. Das ergibt im CSS:

```
#page { width: 80em; /* 1280px / 16px */}
```

▲ **Listing 4.43**
Größenangabe in em – aus Gründen der späteren Nachvollziehbarkeit empfiehlt es sich, die Rechnung als Kommentar zu ergänzen.

Ergänzen wir einmal die übrigen CSS-Angaben:

```
nav, aside { width: 20em; /* 320px / 16px */ }
section { width: 40em; /*640px / 16px */ }
```

Der Kontext von `<nav>`, `<aside>` und `<section>` ist nicht mehr das `<html>`, sondern unsere `#page` – denn sie ist direkter Vorfahre dieser Elemente. Da wir an der Schriftgröße jedoch nichts verändert haben, gilt nach wie vor: 1 em = 16 px. Ganz anders sähe es aus, wenn wir die Schriftgröße über CSS mittels `font-size` verändern würden. Schauen Sie sich einmal das folgende Beispiel an.

```
#page {
    width: 128em; /* 1280px / 10px */
    font-size: 0.625em; /* neue Standard-Schriftgröße:
    16px * 0.625 = 10px */
 }
nav, aside {  width: 32em; /* 320px / 10px */ }
section { width: 64em; /*640px / 10px */ }
```

Sie sehen: Nachdem Sie mittels `font-size: 0.625em` aus dem Standard von 16 px eine Basisgröße von 10 px gemacht haben, müssen Sie diesen Wert als neuen Kontext bedenken.

Etwas unübersichtlich wird dieses Verhalten, wenn Sie die Schriftgröße innerhalb von Teilbereichen Ihrer Website verändern. Ein kurzes Beispiel: Im CSS haben Sie die Basis-Schriftgröße auf 0.625 em gesetzt, doch ausgerechnet in der `section` soll die Schrift um 50 % größer sein. Das CSS sähe nun so aus:

```
#page {
    width: 128em; /* 1280px / 10px */
    font-size: 0.625em; /* neue Standard-Schriftgröße: 16px
    * 0.625 = 10px */
```

Sie finden die Datei »raster-b-elastisch.html« für das nebenstehende Beispiel im Ordner WEITERE_BEISPIEL-DATEIEN • KAPITEL_4.

◀ **Listing 4.44**
Elastische Größenangaben für die übrigen Elemente

Sie finden die Datei »raster-c-elastisch-neue-fontsize.html« unter WEITERE_ BEISPIELDATEIEN • KAPITEL_4.

◀ **Listing 4.45**
Vorsicht: Wenn Sie `font-size` verwenden, ändern Sie bei elastischen Layouts den Kontext.

Runden in CSS unnötig

Haben Sie keine Angst davor, vermeintlich unsaubere Werte wie 42.6666667 em zu verwenden. Die Browser kommen damit gut zurecht, Auf- und Abrunden auf das vermeintlich »schönere« 43 em ist nicht notwendig.

◀ **Listing 4.46**
Vorsicht: Wenn Sie `font-size` verwenden, ändern Sie bei elastischen Layouts den Kontext.

Listing 4.46 ▶
Vorsicht: Wenn Sie font-size verwenden, ändern Sie bei elastischen Layouts den Kontext. (Forts.)

Lösung rem

Die Lösung für dieses ungewollte Verändern der Basis-Schriftgröße ist in Sicht: rem. Die Abkürzung steht für »root em« und bezieht sich auf den Basiswert der Schriftgröße, der **einmal** pro Website festgelegt wird. Sollte 1 rem z. B. 16 px entsprechen, sind 1.5 rem immer 24 px – egal in welchem Kontext. rem erfreut sich zunehmender Browser-Unterstützung und dürfte problemlos einsetzbar sein, sobald der Internet Explorer 8 an Verbreitung verliert.

Die Dateien »raster-e-elastisch-responsive.html« und »raster-d-elastisch-neue-fontsize-section-andere-fontsize.html« für die Beispiele auf dieser Seite finden Sie unter WEITERE_BEISPIELDATEIEN • KAPITEL_4.

Listing 4.47 ▶
Media Queries für iPad und iPhone

```
    }
nav, aside {  width: 32em; /* 320px / 10px */ }
section {
  font-size: 1.5em; /* neue Basis-Schriftgröße für section
  und alle enthaltenen Elemente: 10px * 1.5 = 15px; ! */
  width: 42.66666667em; /*640px / 15px */
}
```

Was geschieht in diesem Beispiel? Im gesamten Dokument gelten 0.625 em als Basis-Schriftgröße – folglich müssen Sie die entsprechenden 10 px als Kontext für alle Größenangaben von #page, nav und aside nehmen. Ganz anders sieht es für die section aus, denn dort verändern Sie die Schriftgröße auf 1.5 em. Bedenken Sie, dass damit ein neuer Kontext entsteht, in dem die Basis-Schriftgröße eben 1.5 em (15 px) ist. Entsprechend unserer Formel »Zielgröße / Kontext = Resultat« müssen Sie diesen neuen Kontext berücksichtigen, denn sonst stimmen die Größenverhältnisse nicht mehr.

Ein Tipp für die Praxis: Vermeiden Sie es bei einem elastischen Layout, font-size auf strukturelle Elemente wie section, article und nav anzuwenden, sondern setzen Sie es nur für die direkten Inhaltselemente wie p oder h1 ein. Auf diese Weise bleibt die Basis-Schriftgröße für alle strukturellen Elemente einer Website identisch.

Media Queries | Die bunten Kästen in unserem Beispiel machen sich ja schon ganz ordentlich – Größenverhältnisse und Anordnung stimmen. Nun können wir uns das Verhalten auf den kleineren Monitoren anschauen.

Die beiden Punkte, an denen etwas mit dem Layout geschehen soll, haben wir bereits festgelegt: 1024 px (iPad im Querformat) und 320 px (iPhone). Wie Sie daraus Media Queries formulieren, haben Sie in Kapitel 3, »Benutzerfreundliche Websites«, bereits gelernt. Wir fügen sie einfach ans Ende unseres CSS an:

```
@media screen and (max-width: 1024px) {
 /* Hier folgen Angaben für das iPad */
}
@media screen and (max-width: 320px) {

 */ Hier folgen Angaben für das iPhone */
}
```

Es fehlen uns also nur noch die konkreten Angaben, was eigentlich bei den jeweiligen Bildschirmgrößen geschehen soll. Beim iPad
haben wir uns überlegt, die Größenverhältnisse anzupassen – zwölf
Rasterspalten (960 px) für den Header, sechs für den Hauptbereich
und jeweils drei für die Seitenbereiche. Beim iPhone sollen alle
Boxen vier Rasterspalten umfassen und untereinander angeordnet
werden. In CSS formuliert sieht das so aus:

```
@media screen and (max-width: 1024px) {
  #page { width: 60em; /* 960px / 16px */ }
  nav, aside { width: 15em; /* 240px / 16px */ }
  section { width: 30em; /*480px / 16px */ }
}
@media screen and (max-width: 320px) {
  header, nav, aside, section {
    float: none; /* überschreibt das float: left; aus den
      vorherigen Angaben */
    width: 20em; /* 320px / 16px */
  }
}
```

◄ **Listing 4.48**
Media Queries für iPad und
iPhone

Ein fixes und ein elastisches Layout können Sie nun bereits in CSS
aufbauen – es fehlt Ihnen noch ein Beispiel für ein fluides Layout. Dies werden wir gemeinsam im Rahmen des Beispielprojekts
durchgehen. Dort werde ich Ihnen erläutern, wie Sie bei einem
eher intuitiven Layout ohne Raster vorgehen können – Sie können
aber auch ein Rasterlayout fluid gestalten, indem Sie sich bei den
Abständen an Ihre Rasterspalten halten.

4.7   Beispielprojekt – Media Queries und CSS-Grundgestaltung

In Kapitel 2, »Website-Konzeption«, habe ich Ihnen bereits ein erstes Wireframe vorgestellt. So ganz am Ende bin ich damit jedoch
noch nicht, denn es ist nur für große Monitore ausgelegt.

Media Queries definieren | Zunächst einmal gilt es zu definieren,
welche Media Queries überhaupt unterstützt werden sollen. Für
die Netzschreibstube wähle ich die folgenden Stufen:

Zielgruppe beachten

Denken Sie auch bei der Wahl der Media Queries an Ihre Zielgruppe. Ein Blog über das Android-Betriebssystem sollte sich an den gängigen Auflösungen der Android-Smartphones orientieren. Eine Website, die sich an Designer oder Filmfans richtet, sollte unbedingt die hohen Auflösungen beachten – große Widescreen-Monitore sind in dieser Zielgruppe keine Seltenheit.

▶ **240 px Breite**: Einige günstige Smartphones bewegen sich im Bereich um die 240 px. Das ist natürlich schon arg begrenzt, und es wird schwierig sein, ein annehmbares Nutzungserlebnis auf dieser Größe zu bieten.

▶ **320 px Breite**: In dieser Region sind zahlreiche Smartphones angesiedelt – das iPhone ist sicherlich das bekannteste von ihnen. Ich halte es daher für unvermeidbar, diesen Geräten eine optimierte Version zu bieten.

▶ **480 px Breite**: Dreht man ein iPhone ins Querformat, erhält man eine Breite von 480 px.

▶ **720 px Breite**: Mit diesem Wert verlassen wir langsam aber sicher den Bereich, der für Smartphones noch sinnvoll ist – nur die wirklich großen Geräte bieten noch so viele Pixel. Allerdings liegen die kleineren Tablets in der Größenordnung um die 800 px.

▶ **960 px Breite**: Dies ist die letzte Stufe, für die ich mich entschieden habe. 1024 px ist eine gängige Bildschirmbreite für größere Tablets oder kleinere Monitore, sodass ich mit dieser Media Query noch ein wenig Spielraum für einen schönen Rand oder Hintergrund hätte.

Natürlich gibt es noch wesentlich breitere Monitore, besonders bei Laptops oder stationären Rechnern. Ich möchte jedoch keine weiteren Stufen einfügen, da ich vermeiden möchte, dass die Textzeilen zu lang werden. Typografische Überlegungen wie diese werde ich im folgenden Kapitel ausführlich behandeln.

Verhalten der Media Queries festlegen

Nun gilt es, sich zu überlegen, was denn konkret mit der Website geschehen soll, wenn sie von einem entsprechenden Gerät aufgerufen wird. Das zentrale Prinzip, auf das ich dabei achten möchte, habe ich im Rahmen der Konzeption festgelegt: Lesbarkeit. Wie schaffe ich es also, eine möglichst gut lesbare Website in den skizzierten Stufen zu erstellen?

240 px-Stufe | Ganz schwierig wird das natürlich bei der 240 px-Stufe. Hier setze ich auf ganz minimale Abstände (10 px) zum Rand – dadurch leidet zwar der Weißraum, allerdings vermeide ich, dass der Text zu schmal wird. Im Seitenkopf möchte ich den etwas ausladenden Bereich mit dem Logo und den beiden Schaltern »Lesen« und »Schreiben« stark komprimieren, damit die Leser nicht zu lange zum Inhalt scrollen müssen. Auf die transparenten Flächen über dem Bild verzichte ich, da die kurze Zeilenlänge zu einigen Umbrüchen in der Überschrift führen wird und ich nicht das gesamte Bild verdecken möchte. Komplett verzichten möchte ich in den kleinen Stufen auf den Kasten »Über den Autor« – ich kann die Inhalte stattdessen über einen Link in der Navigation verfügbar machen und spare dadurch einiges an Platz.

320 px-Stufe | Bei der 320 px-Stufe sieht die Gestaltung recht ähnlich aus, allerdings erhöhe ich den Abstand der Inhalte zum Rand auf je 20 px. Dadurch gebe ich der Gestaltung ein wenig mehr Luft zum Atmen.

◄◄ Abbildung 4.93
Auf 240 px wird so viel Raum verwendet wie möglich.

◄ Abbildung 4.94
320 px sind immer noch wenig Platz, aber immerhin lässt sich der Abstand nach außen etwas vergrößern.

480 px-Stufe | Bei 480 px Breite kann ich die Abstände zum Rand erneut etwas erhöhen – die Gestaltung gewinnt daher deutlich an Ruhe. Eigentlich könnte ich mir sogar vorstellen, dass die Navigation bereits nach links neben den Inhalt wandern könnte. Ich möchte dies jedoch nicht tun, denn viele Nutzer drehen ihre Geräte, wenn sie eine Website betrachten möchten. Ich befürchte, dass es die Nutzer verwirren könnte, wenn die Navigation im Querformat plötzlich zur Seite wandert.

Als besonderes visuelles Gestaltungsmittel möchte ich von dieser Stufe an auf die halbtransparente Unterlegung der Überschriften setzen – der Platz dürfte nun ausreichen, um zu viele Zeilenumbrüche in der Überschrift zu vermeiden. Die Hinweise auf die Themenreihen dürfen nun jeweils in 2er-Gruppen nebeneinander sitzen.

720 px-Stufe | 720 px erlauben mir, mit mehreren Spalten nebeneinander zu arbeiten. Dem Inhaltsbereich gebe ich eine wesentlich größere Breite als der linken Spalte – so wird auf einen Blick klar, was davon wichtiger ist.

▲ **Abbildung 4.95**
480 px erlauben bereits mehrspaltige Layouts im Inhaltsbereich.

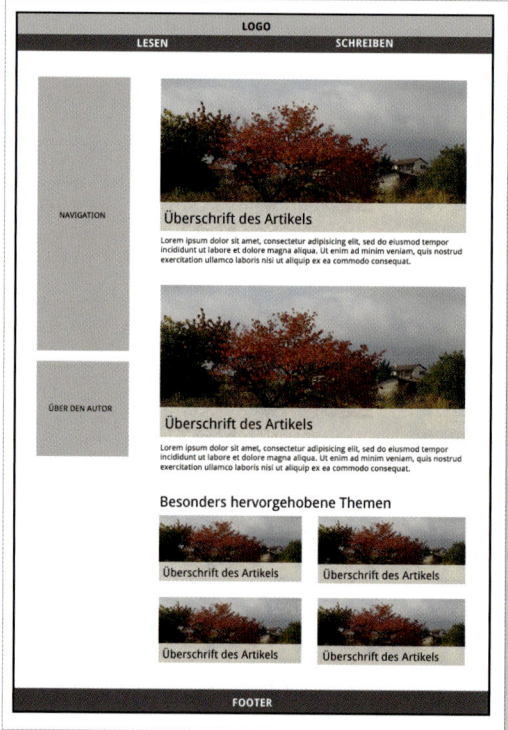

Abbildung 4.96 ▶
720 px erlauben die Anordnung der Navigation in zwei Spalten.

Bei der Wahl der genauen Breite lasse ich mein Gefühl entscheiden – ich achte jedoch auf eine Zeilenlänge, die ich als angenehm empfinde. Zudem reserviere ich einiges an Fläche für großzügigen Weißraum. Im linken Bereich kann ich nun eine Box mit Informationen zum Autor unterbringen.

960 px | Ab 960 px möchte ich die Website zentrieren und einen Außenbereich schaffen, der sich bis zu jeder beliebigen Größe ausdehnt. Im Header lasse ich das Logo ein wenig nach oben herausstehen – ein kleines Detail, das der Gestaltung etwas Besonderes verleiht. Die beiden Spalten wachsen weiter an, und auch der Weißraum wird großzügiger gewährt. Wieder entscheidet mein Gefühl über die genauen Ausmaße.

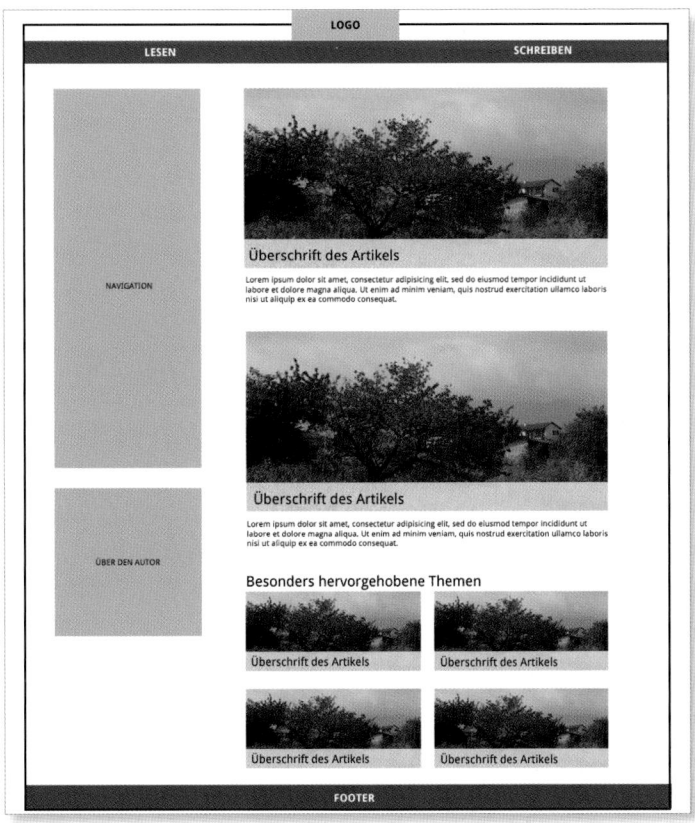

◀ **Abbildung 4.97**
Großzügiger Weißraum bei
960 px

Das war nun wirklich theoretisch genug. Auf geht's, Editor starten, das Wireframe muss in CSS gegossen werden.

Grundgestaltung in CSS

Als Ausgangsbasis dient unser HTML-Grundgerüst aus dem zweiten Kapitel (siehe Seite 80). Für dieses Kapitel wurde ein inhaltsleeres `div` mit einer ID `#pagewrap` um alle Inhalte gelegt – wir benötigen es später, um in unserer 960 px-Stufe einen Außenbereich definieren zu können.

Sie finden das externe Stylesheet im Ordner Bei-spielprojekt • Kapitel_4.

Zunächst einmal ergänzen wir den `meta viewport` und referenzieren eine CSS-Datei, in die wir unsere CSS-Regeln schreiben können. Wir verwenden eine externe CSS-Datei, da wir diese problemlos auf allen Seiten einbetten können.

Listing 4.49 ▶
Externes Stylesheet und `meta` `viewport` im `head`

```
<link rel="stylesheet" href="style.css">
<meta name="viewport" content="width=device-width">
```

Es würde den Rahmen dieses Buchs sprengen, jede verwendete CSS-Eigenschaft einzeln zu erläutern. Ich gehe daher nur auf einige zentrale Aspekte ein, die für das Verständnis wichtig sind. Am besten öffnen Sie die CSS-Datei von der DVD zum Buch, um den Erläuterungen zu folgen. Ich habe die Datei mit Hilfe von Kommentaren strukturiert.

Im CSS ist der Reset in der Rubrik (1) angelegt.

Zunächst kopiere ich Eric Meyers CSS-Reset von *http://meyer-web.com/eric/tools/css/reset* in das Dokument. Damit werden die Standardwerte der Browser schon einmal zurückgesetzt, sodass sie meine Gestaltung nicht mehr beeinflussen können.

Anschließend färbe ich unsere Bereiche vorübergehend ein wenig ein, damit wir die Abstände erkennen können.

Im CSS finden Sie die erste Media Query unter (3).

Media Queries | Im Anschluss geht es ans Eingemachte: die Media Queries werden definiert. Bedingt durch meinen Ansatz von der kleinen zur großen Auflösung (Mobile First) verwende ich die CSS-Eigenschaft `min-width`. Die Folge ist, dass ich mit den Basis-Werten anfange und sie in den späteren Stufen bei Bedarf mit neuen Eigenschaften überschreibe.

```
@media screen and (min-width: 240px) { ... }
```

▲ Listing 4.50
Media Query für 240 px

Innerhalb der Media Queries berechne ich die gewünschten Abstände. Da ich ein fluides Layout erstellen möchte, geschieht dies nach der Formel »gewünschter Abstand / Kontext«. In der 240 px-Stufe sieht das so aus (Zeile 217):

```
overview, section, aside {
  padding: 4.166666667%; /* 10px / 240px */
}
```

◀ **Listing 4.51**
Berechnung des Abstands von drei Bereichen bei 240 px

In den höheren Stufen ändern sich nicht nur die gewünschten Werte, sondern auch der Kontext – die Berechnung muss das berücksichtigen. Für die 320 px-Stufe (Zeile 228) sieht das `padding` für die Elemente oben zum Beispiel so aus:

```
.overview, section, aside {
  padding: 6.25%; /*20px / 320px */
}
```

◀ **Listing 4.52**
Neuberechnung dieser Elemente bei 320 px

Außerdem sollten Sie beachten, dass Sie bei der Berechnung von Größenwerten stets den Kontext des Elternelements beachten müssen. Das sehen Sie in Zeile 283, wo ich die Größe der kleinen Themenreihen für die 720 px-Stufe bestimme. Da sich diese Elemente innerhalb einer `section` befinden, ist der Kontext nicht mehr das gesamte Dokument (720 px), sondern eben diese `section` (460 px).

```
section section article {
  float: left;
  width: 47.826086957%; /* 220px / 460px */
}
```

◀ **Listing 4.53**
Neuer Kontext für die Themenreihen

Achten Sie bei der Arbeit mit CSS auf die Vererbung von Eigenschaften. Ein Beispiel: Die Themenreihen habe ich in eine `section` gesetzt, die sich innerhalb der `section` mit Inhalten befindet. Wenn wir `section` nun ein `padding` geben, vererbt sich diese Eigenschaft auf die verschachtelte `section` – sie wäre damit doppelt eingerückt. Die Lösung ist einfach (Zeile 220):

```
section section {
  padding: 0;
}
```

▲ **Listing 4.54**
Anpassung von `padding` für die verschachtelte `section`

Damit steht das CSS-Grundgerüst der Netzschreibstube. Fertig bin ich damit noch lange nicht, denn der Mikro-Weißraum innerhalb eines Artikels stimmt noch nicht. Sinnvollerweise sollte sich dieser jedoch an der Schrift orientieren – es wird also Zeit, dass Sie sich im folgenden Kapitel ausgiebig mit Typografie beschäftigen.

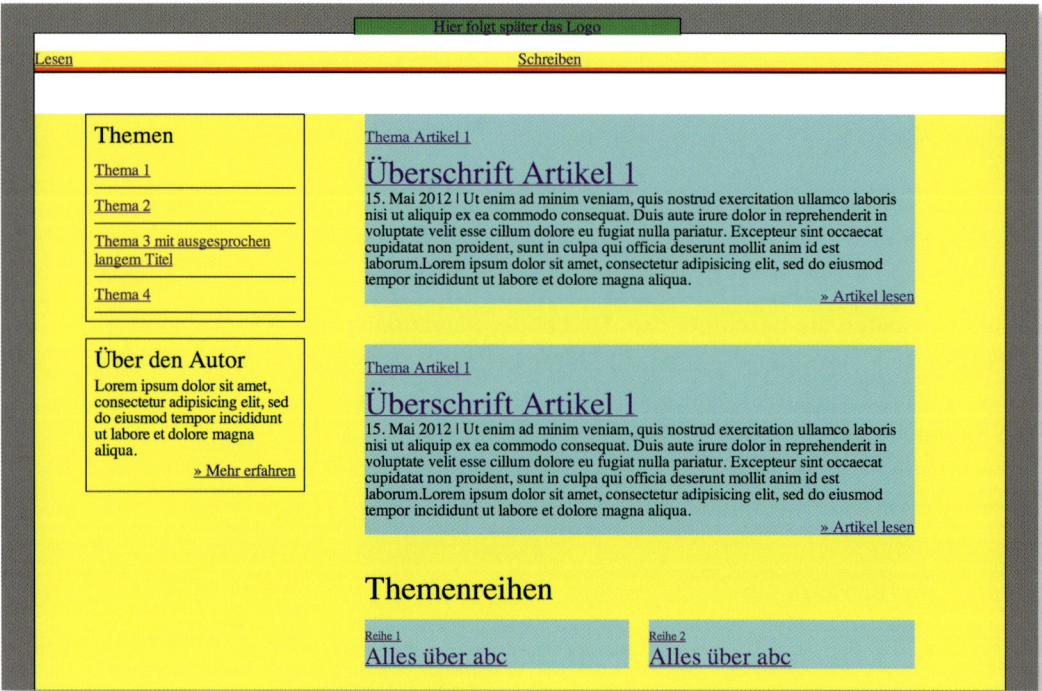

▲ **Abbildung 4.98**
Grundgerüst der Netzschreibstube mit richtigem Makro-Weißraum

5

Typografie im Web

So finden Sie die richtige Schrift für Ihre Website

▶ Worauf muss ich bei der Wahl einer Schrift achten?

▶ Wie verwende ich Schriften im Web?

▶ Wie stelle ich gute Leserlichkeit sicher?

5 Typografie im Web

»Webdesign ist zu 95 % Typografie«, formulierte Oliver Reichenstein in einem bekannten Aufsatz zum Thema. Tatsächlich ist das Web trotz Zunahme von Video- und Audio-Inhalten ohne Typografie nicht vorstellbar. Worauf Sie achten müssen, damit Ihre Texte gerne gelesen werden, erfahren Sie in diesem Kapitel.

5.1 Was ist Typografie?

Weblink

Wenn Sie der erwähnte Artikel von Oliver Reichenstein interessiert, können Sie ihn hier nachlesen: *http://information-architects.net/blog/the-web-is-all-about-typography-period*.

Gerrit van Aaken

Gerrit van Aaken ist selbständiger Webdesigner und führt unter *http://praegnanz.de* eines der einflussreichsten deutschen Blogs über Webdesign.

Was aber ist Typografie denn nun genau? Webdesigner Gerrit van Aaken definiert den Begriff wie folgt: »Typografie ist die Kunst bzw. Lehre der grafischen Gestaltung, die in irgendeiner Form mit Schriftzeichen zusammenhängt.«

In diesem Kapitel werden wir uns ausführlich mit der **Detailtypografie** beschäftigen, die sich die Frage auf die Fahnen geschrieben hat, wie Inhalte möglichst lesefreundlich gestaltet werden können. Außerdem spielen Aspekte der **Makrotypografie** eine Rolle, sofern sie nicht bereits in Kapitel 4, »Layout und Komposition«, behandelt worden sind. Makrotypografie ist der Gesamtzusammenhang von Schrift in einem Dokument – also Aspekte wie die Entscheidung für eine bestimmte Schriftart.

Nicht behandeln werde ich in diesem Buch Typografie im Sinne der Gestaltung einer neuen Schrift.

Anatomie einer Schrift

Zunächst gibt es eine Reihe von Begriffen, die Sie kennen sollten, um über Schriften sprechen zu können. Diese Begriffe benötigen Sie, um verschiedene Teile eines Buchstabens erklären zu können.

Ein Tipp vorab: Nehmen Sie sich einmal einige Minuten Zeit und vergrößern Sie sich eine Schrift um ein Vielfaches – am Bildschirm ist das ja kein Problem. Auf diese Weise fällt es Ihnen leichter, die charakteristischen Buchstabenformen zu identifizieren.

Die wichtigsten dieser Begriffe sind:

- **Serife**: »Füßchen« an den Buchstabenenden
- **Oberlänge**, **Mittellänge (x-Höhe)**, **Unterlänge**: Verhältnis verschiedener Teile eines Buchstabens zueinander
- **Versalhöhe**: Höhe der Großbuchstaben
- **Versalie**: Großbuchstabe
- **Minuskel**: Kleinbuchstabe

In der folgenden Grafik sind diese zentralen Begriffe – und einige mehr – im Detail dargestellt.

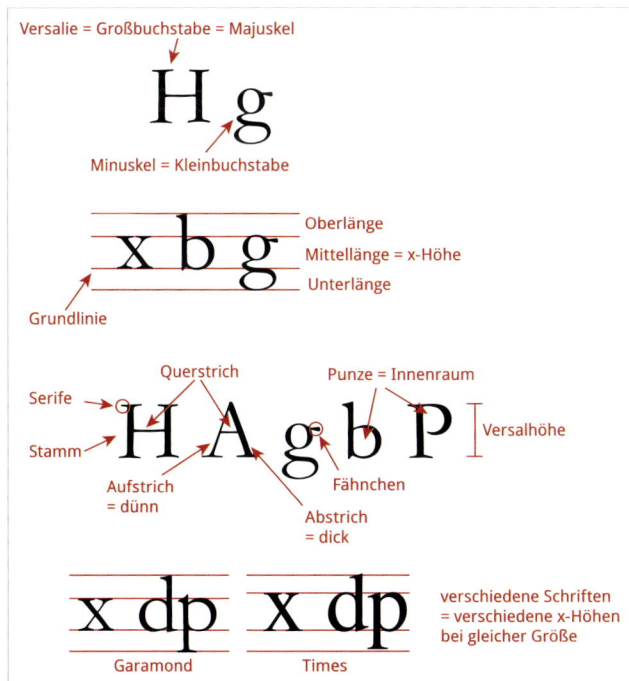

◄ **Abbildung 5.1**
Einige wichtige typografische Grundbegriffe

5.2 Kategorien von Schriften

Schrift ist nicht gleich Schrift, aber einige Schriften ähneln sich. Man hat sie daher in Kategorien eingeteilt, um die Übersichtlichkeit zu erhöhen. Es gibt verschiedenste Einteilungen, mit denen Sie sich im Laufe Ihrer Arbeit als Designer einmal beschäftigen sollten. Für den Start möchte ich Ihnen eine grobe Richtlinie mitgeben.

Antiqua-Schriften oder Serifen-Schriften

Die erste Hauptgruppe von Schriften sind jene Vertreter, die Serifen besitzen. Man nennt sie auch Antiqua-Schriften, und bei ihrer Einteilung kann man sich grob an der Geschichte orientieren. Das bedeutet aber nicht, dass alle Schriften einer Familie auch wirklich alt sein müssen – manche Schriftdesigner greifen bei neuen Schriften bewusst auf historische Vorbilder zurück.

Die **Renaissance-Antiqua aus Venedig** weist nur geringe Unterschiede in der Strichstärke auf, und die Serifen laufen in einer gerundeten Form in den Grundstrich. Das o hat eine schräge Achse. Ein weiteres Merkmal: Die meist schrägen Oberlängen der Kleinbuchstaben.

▲ **Abbildung 5.2**
Typische Kennzeichen der venezianischen Renaissance-Antiqua wie der Jenson (hier als Vorschau auf *http://typekit.com*).

Eine andere **Renaissance-Antiqua** stammt aus **Frankreich**. Auf den ersten Blick sind diese Schriften sehr ähnlich zu ihren venezianischen Schwestern. Wichtiges Unterscheidungsmerkmal: Das o erhält bei den französischen Antiqua-Schriften aus der Renaissance eine senkrechte Achse. Außerdem werden die Strichstärken deutlicher unterschieden.

▲ **Abbildung 5.3**
Ein typischer Vertreter der französischen Renaissance-Antiqua ist die Garamond mit ihren feinen Serifen (vgl. »r«).

Venezianische Renaissance-Antiqua auf einen Blick

Die Renaissance-Antiqua aus Venedig wird durch folgende Kennzeichen bestimmt:
- Epoche: Renaissance und später
- Stilistik: kaum Strichstärken-Kontraste, schräge Achse beim o
- traditionelle Vertreter: Jenson
- nicht so weit verbreitet wie französische Renaissance-Antiqua

Französische Renaissance-Antiqua auf einen Blick

Die französische Renaissance-Antiqua ähnelt ihrer venezianischen Schwester, hat aber einige Besonderheiten:
- Epoche: Renaissance und später
- Stilistik: Strichstärken-Kontrast größer, gerade Achse beim o
- traditionelle Vertreter: Garamond
- jüngere Vertreter: Bambo, Palatino, Sabon

Während des Barocks entwickelte sich ein deutlicher Kontrast der Strickstärke, und die Abschlüsse der Oberlängen wurden zunehmend gerade. Zu diesen **Barock-Antiqua-Schriften** gehören die englische **Baskerville** (entworfen von John Baskerville, 1706–1755) und die **Times** (entworfen von Stanley Morison, 1889–1967). Charakteristisch für die Times sind die feinen Serifen, allerdings wirkt die Schrift auch ein wenig ungehobelt.

Baskerville

Hamburg

Times

Hamburg

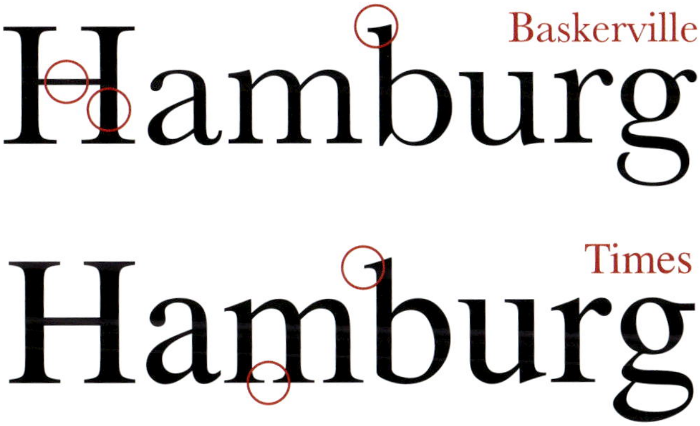

▲ **Abbildung 5.4**
Im Barock werden die Strichstärken-Unterschiede ausgeprägter, und die Oberlängen laufen zunehmend gerade aus.

Selbstverständlich musste auch die **Klassik** ihre eigenen Antiqua-Schnitte haben. Der Trend zu großen Strichstärken-Unterschieden hat hier seinen Endpunkt erreicht: Stämme sind dick, Aufstriche und Querbalken sehr dünn. Ein weiteres Merkmal sind die waagerechten Ansätze und Endungen.

Didot

München

▲ **Abbildung 5.5**
Typische Kennzeichen für klassizistische Antiqua-Schriften (hier die Didot)

Als zu Beginn des 19. Jahrhunderts zunehmend Werbung betrieben wurde, entstanden die **Egyptienne**-Schriften. Sie betrachten die Serifen als Stilmittel und betonen sie übermäßig.

Barock-Antiqua auf einen Blick

Im Barock entwickelt sich die Antiqua weiter. Vertreter dieser Gattung kennzeichnen sich durch:
▶ Epoche: Barock und später
▶ Stilistik: Strichstärken-Kontrast deutlich, Oberlängen mehr und mehr gerade
▶ viele Zeitungsschriften
▶ traditionelle Vertreter: Baskerville, Caslon
▶ jüngere Vertreter: Times

Klassizistische Antiqua auf einen Blick

In der Klassik bestimmen starke Strichstärken-Unterschiede das Schriftbild:
▶ Epoche: Klassik und später
▶ Stilistik: Strichstärken-Unterschiede extrem, Ansätze waagerecht
▶ traditionelle Vertreter: Bodoni, Didot, Walbaum

Egyptienne auf einen Blick

Die Egyptienne erheben die Serife zum auffälligen Stilmittel:

- ▶ Epoche: Anfang 19. Jahrhundert (England) und später
- ▶ Stilistik: extrem betonte Serifen (»slab serif«)
- ▶ Variante 1: Orientierung an klassizistischer Antiqua (Clarendon)
- ▶ Variante 2: konstruierte Formen (Rockwell)
- ▶ Verwendung als typische Reklame-Schrift

Einige Egyptienne-Schriften orientieren sich an der klassizistischen Antiqua und übernehmen deren ausgeprägte Strichstärken-Unterschiede, beispielsweise die Clarendon. Serifenbetonte Schriften wie diese eigneten sich durch ihre kräftigen Formen sehr gut für den Zeitungsdruck und die Schreibmaschinen jener Zeit.

▲ **Abbildung 5.6**
Die Clarendon auf einem amerikanischen Straßenschild

Eine andere Untergruppe der Egyptienne folgt der Idee, eine Schrift geometrisch zu konstruieren: Es herrschen einheitliche Strichstärken und rechte Winkel vor.

Abbildung 5.7 ▶
Die Rockwell ist eine typische konstruierte Egyptienne.

Buchtipp

Cyrus Dominik Khazaeli ist Professor für Kommunikationsdesign an der Berliner Technischen Kunsthochschule. Mit »Crashkurs Typo und Layout« hat er ein sehr empfehlenswertes Buch mit vielen typografischen Grundlagen verfasst.

Grotesk oder serifenlose Linear-Antiqua

Nachdem man sich jahrhundertelang mit Serifen beschäftigt hatte, traute sich irgendwann einmal jemand, den naheliegenden Schritt zu tun, und konstruierte eine Schrift *ohne* Serifen. Das kam den Zeitgenossen damals reichlich grotesk vor: sonderbar, aber zugleich reizvoll – daher der Name »Grotesk«. Es gibt verschiedenste Formen von Grotesk-Schriften – ich folge hier der Einteilung von Cyrus Dominik Khazaeli.

Am Anfang orientierten sich Groteskschriften noch deutlich an der Renaissance-Antiqua. Ein Beispiel ist die **Gill** von Eric Gill (1882–1940), entstanden in den 1920ern und noch immer modern.

R Q g

Los Angeles

Gill

e

Baskerville

▲ **Abbildung 5.8**
Die Gill ist klar und originell. Als Vorbild dient die Renaissance-Antiqua
(vgl. »e«). Kennzeichnend sind das R mit seinem langen Abstrich, das ausladende Q und das originelle g.

Bei anderen Grotesk-Schriften orientierte man sich eher an der
klassizistischen Antiqua. Diese Schriften sind hervorragende
Arbeitstiere – neutral, gut leserlich, ohne große Emotionen, aber
dennoch mit einer gewissen Eleganz. Der bekannteste Vertreter
ist die **Helvetica** (Max Miedinger, 1910–1980). Sie ist elegant und
zeitlos, allerdings auch weit verbreitet und ein wenig emotionslos.

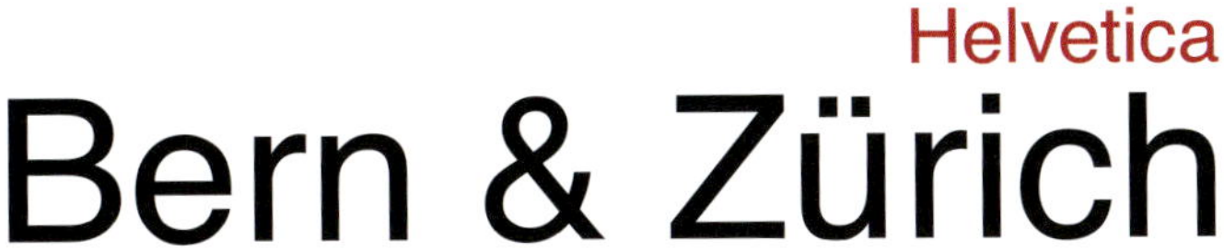

Helvetica

Bern & Zürich

▲ **Abbildung 5.9**
Die Helvetica steht wie kaum eine andere Schrift für Schlichtheit
und Neutralität.

Eine letzte wichtige Gruppe besteht aus konstruierten Grotesken.
Diesen Schriften liegt die Idee zugrunde, dass Schriften aus geometrischen Formen zusammengesetzt werden sollen. Das führt
schnell dazu, dass sich Buchstaben sehr ähnlich werden und die
Leserlichkeit leidet.

Der bekannteste Vertreter dieser Gattung dürfte die **Futura** von
Paul Renner (1878–1956) sein. Paul Renner veränderte die geometrischen Buchstaben an entscheidenden Stellen wie etwa den
Bögen vom »a« und vom »B«, sodass die Futura nicht zu unleser-
lich wird.

Grotesk auf einen Blick

Schriften ohne Serifen
kann man wie folgt ein-
teilen:

▶ Epoche: Anfang 19.
Jahrhundert (England)
und später
▶ Stilistik: keine Serifen
▶ Variante 1: Orientie-
rung an humanistischer
Renaissance-Antiqua,
weiche Formen (Gill,
Formata, Frutiger)
▶ Variante 2: Orientie-
rung an klassizistischer
Antiqua, funktional
und emotionslos (Hel-
vetica, Univers)
▶ Variante 3: geometrisch
konstruiert (Futura,
Bauhaus)
▶ Verwendung als Rekla-
meschrift, Sinnbild der
Moderne (besonders
Variante 3)

187

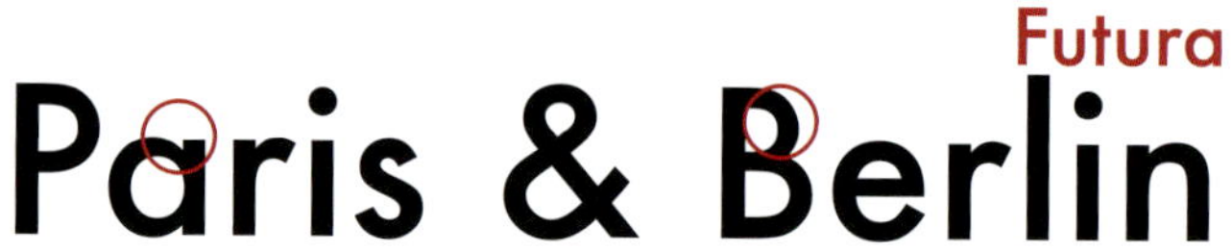
Futura
Paris & Berlin

Abbildung 5.10 ▸
Futura von Paul Renner

Kennen sollten Sie außerdem die **Eurostile** von Aldo Novarese (1920–1995), eine großzügige, breite Schrift aus geometrischen Formen, die sich hervorragend für architektonisch anmutende Layouts eignet.

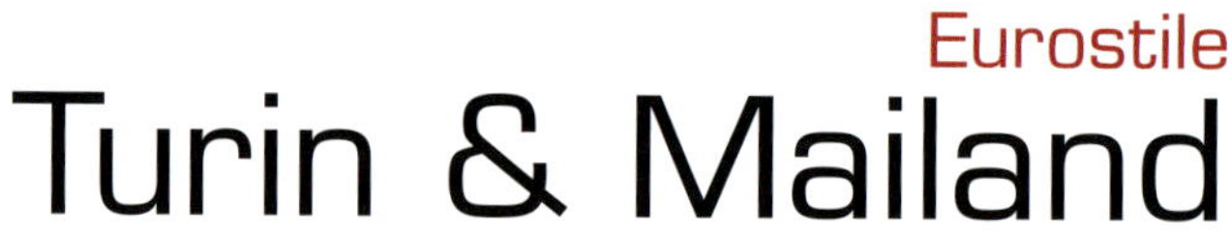
Eurostile
Turin & Mailand

Abbildung 5.11 ▸
Breite, architektonische Formen kennzeichnen die Eurostile.

Schreibschriften

Schreibschriften kann man grob in zwei Gruppen einteilen. Einige von ihnen sind eher formell und orientieren sich an den kursiven Schriftschnitten. Sehr häufig erinnern sie an die handgeschriebenen Bücher der großen Schriftmeister aus dem 17. und 18. Jahrhundert. Diese Schriften eignen sich gut für formelle Zwecke, etwa in Urkunden.

Die andere Gruppe von Schreibschriften wirkt eher informell, als seien die Buchstaben mit einem Pinsel geschrieben – man spricht oft auch von »Brush Scripts«. Diese Schriften wirken sehr persönlich, weil sie an handgeschriebene Briefe erinnern.

Schriftschnitt
Als »Schriftschnitt« bezeichnet man eine Variation einer Schrift, z. B. kursiv, fett oder schmal.

Schreibschriften
Schreibschriften kann man in zwei Varianten einteilen:

- Stilistik: erinnern an handgeschriebene Texte
- Variante 1: formell, ähnlich der Kursiven (Kuenstler Script, Snell Roundhand)
- Variante 2: informell, lässig (Brush Script, Mistral)

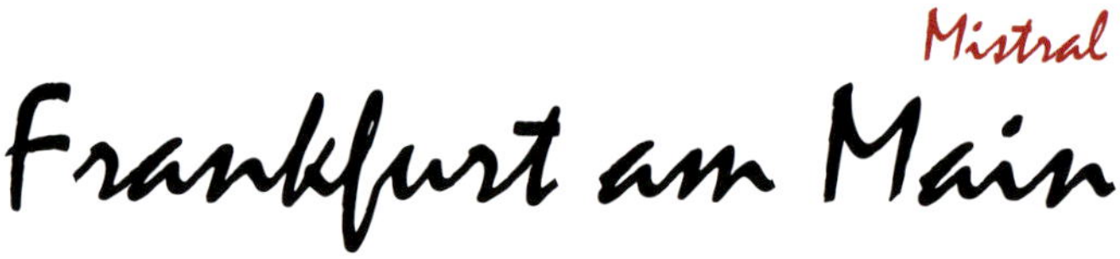
Mistral
Frankfurt am Main

▴ **Abbildung 5.12**
Die Mistral ist ein typischer Vertreter einer informellen Schreibschrift.

Schriften für Lifestyle und Postmoderne

In den 1980er-Jahren setzte sich die Idee durch, dass Schriften stärker als bisher einen Lifestyle ausdrücken könnten. Diese Schriften sind oft nicht auf Leserlichkeit hin optimiert, sondern Ausdruck eines Protests gegen etablierte Konventionen.

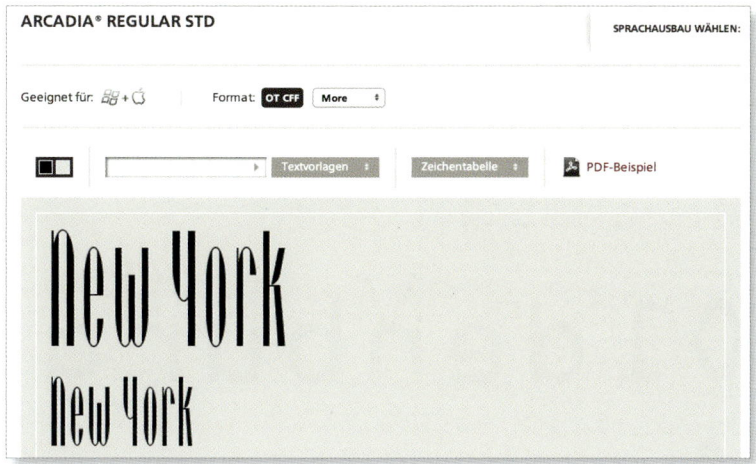

▲ **Abbildung 5.13**
Schriften wie die Arcadia (hier im Shop *www.linotype.com*) atmen den Geist der 80er. Leserlichkeit tritt gegenüber kreativem Ausdruck zurück.

Nicht selten sind diese Schriften von der **Postmoderne** inspiriert, einer Denkrichtung, die sich als Nachfolger der Moderne versteht. Diese Schriften sind Experimente und loten die Grenzen aus, was noch als Schrift gelten kann. So werden ganze Buchstabenteile bisweilen einfach weggelassen. Für Logos und kurze Titel können sie bisweilen erfrischend eingesetzt werden – aber bitte kommen Sie nicht auf die Idee, damit längere Lesetexte zu setzen.

Schriften für Lifestyle und Postmoderne auf einen Blick

Postmoderne Schriften sollen eher ein Lebensgefühl vermitteln als gut leserlich sein.
▶ Epoche: 1980er-Jahre und später
▶ Stilistik: Lifestyle und Postmoderne, Leserlichkeit tritt zurück
▶ Verwendung als Akzente und Experimente
▶ einflussreicher Designer: Neville Brody

▼ **Abbildung 5.14**
Designern von postmodernen Schriften wie der FF You Can Read Me (*www.fontfont.com*) geht es um Dekonstruktion und Experimente.

Computerlesbare Schriften

Während Computer mittlerweile bei der Erkennung gescannter Texte einen recht guten Schnitt erreichen, hatten frühe Computer sehr viel größere Probleme damit. Computerlesbare Schriften wie die bekannte **OCR-A** nehmen darauf Rücksicht, indem sie jedem Buchstaben eindeutige Formen geben. Das sieht für Menschen bisweilen komisch aus – achten Sie nur einmal auf das seltsam verdrehte große Q, das diese Form bekommen musste, damit es nicht zu sehr nach O aussieht.

Computerlesbare Schriften auf einen Blick

Kennzeichen computerlesbarer Schriften sind:

- Epoche: 1960er-/1970er-Jahre und später
- Stilistik: maschinelle Lesbarkeit, ungewöhnliche Buchstabenformen
- Verwendung als Stilmittel bei reduzierter Leserlichkeit

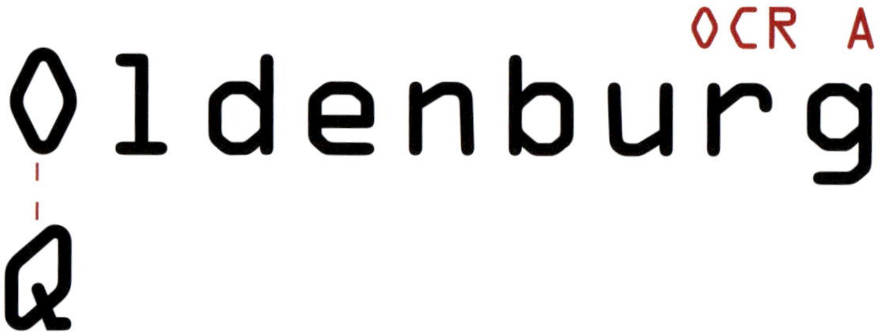
OCR A
Oldenburg
Q

▲ Abbildung 5.15
Als maschinenlesbare Schrift geht es der OCR-A nicht um Ästhetik und gewohnte Buchstabenformen.

OCR-B

Der bekannte Schriftdesigner Adrian Frutiger (* 1928) hat 1968 eine verbesserte Version der OCR-A gestaltet, die auf den Namen OCR-B hört. Sie hat wesentlich vertrautere Formen.

Genau diese ungewöhnlichen Formen machen jedoch den besonderen Reiz computerlesbarer Schriften wie der OCR-A aus: Sie sind einfach unglaublich markant. Ihre Verwendung gleicht einer Inszenierung – richtig und sparsam verwendet setzt sie auffällige Akzente.

Hybridschriften oder moderne Klassiker

In den späten 1980er- und frühen 1990er-Jahren entstanden eine Reihe moderner Klassiker, die seitdem schon fast inflationär eingesetzt worden sind. Sie zeichnen sich durch hohe Flexibilität aus: Es gibt eine Vielzahl von Schnitten, nicht selten sowohl mit als auch ohne Serifen.

Erwähnen sollte man etwa die wunderschöne **Meta** von Erik Spiekerman (* 1947), eine humanistische Linearantiqua – zumindest bevor 2007 eine Serifen-Version hinzukam. Erst 1991 entstanden und stetig ausgebaut ist sie so etwas wie ein moderner Klassiker. Die Meta ist hervorragend leserlich und hat gute Proportionen. Obwohl sie also gewissermaßen ein »safe bet« ist, würde ich persönlich zu einiger Vorsicht raten, denn die Meta ist bereits Hausschrift einer Vielzahl von Unternehmen und Institutionen.

▲ **Abbildung 5.16**
Die Universität Trier verwendet die Meta als Hausschrift im Logo – und mit ihr unzählige andere Unternehmen.

Ähnlich beliebt und flexibel: die **Thesis** von Lucas de Groot (* 1963) mit ihren vier Schnitten TheSans, TheSerif, TheMix und TheAntiqua. Die Thesis ist ein Klassiker der Gegenwart – wenn Sie sie einsetzen, befinden Sie sich in illustrer Gesellschaft. Die letzte Hybridschrift im Bunde: Otl Aichers (1922–1991) **Rotis** – modern, leserlich, elegant, an jeder zweiten Ecke zu sehen.

Um Missverständnissen vorzubeugen: Eine beliebte Schrift muss nicht verkehrt sein – seien Sie sich lediglich einer gewissen Verwechslungsgefahr bewusst.

5.3 Schriften in CSS

Schriften werden, wie könnte es anders sein, in CSS angegeben. Es gibt dazu eine eigene CSS-Eigenschaft:

```
p { font-family: Helvetica, Arial, sans-serif; }
```

▲ **Listing 5.1**
Auszeichnung von Schriften in CSS

Huch, mehrere Angaben für die Schriftart? Wie kommt das? Nun, wie Sie mittlerweile wissen, werden HTML-Dokumente zwar von einem Server heruntergeladen, dann jedoch auf dem Rechner des Nutzers ausgeführt. Die Folge: Angezeigt werden können ausschließlich jene Schriften, die ein Nutzer installiert hat. font-family: Helvetica; würde also bewirken, dass ein Text in Helvetica gesetzt

---

Moderne Klassiker auf einen Blick

Einige Schriften haben sich zu wahren Allroundern entwickelt.

▸ Epoche: 1980er-/ 1990er-Jahre und später
▸ Stilistik: vielseitig und flexibel, oft mit und ohne Serifen verfügbar
▸ Verwendung als moderne Arbeitstiere
▸ bisweilen weite Verbreitung
▸ Vertreter: Meta, Rotis, Thesis

Schriften als Stereotypen

Ralph Burkhardt und Christian Hartig haben die Rotis und ihre vielen Verwendungen umfassend untersucht: »Rotis – eine Streitschrift«, online unter *www.stereotyp-e.de.*

» *Schrift wird in CSS mittels font-family festgelegt.*

Mehrere Ersatzschriften
Sie können beliebig viele Ersatzschriften definieren, indem Sie sie einfach mit Kommata getrennt aneinanderhängen. Empfehlenswert ist es, am Ende stets eine **generische Angabe** wie `sans-serif` oder `serif` zu machen, damit wenigstens eine Schrift aus der gewünschten Familie gewählt wird.

» *Schriften mit Namen aus mehreren Wörtern gehören in Anführungszeichen.*

wird – sofern Helvetica auf dem Rechner des Nutzers verfügbar ist. Ansonsten nimmt der Browser einfach irgendeine.

Das ist selten, was man möchte. Aus diesem Grund kann man ihm mehrere Möglichkeiten mitgeben. `font-family: Helvetica, Arial, sans-serif;` bedeutet also nichts anderes als: Nimm zuerst die Helvetica. Ist diese Schrift nicht vorhanden, versuche Arial. Und wenn es auch Arial nicht geben sollte, nimm halt irgendeine serifenlose Schrift.

Sollte der Name einer Schrift aus mehreren Wörtern bestehen, müssen Sie die Angabe in Anführungszeichen setzen:

```
p { font-family: "Times New Roman", Garamond, serif; }
```

▲ **Listing 5.2**
Eine Schrift mit einem Namen aus mehreren Wörtern in CSS

Natürlich ist das kein erfreulicher Zustand, denn woher will man wissen, welche Schrift denn nun verfügbar ist und welche nicht? Ein Lösungsansatz: websichere Schriften.

5.4 Websichere Schriften

Als websichere Schriften bezeichnet man jene Schriften, die man auf jeden Fall voraussetzen kann, weil sie auf einem Großteil der Rechner installiert sind. Es sind Schriften, die mit den Betriebssystemen mitgeliefert werden.

Bis vor Kurzem waren diese Schriften de facto der Standard, denn alle anderen wären viel zu riskant gewesen. Das hat sich mit den weiter unten beschriebenen Webfonts zum Glück geändert. Bevor wir uns diese ansehen, sollten wir jedoch einen Blick auf die websicheren Schriften werfen.

Arial | Regel Nr. 1: Menschen, die überhaupt keine Schriften kennen, kennen Arial. In Microsoft Word ist Arial die Standardschrift für Überschriften, und in Millionen Dokumenten wird sie dafür eingesetzt. Das ist zugleich ihr Makel: Arial legt bei geschulten Designern die Vermutung nahe, dass sich der Verfasser keine Gedanken über die Schrift gemacht hat – in den meisten Fällen von Arial-Verwendung ist nämlich genau das der Fall. Dieser Assoziation sollten Sie sich bewusst sein, wenn Sie Arial einsetzen möchten.

Regel Nr. 2: Bei Designern wäre Arial wohl die unbeliebteste Schrift der Welt, wenn es Comic Sans nicht gäbe (siehe Seite 197). Der Grund dafür ist der bereits erwähnte Klassiker Helvetica, an den sich Arial sehr stark anlehnt. Im direkten Vergleich wirkt die Arial unausgewogener: Das »R« scheint im Vergleich zu den anderen Buchstaben zu breit, und auch das »o« verliert durch die leicht breitere Form an Charakter.

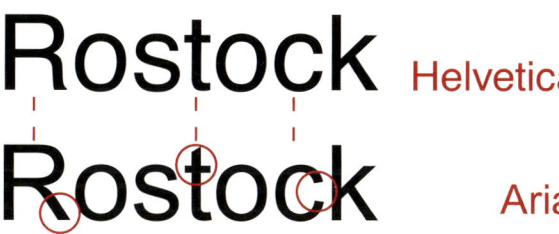

▲ **Abbildung 5.17**
Helvetica und Arial unterscheiden sich an einigen entscheidenden Stellen.

Neben diesen eher negativen Assoziationen gibt es einige handfeste **Vorteile der Arial**: Sie eignet sich als universelle Schrift für das Web, ohne aufzufallen oder gar eine Aussage zu unterstreichen, und ist in kleinen Schriftgraden gut leserlich. Raten würde ich Ihnen dann jedoch dazu, durch andere visuelle Mittel Akzente zu setzen, denn Gestaltungen mit Arial können schnell fantasielos wirken.

Helvetica im Film
Helvetica ist die einzige mir bekannte Schrift, der ein eigener Film gewidmet ist (*www.helvetica-film.com*).

Arial auf einen Blick
Die extrem häufige Arial kennzeichnet sich durch folgende Eigenschaften:
- ► Klassifikation: an klassizistischer Antiqua orientierte Grotesk
- + gut leserlich in kleinen Schriftgraden, weit verbreitet, universell
- − abgegriffen, emotionslos, beliebig, ungeliebt

Leserlichkeit testen
In Tools wie dem Typetester (*www.typetester. org*) können Sie die Schrift mit anderen vergleichen.

◄ **Abbildung 5.18**
In kleinen Schriftgraden läuft die Arial zur Hochform auf und bleibt gut leserlich.

Times New Roman auf einen Blick

Wichtige Charakteristika von Times New Roman sind:

- ▸ Klassifikation: Barock-Antiqua
- + markant, weit verbreitet, platzsparend, Zeitungsschrift
- – kantig, ruppig, altbacken, beliebig

Times New Roman | Der nächste Vertreter von »Ich-habe-mir-wenig-Gedanken-gemacht«: Times New Roman, die MS-Word-Standardschrift für Fließtext. Ästhetisch betrachtet hat sie durchaus einen gewissen Reiz. Sie geht zurück auf die bereits erwähnte Times, die lange Zeit als *die* Zeitungsschrift schlechthin galt.

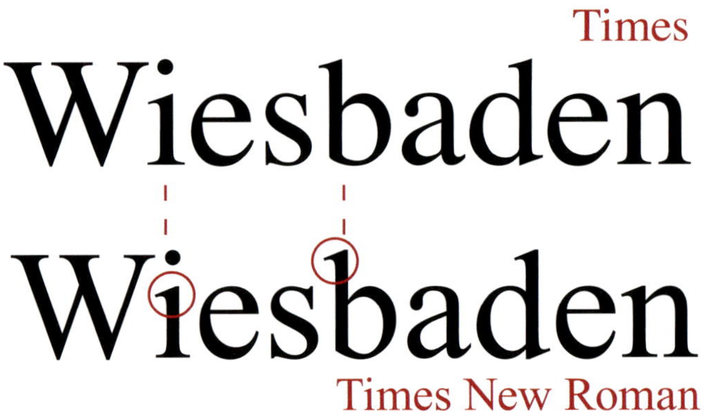
Times
Wiesbaden
Wiesbaden
Times New Roman

▴ **Abbildung 5.19**
Times und Times New Roman sind sich extrem ähnlich und nur mit geübtem Blick zu unterscheiden.

Ihre Formen sind ein wenig kantig und an einigen Stellen wenig ausgewogen – beispielsweise der geschwollene Bereich links unten beim »e«. Andererseits bewirkt aber gerade dieses etwas ungehobelte Äußere ihre markante Wirkung.

Mittlerweile wirkt die Times New Roman historisch, bisweilen sogar altbacken. Die meisten Zeitungen setzen heute auf modernere Schriften. Im Web konnte sich Times New Roman als Serifenschrift nie wirklich durchsetzen. Das Schauspielhaus Hamburg in Abbildung 5.20 nutzt sie trotzdem recht wirkungsvoll als effektvollen Hingucker, weil sie sonst eher selten zu sehen ist. Das funktioniert gut, solange nicht zu viele andere Websites etwas Ähnliches versuchen.

Abbildung 5.20 ▾
Ganz gegen den Trend: biedere Schrift trifft hier auf ein modernes Theater – ein Zeichen für eine kommende Trendwende?

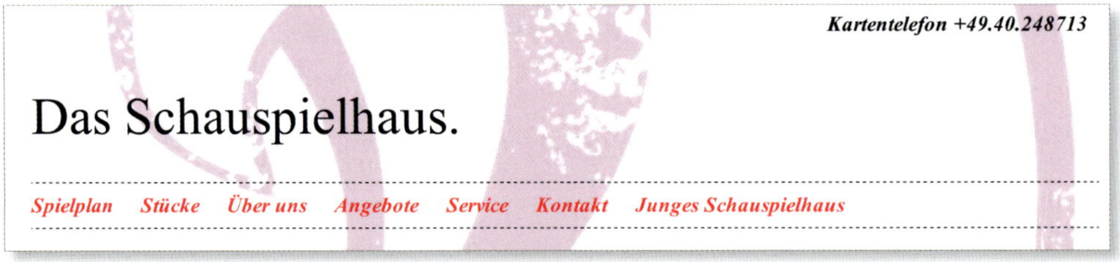
Kartentelefon +49.40.248713
Das Schauspielhaus.
Spielplan
Stücke
Über uns
Angebote
Service
Kontakt
Junges Schauspielhaus

Verdana | Verdana galt lange Zeit als die Schrift für das Web. Der Grund dafür sind ihre gedrungenen, breiten Formen, die ihr eine hohe Leserlichkeit verschaffen – besonders in kleinen Schriftgraden zwischen 9 und 12 px. Nicht unerwähnt möchte ich lassen, dass die Verdana dabei durchaus ein wenig geschummelt hat, denn ihre x-Höhe ist größer als die der Arial. Ergebnis: Bei gleichem Schriftgrad wirkt Verdana größer und breiter – kein Wunder also, dass die Leserlichkeit zunimmt.

Verdana auf einen Blick

Bei der Verdana sollten Sie Folgendes bedenken:

▶ Klassifikation: humanistische Grotesk

+ gute Leserlichkeit bei geringer Schriftgröße (x-Höhe), weit verbreitet

– gedrungene Buchstaben, ungehobelt, abgenutzt

– unausgewogene Buchstabenabstände

Verdana

Dortmund
Dortmund
Dortmund

▲ **Abbildung 5.21**
Verdana besticht durch gute Leserlichkeit in kleinen Schriftgraden.

Je größer der Schriftgrad, desto problematischer wird Verdana – denn im Grunde genommen ist sie eine klobige Schrift mit wenig feinen Details, was bei größeren Schriftgraden unübersehbar wird.

Trebuchet MS | Die Trebuchet MS wurde – der Name deutet es bereits an – im Jahr 1996 von Microsoft entwickelt und war als serifenlose Alternative zu Arial und Verdana gedacht. Viele Designer ließen sich davon nicht wirklich überzeugen – besonders der i-Punkt erschien dem gestalterischen Auge meist viel zu groß. Abgesehen davon wirken ihre Formen unkoordiniert.

Trebuchet MS auf einen Blick

Die Trebuchet MS fällt durch die folgenden Aspekte auf:

▶ Klassifikation: humanistische Grotesk

+ frisch, nicht so Standard wie Arial & Verdana

– Formen nicht perfekt ausbalanciert

Trebuchet MS

Freiburg

▲ **Abbildung 5.22**
Trebuchet MS konnte sich als Arial- und Verdana-Alternative nie durchsetzen.

Georgia | Die Georgia ist neben der Times New Roman die zweite Serifenschrift unter den websicheren Fonts. Wo die Times New Roman ruppig, kantig und ungehobelt ist, wirkt die Georgia brav, rundlich und freundlich. Ihre Buchstabenformen wirken harmonisch – negativ betrachtet auch unpersönlich und wenig individuell. Herausragend ist die Kursive der Georgia.

Times New Roman

Wiesbaden

Georgia

Wiesbaden

Georgia kursiv

Wiesbaden

Trotz ihrer guten Leserlichkeit hat sich Georgia nie als Standard etablieren können – ein Umstand, von dem sie heute profitiert. Wenn Sie auf der Suche nach einer unkomplizierten Serifenschrift als universelles Arbeitspferd sind, ist Georgia noch immer eine gute Wahl. Erwarten Sie aber nicht zu viel Individualität von der Schrift – dafür sind ihre Formen einfach zu angepasst und ausgewogen.

Lucida Grande bzw. Lucida Sans | Lucida Grande (Mac) bzw. Lucida Sans Unicode (Windows) sind Sprösslinge der umfangreichen Lucida-Schriftfamilie von Charles Bigelow und Kris Holmes, entstanden ab 1985.

In ihren Assoziationen ist Lucida Grande untrennbar mit dem Mac verbunden, denn sie ist die offizielle Systemschrift seit OS X (2001) – die meisten Dialoge sind in Lucida Grande gesetzt. In den letzten Jahren ist hier ein Wandel festzustellen – als Apple sein iPhone-Betriebssystem iOS veröffentlichte, setzte man überraschenderweise auf Helvetica als Systemschrift und lieferte die Lucida Grande überhaupt nicht mit.

Lucida Grande stand also lange für Apple-inspiriertes Design und setzte sich als eine der wichtigsten Schriften im Web-2.0-Zeitalter durch – gute Leserlichkeit und klare Formen standen auf der Haben-Seite. Unter Windows wirkte sie jedoch nie so richtig rund, denn hier wurde sie nicht konsequent optimiert.

Lucida Grande

Ingolstadt
Ingolstadt

Ingolstadt

◄ **Abbildung 5.24**
Lucida Grande überzeugt mit guter Leserlichkeit auch in kleinen Schriftgraden, ist jedoch durch ihre Rolle als OS-X-Systemschrift stark mit Apple assoziiert und wirkt heute etwas abgenutzt.

Comic Sans | Comic Sans ist ohne Frage die unbeliebteste Schrift der Welt. Mit *bancomicsans.com* gibt es eine eigene Website, deren einziges Ziel es ist, Comic Sans zu vertreiben. Die Schrift ist gestartet als Sonderschrift für »Microsoft Bob« aus dem März 1995, einer experimentellen Alternative zu Windows mit dem Ziel einer weniger technischen Nutzeroberfläche. MS Bob war einer der berühmtesten Fehlschläge in der Geschichte Microsofts. Die Software wurde extrem stark kritisiert und nach nur 30.000 verkauften Exemplaren (!) eingestampft. Es wäre nur logisch gewesen, wenn Comic Sans mit MS Bob untergegangen wäre, aber Comic-Sans-Designer Vincent Connare verspätete sich mit der Fertigstellung, und Comic Sans fand ihren Weg in Windows 95.

Der Rest ist eine gewaltige Erfolgsgeschichte, wie sie niemand ahnen konnte. Comic Sans begegnet einem überall, ob in informellen oder offiziellen Kontexten: Als die Wissenschaftler vom CERN im Juli 2012 das Higgs Boson entdeckten, setzten sie diese bahnbrechende Erkenntnis in Comic Sans – die wichtigste physikalische Entdeckung der letzten 100 Jahre, das Gott-Teilchen, in Liaison mit der unprofessionellsten Schrift der Welt?

Comic Sans auf einen Blick

Auch zur Comic Sans gibt es einiges festzuhalten:
▶ Klassifikation: Schreibschrift (?)
＋ sehr weit verbreitet
－ seriös praktisch unbrauchbar, extrem negativ assoziiert

Comic Sans

Hannover

◄ **Abbildung 5.25**
Ungeliebt und dennoch überall – die Comic Sans

Comic Sans besteht aus unbeholfen wirkenden, simplen Buchstabenformen, denen man eine gewisse organische Anmutung nicht absprechen kann. Die Zielgruppe der Comic Sans sind ganz klar Kinder – Vincent Connare (*1960) hat bereits vor der Comic Sans kindliche Schriften konzipiert und ließ sich für Comic Sans von Comicbüchern und Cartoons inspirieren.

Für seriöse Themen ist die Comic Sans jedenfalls grundsätzlich ungeeignet, und als Designer kann ich Ihnen nur von jedweder Verwendung abraten: Es gibt einfach zu viele negative Erinnerungen an diese Schrift, und zu viel Häme ist über sie ausgeschüttet worden.

Courier und Courier New | Courier (Mac) bzw. Courier New (Windows) ist ein gutes Beispiel dafür, dass Schriften stets für bestimmte Anwendungsfälle optimiert werden und eben nicht einfach so auf andere Einsatzfelder übertragen werden können. Courier wurde 1955 von Howard Kettler (1919–1999) entwickelt und von dem bekannten Schriftdesigner Adrian Frutiger für IBM-Schreibmaschinen angepasst.

Köln & Bonn
Courier

▲ **Abbildung 5.26**
Courier ist die klassische Schreibmaschinen-Schrift. Sie hat mit den typischen Problemen einer Monospace-Schrift zu kämpfen, weil sie jedem Buchstaben den gleichen Raum einräumt – das reißt Lücken und wirkt unausgewogen.

Von ihrem angedachten Zweck lebt die Courier bis heute. Sie ist eine Monospace-Schrift, was zu unnatürlichen Buchstabenformen führt. Andererseits war genau dieser Umstand für eine Schreibmaschine ungemein praktisch: Wenn jeder Buchstabe gleich breit ist, lässt sich der Platzbedarf im Voraus problemlos bestimmen. Für den Bildschirm spielt das jedoch keine Rolle.

Ein weiteres Problem: Courier hatte nie das Ziel, auf digitalen Medien gut zu wirken. Bei einer Schreibmaschine war es wichtig, dass die Punzen auch dann nicht verschmieren, wenn einmal zu viel Farbe durch das Farbband gedrückt wird – sie sind dann eben ein wenig breiter. Daher weist die Courier sehr schmale Strichstär-

---

Courier auf einen Blick

Was Sie sich über Courier und Courier New merken sollten:

▶ Klassifikation: serifenbetonte Antiqua (Monospace)

+ Vorteile als Schreibmaschinen-Schrift

– Probleme in der Leserlichkeit, verstaubt

o untrennbar mit Schreibmaschinen-Korrespondenz assoziiert

ken mit großen Innenräumen auf – bei der Courier New unter Windows sogar so extrem, dass die Strichstärken in Schriftgraden unter 16 px schmaler als 1 px wären, würde man sich nicht mittels manueller Anpassungen der digitalen Version behelfen.

C-Schriften | Mit Windows Vista führte Microsoft neue Systemschriften ein: Calibri, Candara, Consolas, Cambria, Constantia und Corbel. Klassische websichere Schriften sind diese sechs Kandidaten nicht, doch konnten sie bereits eine große Verbreitung erlangen. Das Gute: Sie sind wirklich gelungen.

Calibri

Frankfurt am Main

Corbel

Frankfurt am Main

Candara

Frankfurt am Main

Consolas

Frankfurt am Main

Cambria

Frankfurt am Main

Constantia

Frankfurt am Main

C-Schriften von Microsoft

Mit Windows Vista führte Microsoft eine Reihe guter Schriften ein:
- Calibri: humanistische Grotestk, weiblich, weich
- Corbel: Grotesk, männlich, etwas ruppig
- Candara: humanistische Grotesk, raffiniert (Bögen vom »M« und »r«)
- Consolas: Monospace, vorsichtig ausbalanciert
- Cambria: Barock-Antiqua, harmonisch
- Constantia: Antiqua mit dreieckigen Serifen, markant

◄ **Abbildung 5.27**
C-Schriften aus Vista

5.5 Webfonts

Bis vor wenigen Jahren wäre das Kapitel über Webtypografie spätestens jetzt beendet – wahrscheinlich hätte ich Ihnen pragmatisch zur Arial oder Lucida geraten und auf bessere Zeiten vertröstet. Nun, diese Zeiten sind gekommen – in Form der Webfonts, die sich jedoch reichlich verspätet haben. Dank ihnen können Webdesigner heute endlich auf die gesamte Vielfalt der Typografie zurückgreifen.

Kleine Geschichte der Webfonts

2007 war ein großes Jahr für die Typografie im Web – mit einem Schlag wurden eine Vielzahl von Schriften verfügbar, die Sie als Webdesigner neben den wenigen websicheren Schriften verwenden können.

Ursprünglich entstanden Webfonts bereits 1997 – allerdings konnten sie sich noch nicht durchsetzen, weil man sich nicht auf ein etabliertes Format einigen konnte. Erst 2007 sollte sich das ändern: Der Software-Entwickler Dave Hyatt und sein Team, das bei Apple für den Browser Safari verantwortlich ist, kam auf die Idee, für Webfonts das etablierte Standardformat OpenType einzusetzen und per CSS in Websites einbettbar zu machen – schnell entstand eine enorme Nachfrage nach typografischer Vielfalt im Web. Mittlerweile können Sie mit einer Kombination verschiedenster Formate in nahezu allen Browsern beliebige Schriften verwenden.

@font-face | Realisiert wird das Ganze über die CSS-Eigenschaft @font-face. Das kann in etwa so aussehen:

```
@font-face {
  font-family: 'FontinSansRgBold';
  src: url('fonts/fontin_sans_b_45b-webfont.eot');
  src: url('fonts/fontin_sans_b_45b-webfont.eot?#iefix')
  format('embedded-opentype'),
    url('fonts/fontin_sans_b_45b-webfont.woff')
    format('woff'),
    url('fonts/fontin_sans_b_45b-webfont.ttf')
    format('truetype'),
    url('fonts/fontin_sans_b_45b-webfont.
    svg#FontinSansRgBold') format('svg');
}
```

Listing 5.3 ▶
Beispiel für eine Implementierung mittels @font-face

Das Prinzip von @font-face wird schnell ersichtlich – zunächst wird die Schrift benannt, anschließend mittels src der Speicherort der Schriftdateien auf dem Server in verschiedenen Formaten angegeben. In der Praxis greift man auf einen Generator zurück, der einem den erforderlichen Code fix und fertig ausspuckt.

Die Nachfrage nach Web-Schriften war also da – das Angebot folgte zügig. Glücklicherweise setzten die Schrifthäuser nicht

---

Dateiformate für Webfonts

OpenType (.otf) und sein jüngerer Bruder Web Open Font Format (.woff) sind Dateiformate für Schriften, die die Einbettung auf Websites erlauben.

auf umstrittenes und technisch problematisches Digital Rights Management. Sie entschieden sich, ihren Kunden zu vertrauen, dass diese die Schriften nicht einfach von irgendwelchen Websites herunterladen, sondern ordnungsgemäß lizenzieren. Dazu gibt es verschiedenste Lizenzmodelle. Mit dem Web Open Font Format (WOFF) wurde gleich noch ein ausgereiftes Format für Webfonts geschaffen. Nun liegt es an uns Gestaltern, uns dieses Vertrauens als würdig zu erweisen.

Aktuelle Lizenzmodelle für Webfonts

Sofern Sie nicht gerade die Deutsche Bahn oder Ford sind, kaufen Sie keine Schriften. Solche Unternehmen leisten sich bisweilen eine eigene Hausschrift, indem Sie einen Schriftdesigner damit beauftragen, eine Schrift zu schaffen, die anschließend ausschließlich von diesem Unternehmen verwendet werden kann.

Das ist jedoch selten der Fall – die meisten Unternehmen haben keine exklusive Hausschrift, Webdesigner wie Sie und ich schon dreimal nicht. Stattdessen wird eine Schrift lizenziert – ein Schriftdesigner räumt uns gegen eine Gebühr die Nutzungsrechte für diese Schrift ein. Eine Alternative sind freie Schriften, die ohne Lizenzgebühren verwendet werden dürfen.

Die Folge davon ist, dass Sie die Lizenzbestimmungen von Schriften sehr genau lesen müssen, denn es geht eben nicht darum, ob Sie eine Schriftdatei auf Ihrem Rechner liegen haben. Entscheidend ist, ob Sie eine Lizenz haben, die Ihnen die Verwendung dieser Schrift in einem konkreten Fall erlaubt. Aber keine Sorge: Die meisten Schrifthäuser sind sehr kundenfreundlich in ihren Lizenzen, und es ist gang und gäbe, eine Schrift zu lizenzieren und anschließend auch für Kundenprojekte verwenden zu dürfen.

Gerrit von Aaken gibt in seinem empfehlenswerten Webtypo-buch (*http://webtypobuch.de*) eine Reihe von Ratschlägen, worauf man bei den Lizenzen achten sollte:

▶ Ist die Nutzung kostenlos oder zahlungspflichtig?
▶ Ist eine einmalige Gebühr fällig oder wird innerhalb bestimmter Zeitintervalle gezahlt?
▶ Zahle ich für eine einzelne Schriftfamilie bzw. einen einzelnen Schriftschnitt oder sind mehrere Schriften enthalten?

Digital Rights Management

Unter Digital Rights Management (DRM) versteht man den Versuch, auch nach dem Kauf eines Produkts seine Verwendung zu kontrollieren – etwa, indem man die Vervielfältigung unterbinden möchte.

» *Schriften werden lizenziert, nicht gekauft (mit wenigen Ausnahmen).*

▲ **Abbildung 5.28**
Die ARD (*http://ard.de*) verwendet ihre Hausschrift Thesis in allen grafischen Überschriften, setzt jedoch für Texte und Links auf Verdana.

▸ Wo werden die Schriften gehostet – auf meinem Server oder beim Anbieter?

▸ Kann ich die Schriften für Layoutzwecke auf meinem Rechner verwenden, z. B. in Photoshop?

Die verschiedenen Angebote unterscheiden sich deutlich in diesen Punkten. Die Entscheidung wird je nach Projekt anders ausfallen, und Agenturen werden sich für andere Modelle entscheiden als Einzelpersonen.

Abbildung 5.29 ▾
Vorbildlich geführte Webfont-Tabelle von Silvia Egger

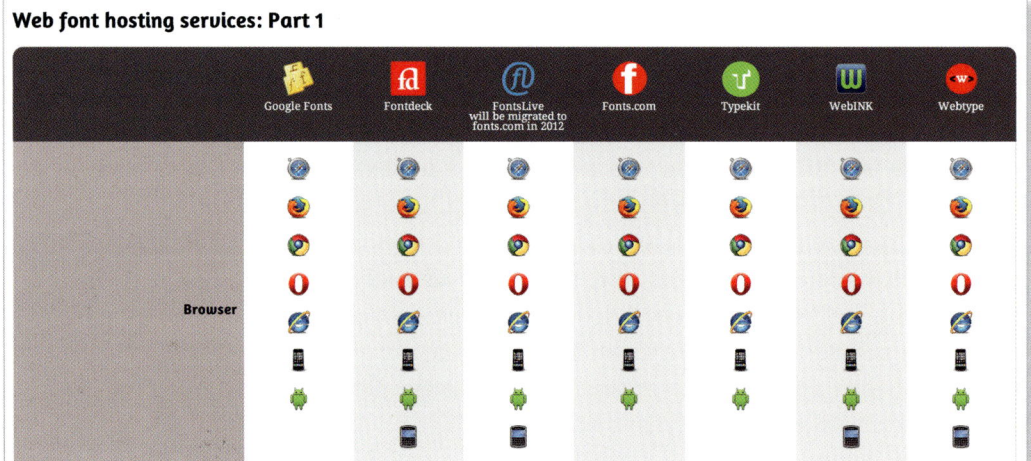

Um Ihnen wenigstens ein wenig Orientierung zu geben, möchte ich in aller Kürze einige Anbieter mit ihren Lizenzmodellen vorstellen – Stand Dezember 2012 und ohne Anspruch auf Vollständigkeit. Aktuelle Informationen und Updates entnehmen Sie am besten der vorbildlichen und stetig aktualisierten Tabelle von Silvia Egger unter *http://sprungmarker.de/wp-content/uploads/webfont-services.*

Page Impression

Der Begriff »page impression« kommt aus dem Onlinemarketing und bezeichnet die Anzahl der Abrufe einer einzelnen Webseite.

Einmalige Lizensierung | Einige Services basieren auf dem Prinzip, dass Sie eine einzelne Schrift auswählen, eine festgelegte Gebühr zahlen und im Gegenzug die erforderlichen Formate herunterladen und selbst hosten können.

Bekanntester Vertreter dieser Art ist der große Anbieter **MyFonts** (*www.myfonts.com*), bei dem sich die Höhe der Gebühr nach den geplanten Page Impressions einer Website richtet – berechnet auf Vertrauensbasis nach Angabe des Kunden.

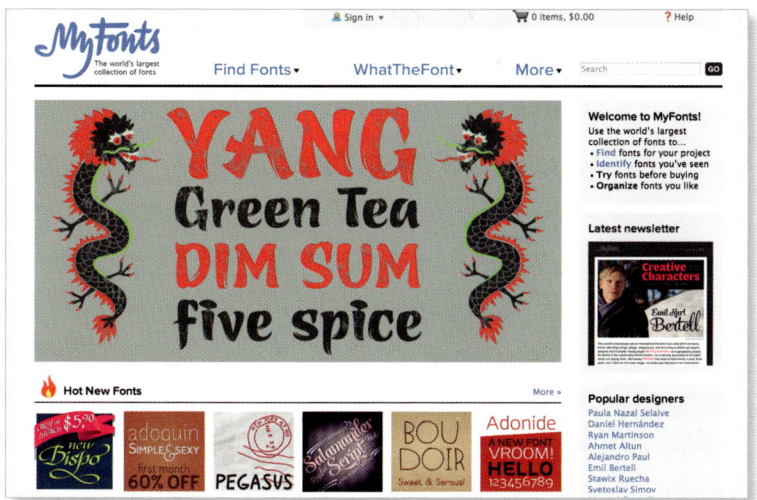

▲ **Abbildung 5.30**
Ähnlich wie MyFonts (*www.myfonts.com*) haben nahezu alle Schrifthändler ihre Lizenzmodelle um Webfonts ergänzt.

Kennen sollten Sie außerdem **FontShop** (*www.fontshop.com*), der neben dem eigenverantwortlichen Hosting als besonderes Bonbon eine Kooperation mit Typekit bietet – wer eine Schrift lizenziert, kann diese auch von den schnellen Typekit-Servern einbinden. Weitere Beispiele sind **Fonts** (*http://fonts.com*) und **Fontspring** (*http://fontspring.com*).

Mieten von Schriften | Die Alternative zum Lizenzieren einzelner Fonts ist es, Schriften zu mieten. Dabei bezahlen Sie einen monatlichen Beitrag und dürfen aus einer großen Anzahl Schriften wählen. Dem Nachteil monatlicher Kosten steht also der Vorteil einer großen Auswahl gegenüber.

Der bekannteste Vertreter dieser Gattung ist **Typekit** (*http://typekit.com*). Derzeit bezahlt man je nach Seitenaufrufen zwischen 25 und 100 Dollar pro Jahr. Die Schriften verbleiben dabei auf den pfeilschnellen Typekit-Servern, zur Einbindung reicht ein einfacher Codeschnipsel im `<head>` der Website. Sehr interessant ist Typekit für Agenturen oder Webdesigner mit mehreren Kunden, denn es können verschiedene Websites mit einem Account versorgt werden – auch Kundenprojekte.

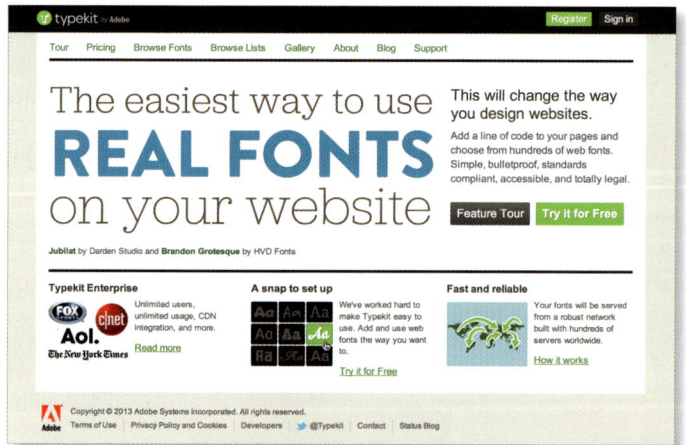

Abbildung 5.31 ▶
Typekit (*http://typekit.com*)
gehört zu den bekanntesten
Mietservices für Schriften.

Alternativen mit ähnlichem Geschäftsmodell sind **Webink** (*http://webink.com*), **Webtype** (*http://webtype.com*) und **Typotheque** (*www.typotheque.com*) – bei Letzterer gibt es ausschließlich die Werke des Schriftdesigners Peter Bil'ak. Eine Abwandlung des Prinzips »Mietservice für Webfonts« bietet **Fontdeck** (*http://fontdeck.com*), denn hier erwerben Sie Lizenzen für die individuellen Schriften, keine Flatrate.

**Unterschiedliche
Qualität**

Freie Schriften können über Google Web Fonts verwendet werden, aber nicht alle angebotenen Schriften überzeugen.

Google Web Fonts | Wie so oft im Web hat auch Google ein Eisen im Feuer, und das ist in vielerlei Hinsicht anders als die bisherigen Anbieter. Google Web Fonts (*www.google.com/webfonts*) basiert vollständig auf freien, also kostenlosen Schriften. Insgesamt gibt es über 500 Schriftfamilien, die natürlich auch heruntergeladen und auf dem eigenen Rechner genutzt werden dürfen.

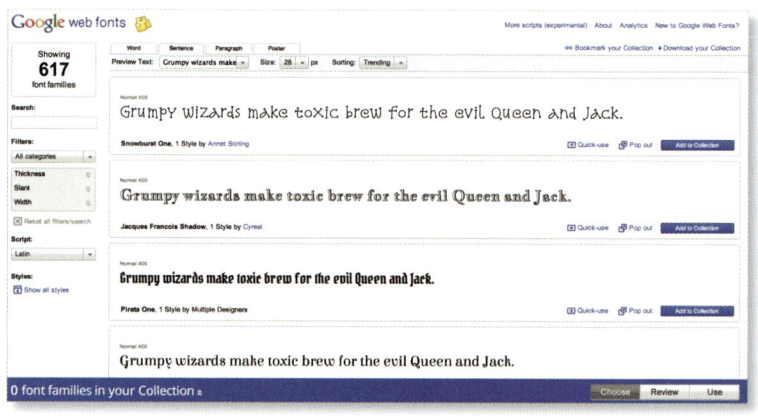

Abbildung 5.32 ▶
Google erlaubt mit seinem
Web Fonts Service die Verwendung freier Schriften
direkt von den Google-Ser-
vern.

Dieses Vorgehen hat Vor- und Nachteile. Einerseits erlaubt es die kostenlose Nutzung schöner Fonts, andererseits brauchen Sie ein gewisses Fachwissen, um die guten von den weniger guten Schriften zu unterscheiden. Bei der einen oder anderen Schrift bekommt man außerdem den Eindruck, dass eine kommerzielle Schrift ein wenig zu sehr Pate gestanden hat.

Technisch gibt es jedoch wenig zu meckern – Google Web Fonts funktioniert reibungslos, ist sehr performant und versammelt eine Vielzahl brauchbarer Schriften. Sollte Ihnen also die Gebühr für einen Mietservice wie Typekit oder die einmalige Lizenzierung einer Schrift zu hoch sein, gehen Sie ruhig bei Google Web Fonts auf die Suche.

Font Squirrel | Ein weiterer Sonderfall: **Font Squirrel** (*www.font-squirrel.com*). Auch hier finden Sie die bekannten freien Schriften, die Sie auch bei Google Web Fonts sehen. Der Unterschied: Während Google Web Fonts alle Schriften auf dem eigenen Server hostet, können Sie bei Font Squirrel vorgefertigte Kits herunterladen und die Schriften selbst hosten. Diese Kits enthalten alles, was Sie für die erfolgreiche Implementierung von Webfonts benötigen.

Google Web Fonts

+ einfache Implementierung
+ schnelle Server
+ keine Kosten
o größte Auswahl freier Schriften im Netz, aber keinerlei kommerzielle Fonts
− nicht jede Schrift hat eine gute Qualität

Font Squirrel

+ vorgefertigte Kits kommerziell nutzbarer Schriften
+ praktischer Generator
o große Auswahl freier Schriften, aber keine kommerziellen Fonts
o bei Verwendung des Generators müssen Sie sich selbst um die Einhaltung der Lizenz kümmern
− nicht jede Schrift hat eine gute Qualität

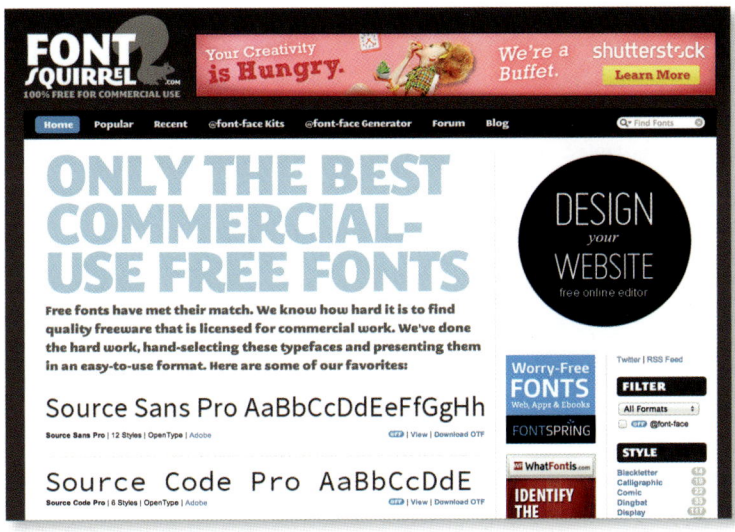

▲ **Abbildung 5.33**
Font Squirrel: fertige Pakete mit Schriften, die man auf seinem eigenen Server verwenden darf

Webfonts einbinden

Haben Sie eine passende Schrift gefunden, müssen Sie sie nur noch in die Website integrieren. Wie Sie dabei vorgehen, hängt stark von der gewählten Technologie ab.

Mietservices oder Google Web Fonts | Wenn Sie einen Vertrag mit einem der Mietservices haben oder einen Dienst wie Google Web Fonts nutzen möchten, können Sie mit wenig Arbeit Schriften integrieren. Das konkrete Vorgehen ist von Dienst zu Dienst verschieden – hier hilft ein Blick in die FAQ des jeweiligen Services. Das prinzipielle Vorgehen möchte ich Ihnen am Beispiel von Google Web Fonts aufzeigen, bei anderen Services läuft es ähnlich.

Zunächst suchen Sie mit dem Suchfeld ❶ nach einer gewünschten Schrift, um sie dann in eine Kollektion zu legen ❷. Kollektionen lassen sich anschließend mit einem Klick auf USE ❸ verwenden.

Abbildung 5.34 ▼
In Diensten wie Google Web Fonts wird zunächst eine Kollektion mit den gewünschten Schriften angelegt.

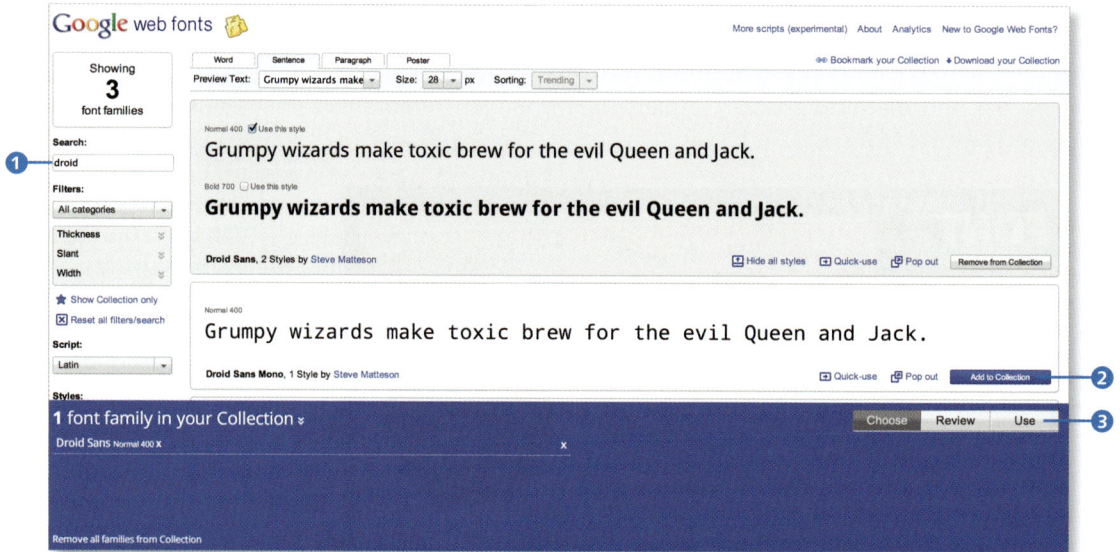

Bei vielen Diensten gibt es zur konkreten technischen Einbettung der Schriften verschiedene Optionen. Am einfachsten funktioniert die entsprechende Meta-Angabe ❹, die in den <head> der Website kopiert werden sollte. Damit wird die Schrift beim Laden der Website aufgerufen und kann per CSS verwendet werden, wie unter ❺ gezeigt.

▲ **Abbildung 5.35**
Schriften lassen sich über eine spezielle Meta-Angabe in eine Website einbetten und per CSS ansprechen.

Vom eigenen Server laden | Die Alternative zur Verwendung eines Mietservices bedeutet, eine Schriftdatei auf den eigenen Server zu legen und mittels der CSS-Anweisung @font-face in die Website zu laden (siehe Seite 200).

Sehr einfach haben Sie es, wenn Sie die Schrift Ihrer Wahl über einen der vorgestellten Anbieter erworben haben – Sie erhalten dann eine detaillierte Anleitung und alle Dateien im richtigen Format. Im Zweifel hilft Ihnen der Support des Anbieters weiter.

In Webfont konvertieren | Hin und wieder kommt es jedoch auch vor, dass Sie eine Schrift auf eigene Verantwortung in einen Webfont konvertieren möchten. Dafür eignet sich der **Webfont Generator** von Font Squirrel, den Sie unter *www.fontsquirrel.com/fontface/generator* finden. Voraussetzung ist natürlich, dass Ihnen die Schrift als Datei auf dem Rechner vorliegt.

Wählen Sie mit der Schaltfläche ❶ (siehe Abbildung 5.36) die Schriftdatei aus. Unterstützt werden die Formate TrueType (.ttf), OpenType (.otf) und Postscript (.pfb) – verwenden Sie, was Ihnen Ihr Schrifthändler geliefert hat. Unter ❷ können Sie die Einstellungen für die Konvertierung auswählen – meistens fahren Sie mit dem Standard *Optimal* sehr gut. Bevor Sie fortfahren können, müssen Sie bestätigen, dass die Schrift in einen Web Font konvertiert werden darf ❸. Dazu ein Tipp: Überprüfen Sie vor der Verwen-

Welches Schriftformat wählen?

TrueType-Schriften können beliebig skaliert werden, enthalten jedoch weniger Zeichen als OpenType-Fonts. PostScript-Schriften benötigen Sie vor allem für den Druck.

Für Sie als Webdesigner sind alle drei Formate gut geeignet.

dung des Web-Font-Generators genau in den Lizenzbestimmungen Ihrer Schrift, ob dies zulässig ist. Es gehört zu Ihrer Aufgabe als Designer, verantwortungsbewusst mit den Leistungen der Typografen umzugehen – der Web-Font-Generator von Font Squirrel kann Ihnen das nicht abnehmen. Nun kann die Konvertierung mit einem Klick auf die Schaltfläche ❹ gestartet werden. Anschließend werden die konvertierten Schriften mit einem beispielhaften CSS-Code heruntergeladen.

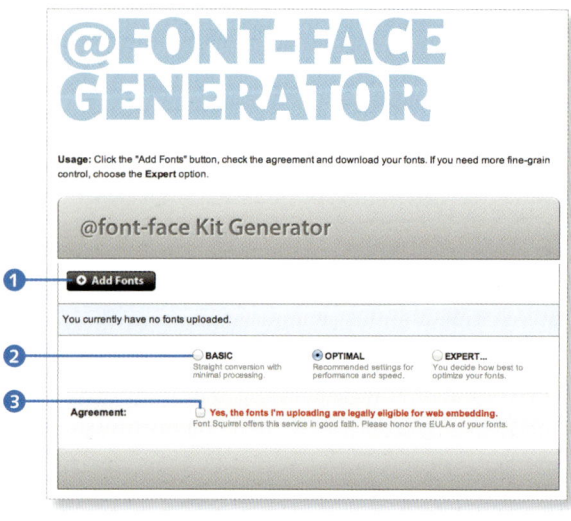

▲ **Abbildung 5.36**
Web-Font-Generator

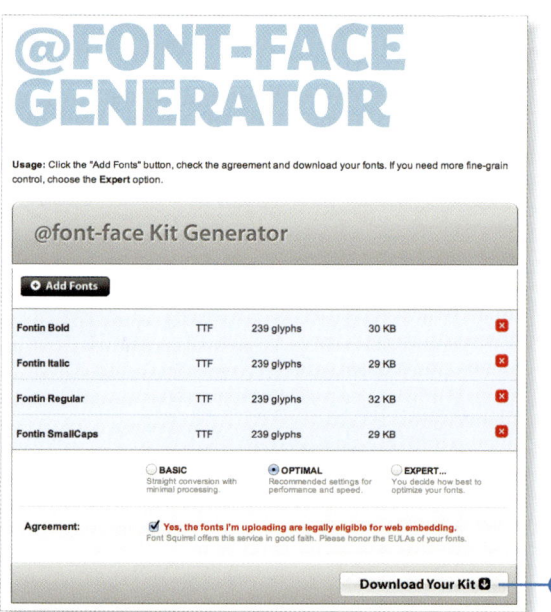

▲ **Abbildung 5.37**
Der Generator übernimmt die Konvertierung der Schriften automatisch und bietet die Sammlung zum Download an.

5.6 Die richtige Schrift auswählen

Sie haben nun bereits einiges über verschiedene Schriftkategorien und -arten erfahren, aber welche Schrift ist nun die richtige für ein Projekt? Die Entscheidung für eine Schrift hängt von verschiedenen Faktoren ab. Zunächst sind da natürlich die Rahmenbedingungen: Gibt es ein Budget zur Lizenzierung einer Schrift – und wenn ja, wie viel? Gibt es technische Voraussetzungen – beispielsweise wenn ein bestimmter Mietservice verwendet werden soll? Diese Faktoren schränken von vornherein die Auswahl ein.

Sind die Rahmenbedingungen abgesteckt, gibt es eine Reihe von Grundregeln, die Ihnen bei der Wahl helfen können.

Die Funktionen von Schrift

Zunächst sollten Sie sich darüber im Klaren sein, welche **Rolle** eine Schrift auf Ihrer Website spielen soll. Klassischerweise gibt es zwei Hauptfunktionen von Schriften:

▶ **Aufmerksamkeit erzeugen**: Diese Aufgabe obliegt meistens den Überschriften. Hier haben Sie ein wenig kreativen Spielraum, denn Überschriften sind größer und kürzer als Fließtexte – Leserlichkeit ist daher nicht unbedingt das zentrale Kriterium.

▶ **Leserlichkeit sicherstellen**: Fließtexte sind zum Lesen gedacht – alles, was Ihre Leser daran hindern könnte, gilt es zu vermeiden. Setzen Sie auf eine gut leserliche, nicht zu ausgefallene Schrift.

Natürlich gibt es eine Reihe von Faustformeln, die ich Ihnen mitgeben möchte. Ein Wort der Warnung: Für viele dieser Faustformeln fehlen wissenschaftliche Nachweise, sodass letztendlich Ihr gestalterisches Auge entscheiden muss.

▶ **Schriften mit Serifen** eignen sich besser **für lange Lesetexte** als Grotesken. Die Serifen am Fuß der Buchstaben unterstützen das Auge bei der Zeilenbildung. Am Bildschirm sehen Serifenschriften tendenziell erst ab einer Größe von 16 px gut aus, denn in kleineren Schriftgraden gehen die Details in den Serifen verloren und die Leserlichkeit leidet. Für kleinere Schriftgrade oder gering auflösende Bildschirme gibt es daher die Empfehlung, **im Web auf serifenlose Schriften** zu setzen.

Schauen Sie sich als Beispiel einmal die Website des amerikanischen Verlags W. W. Norton & Company (*http://books. wwnorton.com/books/index.aspx*) an. Die Assoziationen stimmen: Eine Serifenschrift passt hervorragend zu Literatur. Allerdings kommen die Serifen in der linken Navigation kaum zur Geltung. Besser ist es in der Hauptnavigation oben, wo mit stärkerem Kontrast gearbeitet wird. Regelrecht elegant werden die Serifen dann in den Titeln der Bücher im Hauptbereich.

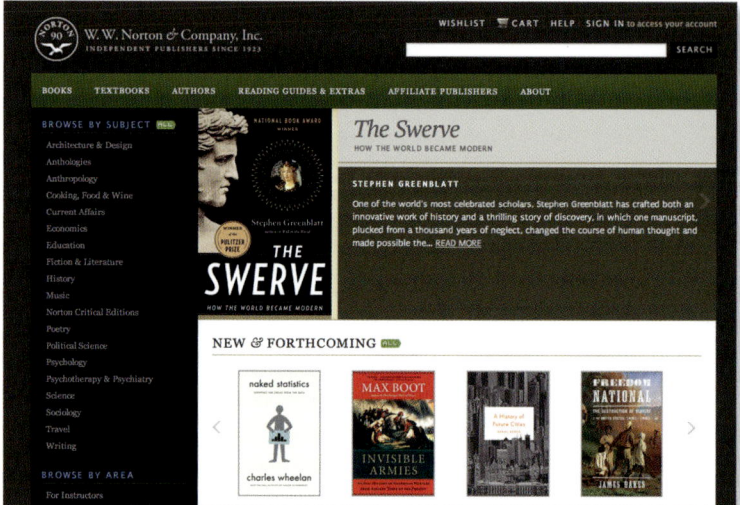

Abbildung 5.38 ►
Serifenschrift im Web

► In **geometrischen Schriften** geht die Unterscheidbarkeit ähnlicher Buchstaben oft verloren, was zu deutlich **verringerter Leserlichkeit** führt. Besonders deutlich wird das bei den Buchstaben q, p, d und b, die sich im Extremfall nur noch durch die Anordnung der geometrischen Grundformen unterscheiden.

Das können Sie auf der Website der New Yorker Architekten Bauhaus (*http://bauhausny.com*) erleben. Das Logo mit seinen stark reduzierten Formen ist für ein avantgardistisch angehauchtes Unternehmen sehr passend – da fällt die schwächere Leserlichkeit nicht so auf und die geometrischen Buchstaben sind sehr ansprechend. Der Fließtext hingegen wirkt nicht sehr einladend – hier würde ich eher zu einer gewöhnlicheren Schrift raten.

Abbildung 5.39 ►
Futuristisches Webdesign auf
http://bauhausny.com

▸ Achten Sie darauf, **nicht zu viele verschiedene Schriften** auf einer Website einzusetzen – das wirkt schnell beliebig. Auf den meisten Websites dürften zwei Schriften locker ausreichen. Abwechslung können Sie durch verschiedene Varianten einer Schrift erzeugen, z. B. kursive oder unterschiedlich fette Schriftschnitte. Ausnahme: In einigen Fällen passt gerade eine große Schriftvielfalt zu einem Projekt. Achten Sie in diesem Fall aber unbedingt darauf, dass Sie diese Vielfalt zum expliziten Stilmittel erheben – schließlich soll es nicht so aussehen, als hätten Sie sich nicht entscheiden können.

Der Designer Sean Baker arbeitet bewusst mit einer großen Schriftvielfalt (siehe Abbildung 5.40). Die verschnörkelte Schreibschrift steht in einem feinen Kontrast zur neutralen Helvetica von »Where a (Future) Addy Winner Nestles«. Abwechslung können Sie auch mit anderen Schriftgrößen oder -schnitten erzeugen – besonders gut wirkt das beim »(Future)«, wo es auch inhaltlich sinnvoll ist, das Wort herauszuheben.

◂ **Abbildung 5.40**
Website von Sean Baker
(*www.elysiumburns.com*)

Auf die richtigen Assoziationen achten | Wenn Sie in der Konzeptionsphase sorgfältig gearbeitet haben, dürften Sie ein klares Bild davon haben, welchen Eindruck Sie mit Ihrer Website vermitteln möchten. Schrift kann hier ein wichtiges Stilmittel sein, das Sie unbedingt in Ihre Projektmatrix aufnehmen sollten.

Schriften mischen

Bei der Verwendung mehrerer Schriften sollten Sie auf die folgenden Aspekte achten:

► **Niemals zu ähnliche Schriften** verwenden (z. B. aus der gleichen Gattung) – das wirkt leicht wie ein Versehen.

► Schriften **ähnlicher Charakteristik** (z. B. zwei Schriften vom gleichen Designer) bewirken oft ein harmonisches Gesamtbild.

► Schriften, die sich **bewusst unterscheiden** (z. B. in Schriftgattung oder Stil), erzeugen ansprechende Spannungen.

► Bei der Wahl einer sehr großen Zahl verschiedener Schriften kann es sinnvoll sein, die Schriften in **identischen Farben oder Schnitten** (z. B. nur Kursive) zu verwenden – so wirken sie nicht zu wild durchgemischt.

Tragen Sie für jede Schrift ein, ob sie die richtigen Assoziationen weckt. Hier sind einige Beispiele – vergessen Sie aber nicht, sie für jede Schrift individuell zu prüfen:

► **Klassik vs. Moderne**: Serifen-Schriften wirken im Allgemeinen klassischer als Groteske. Besonders modern wirken die geometrisch konstruierten Grotesken.

► **Individualität**: Ausgefallene Schriften oder gar Handschriften verleihen einer Gestaltung Persönlichkeit, eignen sich jedoch vorrangig für kurze Akzente, weniger für längere Texte.

Ein gutes Beispiel ist die Website von Wicked Palate, einem mobilen Burger-Restaurant in den USA. Die Behauptung, das Essen sei so gut, dass es eine Sünde sei, wird durch überlegten Einsatz von Schrift gestützt. Die sehr informellen Adjektive »badass« (knallhart) und »wicked« (verrucht) sind bewusst in Schreibschrift gesetzt – es scheint so, als handele es sich um persönliche Aussagen.

▲ **Abbildung 5.41**
Individuelle Schriften auf *http://wickedpalate.com*

Individualität lässt sich aber nicht nur mit Schreibschriften erreichen – es reicht schon, wenn eine Schrift ungewöhnlich ist. Achten Sie einmal auf die seltene, sehr dünne und verschnörkelte Schrift »Mathilde Sketch« (*www.typedepot.com/matilde*), die das

Wiener Unternehmen Putzengel verwendet, beispielsweise bei »vor« oder »wir reinigen« – ein toller Kontrast zur wuchtigen Bebas Neue (*www.fontsquirrel.com/fonts/bebas-neue*), in der die auffälligen Wörter »Schutz« und »Schmutz« gesetzt sind.

◀ **Abbildung 5.42**
Website von *http://putzengel.at*

- ▶ **Geschlecht**: Runde und harmonische Schriften wirken eher weiblich, kantige Schriften eher männlich.
- ▶ **Extrovertiertheit**: Schriften mit geringer x-Höhe wirken dank ihrer auslandenden Ober- und Unterlängen extrovertierter. Gedrungene Schriften hingegen scheinen zurückhaltender.

Recherche zur gewählten Schrift | Wenn Sie eine Schrift ins Auge gefasst haben, lohnt sich ein wenig Recherche – insbesondere bei den bekannten Schriften. Wenn Sie nämlich nicht gerade eine exklusive Schrift gekauft haben oder einen sehr exotischen Font verwenden, wird man Ihre Schrift schon einmal in anderen Kontexten gesehen haben – und die sollten Sie kennen. Achten Sie bei Ihren Recherchen auf die folgenden Aspekte:

- ▶ **Umfeld**: Achten Sie darauf, wer Ihren Schriftfavoriten ebenfalls verwendet, und fragen Sie sich, ob Sie zu diesem Kreis gehören möchten. Gibt es die Gefahr von Verwechslung? Wird die Schrift in einem Kontext verwendet, der Ihrem eigenen Projekt widerspricht? Besonderes Augenmerk sollten Sie auf Ihr unmittelbares Umfeld legen, beispielsweise Ihre direkten Konkurrenten.

▸ **Geschichte**: Jede Schrift hat eine eigene Geschichte: die Hass-liebe zur Comic Sans, die weite Verbreitung von Meta und Rotis, die Dualität von Helvetica und Arial ... Achten Sie darauf, ob diese Geschichte Ihrem Projekt widersprechen könnte.

▸ **Epoche**: Einige Schriften sind stark mit bestimmten Epochen assoziiert – Courier mit den Schreibmaschinen der 1960er-Jahre, Arcadia mit dem 1980er-Lifestyle. Prüfen Sie, ob das zu Ihrem Projekt passt.

Leserlichkeit = alle typo-grafischen Faktoren
Lesbarkeit = typografische und inhaltliche Faktoren

5.7 Texte mit CSS gestalten

In den meisten Fällen dient Schrift dazu, den Lesern ein möglichst angenehmes Lese-Erlebnis zu geben. Die beiden Fachbegriffe, die dafür verwendet werden, sind die Leserlichkeit und die Lesbarkeit – und sie werden häufig verwechselt. Leserlichkeit ist ein Teilbe-reich der Lesbarkeit. Zur Leserlichkeit gehören **alle typografischen Faktoren**: Schriftart, Schriftgrad, Zeilenhöhe, Abstände jedweder Art, Zeilenlänge. Bei der Lesbarkeit kommen **formelle Aspekte** hinzu, etwa richtige Rechtschreibung und Zeichensetzung, Vermei-dung unnötig langer Sätze und Verzicht auf unnötige Füllwörter.

Leserlichkeit wird von allen typografischen Entscheidungen geprägt, die Sie als Designer treffen. Sie hängt ab von:

▸ sinnvollen typografischen **Betonungen**,
▸ der **Verwendung der typografisch richtigen Zeichen** für die richtigen Zwecke,
▸ der verwendeten **Schriftgröße**,
▸ der **Farbe** und dem **Kontrast**,
▸ den **Zwischenräumen** zwischen Wörtern und Buchstaben,
▸ der **Zeilenlänge** sowie
▸ dem **Zeilenabstand**.

Diese Faktoren stehen miteinander in Beziehung. Ich möchte Ihnen nun die einzelnen Einflussfaktoren nacheinander vorstellen.

Typografische Auszeichnungen

Typografische Auszeichnungen dienen dazu, Text zu betonen. Hier-für stehen Ihnen verschiedene CSS-Eigenschaften zur Verfügung.

Rechtschreibung und Zeichensetzung

Als Designer wäre es leicht, sich auf die Leser-lichkeit zu konzentrieren und den Rest seinem Redakteur oder Texter zu überlassen. Ein gutes Grundverständnis insbe-sondere von Rechtschrei-bung und Zeichensetzung brauchen Sie dennoch, denn Fehler fallen eben auch auf Sie zurück und können zudem von Ihrer sorgfältigen Gestaltung ablenken. Das ist dann ungefähr so, wie ein klei-ner Tomatenfleck auf der Krawatte nicht vom teu-ersten Anzug wettge-macht werden kann. Und glauben Sie ja nicht, Rechtschreibung und Zei-chensetzung wären selbstverständlich.

Betonungen von Absätzen | Immer wieder kommt es vor, dass Sie einzelne Absätze betonen möchten. Meist erzeugen Sie dazu eine Klasse in HTML, der Sie eine der folgenden CSS-Eigenschaften mit auf den Weg geben:

- `font-weight`: Fette-Grad einer Schrift. Erlaubt sind entweder `bold` (für fett), `bolder` (für noch fetter) oder Zahlenwerte in Hunderter-Schritten von `100`–`900`. `400` entspricht normaler Schrift, `700` fetter Schrift. Allerdings bietet bei Weitem nicht jede Schrift diese Vielfalt.
- `font-variant`: `normal` für normale Schrift, `small-caps` für Kapitälchen
- `font-style`: `normal` für normale, `italic` für kursive Schrift
- `text-transform`: `normal` für normalen Text, alternativ die Werte `capitalize` (alle Anfangsbuchstaben groß), `lowercase` (nur Kleinbuchstaben) oder `uppercase` (nur Großbuchstaben)

B10-Mediation: Keine gemeinsame Lösung

▪ **Südwestpfalz.** Der Beginn des Abschlusstages der B10-Mediation hat gezeigt: Eine einvernehmliche Lösung für den Ausbau der Bundesstraße 10 bis Landau wird es nicht geben.

Die Diskussion heute am Vormittag in Wilgartswiesen hat gezeigt, das sich die Positionen der Südwestpfalz als Befürworter eines vierspurigen Ausbaus und der Südpfalz als Gegner immer noch unversöhnlich gegenüber stehen. Nur über eine Frage gibt es zwischen den beteiligten

◄ **Abbildung 5.43**
Die Pirmasenser Zeitung (*www.pirmasenser-zeitung.de*) setzt die Einleitung eines Artikels fett.

Betonungen innerhalb eines Textes | Betonungen innerhalb eines Textes sind ein gutes Stilmittel, um Ihren Besuchern auf den ersten Blick zu vermitteln, worum es in einem Text geht. Heben Sie einzelne Begriffe hervor, springen diese stärker ins Auge und erleichtern die Orientierung auf einer Seite.

Auszeichnungen und Suchmaschinen

Textauszeichnungen haben außerdem einen Einfluss auf die Suchmaschinenoptimierung. Wichtig: Stets nur inhaltlich relevante Begriffe hervorheben.

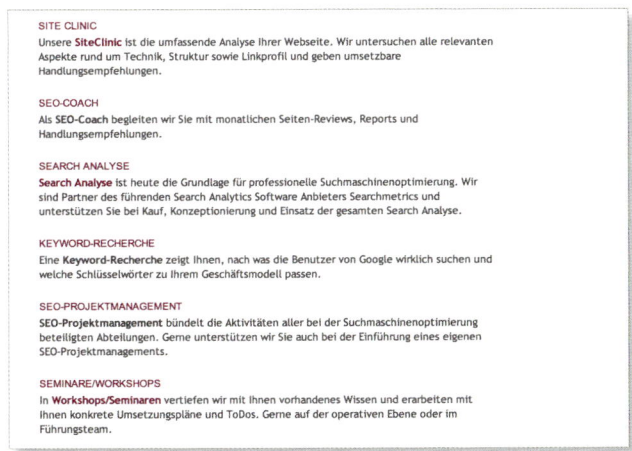

◄ **Abbildung 5.44**
Die Contentmanufaktur (*www.contentmanufaktur.net/ nachhaltige-suchmaschinenoptimierung*) hebt ihre zentralen Angebote durch fette Schrift hervor.

Das Beispiel »auszeichnungen.html« finden Sie unter *Weitere_Beispieldateien • Kapitel_5*.

Kursive sind die harmonische Form einer Hervorhebung im Text und werden über ‹em›...‹/em› *erzeugt.*

Fette Hervorhebungen über ‹strong›...‹/strong› *sind besonders auffällig.*

Enthält ein Textabsatz Elemente, die *inhaltlich* bedeutsam sind und hervorgehoben werden sollen, können diese in kursiv gesetzt werden.

Fettmarkierungen eignen sich hervorragend für einzelne **Stichwörter**, die den Inhalt eines Abschnitts auf einen Blick erkennen lassen.

Natürlich gibt es auch andere Möglichkeiten, Text hervorzuheben. KAPITÄLCHEN beispielsweise ähneln den Mittellängen der Kleinbuchstaben und passen sich daher harmonisch ins Textbild ein. Versalien hingegen bewirken ein unruhiges Schriftbild. <u>Unterstreichungen</u> sollten die Unterlängen einer Schrift nicht durchstreichen.

▲ **Abbildung 5.45**
HTML und CSS erlauben verschiedene Verfahren zur Auszeichnung von Text.

Wie Sie merken, sind diese Hervorhebungen weniger ästhetischer, sondern stärker inhaltlicher Natur. Es ist daher wenig verwunderlich, dass sie über HTML gelöst werden, nicht über CSS.

Kursive Auszeichnungen fallen visuell am wenigsten im Fließtext auf und eignen sich daher gut, um ein harmonisches Gesamtbild zu erhalten. Sie werden über das HTML-Element ‹em›...‹/em› erzeugt. ‹em› steht dabei für emphasis (»Hervorhebung«).

```
<p>Enthält ein Textabsatz Elemente, die <em>inhaltlich</
em> bedeutsam sind und hervorgehoben werden sollen, können
diese kursiv gesetzt werden.</p>
```

▲ **Listing 5.4**
‹em› hebt inhaltlich wichtige Elemente hervor.

Auffälliger sind fett ausgezeichnete Hervorhebungen, die in HTML über ‹strong›...‹/strong› erzeugt werden. Sie sind angemessen, wenn die Inhalte besonders auffällig sein sollen, und sollten sparsam verwendet werden.

```
<p>Fettmarkierungen eignen sich hervorragend für einzelne
<strong>Stichwörter</strong>, die den Inhalt eines
Abschnitts auf einen Blick erkennen lassen.</p>
```

▲ **Listing 5.5**
‹strong› ist eine sehr starke Hervorhebung einzelner Begriffe.

Die übrigen Auszeichnungsarten sind selten. Wenn Sie sie dennoch verwenden möchten, bietet sich das inhaltsleere HTML-Element ‹span›...‹/span› an, dem Sie per CSS eine Gestaltung mitgeben können.

```
<p>Natürlich gibt es auch andere Möglichkeiten, Text
hervorzuheben. <span style="font-variant: small-caps;">
Kapitälchen</span> beispielsweise ähneln den Mittellängen
der Kleinbuchstaben und passen sich daher harmonisch ins
Textbild ein. <span stype="text-transform: uppercase;">
Versalien</span> hingegen bewirken ein unruhiges Schrift-
bild. <span style="text-decoration: underline;">Unter-
streichungen</span> sollten die Unterlängen einer Schrift
nicht durchstreichen.</p>
```

▲ **Listing 5.6**
Gestaltung von Hervorhebungen mittels ‹span› und CSS

Beachten Sie bei `<span>` jedoch unbedingt die Erklärungen im folgenden Abschnitt, denn nicht immer ist ein inhaltsleeres Element das, was Sie wollen.

Elemente ohne Betonung hervorheben | Mit den beiden HTML-Elementen `<strong>` und `<em>` erreichen Sie eine inhaltliche Betonung. Das ist aber nicht immer das, was Sie möchten. Betrachten Sie einmal das folgende Beispiel:

```
<p>Michael Jacksons Song "The Girl is Mine" stammt von
seinem Album "Thriller".</p>
```

▲ **Listing 5.7**
HTML ohne Hervorhebung

Die Namen für den Song und das Album sind in diesem Beispiel identisch formatiert – nämlich gar nicht. Das ist semantisch unschön, denn der Name des Albums sollte gegenüber dem Namen des Songs abgesetzt werden, damit die Leser auf den ersten Blick den Unterschied erkennen. In der Praxis könnte man das lösen, indem man alle Albennamen kursiv formatiert.

Welche Möglichkeiten gäbe es dafür? Zum einen natürlich `<em>` – aber das ist hier nicht die richtige Wahl. `<em>` würde den Namen des Albums nämlich betonen, aber dafür gibt es hier keinen Grund. Anders sähe es in dem folgenden Beispiel aus:

```
<p>Michael Jacksons Song "The Girl is Mine" stammt von
seinem Album "<em>Thriller</em>"? Ich dachte, er sei auf
"Dangerous".</p>
```

◄ **Listing 5.8**
HTML mit Hervorhebung

In diesem Beispiel macht die Betonung von »Thriller« Sinn, denn der Sprecher macht damit seine Verwunderung deutlich. Allerdings ist das immer noch keine Lösung für unser Alben-Namen-Problem – und wir haben sogar noch einen weiteren Album-Namen hinzugefügt.

Alternativ könnten Sie natürlich `<span>` nutzen:

```
<p>Michael Jacksons Song "The Girl is Mine" stammt von
seinem Album "<em>Thriller</em>"? Ich dachte, er sei auf
"<span style="font-style:italic;">Dangerous</span>".</p>
```

◄ **Listing 5.9**
HTML mit Hervorhebung und `<span>`

Damit hätten Sie »Thriller« betont und »Dangerous« abgehoben. Alles roger? Nein. Das Problem ist nämlich, dass es eine rein *visuelle*

Kapitälchen

Bei Kapitälchen werden Kleinbuchstaben durch Großbuchstaben ersetzt, deren Größe allerdings der x-Höhe der Kleinbuchstaben entspricht. Das Ergebnis ist ein harmonischeres Schriftbild als bei Verwendung reiner Großbuchstaben ohne Größenanpassung.

Abhebung ist. Was aber geschieht, wenn die Nutzer Ihre Website nicht visuell, sondern über einen Screenreader verwenden? Für diese Programme ist `<span>` ein Element ohne Bedeutung und wird ignoriert. Screenreader-Nutzer hätten keine Chance, den Unterschied zwischen einem Song-Namen und einem Album-Namen wahrzunehmen – die Accessibility Ihrer Website würde leiden.

Für diesen Fall gibt es ein weiteres HTML-Element: `<i>`. `<i>` steht für »italic« (»kursiv«), weil es standardmäßig kursiv dargestellt wird. Semantisch bedeutet es aber nichts anderes als »hervorgehoben, aber nicht betont«:

Listing 5.10 ▶
HTML mit Hervorhebung
und `<i>`

```
<p>Michael Jacksons Song "The Girl is Mine" stammt von
seinem Album "<em>Thriller</em>"? Ich dachte, er sei auf
"<i>Dangerous</i>".</p>
```

Auch für das stark betonte `<strong>` gibt es einen Verwandten, der zwar ebenfalls fett auszeichnet, aber nicht besonders betont: `<b>`.

Listing 5.11 ▶
HTML mit `<b>` – der Ort am
Anfang des Artikels soll hervorgehoben werden.
`<strong>` wäre die falsche
Wahl, denn es gibt keinen
Grund, den Ortsnamen
besonders zu betonen.

```
<h1>Beispielmüller ist neuer Vorstandsvorsitzender der
Beispielschmitt GmbH</h1>
<p><b>Berlin.</b> Helmut Beispielmüller wurde gestern mit
überwältigender Mehrheit zum neuen Vorstandsvorsitzenden
der Beispielschmitt GmbH gewählt.</p>
```

Schriftgröße

Wenig überraschend ist die Schriftgröße eine der ersten wichtigen typografischen Entscheidungen. Schriftgröße hat vorrangig zwei Aufgaben: Leserlichkeit und Strukturierung sicherstellen sowie visuelle Effekte erzeugen.

Leserlichkeit und Struktur | Schriftgrößen strukturieren eine Website, denn große Elemente werden als wichtiger wahrgenommen als kleine. Damit der Inhalt richtig wahrgenommen wird, müssen Schriftgrößen die Hierarchie der Inhalte spiegeln. Das können Sie zum Beispiel erreichen, indem Hauptüberschriften konsequent größer sind als Zwischenüberschriften, diese wiederum größer als Fließtexte. Auf diese Weise entsteht ein visueller Rhythmus, bei dem die Größe mit der Wichtigkeit korrespondiert.

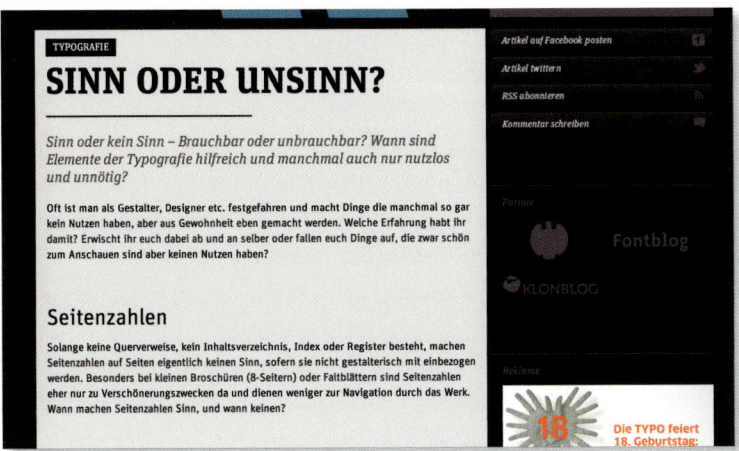

◀ **Abbildung 5.46**
Klare Größenverhältnisse helfen dabei, die Struktur eines Textes auf einen Blick zu erkennen (*www.typolution.de/sinn-oder-unsinn-2*).

Bei Titeln können Sie sich diesen Effekt noch weiter zu Nutze machen, denn auch inhaltlich sind nicht alle Wörter gleich wichtig. Artikel wie »ein«, »der«, »die« oder »das«, Präpositionen wie »in« oder »beim« oder Pronomen wie »ich«, »sie« oder »er« sind in Titeln nicht so wichtig wie zentrale Begriffswörter und Adjektive. Nicht selten setzt man sie in einer geringeren Schriftgröße als die Hauptwörter.

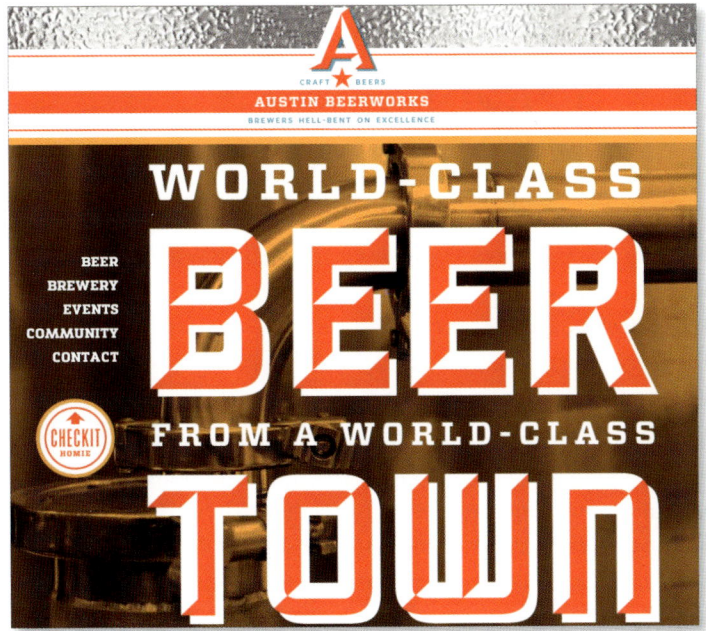

◀ **Abbildung 5.47**
Die Brauerei Austin Beerworks (*http://austinbeerworks.com*) zeigt, wie mit überlegtem Einsatz von Typografie Hauptwörter betont werden können.

>> *Setzen Sie die Schriftgröße nur als letztes Mittel zur Akzentuierung ein, denn sie ist ein sehr wirkungsvolles, bisweilen fast schon brachiales Instrument.*

valuable than a standard banner or a :
dozens of others. Current Deck ads ar
page and displayed here.

COST PER INFLUENCE
We're not selling The Deck based on p
click-through, but if we were, the CPM
priced well below industry norms. Mc
don't sell on the numbers" do so beca
numbers to support their rates. That'.
with The Deck, as a group the networ
hundred million impressions each mc
it's not about "cost-per-thousand," it'
influence."

▲ **Abbildung 5.48**
Das Werbenetzwerk Deck Network (*http://decknetwork. net*) vermeidet eine Änderung der Schriftgröße, indem es bei den Zwischenüberschriften mit Fettungen und Großbuchstaben arbeitet.

Abbildung 5.49 ▶
Vorreiter des Trends zu größerer Schriftgröße: Jeffrey Zeldman (*www.zeldman.com*)

Schrift als visuelles Ausdrucksmittel

Inspiration gefällig? Grafikdesigner, die die visuelle Sprache von Schrift ausgelotet haben, sind Wim Crouwel, Philippe Apeloig und Josef Müller-Brockmann.

Das ist natürlich viel Arbeit und sollte ausschließlich für grafisch anmutende Titel gemacht werden. Innerhalb von Fließtexten sollten Sie ein Springen der Schriftgröße unbedingt vermeiden, damit das Schriftbild nicht zu unruhig wird.

Um zu viele verschiedene Schriftgrößen zu vermeiden, überlegen Sie sich, mit welchen anderen Mitteln Sie Wichtigkeit transportieren können. Eine <h3> muss beispielsweise nicht in allen Fällen größer sein als der Fließtext darunter – manchmal reicht es schon, sie mit ein wenig Weißraum abzuheben.

Unverkennbar ist ein **Trend zu größerer Schriftgröße** ab etwa 14–16 px – auch im Fließtext. Das liegt daran, dass die Feinheiten von Webfonts bei Miniatur-Schriften kaum zur Geltung kommen. Der bekannte Webdesigner Jeffrey Zeldman hat großen Schriftgrößen sogar ein Design-Manifest gewidmet: *www.zeldman.com/ 2012/05/18/web-design-manifesto-2012.*

Visuelle Effekte | Steht der visuelle Effekt im Vordergrund, dürfen Sie sogar gegen das Gebot der Leserlichkeit verstoßen. Viele unterschiedliche Schriftgrößen können bewusst eingesetzt werden, um ein chaotisches Erscheinungsbild zu fördern. Extreme Größenunterschiede schaffen Dramatik. Es ist vollkommen legitim, diese Effekte einzusetzen – seien Sie sich nur bewusst, dass diese Gestaltungen eher auf Aufmerksamkeit als auf Leseanreiz zielen, und setzen Sie sie nur ein, wo genau dies gewünscht ist.

Bedenken Sie außerdem, dass ausgefallene Typografie ein starkes Stilmittel ist – halten Sie also solche Gestaltungen bis auf die Typografie eher schlicht, um eine Anhäufung von Stilen zu vermeiden.

▲ **Abbildung 5.50**
Mit einer Vielzahl von Schriften, Größen und Auszeichnungen erzeugt das Magazin *http://literarybohemian.com* einen starken Vintage-Look.

Mit CSS3 wurde eine neue Eigenschaft eingeführt, mit der Sie Schrift mit einem visuellen Effekt versehen können: **Schatten**, realisiert über `text-shadow`:

```
text-shadow: 1px 1px 1px #6c6c6c;
```

▲ **Listing 5.12**
Definition eines Textschattens

Diese Angaben bezeichnen von links nach rechts:
▸ Abstand des Schattens auf der **x-Achse**,
▸ Abstand des Schattens auf der **y-Achse**,
▸ **Unschärfe** des Schattens,
▸ **Farbe** des Schattens.

Über die Eigenschaft `text-shadow` können Sie eine Vielzahl von Effekten erreichen – harte Schatten, weiche Schatten, Gravur-Effekte… Eine schöne Übersicht finden Sie bei Joshua Johnson unter *http://designshack.net/articles/css/12-fun-css-text-shadows-you-can-copy-and-paste*.

▲ **Abbildung 5.51**
Sehr dezenter Text-Schatten auf *http://timvandamme.com*

Schriftgrößen in CSS | Zur Festlegung der Schriftgröße dient die CSS-Eigenschaft `font-size`.

```
p { font-size: 14px; }
```

▲ **Listing 5.13**
Schriftgrößen-Angabe über CSS

Die Schriftgröße lässt sich in verschiedenen Formaten angeben – einige davon kennen Sie bereits, andere sind Ihnen neu.

Format	Beschreibung	Anmerkung
Pixel (px)	Angabe in Pixel-Werten	relativ zur Auflösung des Monitors, aber nicht gut skalierbar
em	aktuelle Schriftgröße (1 em = aktuelle Schriftgröße **im aktuellen Kontext**)	relativ zur Basisgröße des Elternelements (vgl. Kapitel 4)
rem	»root em«, wird für das Element `html` einmalig definiert	relativ stets zur Basisgröße des Elements `html`
`medium`, `large`, `small` (und einige mehr)	geschriebene Formulierungen	relativ zur Standard-Einstellung des Browsers, eher selten verwendet
%	Angabe in Prozentwerten	relativ zur Schriftgröße des Elternelements
pt	Angabe in Punkt, ähnlich Print-Designs	nicht gut skalierbar, durch enorme Unterschiede zwischen Browsern nicht für Screen-Design geeignet
ex	Angabe relativ zur x-Höhe der Schrift	eher selten verwendet

▲ **Tabelle 5.2**
Formate für Schriftgröße

Laufweite

Die Laufweite bezeichnet den Abstand zwischen den einzelnen Buchstaben. Laufweite ist ein wichtiger Aspekt guter Leserlichkeit, und es haben sich einige Faustregeln herauskristallisiert:

▶ Kleine Schrift benötigt etwas mehr Laufweite.
▶ VERSALIEN profitieren von einer größeren Laufweite.
▶ Sehr große Überschriften werden mit einer geringeren Laufweite kompakter und sehen richtig gut aus.

Im Web sieht es mit der Laufweite leider recht düster aus. Zwar gibt es die CSS-Eigenschaft `letter-spacing` – aber zufriedenstellend arbeitet sie leider nicht.

Die Beispieldatei »laufweite.html« finden Sie unter WEITERE_BEISPIELDATEIEN • KAPITEL_5.

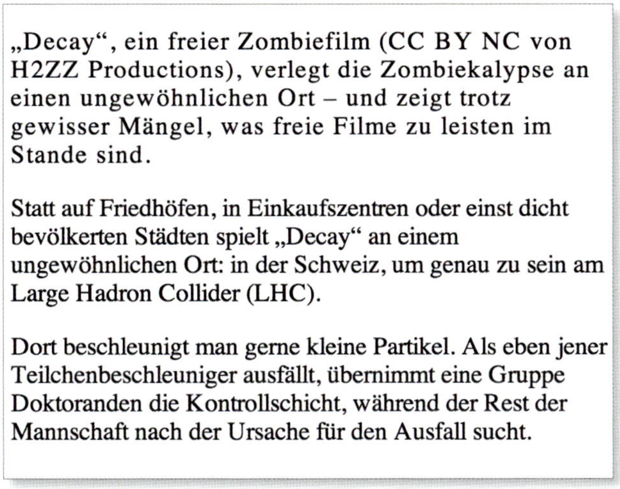

„Decay", ein freier Zombiefilm (CC BY NC von H2ZZ Productions), verlegt die Zombiekalypse an einen ungewöhnlichen Ort – und zeigt trotz gewisser Mängel, was freie Filme zu leisten im Stande sind.

Statt auf Friedhöfen, in Einkaufszentren oder einst dicht bevölkerten Städten spielt „Decay" an einem ungewöhnlichen Ort: in der Schweiz, um genau zu sein am Large Hadron Collider (LHC).

Dort beschleunigt man gerne kleine Partikel. Als eben jener Teilchenbeschleuniger ausfällt, übernimmt eine Gruppe Doktoranden die Kontrollschicht, während der Rest der Mannschaft nach der Ursache für den Ausfall sucht.

◀ **Abbildung 5.52**
Laufweite in CSS bleibt ein schwieriges Thema. Absatz 1 hat 1 px, Absatz 2 den Standardwert von `letter-spacing`. Zwischenstufen wie in Absatz 3 (0,5 px) werden ignoriert.

```
p { letter-spacing: 1px; }
```

▲ **Listing 5.14**
`letter-spacing` in Aktion

1 px Abstand ist natürlich viel zu viel für die meisten Kontexte – und 1 px wäre hier schon der Minimalwert, den `letter-spacing` überhaupt darstellen kann. Durch Neuerungen beim Schrifthandling könnte man auf neueren Windows-Versionen die Laufweite zwar theoretisch unter 1 px bestimmen, allerdings spielen hier die Browser-Hersteller noch nicht mit.

Richtig aufwändig wird es beim sogenannten **Kerning**, das im Deutschen bisweilen als »Zurichtung« bezeichnet wird. Hierbei werden sogar die Abstände zwischen einzelnen Buchstaben angepasst. Ein Beispiel: Trifft ein Versal-a auf ein Versal-v, ist Kerning notwendig, denn sonst wird der Abstand visuell arg groß.

◀ **Abbildung 5.53**
»Ave Maria« ohne und mit manuellem Kerning

So etwas ist natürlich ein sehr hoher Aufwand und wird in der Praxis vorrangig für Logos und große Überschriften gemacht.

Zeilenlänge

Zum Nachlesen

Ihr Wissen über verschiedene Layouttypen können Sie bei Bedarf in Kapitel 4 ab Seite 135 auffrischen.

Nur wenige Parameter haben auf die Leserlichkeit eine so starke Auswirkung wie die Zeilenlänge. Bei zu kurzen Zeilenlängen, wie man sie häufig in Boulevard-Zeitungen findet, springt unser Auge ständig hin und her – es kommt keine Leseruhe auf. Zu lange Zeilenlängen hingegen kommen uns ellenlang vor, das Auge starrt angestrengt auf sie und kann ihnen auf Dauer nicht gut folgen.

Bei fluiden oder elastischen Layouts können Sie per CSS eine Maximal- und eine Minimalbreite festlegen und somit zu lange und zu kurze Zeilen verhindern.

```
p {
    min-width: 20em;
    max-width: 45em;
}
```

▲ **Listing 5.15**
Minimal- und Maximalbreite in CSS

Eine optimale Zeile fasst zwischen 50 und 80 Zeichen. Print-Magazine sind eher dazu übergegangen, 40–50 Anschläge pro Zeile zu verwenden und den Text in mehreren Spalten zu setzen. Das erhöht die Flexibilität bei der Seitengestaltung, weil man so Bilder und Anzeigen abwechslungsreicher anordnen kann – bisweilen sogar zwischen den Spalten oder mit Überlappungen auf benachbarte Spalten. Für die Leserlichkeit ist der Wert von 40–50 Anschlägen noch in Ordnung, das Lesen wird jedoch schon deutlich hektischer – wahrscheinlich gewollt, schließlich soll sich der Leser nicht zu tief in die Lektüre begeben, sondern auch Layout und Werbung noch wahrnehmen.

Auf Websites wird Text eher selten in Spalten gesetzt. Das lag lange daran, dass HTML und CSS keine einfache und zufriedenstellende Möglichkeit dazu boten. CSS3 erlaubt nun jedoch die Spezifikation von Spalten.

Allerdings sind Spalten im Webdesign ein anspruchsvolles Thema, da Sie im Gegensatz zum Print keine klar definierte Seite haben, sondern von verschiedenen flexiblen Faktoren abhängig sind. Wenn Sie sich jedoch mit dieser fortgeschrittenen Technik beschäftigen möchten, empfehle ich zum Einstieg den Artikel von Markus Schlegel für das Dr.-Web-Magazin unter *www.drweb.de/magazin/css-spaltenlayouts-die-zukunftigen-moglichkeiten*.

Die Bilder der Homepage sind auf volle Browserbreite ausgelegt, das verleiht ihnen bestmögliche Geltung. Ringier kann sich diese Grosszügigkeit erlauben, da das Medienhaus im Laufe der Jahrzehnte ein eindrückliches Bildarchiv angesammelt hat.

◄ **Abbildung 5.54**
Die Website der Information Architects (*http://information-architects.net*) ist hervorragend auf Leserlichkeit hin optimiert.

Wie stark die Leserlichkeit unter zu schmalen Spalten leiden kann, können Sie gut an der Website des Beratungsunternehmens Corporate Risk Watch erfahren. Eigentlich ist die Website sehr schön gestaltet, und die Anordnung der Navigation in schmale Spalten ist ein schickes Design-Element. Schwierig wird es aber auf den Unterseiten, wo man sich entschieden hat, die Spaltenanordnung nicht anzupassen – das Ergebnis ist, dass oft nur noch ein Wort pro Zeile dargestellt werden kann und die verschiedenen Textbausteine verwirrend ineinander verschachtelt werden.

◄ **Abbildung 5.55**
Schmale Spalten stören den Lesefluss (*www.corporate-riskwatch.com/eng/services.html*).

Textausrichtung

Wie in einer Textverarbeitung können Sie auch auf Websites den Text prinzipiell auf vier verschiedene Weisen anordnen:

- ▶ zentriert
- ▶ rechtsbündig
- ▶ linksbündig
- ▶ als Blocksatz

In CSS wird Textausrichtung mit der Eigenschaft `text-align` umgesetzt, für die die Werte `center`, `right`, `left` und `justify` zur Verfügung stehen.

```
p { text-align: left; }
```

▲ **Listing 5.16**
Linksbündige Ausrichtung per CSS

Zentriert | Zentrierter Text eignet sich vor allem für Überschriften und einige Teaser mit wenigen Zeilen – alles andere ist selten professionell.

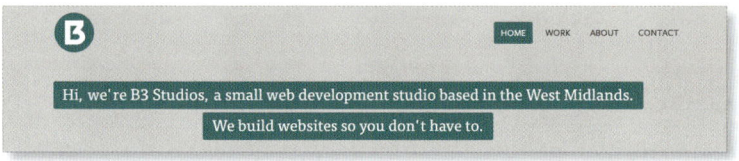

▲ **Abbildung 5.56**
Die B3 Studios (*www.b3studios.co.uk*) erzielen durch die mittige Ausrichtung hohe Aufmerksamkeit für die Vorstellung des Unternehmens.

Zentrierter Text wirkt vornehm und würdevoll. In westlichen Kulturen sind wir das seit Jahrhunderten gewohnt: Monumentale römische Bauwerke sind symmetrisch mit mittig gesetzten Inschriften, absolutistische Herrscher unterstrichen ihren Machtanspruch mit ausladenden symmetrischen Palästen, und würdevolle Dokumente wie Urkunden, Grabsteine und Visitenkarten sind häufig mittig gesetzt.

Diese Assoziationen können Sie in Ihrer Gestaltung bewusst einsetzen. Überschriften erhalten durch zentrierten Satz einen Schuss mehr Bedeutung. Setzen Sie jedoch alle Elemente mittig, wirkt das beliebig.

Faustregeln für die Textausrichtung

Merken Sie sich folgende Faustregeln bei der Ausrichtung von Texten:

- ▶ zentriert = nur für Überschriften und kurze Teaser
- ▶ rechtsbündig = selten und auffällig, schwierig bei westlichen Sprachen
- ▶ Blocksatz: durch unzureichende Silbentrennung für das Web derzeit ungeeignet
- ▶ linksbündig = elegant und lebendig, derzeit ohne Alternative im Web

Rechtsbündig | Rechtsbündig ausgerichteter Text ist sehr selten und könnte demnach zur Hervorhebung der eigenen Website aus der Masse verwendet werden.

Bedenken Sie jedoch, dass es gute Gründe für seine Seltenheit gibt: Westliche Sprachen werden von links nach rechts gelesen, und wenn ausgerechnet der linke Rand an unterschiedlichen Positionen beginnt, wirkt das schnell unruhig und wenig einladend. Rechtsbündiger Text sollte daher nur sparsam verwendet und auf wenige Wörter begrenzt werden.

Blocksatz | Und Blocksatz? Im Print funktioniert er recht gut und bewirkt eine große Ruhe im Layout. Blocksatz beruht hier auf zwei Grundvoraussetzungen: eine **ausreichend lange Zeile** und eine **gute Silbentrennung**. So wird vermieden, dass der Blocksatz gequetscht oder gestreckt wirkt.

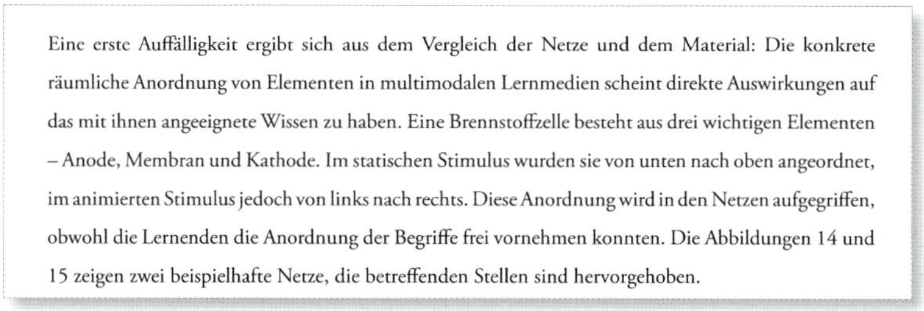

▲ **Abbildung 5.57**
Die Agentur Hundert Grad (*http://hundertgrad.de*) setzt die Navigation rechtsbündig.

> Eine erste Auffälligkeit ergibt sich aus dem Vergleich der Netze und dem Material: Die konkrete räumliche Anordnung von Elementen in multimodalen Lernmedien scheint direkte Auswirkungen auf das mit ihnen angeeignete Wissen zu haben. Eine Brennstoffzelle besteht aus drei wichtigen Elementen – Anode, Membran und Kathode. Im statischen Stimulus wurden sie von unten nach oben angeordnet, im animierten Stimulus jedoch von links nach rechts. Diese Anordnung wird in den Netzen aufgegriffen, obwohl die Lernenden die Anordnung der Begriffe frei vornehmen konnten. Die Abbildungen 14 und 15 zeigen zwei beispielhafte Netze, die betreffenden Stellen sind hervorgehoben.

◀ **Abbildung 5.58**
Harmonische Zeilenabschlüsse durch Blocksatz in einem Print-Dokument

Und genau da fangen im Webdesign die Probleme an, denn eine sinnvolle Silbentrennung ist im Web derzeit nicht möglich – automatische Silbentrennung ist in den Browsern noch alles andere als ausgereift, und Zeilen manuell zu trennen ist 1. viel Arbeit und widerspricht 2. der Grundidee von Responsive Webdesign, das sich ja gerade durch flexible Zeilenlängen auszeichnet. Ich kann Ihnen daher nur davon abraten, Blocksatz im Web einzusetzen.

Linksbündig | Bleibt noch der linksbündige Satz. Linksbündig ist Standard auf nahezu allen Websites und das aus gutem Grund. Am linken Rand, der für westliche Sprachen entscheidend ist, herrscht beruhigende Ordnung, sodass das Auge direkt finden kann, wo es mit dem Lesen weitermachen soll. Am rechten Rand hingegen herrscht eine große Lebendigkeit – der Content ist King und nimmt sich den Raum, den er braucht.

Zeilenabstand

Guter Zeilenabstand ist abhängig von verschiedensten Faktoren bis hin zur jeweiligen Schrift und stellt ein wichtiges gestalterisches Mittel dar.

Eine erste Faustregel: Ein guter Zeilenabstand misst mindestens die doppelte Höhe der Versalien. Bildlich gesprochen nehmen Sie sich ein großes E, setzen ein weiteres E darauf und haben so einen Zeilenabstand, den Sie nur aus gutem Grund unterschreiten sollten.

>> *Der Zeilenabstand bei Fließtexten beträgt mindestens die doppelte Höhe der Versalie. Je geringer die x-Höhe, desto weniger Zeilenhöhe ist notwendig.*

Decay, ein freier Zombiefilm (CC BY NC von H2ZZ Productions), verlegt die Zombiekalypse an einen ungewöhnlichen Ort – und zeigt trotz gewisser Mängel, was freie Filme zu leisten im Stande sind.

Noch eine Faustregel: Achten Sie genau auf die x-Höhe Ihrer gewählten Schrift. Schriftarten mit kleiner x-Höhe benötigen weniger Zeilenabstand als andere. Der Grund dafür ist, dass sich der visuelle Abstand schon alleine durch die x-Höhe vergrößert, während die Ober- und Unterlängen eher als ausladende Elemente betrachtet werden, bei denen die Nähe zur nächsten Zeile nicht so tragisch ist.

Faustregel Nr. 3: Je höher der Schriftgrad, desto weniger Zeilenabstand ist erlaubt. Das liegt daran, dass man beim Lesen größerer Schrift weniger Gefahr läuft, in der Zeile zu verrutschen, als es bei kleiner Typografie der Fall ist. Besonders Überschriften profitieren häufig von geringen Zeilenhöhen – bisweilen dürfen sie sogar kollidieren, um der Gestaltung Dissonanzen zu geben. Tiffani Jones Brown (siehe Abbildung 5.60) lässt das »g« und das »?« ineinanderfließen – eine neue Form entsteht, die die Aufmerksamkeit auf die zentrale Aussage leitet.

In CSS definieren Sie den Zeilenabstand über die Eigenschaft `line-height`. Erlaubt sind alle Formate, die Sie auch für die Angabe der Schrifthöhe verwenden können.

```
p { line-height: 1.4em; }
```

▲ **Listing 5.17**
Zeilenhöhe bzw. Zeilenabstand in CSS

Mikro-Weißraum

Den Makro-Weißraum haben Sie bereits kennengelernt – nun wird es Zeit, sich einmal mit dem Mikro-Weißraum zu beschäftigen. Er entsteht, wenn Sie die CSS-Anweisungen für Abstände (`margin` und `padding`) auf Textelemente anwenden – so können Sie beispielsweise einen Freiraum vor einer Überschrift erreichen:

```
h1 { margin-top: 0.8em; }
```

◀ **Listing 5.18**
`margin` vor einer Überschrift

Mikro-Weißraum hat sehr viel mit dem logischen Aufbau einer Website zu tun und steuert maßgeblich das Verständnis. Ein Beispiel: Nach dem Gesetz der Nähe, das Sie bereits kennen, werden Elemente als zusammengehörig wahrgenommen, wenn sie nahe beieinander stehen. Für die Typografie bedeutet dies, dass der Zeilenabstand bei mehrzeiligen Überschriften geringer sein sollte als ihr Abstand nach unten – nur so stellen Sie sicher, dass die Zeilen der Überschrift als Einheit erscheinen.

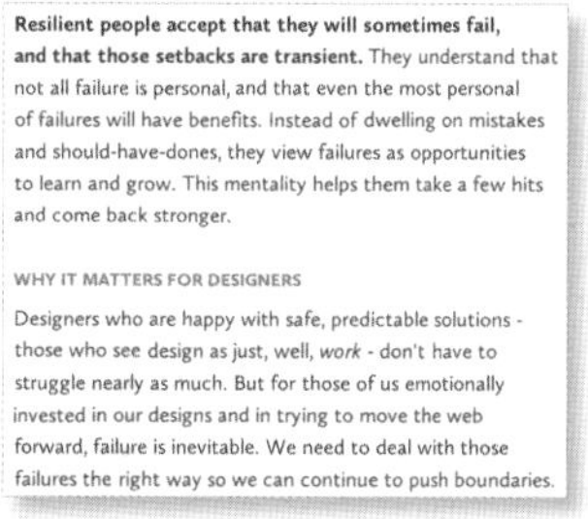

▲ **Abbildung 5.61**
Mikro-Weißraum auf *http://viget.com/inspire* – der Abstand der Überschrift zum Absatz davor wird vergrößert, um die Zugehörigkeiten klarzumachen.

5.8   Detailtypografie

Auf ans Eingemachte: die Detailtypografie. Wie der Name schon sagt, schauen wir als Designer ganz genau hin, was unsere Redakteure so anstellen. Ein wichtiger Aspekt dabei ist die korrekte Verwendung von Sonderzeichen – und die ist nicht so trivial, wie es sich anhört.

Sonderzeichen in HTML

Da wären zunächst einmal rein technische Faktoren. Sonderzeichen wie ä, ö, ü, ß und viele weitere können Sie auf vier verschiedene Arten in HTML verwenden:

- ▶ ohne Kodifizierung in UTF-8-Dokumenten
- ▶ maskiert als HTML-Entity
- ▶ maskiert als Unicode
- ▶ maskiert als hexadezimaler Unicode

Eine einfache und mittlerweile sehr häufige Variante ist es, das eigene HTML-Dokument als **UTF-8** auszuweisen. Auf diese Weise können Sie auf alle weiteren Maßnahmen verzichten – der große Vorteil von UTF-8 ist eben, dass es die Sonderzeichen bereits standardmäßig enthält und einfach darstellen kann.

Wie Sie UTF-8 verwenden, haben Sie bereits »im Vorbeigehen« gelernt: durch die Angabe der richtigen Zeichenkodierung im head-Bereich des HTML-Dokuments.

```
<meta charset="utf-8">
```

▲ **Listing 5.19**
Angabe von UTF-8 als Kodierung eines HTML-Dokuments

Nicht immer funktioniert das – einige ältere Server verstehen UTF-8 nicht, und wenn Sie mit Datenbanken arbeiten sollten, spielt auch deren Kodierung eine Rolle. Das Ergebnis: Statt des Sonderzeichens sehen Sie im Browser hübsche Fragezeichen.

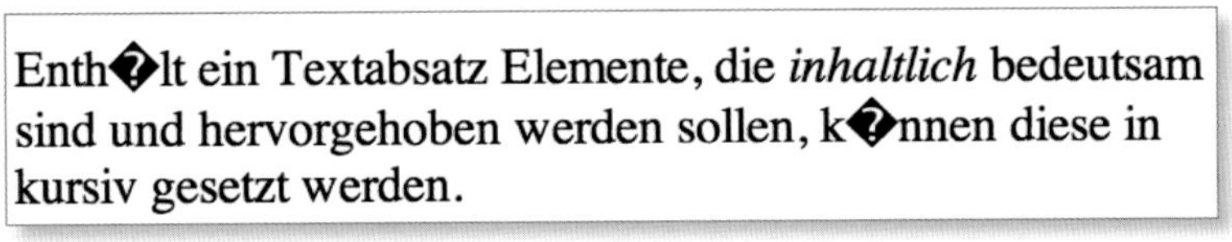

Abbildung 5.62 ▶
Stimmt die Zeichenkodierung nicht, können Sonderzeichen nicht dargestellt werden.

Enth�lt ein Textabsatz Elemente, die *inhaltlich* bedeutsam sind und hervorgehoben werden sollen, k�nnen diese in kursiv gesetzt werden.

Sonderzeichen maskieren | Die Lösung: Sie maskieren alle Sonderzeichen. Damit ist eine spezielle Schreibweise gemeint, die dem Browser mitteilt, welches Zeichen er verwenden soll. Für uns Menschen ist das meiste unverständlich – da hilft leider nur lernen (für einige wenige, häufig verwendete Elemente) oder nachschlagen (für die meisten).

Maskierte Sonderzeichen beginnen und enden immer gleich. Am Anfang steht das kaufmännische Und-Zeichen &, am Ende ein Semikolon ;. Dazwischen schreiben Sie je nach gewünschtem Sonderzeichen und der verwendeten Methode weitere Zeichen: <, <, <.

Am ehesten menschenlesbar sind noch die **HTML-Entities**. Sie basieren auf Abkürzungen von englischen Begriffen. `&lt;` (lower than = kleiner als) erzeugt <, `&auml;` (a umlaut = Umlaut auf a) erzeugt ä, `&ouml;` (o umlaut = Umlaut auf o) erzeugt ö.

Unicode-Kodierung schreiben Sie stets mit einer Raute nach dem &. Es folgt ein Zahlencode – jedes Zeichen hat für den Browser eine Nummer. `&#60;` erzeugt ß.

Die letzte Möglichkeit: Wenn Sie möchten, könnten Sie Unicode auch noch **hexadezimal** schreiben. In diesem Fall folgt auf das & zunächst ein `#x`, bevor sich der Zahlencode im Hexadezimalsystem anschließt. Um ein ß zu erzeugen, verwenden Sie einfach die logische und simpel zu merkende Abkürzung: `&#x003C;`.

In der Praxis benutzt man meistens die HTML-Entities, weil sie am einfachsten zu merken sind. Es ist aber auch gar nicht schlimm, wenn Sie nicht alles auswendig können – schlagen Sie die Zeichen bei Bedarf einfach nach und kopieren Sie sie in den Quelltext. Übrigens können Sie die drei Maskierungsarten auch ohne Probleme mischen.

> **Übersicht der Zeichenkodierungen**
>
> Das ehrenvolle SelfHTML hat noch immer eine gute Tabelle von Zeichenkodierungen unter *de.selfhtml.org/html/referenz/zeichen.htm*.

Sonderzeichen auf der Tastatur

Kennen Sie eigentlich Ihre Tastatur? Überraschend viele Menschen tun dies nicht. Keine Probleme machen uns die Zeichen, die man mit Druck einer Taste erreicht, und auch die Kombination ⇧ + Taste ist den meisten noch bekannt. Tatsächlich können Sie jedoch fast alle Zeichen, die Sie im täglichen Leben so benötigen, mit einer Tastatur erzeugen, ganz ohne Sonderzeichen-Tabelle oder Kodierung.

Mac-Anwender | Klar im Vorteil sind Sie an dieser Stelle als Mac-Anwender, denn der kalifornische Hersteller hat auf typografische Feinheiten Wert gelegt und seinen Tastaturen eine einfache Möglichkeit gegeben, auch exotischere Zeichen zu erzeugen. Probieren Sie einfach einmal nacheinander alle Tasten in Kombination mit der ⎇Alt-Taste durch, danach noch einmal in Verbindung mit ⎇Alt + ⇧. Sie werden erstaunt sein, wie viele Zeichen sich so erzeugen lassen.

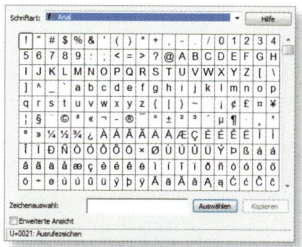

▲ **Abbildung 5.63**
Hilfe bei der Eingabe von Sonderzeichen unter Windows: die Zeichentabelle

FUSSMATTEN

FUßMATTEN

Fußmatten

▲ **Abbildung 5.64**
Das große ß ist noch lange nicht in allen Schriften verfügbar.

Sonderzeichen auf Laptops

Viele Laptop-Tastaturen haben keinen eigenen Ziffernblock. Häufig können Sie jedoch mit der Taste (fn) die entsprechenden Funktionen verwenden. Dies prüfen Sie am besten einmal im Handbuch Ihres Geräts – im Zweifel hilft Ihnen die Zeichentabelle von Windows weiter.

Kein ß in der Schweiz

In der Schweiz schert man sich übrigens bereits seit Langem nicht mehr um das ß, dort wird stattdessen stets ss verwendet.

Windows-Anwender | Etwas schwieriger gestaltet sich das unter Windows. Windows versteckt Sonderzeichen hinter Zahlencodes, die Sie unter Verwendung der (Alt)-Taste auf dem Ziffernblock eingeben müssen. Testen Sie das ruhig einmal, wenn Sie eine Windows-Tastatur mit Ziffernblock zur Hand haben. Tippen Sie die (Alt)-Taste, halten Sie sie gedrückt, geben Sie dann auf dem Ziffernblock nacheinander (0) (1) (7) (1) ein und lassen Sie die (Alt)-Taste los. Das Ergebnis dürfte ein französisches Guillemet sein: «. Auf dem Mac geht das über (Alt) + (Q).

Sonderzeichen in deutscher Sprache

Die deutsche Sprache hat eine Reihe von Zeichen, die man in anderen Sprachen nicht kennt: Umlaute und das »Scharfe S« ß – in einigen Regionen besser unter seinem Pseudonym Eszett bekannt.

Die Umlaute machen kaum Probleme, wenn man die unten genannten Zeichenkodierungen oder eben UTF-8 verwendet. Das ß ist insofern ein Sonderfall, als erst vor Kurzem auf Initiative mehrerer Typografen ein **großes ß** hinzugekommen ist – zuvor verwendete man im Versalsatz stets SS.

Das große ß ist seitdem bereits in einigen Schriften enthalten, es gibt eine Unicode-Nummer dafür, doch im offiziellen Duden ist es noch nicht angekommen. Derzeit bedeutet es jedoch noch viel Handarbeit: Nachdem man zunächst einmal eine Schrift gefunden hat, die überhaupt ein großes ß anbietet, ist man noch auf die Willkür der Browser angewiesen. Und da die durchweg aus amerikanischen Unternehmen kommen, scheren sie sich herzlich wenig um das große ß.

Sie müssten also schon hingehen und Ihre Versalien manuell damit anreichern, anstatt auf die schöne CSS-Eigenschaft `text-transform` zurückzugreifen. Oder aber Sie halten sich an den Duden-Rat, verwenden SS und leben mit der Unsicherheit, ob MASSE nun für Maße oder für Masse steht.

Typografische Anführungszeichen

Wenn Sie mir ein wenig Provokation erlauben: Anführungszeichen sind eines der besten Mittel zu erkennen, ob sich ein Gestalter oder Redakteur mit einem Text Mühe gegeben hat oder nicht. Der

Grund: Das häufige Zollzeichen " (auf der Tastatur ⇧ + 2) als Anführungszeichen ist falsch. Immer.

Natürlich könnte man es sich nun einfach machen und die Schuld galant auf die Tastatur-Hersteller abschieben – man könne nun einmal keine richtigen Anführungszeichen eingeben. Aber erstens ist das falsch und zweitens wollen Sie wohl kaum gute Typografie von einem Stück Plastik auf Ihrem Schreibtisch abhängig machen, oder?

Standard im Deutschen: die »klassischen Anführungszeichen« – erst unten in Form einer 99, dann oben in Form einer 66. Alternativ dürfen Sie die Guillemets » und « verwenden, also die französische Version der Anführungszeichen. Anders als in Frankreich verwenden wir sie jedoch umgekehrt:

Er sagt: »Ich bin krank.« (Deutsch)

Il dit: «Je suis malad.» (Französisch)

Anführungszeichen dürfen übrigens nicht verschachtelt werden. Sollten Sie also in die Situation kommen, innerhalb von Anführungszeichen weitere Anführungszeichen verwenden zu wollen, greifen Sie auf die jeweilige einfache Variante zurück.

Er sagte: „Sie sagte: ‚Ich komme gerne.'"

Sie sagte: »Er sagte: ›Ich freue mich.‹«

Häufiger Irrtum

Das Zollzeichen " ist kein Anführungszeichen. Es sollte nur für Größenangaben in Zoll verwendet werden.

▲ **Abbildung 5.65**
99-66 – so sehen richtige Anführungszeichen im Deutschen aus.

Name	Zeichen	Eingabe Mac	Eingabe Windows	Maskierung (HTML)
Anführungszeichen unten	„	Alt + ^	Alt + 0 1 3 2	&bdquo;
Anführungszeichen oben	"	Alt + 2	Alt + 0 1 4 7	&ldquo;
Guillemet öffnend	»	Alt + ⇧ + Q	Alt + 0 1 8 7	&raquo;
Guillemet schließend	«	Alt + Q	Alt + 0 1 7 1	&laquo;
Einfaches Anführungszeichen unten	‚	Alt + S	Alt + 0 1 3 0	&sbquo;
Einfaches Anführungszeichen oben	'	Alt + #	Alt + 0 1 4 5	&lsquo;
Einfaches Guillemet öffnend	›	Alt + ⇧ + N	Alt + 0 1 5 5	&lsaquo;
Einfaches Guillemet schließend	‹	Alt + ⇧ + B	Alt + 0 1 3 9	&rsaquo;

▲ **Tabelle 5.4**
Wichtige Anführungszeichen (Unter Windows müssen Sie die Ziffern auf dem Tastaturblock eingeben.)

Gedankenstrich, Apostroph und Ellipse

Noch mehr Dashes

Im Englischen gibt es einen noch längeren Strich, den sogenannten m-dash – er ist in etwa so lang wie ein m. Im Deutschen wird er nicht verwendet.

Ein Beispiel für typografische Sorgfalt: der Gedankenstrich. Der ist *nicht* identisch mit dem kurzen Trennstrich -, der sich auf der Tastatur befindet. Der Gedankenstrich – ist ungefähr so lang wie der Buchstabe n und heißt deswegen auch n-dash (n-Strich).

Gedankenstriche stehen in folgenden Fällen:

▶ bei logischen Pausen und Einschüben umgeben von Leerzeichen – am besten ein geschütztes Leerzeichen, damit der Gedankenstrich nicht umbricht,

▶ als »bis« ohne Leerzeichen: 7–8 Uhr,

▶ bei Auslassungen: 399,– Euro,

▶ als Kennzeichnung einer Strecke: Mainz–Berlin.

Trennstriche werden eingesetzt bei Worttrennungen und zusammengesetzten Wörtern (»Rheinland-Pfalz«).

Apostroph | Der Apostroph wird deutlich zu inflationär behandelt – er kommt im Deutschen eigentlich wesentlich seltener vor, als man ihn sieht. In typografischer Hinsicht wird nicht selten ein falsches Zeichen verwendet, um einen Apostroph darzustellen. Ein richtiger Apostroph sieht aus wie ein hochgestelltes Komma '. Falsch sind alle anderen Varianten – ob als vereinsamtes Akzentzeichen ´ bzw. ` oder als einfacher Minutenstrich '. Und bitte verwechseln Sie den Apostroph ' nicht mit dem gerade eben gelernten einfachen Anführungszeichen '.

Ellipse | Auslassungen werden im Deutschen mit einer Ellipse … dargestellt. Das sind jedoch nicht einfach drei Punkte hintereinander – vergleichen Sie selbst: ... und … ! Wie Sie sehen, nimmt die Ellipse etwas mehr Raum ein und sieht damit wesentlich ruhiger aus als die drei Punkte.

Tabelle 5.5 ▼
Gedankenstrich, Trennstrich, Apostroph und Ellipse eingeben

Name	Zeichen	Eingabe Mac	Eingabe Windows	Maskierung
Gedankenstrich	–	`Alt` + `-`	`Alt` + `0` `1` `5` `0`	`&ndash;`
Trennstrich	-	`-`	`-`	-
Apostroph	'	`Alt` + `⇧` + `#`	`Alt` + `0` `1` `4` `6`	`&rsquo;`
Ellipse	…	`Alt` + `.`	`Alt` + `0` `1` `3` `3`	`&hellip;`

Silbentrennung und geschützte Leerzeichen

Silbentrennung im Browser ist so eine Sache. Aus der Accessibility wissen Sie, dass sich Nutzer den Text beliebig vergrößern können – Sie können daher Trennstriche nicht einfach ins HTML hineinschreiben, denn Sie wissen niemals, ob eine Vergrößerung des Textes nicht andere Trennungen erfordern würde. Im folgenden Beispiel sehen Sie, was passiert, wenn Sie einfach einen Trennstrich fest in den Text tippen würden – schon eine Vergrößerung um einen geringen Wert verändert den Zeilenumbruch.

Françoiz Breut (19. Februar, Rockhal) hingegen kann als Klassikerin ihres Genres gelten – ähnlich melancholisch, stilistisch aber eher im Pop. Seit Oktober vergangenen Jahres ist ihr fünftes Album *„La Chirurgie des Sentiments"*

Françoiz Breut (19. Februar, Rockhal) hingegen kann als Klassikerin ihres Genres gelten – ähnlich melancholisch, stilistisch aber eher im Pop. Seit Ok-tober vergangenen Jahres ist ihr fünftes Album *„La Chirurgie des*

◄ **Abbildung 5.66**
Schlechte Silbentrennung bei »Ok-tober«

Silbentrennung müsste eigentlich den Browsern überlassen werden – bisher jedoch hat ausschließlich Safari eine automatische Silbentrennung für Deutsch an Bord.

Eine Möglichkeit, dem Browser wenigstens Empfehlungen mitzugeben, ist die HTML-Entity `&shy;` (für soft hyphen, weicher Umbruch). Dieses Zeichen bewirkt nichts anderes als einen Hinweis an die Browser, dass an dieser Stelle umbrochen werden darf. Damit können Sie also verhindern, dass aus einem bekannten Gartenzubehör die bisher unentdeckten Blumento-Pferde werden.

```
Blu&shy;men&shy;topf&shy;erde
```

▲ **Listing 5.20**
Festlegung von Umbrüchen

Will man einen Umbruch an einer Stelle explizit verhindern, bietet sich das geschützte Leerzeichen ` ` an. Auf diese Weise können nen hässliche Umbrüche vermieden werden.

```
25 Grad im Schatten
```

▲ **Listing 5.21**
Geschütztes Leerzeichen in HTML

Meist zu aufwendig

Wenn Sie das jedoch für einen gesamten Text festlegen möchten, ist das einiges an Arbeit. In der Praxis verzichten Webdesigner daher eher auf die Silbentrennung, bis die Browserhersteller nachgezogen und eine brauchbare deutsche Silbentrennung implementiert haben.

5.9 Beispielprojekt – Typografie

Nachdem Sie nun einiges über gute Typografie im Web gelernt haben, wird es Zeit, die Typografie der Netzschreibstube unter die Lupe zu nehmen.

Typekit einrichten

Für die Netzschreibstube werde ich Typekit nutzen. Das erlaubt mir, beliebig viele Schriften auf beliebig vielen Websites zu verwenden.

Schritt für Schritt
Typekit-Nutzung vorbereiten

Technisch ist es in Typekit notwendig, für jede Website ein eigenes Kit anzulegen. Diese Kits agieren als Sammlungen, in denen Sie festlegen können, welche Schrift auf einer Website zum Einsatz kommen soll – so vermeiden Sie unnötig lange Wartezeiten, indem Sie wirklich nur die Schriften laden, die auch tatsächlich verwendet werden. Wenn Sie ebenfalls einen Typekit-Account besitzen, können Sie die folgenden Schritte direkt nachvollziehen – ansonsten ist das Vorgehen für andere Services vergleichbar.

1 Neue Schriftsammlung anlegen
In dem Auswahlmenü ❶ rechts neben dem Account-Namen können Sie mit einem Klick auf ADD NEW KIT eine neue Schriftsammlung anlegen. Dort muss neben dem Namen ❷ die Domain ❸ angegeben werden, damit Typekit die Schriften richtig in die Website hineinladen kann. Sollten Sie vorerst lokal auf Ihrem Rechner entwickeln, ergänzen Sie noch den Eintrag »localhost«, damit auch auf Ihrem Rechner die Schriften richtig zu sehen sind. CONTINUE führt zum nächsten Schritt.

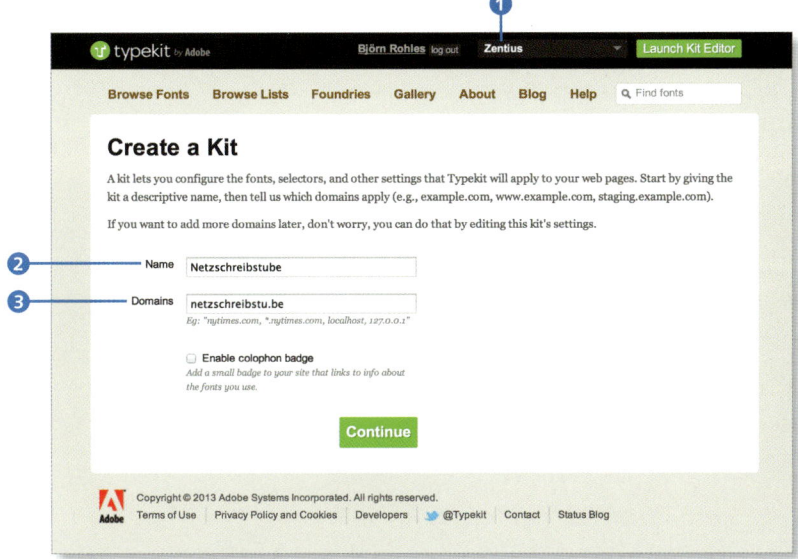

◄ **Abbildung 5.67**
Neues Kit in Typekit anlegen

2 JavaScript-Code kopieren

Typekit setzt auf die Technologie JavaScript, um die Schriften auf die Website zu laden. Für jedes Kit wird automatisch ein JavaScript-Code erzeugt, den Sie einfach in Ihre Website einfügen können. Markieren Sie diesen Code in dem Textfeld ❹, legen Sie ihn mittels ⌈Strg⌉/⌈Cmd⌉ + ⌈C⌉ in die Zwischenablage, und klicken Sie auf CONTINUE.

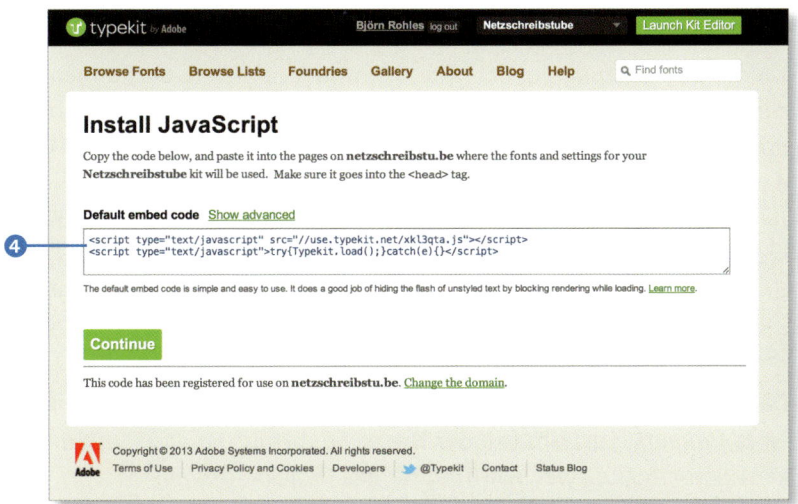

◄ **Abbildung 5.68**
Automatische Generierung des JavaScript-Codes für die jeweilige Website

3 Code einfügen

Fügen Sie das gerade kopierte Code-Schnipsel einfach irgendwo innerhalb des head ❺ Ihrer Website ein.

```
<!doctype html>
<html>
    <head>
        <meta charset="utf-8">
        <title>Willkommen bei der Netzschreibstube</title>
        <link rel="stylesheet" href="style.css">

        <!-- Typekit -->
        <script type="text/javascript" src="//use.typekit.net/xkl3qta.js"></script>
        <script type="text/javascript">try{Typekit.load();}catch(e){}</script>
    </head>
    <body>
        <div id="pagewrap">
            <header>
                <div>
                    <!-- Logo -->
                    <p>Hier wird später das Logo erscheinen.
                </div>
                <nav>
                    <ul>
                        <li><a href="lesen.html" title="Artikel und Glossen">Lesen</a></li>
                        <li><a href="schreiben.html" title="Tipps zum Schreiben">Schreiben</a></li>
```

Abbildung 5.69 ▲
Sobald der JavaScript-Code von Typekit in den head der Website eingefügt ist, ist die entsprechende Schriftsammlung für die Verwendung vorbereitet.

Damit haben Sie die Schriftsammlung zur Verwendung auf Ihrer Website vorbereitet. Beachten Sie dabei: Es werden ausschließlich die Websites unterstützt, die Sie vorher im Kit festgelegt haben – es wird also nicht funktionieren, wenn Sie den gezeigten Code-Schnipsel auf einer anderen Domain einsetzen.

Auch lokal mit der Einstellung »localhost« funktioniert Typekit nur innerhalb einer Serverumgebung. Das bedeutet für dieses Beispielprojekt: Wenn Sie die Dateien einfach von der DVD öffnen, kann die Einbettung der Schriften nicht funktionieren. Sie können allerdings einen lokalen Server installieren und die Dateien von dort ausführen – eine Software und einige Anleitungen dazu finden Sie unter *http://www.apachefriends.org/de/index.html*.

So ganz einsatzbereit ist unsere Schriftsammlung jedoch noch nicht, denn es fehlt noch der wichtigste Bestandteil: die Schriften.

Schriften aus Typekit für die Website vorbereiten

Die Wahl für eine Schrift folgt stets den konkreten Anforderungen eines Projekts – und im Fall der Netzschreibstube ist das »Lesbarkeit«. Ich möchte zwei Schriften für das Projekt auswählen:

▸ eine gut leserliche Schrift für den Fließtext
▸ eine markante Schrift für die Überschriften, die sich etwas von der Fließtext-Schrift abhebt und Akzente setzt

Schritt für Schritt
Schriften aussuchen und einbinden

Für den **Fließtext** habe ich mich für die **Gesta** entschieden. Diese wunderschöne humanistische Serifenlose wurde von dem portugiesischen Schriftdesigner Rui Abreu entworfen. Ihre große x-Höhe ist für ihre gute Leserlichkeit verantwortlich, und die kleinen Details geben ihr eine sehr freundliche Anmutung – achten Sie einmal auf die feinen Bögen beim W. Zudem ist sie flexibel, denn es gibt eine Vielzahl unterschiedlicher Stärken von sehr fein bis sehr dick.

1 Schrift hinzufügen

Mit der Schaltfläche + ADD TO KIT ❶ kann die Schrift in unsere gerade angelegte Schriftsammlung eingefügt werden.

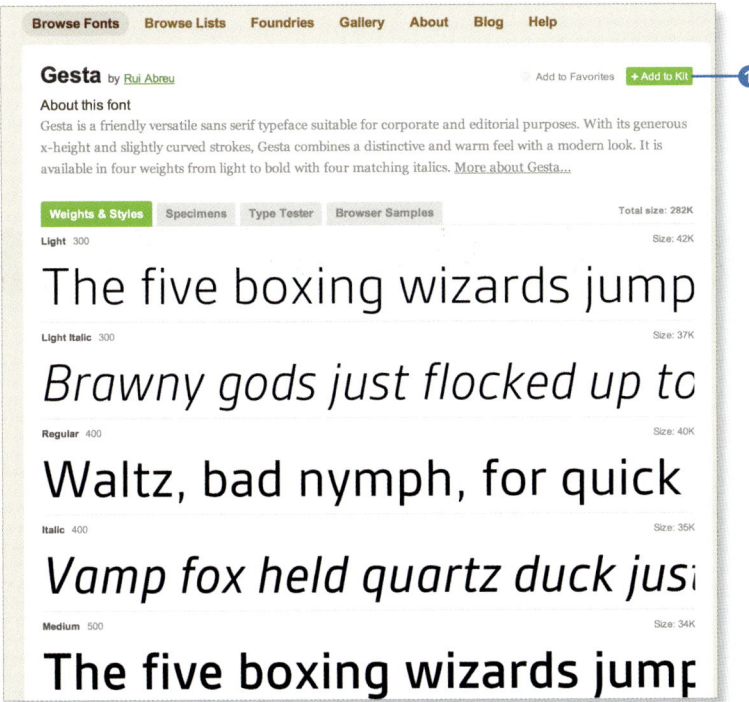

◄ **Abbildung 5.70**
Die Schrift Gesta soll für die Fließtexte der Netzschreibstube verwendet werden.

2 Schriftschnitte und Sprachsupport auswählen

Im KIT EDITOR genannten Bereich können Sie auswählen, welche Stärken der Schrift Sie konkret verwenden möchten. Bedenken Sie dabei: Je mehr, desto flexibler sind Sie später bei der Gestaltung –

allerdings erhöhen Sie auch die Ladezeit Ihrer Website, denn jede Schrift muss separat nachgeladen werden.

Wichtig außerdem: Wählen Sie unter *Language Support* unbedingt die Einstellung *All Characters* ❸, denn sonst werden Sonderzeichen wie etwa die deutschen Umlaute nicht unterstützt. Ein Klick auf PUBLISH ❹ sorgt dafür, dass Ihre Auswahl gespeichert wird.

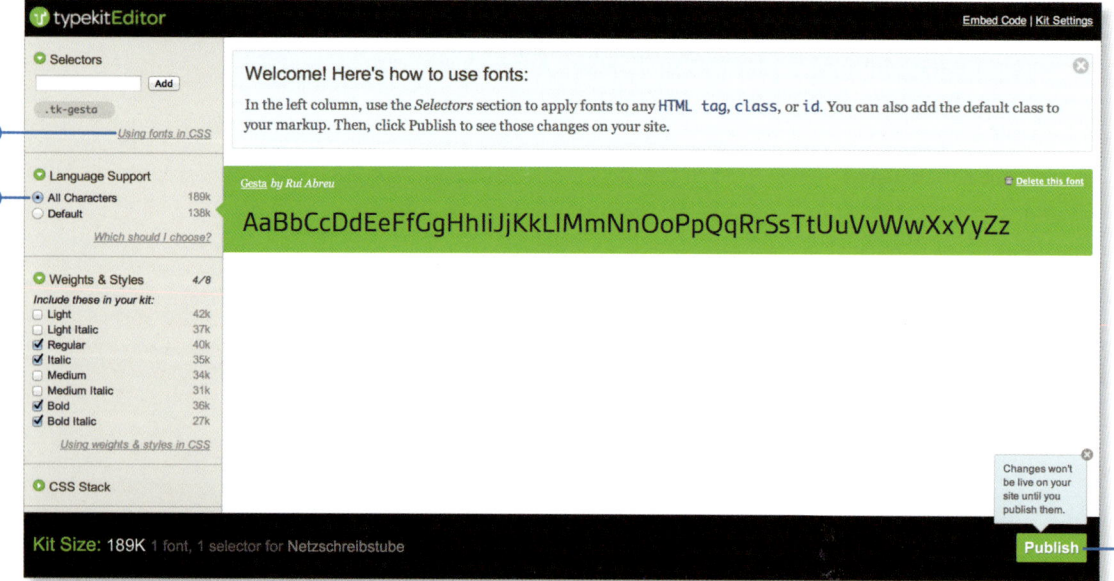

▲ **Abbildung 5.71**
Gesta in unserer Schriftsammlung

3 Schrift einsetzen

Wie setzen Sie die Schrift nun konkret auf Ihrer Website ein? Dazu gibt es zwei Möglichkeiten. Zum einen liefert Typekit Ihnen automatisch Klassen für jede Schrift – Sie finden sie in der linken Spalte ganz oben. Für die Gesta beispielsweise lautet diese Klasse `.tk-gesta` – alle Elemente, denen Sie diese Klasse mitgeben, werden in Gesta gesetzt. Die Alternative: Klicken Sie auf den kleinen Link USING FONTS IN CSS ❷, um ein weiteres Fenster zu öffnen, das Ihnen Auskunft darüber gibt, mit welchem Schriftnamen Sie die gewählte Schrift mittels `font-family` in CSS anwählen können.

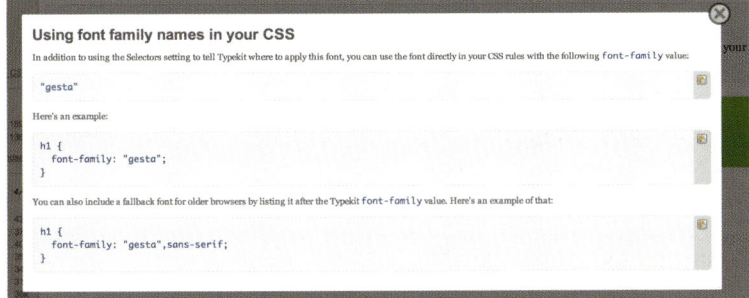

◀ **Abbildung 5.72**
Typekit-Schriften können
auch in CSS verwendet werden, ohne den Umweg über
eine eigene Klasse zu gehen.

4 Schrift für die Überschriften

Nun fehlt nur noch die Schrift für unsere **Überschriften und
Akzente** – es soll eine stilistisch passende, jedoch abgesetzte
Schrift sein, die idealerweise die Assoziationen unterstützt, die
ich in meiner Projektmatrix festgelegt habe.

Ich habe mich aus einer Auswahl mehrerer Kandidaten schließlich
für die **Inconsolata** entschieden. Die Monospace-Schrift wurde
von Raph Levien speziell für die Bedürfnisse von Programmierern
entwickelt und steht unter einer freien Lizenz – diese digitalen
Assoziationen passen gut zur Netzschreibstube. Die Inconsolata
ist sichtbar beeinflusst von der Avenir von Adrian Frutiger, einer
zugleich geometrischen und humanistischen Serifenlosen. Meiner
Ansicht nach passt sie durch diesen humanistischen Hauch und
ihre große x-Höhe hervorragend zur Gesta, setzt jedoch zugleich
als Programmierschrift einen digitalen Gegen-Akzent.

◀ **Abbildung 5.73**
Gegenpol und Ergänzung zur
Gesta bei der Netzschreib-
stube – die Inconsolata von
Raph Levien

Typografie in CSS

Zunächst werden die gewählten Schriften als Standard für die
Website definiert. Gesta möchte ich in ihrem Schriftschnitt »light«
(font-weight: 300;) verwenden, um ihr ein wenig mehr Eleganz
zu verleihen.

```
html {
    font-family: "gesta", Arial, sans-serif;
    font-weight: 300;
}
h1, h2, h3, h4, h5, h6 { font-family: "inconsolata",
Courier, monospace; }
```

▲ **Listing 5.22**
Schriften in CSS (ab Zeile 59)

Den Zwischenstand des Beispielprojekts finden Sie unter BEISPIELPROJEKT • KAPITEL_5.

Links sollen nur dann unterstrichen werden, wenn der Nutzer sie mit der Maus oder dem Fokus aktiviert hat (ab Zeile 75). Dem Fließtext und den Aufzählungen gebe ich mit line-height eine großzügige Zeilenhöhe von 1,6 em (Zeile 81) – ein wenig mehr als die Faustformel von einer Versalhöhe. Die Schriftgröße lasse ich beim Browser-Standard von 16 px – ich empfinde diese Schrift als sehr leserlich. Die schwarze Standard-Farbe scheint mir noch etwas hart – im folgenden Kapitel werde ich das anpassen, wenn es um Farben gehen wird. Schließlich ergänze ich noch einige Formatierungen für die Überschriften, den Footer und die Navigation.

Abbildung 5.74 ▼
So sieht die Netzschreibstube bis jetzt aus.

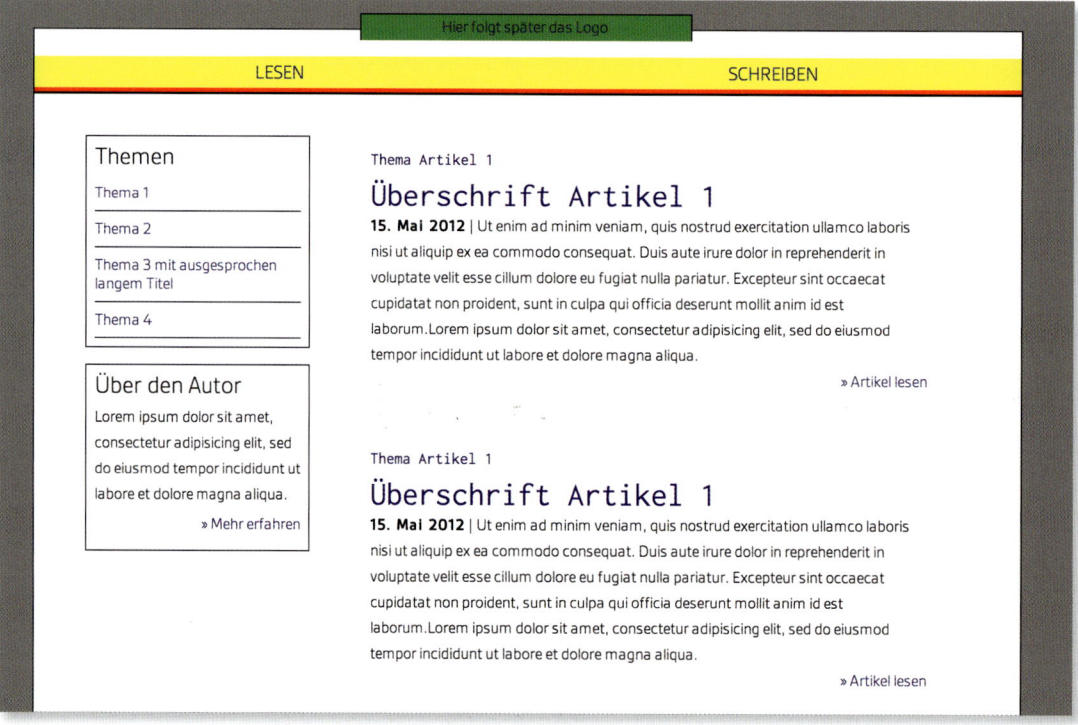

Farbe im Web

So finden Sie die richtigen Farben für Ihre Website

- ▶ Welche Aspekte von Farbe gibt es?
- ▶ Welche Assoziationen rufen Farben hervor?
- ▶ Wie definiere ich Farbe in CSS3?
- ▶ Welche Aspekte von Accessibility muss ich bei der Farbwahl beachten?
- ▶ Wie finde ich ein passendes Farbschema für mein Projekt?

6 Farbe im Web

Farbe ist eines der wichtigsten Gestaltungsmittel im Web. Es gibt unzählige Farben und Kombinationen, die Sie verwenden können – doch Sie sollten Ihre Wahl nicht dem Zufall überlassen. Ohne grundlegendes Wissen über Farben und ihre Bedeutungen laufen Sie Gefahr, unpassende Assoziationen zu wecken oder nur auf eine abgegriffene Farbgebung zu setzen.

6.1 Kleine Farblehre

Farben haben die Menschen schon immer sehr beschäftigt, und so verwundert es nicht, dass es eine Vielzahl von Begriffen und Klassifikationen gibt, um sie zu beschreiben. Zugleich haben sich Farben und die menschlichen Erfahrungen mit ihnen tief in unser kulturelles Verständnis eingebrannt.

Grundbegriffe: Farbton, Helligkeit, Sättigung

Eine erste wichtige Unterscheidung in der Farblehre sind die unbunten und bunten Farben. **Unbunte Farben** sind Weiß, Grau und Schwarz ohne jeglichen Farbton. **Bunte Farben** sind alle anderen Farben.

Farbton | Von **Farbtönen** spricht man bei **reinen Farben**. Sie haben eine gute Signalwirkung. Reine Farben verfügen über die größte Strahlkraft.

▲ **Abbildung 6.1**
Reine Farben

Sättigung | Reine Farben sind in unserer Umgebung selten. In der Natur kommen vorrangig **trübe Farben** vor. Sie entstehen, indem man Farben einen Grau-Anteil zumischt. Dadurch verändern Sie die Sättigung einer Farbe: Reine Farben ohne Grau-Anteil haben die maximal mögliche Sättigung. Je stärker eine Farbe entsättigt wird, umso mehr nähert sie sich reinem Grau an.

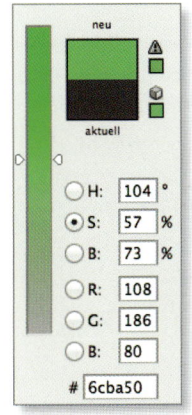

▲ **Abbildung 6.2**
Die Sättigung einer Farbe bestimmt, wie groß ihr Grau-Anteil ist –
Farben werden mit abnehmender Sättigung trüb.

▲ **Abbildung 6.3**
In Photoshop kann der Farbwähler auf »S« gestellt werden, um die aktuelle Farbe in verschiedenen Sättigungen auszuwählen.

Helligkeit | Farbtöne lassen sich in unterschiedlichen Schattierungen einsetzen. So ist es möglich, den Farbeindruck nach dunkel oder hell zu verändern. Diese Eigenschaft von Farbe wird als Helligkeit bezeichnet.

Einfach nachvollziehen lässt sich das Phänomen der Helligkeit an den unbunten Farben. Grau lässt sich durch zu- oder abnehmende Helligkeit beliebig weit in Richtung von Weiß oder Schwarz verändern. Graustufen sind daher ein hervorragendes Mittel, um die ästhetische Arbeit mit Helligkeiten zu lernen.

◄ **Abbildung 6.4**
Anhand von Grautönen lässt sich Helligkeit am besten nachvollziehen. Voll gesättigte Farben wie das Rot im Beispiel lassen sich durch Helligkeit kaum in ihrer Strahlkraft verstärken.

Helligkeit vs. Sättigung | Einsteiger verwechseln manchmal Helligkeit und Sättigung miteinander – sie sind aber völlig unterschiedlich. Sättigung verändert den Grau-Anteil, Helligkeit addiert Weiß oder Schwarz. Unmittelbar ins Auge springt der Unterschied bei voll gesättigten Farben wie in Abbildung 6.4 – Helligkeit bewirkt hier kaum noch eine Farbänderung, abnehmende Sättigung wie in Abbildung 6.2 ist hingegen sofort zu sehen.

Farbtemperatur

Farbtöne werden von Menschen unterschiedlich wahrgenommen. Blau und Violett gelten als sehr kalte Farben, Rot und Gelb als warme. Grün liegt im mittleren Bereich der Farbtemperatur, da Blau- und Gelbanteile sich aufwiegen.

Die Farbtemperatur hat unmittelbare Auswirkung auf die Interpretation einer Farbe – als Designer sollten Sie diese Auswirkungen kennen und sich zunutze machen. Schauen Sie sich dazu einmal die folgende Abbildung an. Was meinen Sie: Steht hier ein roter Schriftzug auf einem blauen Untergrund, oder liegt eine blaue Schablone auf einem roten Untergrund?

Abbildung 6.5 ▶
In diesem Beispiel scheint die rote Schrift über dem blauen Grund zu liegen.

Wie aber wirkt es, wenn die Farben umgekehrt werden?

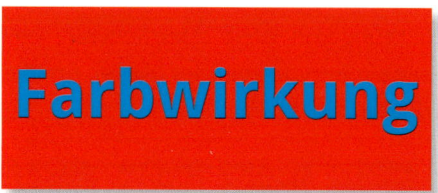

Abbildung 6.6 ▶
Dreht man die Farbgebung um, entsteht der Eindruck, die blaue Schrift sei in den roten Grund eingraviert und würde darunter liegen.

Die meisten Menschen haben den Eindruck, dass warme Farben räumlich näher seien als kalte. Diese Interpretation haben wir über Jahrhunderte gelernt: Farben »verblauen« mit zunehmender Entfernung, wenn sie von Luft überlagert werden. Dadurch werden Teile des weißen Lichts zerstreut und nur der blaue Anteil erreicht unsere Augen – der Himmel ist blau, weil wir in große Mengen Luft hineinschauen. Unsere Erfahrung sagt uns: je weniger blau, umso näher.

Die Farbtemperatur hat außerdem eine Auswirkung auf das gefühlte Gewicht. Das folgende Beispiel zeigt ein gelbes Quadrat und ein blaues Quadrat, doch der Eindruck des Gewichts ist völlig verschieden.

◀ **Abbildung 6.7**
Das blaue Quadrat auf Gelb scheint zu fallen, das gelbe Element auf Blau zu schweben.

Primär-, Sekundär- und Tertiärfarben

Ein sinnvolles Werkzeug bei der Arbeit mit Farben ist der sogenannte Farbkreis. Je nach der zugrunde liegenden Farbtheorie gibt
es sehr unterschiedliche Farbkreise. Für diese Einführung möchte
ich mich auf den folgenden Farbkreis konzentrieren.

Was sind die Grundfarben?

Grundfarben heißen so, weil man aus ihnen alle anderen Farben mischen kann – aber das heißt nicht, dass sie eindeutig wären. Verschiedene Technologien setzen auf andere Grundfarben. Wir werden uns an dieser Stelle auf die **Bildschirmfarben Rot, Grün und Blau** konzentrieren.

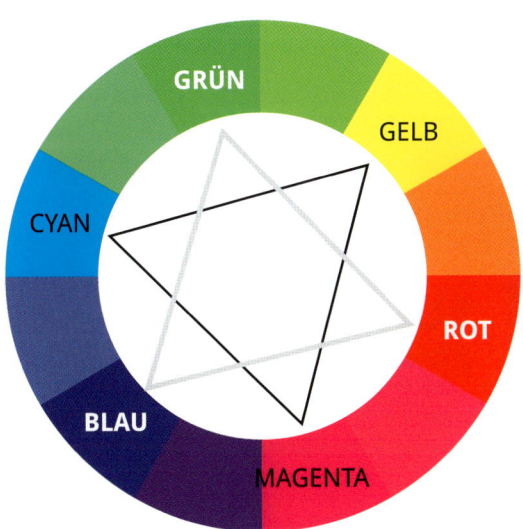

▲ **Abbildung 6.8**
Farbkreise bilden die Grundlage verschiedener Farbtheorien.

Ein Vorteil dieses Farbkreises ist, dass er die Zusammenhänge zwischen verschiedenen Farben anschaulich darstellt. Die Grundfarben für Ihre Arbeit als Webdesigner sind Rot, Grün und Blau – sie
liegen in einem Abstand von 60° zueinander und werden als Pri-
märfarben bezeichnet. Sekundärfarben sind alle Farben, die sich
aus zwei dieser Grundfarben mischen lassen.

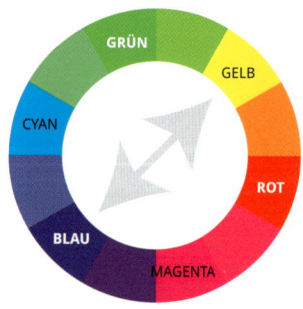

▲ **Abbildung 6.9**
Ein Farbkreis erlaubt es Ihnen, auf einen Blick komplementäre Farben zu finden.

Komplementärfarben | Ein weiterer Vorteil des Farbkreises ist es, dass Sie auf einen Blick Komplementärfarben erkennen können. Sie stehen sich im Farbkreis gegenüber. Komplementärfarben haben außerdem einen großen Einfluss auf die Wahrnehmung von Kontrasten – wir werden im nächsten Abschnitt noch darauf zu sprechen kommen.

Tertiärfarben | Neben Primär- und Sekundärfarben gibt es noch die sogenannten Tertiärfarben, die man erhält, wenn man alle drei Primärfarben in verschiedenen Verhältnissen mischt. Im CMYK-Farbmodus beispielsweise sind Brauntöne typische Tertiärfarben.

6.2 Farbkontraste

Wann immer Sie zwei oder mehr Farben nebeneinander setzen, erzeugen Sie Kontraste – mal stärker, mal schwächer. Farben werden immer in ihrem Umfeld wahrgenommen. Schauen Sie sich dazu einmal das Wort »Umfeld« in der folgenden Abbildung an. Obwohl es in beiden Fällen im gleichen Grünton gesetzt ist, wirkt es auf dunklem Grund dunkler als auf hellem.

Abbildung 6.10 ▶
Auswirkungen des Umfelds auf die Farbwahrnehmung

Komplementärkontrast

Besonders stark können Sie die Wirkung des Umfelds einer Farbe beim Komplementärkontrast wahrnehmen. Treffen zwei Komplementärfarben aufeinander, verstärken sie sich gegenseitig. Auf diese Weise wirken beide Farben intensiver.

Abbildung 6.11 ▶
Komplementärkontrast

Wie entsteht nun diese Verstärkung? Der Grund dafür ist in der Natur unserer Augen zu suchen. In Abbildung 6.13 sehen Sie eine Fläche in einem intensiven Rot. Fixieren Sie diese einmal für einen Zeitraum von min. 30 Sekunden, ohne Ihre Augen zu bewegen. Richten Sie danach Ihren Blick nach rechts auf die weiße Fläche. Beobachten Sie was passiert, und lesen Sie dann weiter.

▲ **Abbildung 6.12**
Der Elektronik-Händler Best Buy (*www.bestbuy.com*) verwendet Komplementärfarben, um Logo und Begrüßung zu betonen.

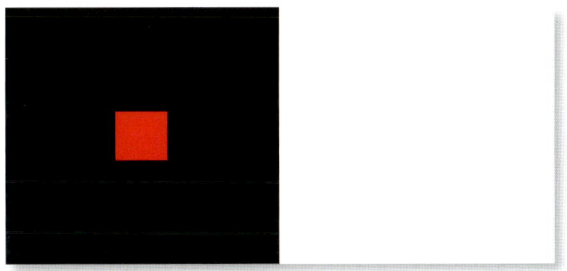

◄ **Abbildung 6.13**
Ein einfaches Nachbilder-Experiment

Wenn Sie die rote Fläche lange genug fixiert haben, dürfte Ihnen aufgefallen sein, dass Sie danach ein sogenanntes Nachbild sehen – es wirkt für einige Zeit so, als ob auf der weißen Fläche ein weiteres Quadrat in einer anderen Farbe wäre.

An der Farbe der Nachbilder können Sie bestimmen, welche Farbe als Komplementärkontrast wahrgenommen wird. In unserem roten Beispiel dürften Sie einen Türkiston wahrgenommen haben.

Wenn Sie noch einmal den Farbkreis in Abbildung 6.8 betrachten, fällt Ihnen eine Ungenauigkeit daran auf: Er ist zwar gut geeignet, um das Mischen von Farben nachzuvollziehen. Bei Komplementärfarben ist er jedoch ungenau – gegenüber von Rot liegt hier nämlich kein Türkis, sondern eher ein Cyan. Dies hat der deutsche Forscher und Farbspezialist Harald Küppers zum Anlass genommen, einen Farbkreis auf Basis von Wörtern zu erstellen.

Tipp:
Metacolor-Website

Mehr zum Thema »Nachbilder« und den Farbkreis von Harald Küppers erfahren Sie auf der lesenswerten Website von Hartmut Rudolf unter *www.metacolor.de/nachbild.htm*.

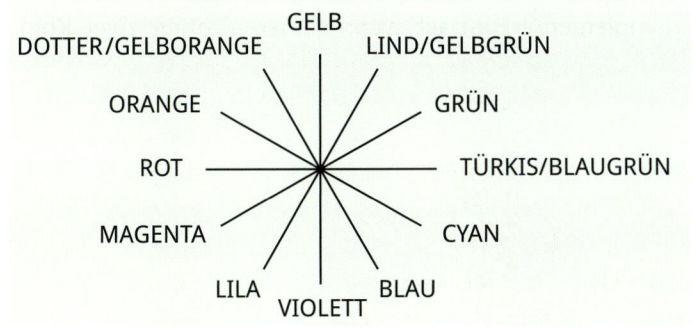

◄ **Abbildung 6.14**
Der Farbkreis von Harald Küppers auf Basis von Begriffen erlaubt es, exakte Komplementärfarben zu finden.

Hell-Dunkel-Kontrast

Kontrast können Sie jedoch nicht nur mittels Komplementärfarben erzeugen, sondern auch über andere Farbeigenschaften. Eine sehr wichtige Kontrastart dabei ist der Hell-Dunkel-Kontrast. Sie erzeugen ihn, indem Sie Farben mit unterschiedlichen Helligkeiten verwenden.

Als Webdesigner sollten Sie sich über die richtige Verteilung der Helligkeitswerte auf Ihrer Webseite ausgiebig Gedanken machen. Ein guter Hell-Dunkel-Kontrast verleiht einer Gestaltung Dynamik und Ausdruck. Außerdem legt er die Betonung auf die wichtigen Inhalte. Natürlich können Sie auch mit geringen Hell-Dunkel-Kontrasten arbeiten, etwa, indem Sie eine Webseite ganz in Pastelltönen gestalten. Sie sollten dabei jedoch darauf achten, dass Ihre Gestaltung nicht leblos wirkt.

Grey-Box-Methode

Jason Santa Maria schlägt mit der Grey-Box-Methode ein Verfahren vor, um einen sinnvollen Hell-Dunkel-Kontrast zu erzeugen. Er rät, die ersten Entwürfe einer Webseite grundsätzlich nur in Grautönen anzulegen. Grau hat den Vorteil, dass Sie die Helligkeitswerte gut erkennen können – einfärben können Sie später.

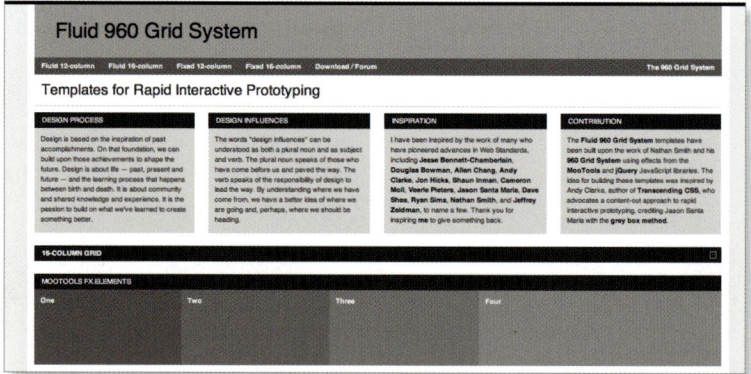

Welchen Farbkreis nutzen?

In der Praxis können Sie sich merken: Geht es Ihnen um das Finden von Farbschemen oder um das Mischen von Farben, fahren Sie mit dem Farbkreis aus Abbildung 6.8 sehr gut. Möchten Sie hingegen den maximal möglichen Komplementärkontrast finden, greifen Sie am besten auf den Farbkreis von Harald Küppers zurück.

Grey-Box-Methode im Original

Details zur Grey-Box-Methode lesen Sie bei Jason Santa Maria: *http://v3.jasonsantamaria.com/archive/2004/05/24/grey_box_method.php*.

Abbildung 6.15 ▶
Stephen Baus Fluid 960 Grid System verwendet die Grey-Box-Methode.

Grautöne sind auch ein guter Trick, um eine Gestaltung im Nachhinein auf richtige Helligkeitswerte zu überprüfen. Wenn Sie Photoshop verwenden, können Sie Ihr Layout mit einem Klick auf BILD • MODUS • GRAUSTUFEN umwandeln.

So können Sie zum Beispiel prüfen, ob in Abbildung 6.16 die Aufmerksamkeit von den farblosen Gesichtern wegwandert.

◀ **Abbildung 6.16**
Die Webdesigner Gerrit van Aaken und Philip Bräunlich (*http://praegnanz.de*) präsentieren sich in grauen Porträts mit kräftig grünem Streifen.

Nach der Umwandlung in Graustufen erkennen Sie, dass grüner und grauer Grund in ihrer Helligkeit sehr ähnlich sind. In der farbigen Version wirkt das Grün zusätzlich als Blickfang, das in die Mitte leitet.

▼ **Abbildung 6.17**
In Photoshop können Sie ein Layout mit einem Klick in Graustufen verwandeln.

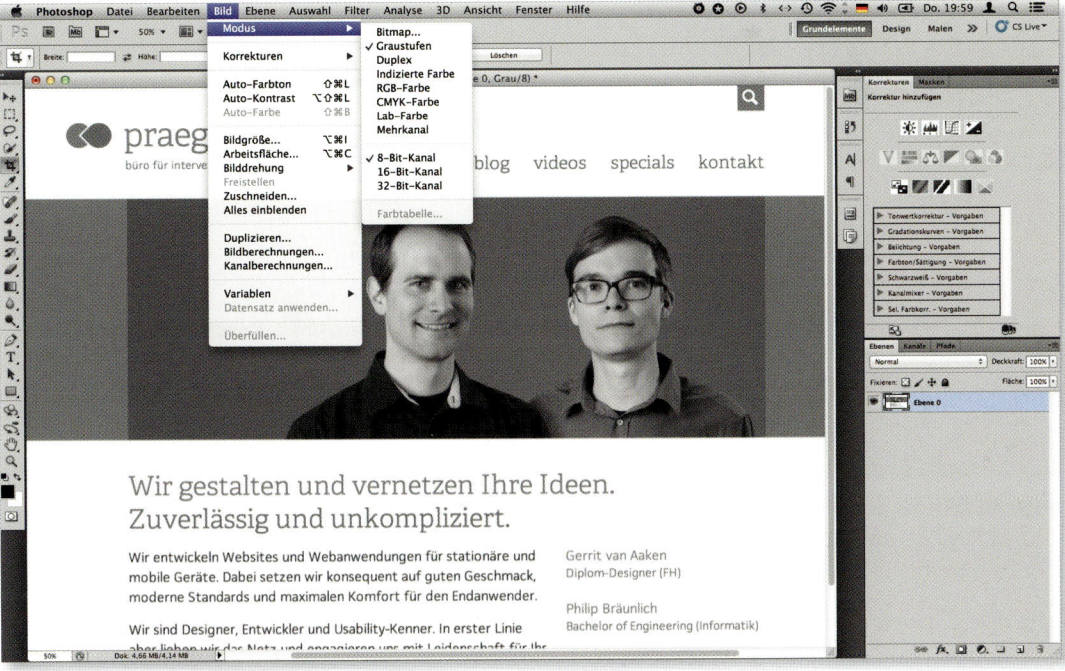

Bunt-Unbunt-Kontrast

Mittels Sättigung können Sie einen Bunt-Unbunt-Kontrast oder **Qualitätskontrast** erzeugen. Zwei Möglichkeiten stehen Ihnen offen:

- ▶ Kombination von reinen und trüben Farben, z.B. ein trübes Grün neben einem strahlenden Grün
- ▶ Kombination von bunten mit unbunten Farben, z.B. Schwarz als Kontrastfarbe

◀ **Abbildung 6.18**
Qualitätskontrast

Abbildung 6.19 ▶
Dieses Rot erhält eine große Strahlkraft, weil es auf dunklem Grund sitzt – obwohl es eigentlich gar nicht so knallig ist (*www.galvano-events.com*).

Bunt-Unbunt-Kontraste tendieren dazu, die Strahlkraft der kräftigen Farbe besonders hervorzuheben. Im Webdesign gibt es über die vergangenen Jahre einen Trend von vollfarbigen Webseiten hin zu reduzierten Seiten, in denen charaktergebende Farben eher als Akzente eingesetzt werden – der Bunt-Unbunt-Kontrast wird betont. Ein Grund dafür dürfte sein, dass Bunt-Unbunt-Kontraste weniger dominierend wirken als beispielsweise Komplementärkontraste – sie sind daher einfacher gestalterisch zu kontrollieren.

Tipp: Helligkeiten beurteilen

Wenn Sie systematisch üben möchten, Helligkeiten wahrzunehmen, dann fotografieren Sie einmal eine Zeit lang in Schwarz-Weiß – Sie werden auf ganz andere Dinge achten, als wenn Sie mit Farben arbeiten.

Quantitätskontrast

Ein sehr wichtiges Gestaltungsmittel ist der Quantitätskontrast. Wie Sie bereits erfahren haben, wird ein Farbeindruck nicht nur durch die Farbe bestimmt, sondern auch durch ihre Menge.

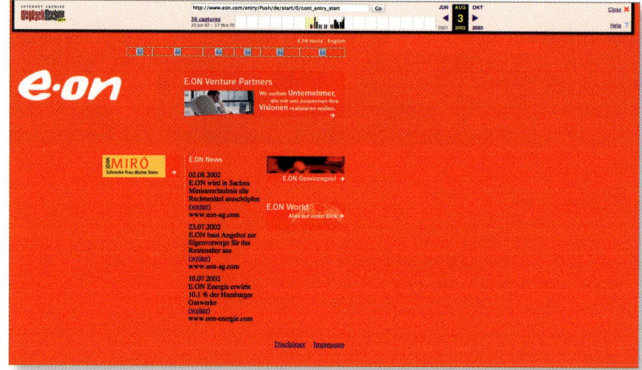

Abbildung 6.20 ▶
Die Wayback Machine zeigt, wie sich e.on (*http://eon.de*) am 3. August 2002 der Netzöffentlichkeit präsentierte: Rot, rot, rot.

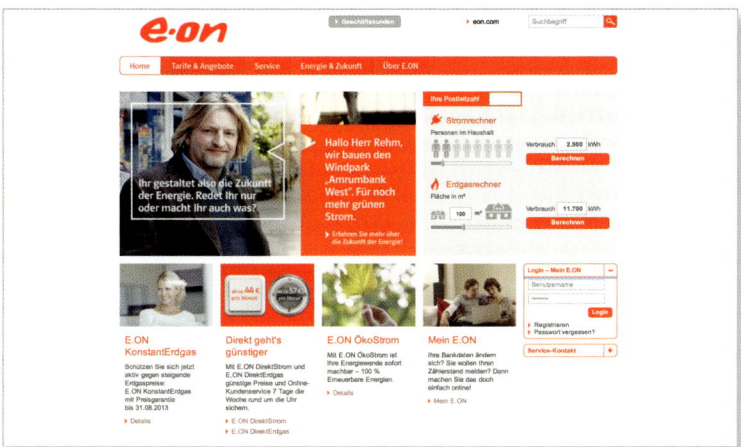

▲ **Abbildung 6.21**
Zehn Jahre später ist e.ons CI-Farbe noch immer rot, aber auf Highlights und wenige Flächen beschränkt.

Besonders wichtig aus Sicht des Webdesigners ist, auf die richtige Quantität von kräftigen Farben zu achten. Kräftige Farben wirken sehr schnell ermüdend, wenn sie auf großen Flächen eingesetzt werden.

Warm-Kalt-Kontrast

Schließlich gibt es noch den Warm-Kalt-Kontrast, bei dem Sie warme mit kalten Farben verbinden.

▲ **Abbildung 6.23**
Das Spiel »Mailboxing« (*http://mailboxing.com*) möchte gerne herunter-geladen werden – der rote Download-Button erhält durch Kalt-Warm-Kontrast Aufmerksamkeit.

Wayback Machine

Kennen Sie die Wayback Machine unter *web. archive.org*? Hier werden Schnappschüsse von Websites gesammelt, sodass sich über die Jahre ein schönes Archiv der jeweiligen Webdesigns ergibt.

▲ **Abbildung 6.22**
Beim Quantitätskontrast wird die Fläche einer kräftigeren Farbe reduziert, damit sie nicht zu dominant wirkt – Faustregel: bis zu 20 % kann die kleinere Fläche ein-nehmen.

CI – Corporate Identity

Corporate Identity umfasst alle stilistischen Vorgaben einer Gestal-tung für ein Unterneh-men – so wird sicherge-stellt, dass alle Kommunikationsmittel eines Unternehmens zueinander passen.

Sie verfügen nun über ein gutes Grundwissen der ästhetischen Qualitäten von Farben. Menschen nehmen ihre Umwelt allerdings nicht nur ästhetisch wahr, sondern auch deutend. Ihre Gestaltung sollte daher nicht einfach nur gut aussehen, sondern auch eine passende Aussage vermitteln. Zeit also für Farbassoziationen.

6.3 Farbassoziationen

Da Farben in der Wahrnehmung der Menschen seit Generationen eine wichtige Rolle spielen, sind sie fest im kulturellen Erbe der Menschheit verankert. Das bedeutet, dass die Besucher Ihre Designs vor ihrem kulturellen Hintergrund bewerten und mit den gewählten Farben bekannte Eindrücke assoziieren.

Warm und kalt | Für Farbassoziationen gibt es einige wenige Grundregeln, die Ihnen eine grobe Orientierung geben können:

▶ **Warme Farbtöne** wie Rot, Gelb und Orange stehen für »heiße« Gefühle, werden als körperlich stimulierend wahrgenommen und wirken aktiv.

▶ **Kühlere Farben** wie Blau stehen eher für Frieden, Ruhe und Entspannung. Durch ihre hervorstechenden Eigenschaften eignen sich warme Töne für Signale und Warnungen, kalte besser für Hinweise.

Sättigung und Helligkeit | Auch Sättigung und Helligkeit rufen Assoziationen hervor:

▶ Gesättigte Farben stehen für Intensität und Dynamik, Pastelltöne eher für Zurückgezogenheit und Introspektive.

▶ Dunkle Farben wirken mysteriös und rufen Gedanken an die Nacht hervor.

▶ Helle Farben hingegen scheinen klar und lassen an das Tageslicht denken.

Kulturelle Unterschiede | Bedenken Sie außerdem: Wann immer Kultur im Spiel ist, gibt es auch kulturelle Unterschiede. Wenn Sie einen Angehörigen verloren haben, tragen Sie Schwarz; in Indien hingegen wäre Weiß die passende Wahl. In westlichen Kulturen wird in weißen Kleidern geheiratet – ein Umstand, der Vietnamesinnen sehr komisch vorkommt, denn bei einer freudigen Hochzeit sollten Frauen farbenfrohe Kleider tragen. Möchten Sie eine Glückwunschkarte an das Brautpaar schicken, suchen Sie wahrscheinlich nach einer gelben Box am Straßenrand – in Großbritannien können Sie da lange suchen, denn britische Briefkästen sind rot.

▼ Abbildung 6.24
Gelb, rot, blau ... so unterschiedlich kann die Post sein.

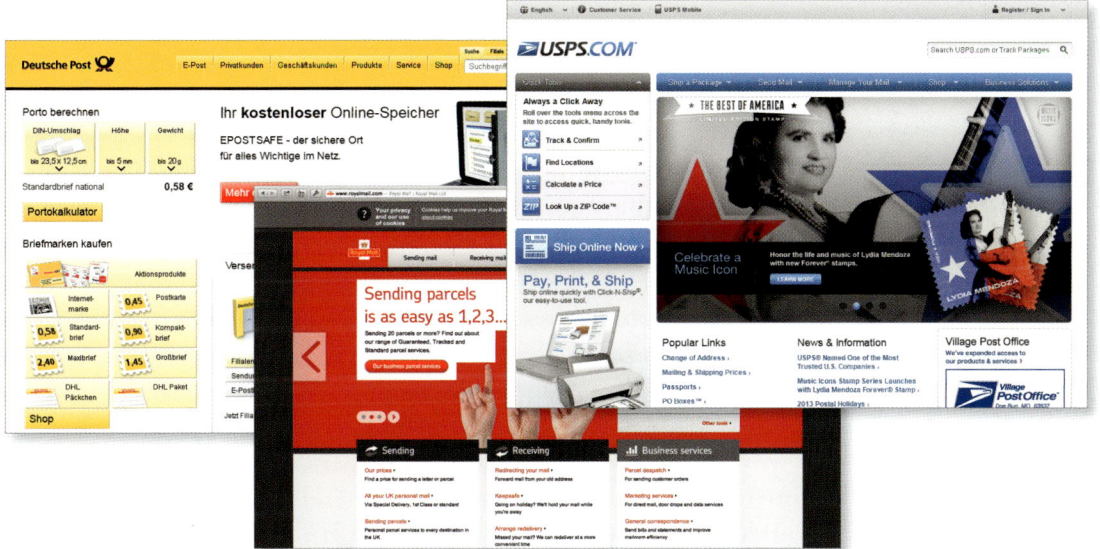

Bei der Betrachtung von kulturellen Unterschieden hilft oft ein Blick in Geschichte, Bräuche und Mythen einer Kultur. Stefanie Bartel weist in ihrem Buch »Farben im Webdesign« darauf hin, dass die eigene Hautfarbe als sehr angenehm empfunden wird. In westlichen Kulturen gilt Weiß somit als rein, in afrikanischen wird Schwarz positiv assoziiert. Inder bezeichnen ihre Hautfarbe als Orange und kennen eine Vielzahl von Nuancen dieser Farbe. Und in China erzählt man sich, Gott habe beim Schöpfungsprozess dreimal Brot gebacken: Zunächst sei es ihm zu dunkel geworden, danach zu hell – beides war nicht wohlschmeckend. Erst beim dritten Mal erreichte er den idealen Gelbton – Chinesen betrachten ihre Haut als gelb.

Farbe im Wandel der Zeiten | Schließlich sind Farbassoziationen historischem Wandel unterworfen. Während Grün heute eher positiv besetzt ist und Assoziationen von Umwelt und Frühling hervorruft, galt die Farbe im 19. Jahrhundert eher als »giftig«.

Die Farben im Detail

Neben diesen generellen Anmerkungen sollten Sie auch die individuellen Farben betrachten, um eine sinnvolle Entscheidung treffen zu können. Ich möchte daher die Farben nacheinander durchgehen und einige wichtige Assoziationen hervorheben. Dabei gilt: Finden Sie Ihre eigene Bildsprache – scheuen Sie nicht davor zurück, eigene Interpretationen zu ergänzen oder Assoziationen anzuzweifeln, die Ihnen abwegig erscheinen.

Rot | Rot steht für Feuer, Blut und Krieg. Diese Assoziationen bewirken, dass rote Farbe von Adel und Justiz verwendet wurde – noch heute tragen die Verfassungsrichter rote Roben. Rot ist zugleich die Farbe der Arbeiterbewegung – das Adelsprivileg »Rot« wurde im Lauf der Jahrhunderte infrage gestellt. Rot hat außerdem einen Assoziationswandel in Bezug auf das Geschlecht erfahren: Stand die Farbe zunächst vorrangig für männliche Werte, wird sie nun als eher weiblich empfunden.

Rot

Assoziationen zur Farbe Rot sind:

▶ Feuer, Blut und Krieg
▶ Adel und Justiz
▶ Arbeiterbewegung
▶ Weiblich (heute), männlich (früher)
▶ Liebe, Hass, Leidenschaft, Zorn
▶ Blut, Warnung, Erotik

▲ **Abbildung 6.25**
Das Weingut von Othegraven (*www.von-othegraven.de*) präsentiert sich in adeligem Rot. Es gehörte im Laufe seiner Geschichte verschiedenen Adelsfamilien.

Symbolisch steht Rot für alle heißen Gefühle: Liebe, Hass, Leidenschaft, Zorn – es sind Gefühle, die man nicht einfach abschalten kann. Als Farbe des Blutes ist Rot Symbol des tierischen Lebens. Durch ihre gute Signalwirkung dient sie als Warnung und wird bei Korrekturen oder wichtigen Ereignissen angewendet (»sich etwas rot im Kalender anstreichen«).

Umfragen zu Farbwirkungen

Wenn Sie mehr zum Thema Farbwirkung lesen möchten: Eva Heller hat mit »Wie Farben wirken« ein gutes Werk zum Thema veröffentlicht und eine große Umfrage zu Farbassoziationen durchgeführt.

Rosa | Die Farbe Rosa ist heute eindeutig weiblich assoziiert, insbesondere seitdem sie in den 1930er-Jahren zur Babyfarbe für Mädchen wurde. Auch Rosa steht für Gefühle – im Gegensatz zum leidenschaftlichen Rot jedoch eher für die sanften und zärtlichen. Rosa ist die Farbe der Träumer und Symbol der männlichen Homosexualität.

Rosa

Assoziationen zur Farbe Rosa sind:
▶ Weiblich, besonders junge Mädchen
▶ Sanfte, zärtliche Gefühle
▶ Männliche Homosexualität

◀ **Abbildung 6.26**
Kaum eine Farbe steht heute mehr für unschuldige Weiblichkeit als Rosa – die Lingeriemarke SugarShape (*www.sugarshape.de*) kombiniert diese Assoziation mit weiblich anmutenden Rundungen.

Violett | Violett war historisch betrachtet ungemein kostbar (Purpur) und steht daher für Macht und Reichtum. Erst als 1453 Konstantinopel und damit der Zugang zum Purpur fällt, wird Rot zur kostbarsten Farbe – noch heute wird Purpur sowohl mit Violett als auch mit Rot assoziiert. Interessanterweise gilt Violett sowohl als Farbe der katholischen Kirche (besonders der Bischöfe) und der Buße als auch als Farbe weltlicher Extravaganz.

Violett

Assoziationen zur Farbe Violett sind:
▶ Macht, Reichtum (Purpur), aber auch Gewalt
▶ Bischöfe
▶ Weltlichkeit, Extravaganz
▶ Ewigkeit
▶ Reife Weiblichkeit
▶ Täuschung, Untreue

◀ **Abbildung 6.27**
Violett ist traditionell eine sakrale Farbe – hier die Kent Covenant Church (*www.kentcov.org*).

Als mächtige Farbe wird Violett häufig mit Ewigkeit verbunden. Ein Zusammenhang mit Macht besteht auch bei den Assoziationen mit Gewalt – in vielen Sprachen sind die beiden Felder verwandt (französisch: violet – violence). Während Rosa die Farbe der Mädchen ist, wird Violett (besonders in seiner bläulichen Form als Lila) zur Farbe der reifen Frau und der Emanzipation. Violett hat etwas Geheimnisvolles an sich und wird durch ihren unbestimmten Charakter zwischen Rot und Blau zur Farbe der Täuschung und Untreue.

Blau

Assoziationen zur Farbe Blau sind:

▶ Ruhe, Besonnenheit, Ewigkeit
▶ Adel (Royalblau)
▶ Alltag, Arbeiterschaft (blue jeans)
▶ Männlich (heute), weiblich (früher)
▶ Harmonie, Freundschaft, Vertrauen, Treue, Sehnsucht
▶ Frieden
▶ Depression

Blau | Blau steht als kühle Farbe für Ruhe und Besonnenheit. Ähnlich wie bei Rot zeigt sich ein interessanter historischer Widerspruch: Einerseits ist Blau die Farbe des Adels (»blaues Blut«), was daher rührt, dass Adelige nicht im Freien arbeiten mussten und ihre blauen Adern durch die helle Haut zu sehen waren. Als Royaloder Königsblau ist Blau Statussymbol. Andererseits ist es auch eine Farbe des Alltags, besonders in der Kleidung (blue jeans). Blau hat sich in seinen Assoziationen von einer weiblichen zu einer männlichen Farbe gewandelt.

Symbolisch steht Blau für Ruhe und Ewigkeit. Als beständiger Farbton wird es mit allen dauerhaften Gefühlen auf Gegenseitigkeit assoziiert: Harmonie, Freundschaft, Vertrauen. Als kühle, ferne Farbe steht es für Treue und Sehnsucht. Sein kühler Charakter kann Blau jedoch auch zur Farbe der Lüge machen (»das Blaue vom Himmel lügen«). Blau steht schließlich für den Frieden, denn anders als die Kriegsfarbe Rot hebt es sich nicht gut vom Himmel ab und eignet sich kaum, um Feinden aus der Ferne Furcht einzuflößen. Besonders in angelsächsisch geprägten Kulturen steht Blau für die Depression (»I'm feeling blue«).

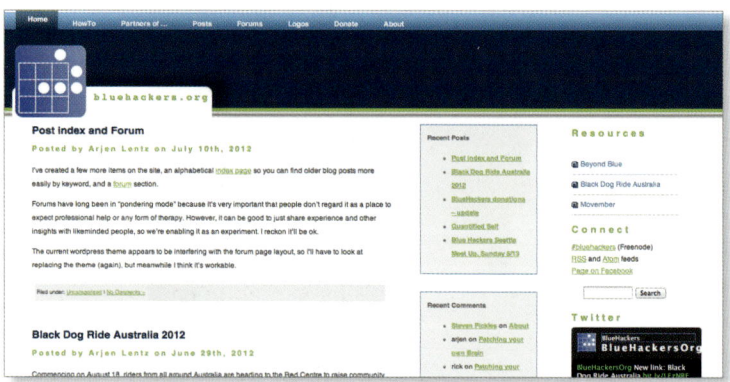

Abbildung 6.28 ▶
Die Botschaft von Blue Hackers (*http://bluehackers. org*): Depressionen lassen sich überwinden.

Blue Hackers in Abbildung 6.28 ist eine Initiative, die Depressionen in der Hackerszene anspricht – kein Wunder, dass sie Blau als Farbe hat. Gut gewählt ist jedoch auch die Kombination mit Grün, der Farbe des Lebens, und Weiß, dem Licht.

Grün | Grün ist die Farbe der Natur, des Lebens und der Frische. Die Assoziationen mit Frühling machen sie zum Symbol der Hoffnung. Da Grün in der Natur häufig vorkommt, wird es von Menschen als ruhig und geborgen empfunden. Und da Pflanzen besonders im jungen Alter sattgrün sind, gilt Grün auch als Farbe der Jugend und der Unreife. Grün ist frisch und gesund, es sei denn, es ist giftgrün. Psychologisch gilt es als Farbe der Mitte und ist angenehm zum Auge.

Grün

Assoziationen zur Farbe Grün sind:

▸ Natur, Leben, Frische
▸ Jugend, auch Unreife
▸ Islam, Arabische Liga
▸ Rettungswege, Sicherheit

◀ **Abbildung 6.29**
Grün ist die Farbe der Natur – eine Assoziation, die dem Hersteller »natürlicher Hautpflege«, Origins (*www.origins. com*), sicher nicht ungelegen kommt.

Kulturell betrachtet spielt Grün in vielen Religionen eine große Rolle. Es gilt als Farbe des Islam schlechthin und kommt in allen Flaggen der arabischen Liga vor. Im Christentum steht sie für den heiligen Geist.

Politisch wurde Grün in den 1980er-Jahren, in Irland ist sie Nationalfarbe. Und in der Bildsprache der Moderne steht Grün für Rettungswege und Sicherheit – bei Grün darf man fahren.

Gelb | Die Farbe Gelb spielt eine sehr widersprüchliche Rolle. Als leuchtende Farbe hat sie häufig Signalcharakter und steht für Licht und Sonne, wird als leicht und wertvoll empfunden. Symbolisch

▲ **Abbildung 6.30**
Flagge der arabischen Liga

Gelb

Assoziationen zur Farbe Gelb sind:
- ▶ Licht, Sonne, Leuchtkraft
- ▶ Optimismus
- ▶ Signalcharakter
- ▶ Neid, Alter, Krankheit

Abbildung 6.31 ▶
Zeitungspapier vergilbt. Der kroatische Fahrradservice *biciklifumic.hr* nutzt das, um auf seine Tradition hinzuweisen.

Gold

Assoziationen zu Gold sind:
- ▶ Edelmetall
- ▶ Reichtum, Glück
- ▶ Dekadenz

Abbildung 6.32 ▶
»Das Beste Föhnerlebnis Ihres Lebens« – mit dem dezenten Einsatz von Gold sowie elegantem Schwarz kommuniziert ghd, dass seine Produkte Luxusartikel sind (*www.ghd-hair.com*).

wird aus der gelben Sonne der Optimismus. Da sie ihre Leuchtkraft aber schon durch geringe Mengen Schmutz verliert, gilt sie auch als unbeständig und verlogen. Gelb ist die Farbe von Neid, Alter und Krankheit.

Ein Sonderfall entsteht, wenn Gelb als Gold wahrgenommen wird. Im Webdesign können Sie Gold nur mittels eines Verlaufs verschiedener Gelbtöne simulieren. »Gold ist mehr als eine Farbe, es ist eine Macht«, schreibt Eva Heller und bringt damit die Bedeutung des Golds auf den Punkt: Gold gemahnt an das Edelmetall und das (finanzielle) Glück, ist teuer, luxuriös und beständig.

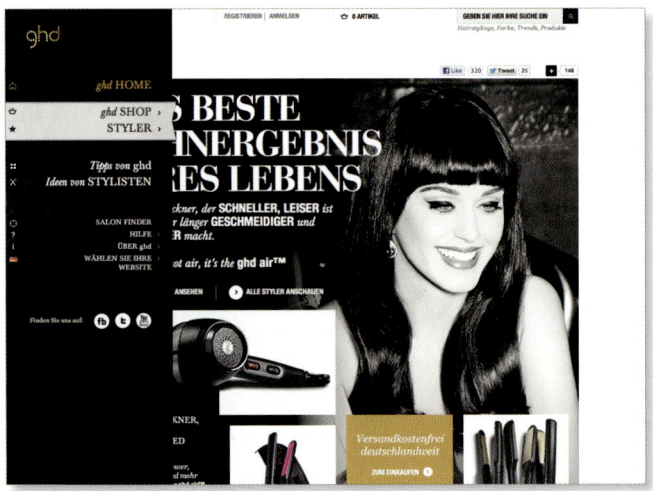

In der Poesie wird alles Gelbe zum Gold, wenn es besonders schön wirkt. Die blonde Ehefrau hat güldenes Haar, der helle Morgen hat

Gold im Mund (zugleich ein Versprechen: wer früh und viel arbeitet, wird reich), und ein gelber Streifen gilt als Schwarz-Rot-Gold.

Orange | Orange findet in vielen Kunststoffprodukten und in der Werbung Verwendung. In diesem Zusammenhang wirkt Orange häufig billig. Die Farbe wird mit der Orange assoziiert, der sie ihren Namen verdankt. Als warme Farbe ist Orange Sinnbild des Vergnügens und der Geselligkeit. Als Signalfarbe findet sie bei Sicherheitswesten Einsatz, wenn Rot zu knallig scheint.

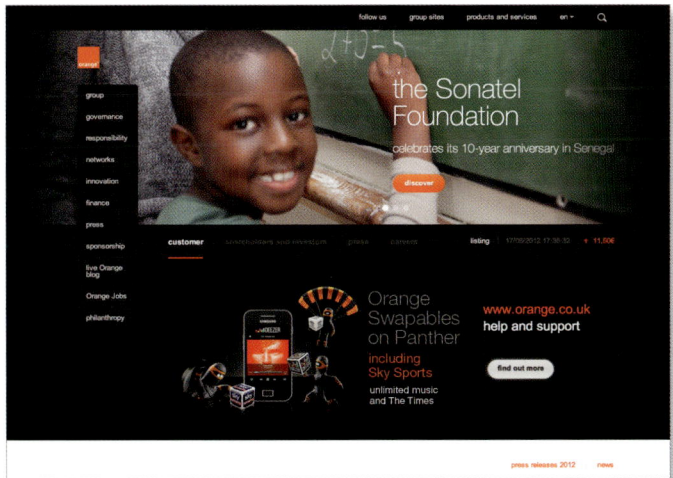

Kulturell betrachtet ist Orange die Farbe des Buddhismus und spielt in Indien eine wichtige Rolle. Durch das Adelshaus der Oranier ist es Nationalfarbe der Niederlande geworden. Über die Oranier hat Orange auch den Weg in die irische Flagge gefunden.

Braun | Die Farbe Braun findet als wohlige Farbe in der Raumgestaltung häufige Verwendung. Braun steht für Geborgenheit und Natürlichkeit (Holz), jedoch auch für Vergänglichkeit, Armut und Mittelmäßigkeit. Braun gilt als dumme Farbe und ist politisch mit dem Nationalsozialismus assoziiert. Im Bereich Lebensmittel ist Braun sehr zwiegespalten: Für einige wenige Nahrungsmittel (Kaffee, Brot, Schokolade) ist sie positiv assoziiert und steht für Aroma, oft veredelt durch den Zusatz »Gold«: goldbraunes Brot. In vielen anderen Zusammenhängen denkt man bei Braun jedoch an »verdorben«.

Dosiert einsetzen

Sie sollten Gold mit Vorsicht einsetzen: Zu viel wirkt protzig und dekadent, und durch seine Bedeutung in unserer Tradition wirkt Gold schnell altbacken.

Orange

Assoziationen zur Farbe Orange sind:

▶ Vergnügen, Geselligkeit
▶ Billig, Plastik
▶ Signalfarbe, Sicherheitswesten
▶ Buddhismus
▶ Niederlande, Oranje

◀ **Abbildung 6.33**
Einige Unternehmen schaffen es, eine Farbe zu »besitzen« – das Magenta der Telekom oder das Orange von, ja, Orange (*http://orange.com*).

Braun

Assoziationen zur Farbe Braun sind:

▶ Geborgenheit, Natürlichkeit
▶ Vergänglichkeit, Armut, Mittelmaß
▶ Nationalsozialismus
▶ Positiv bei einigen Nahrungsmitteln, negativ bei vielen anderen

Abbildung 6.34 ▶
Braun wird nur mit wenigen
Lebensmitteln positiv assoziiert. Kaffee und Brot gehören
dazu (*www.coffee-fellows.de*).

Schwarz

Assoziationen zu Schwarz
sind:
- Eleganz, Moderne
- Konservatismus
  (Deutschland), Faschis-
  mus (Italien)
- Geheimnis, Illegalität
- Trauer, Pessimismus,
  Böses
- Nationalfarbe vieler
  afrikanischer Länder

Schwarz | Schwarz hat viele unterschiedliche Facetten: Es gilt als
Farbe des politischen Konservatismus in Deutschland, zugleich
jedoch als elegant und modern. Als funktionelle Farbe wird sie
zum Sinnbild von »form follows function« und findet sich in den
Designbüros der ganzen Welt. Schwarz wird häufig verwendet, um
sich in der Kleidung von anderen Gruppen abzugrenzen und den
Fokus auf die eigene Individualität zu legen. Im Kontext von Texten
gilt Schwarz als Farbe der Wahrheit (»schwarz auf weiß«), in anderen Kontexten jedoch als geheimnisvoll oder illegal (Schwarzgeld).

Abbildung 6.35 ▶
Afri-Colas Assoziationskette in
Schwarz – das Geheimnis-
volle, die Nacht, das Koffein
(*http://afri.de*)

Schwarz ist in westlichen Kulturen die Farbe der Trauer. Auch ist
es die Farbe des Unglücks, des Pessimismus und des Bösen. Außer-

halb Deutschlands gilt Schwarz politisch als Farbe des Faschismus, besonders in Italien.

Anders sieht es in afrikanischen Kulturen aus, in denen Schwarz sehr positiv besetzt ist und sich in vielen Nationalflaggen findet.

Grau und Silber | Die Farbe Grau ist von Mittelmaß umgeben und gilt als eintönig und unscheinbar. Als Farbe ohne Charakter kann sie mit allen anderen Farben kombiniert werden. Grau wird vorrangig zeitlich interpretiert und ist die Farbe des Alters und der Vergangenheit, was sowohl positive als auch negative Assoziationen haben kann. Grau steht aber auch für geheime Macht (graue Eminenz) und Eleganz (Herrenanzüge). Schon sprachlich erfassbar sind die Assoziationen mit dem Grauen und der Grausamkeit. Grau steht außerdem für alles Trübe.

Im Webdesign können Sie aus Grau Silber machen, indem sie die Farbe als Verlauf mit Weiß einsetzen und somit Lichtreflexe imitieren. Silber gilt als elegant und rasant – nicht umsonst ist es eine beliebte Autofarbe. Es ist funktionell und modern – denken Sie nur an schicke Aluminium-Rechner oder verchromte Autoteile.

Grau

Assoziationen zur Grau sind:
- Mittelmaß
- Eleganz
- Alter, Vergangenheit
- Geheime Macht
- Grauen, Grausamkeit
- Trübe

Silber

Assoziationen zu Silber sind:
- Eleganz, Rasanz
- Zurückhaltender Luxus
- Ewig zweitrangig

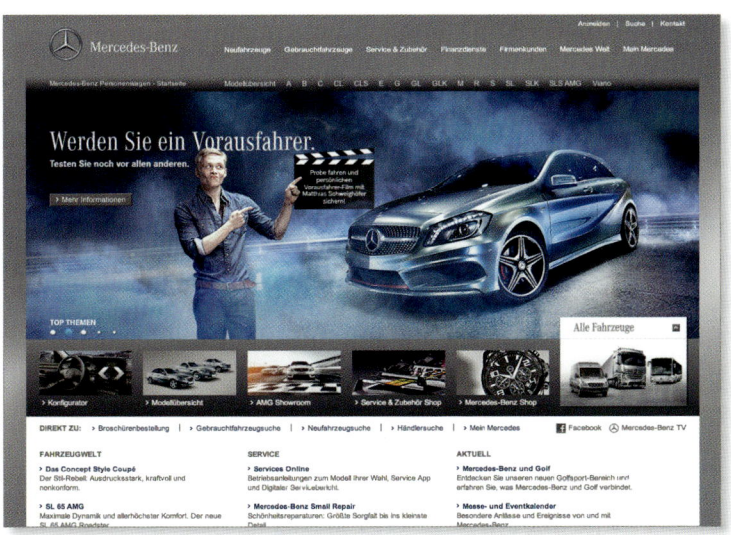

◄ **Abbildung 6.36**
Kaum eine Automarke ist stärker mit dem rasanten und edlen Silber assoziiert als Mercedes-Benz (*www.mercedes-benz.de*).

Doch ist Silber auch ewig zweitrangig: Wo Silber ist, ist Gold nicht weit. Silbermedaillen sind gut, aber man weiß jederzeit, dass jemand noch besser war. Zugleich ist Silber alltäglicher als Gold – in vielen Sprachen leitet sich das Wort für »Geld« aus dem Wort für

»Silber« ab. Der ewige Bezug zum Gold kann jedoch auch positiv gewendet werden: Wenn Gold als pompöser, protziger Luxus erscheint, wird Silber zur zurückhaltenden, eleganten Alternative.

Weiß | Weiß gilt in westlichen Kulturen als vollkommen und rein. Es ist eine weibliche Farbe, besonders in Zusammenhang mit Unschuld und Wahrheit (Brautkleid). Allerdings steht Weiß auch für eine elegante Sachlichkeit, die schnell in Kälte umschlagen kann (Schnee, Eis). Weiß ist ideal, aber distanziert. Es ist eine Farbe des Friedens und der Monarchie – während der Französischen Revolution nannte sich die königstreue Fraktion »die Weißen«.

Weiß

Assoziationen zu Weiß sind:
▶ Vollkommene Reinheit
▶ Wahrheit, Unschuld
▶ Kälte
▶ Frieden, Monarchie
▶ Licht

Abbildung 6.37 ▶
Die Softwarefirma Made By Sofa (*www.madebysofa.com*) nutzte großzügigen Weißraum, um den Fokus auf das namensgebende Sofa zu lenken. Die Aussage: Unsere Software ist schlicht und perfekt.

Bedenken sollten Sie auch, dass Weiß blenden kann, was sowohl positiv als auch negativ verwendet werden kann. Schließlich wird Weiß als leichteste aller Farben empfunden – Gestaltungen wirken harmonisch, wenn sich Weißraum im oberen Teil befindet. Wäre in einem Zimmer die Decke schwarz und der Fußboden weiß, würden viele Menschen das Gefühl bekommen, die Decke würde sich auf sie senken.

6.4 Farbharmonien

An diesem Punkt haben Sie bereits ein gutes Grundwissen über Farben und deren Assoziationen. Ein Aspekt steht jedoch noch aus, bevor Sie sich wieder an Ihr Layout begeben sollten: Farbharmonien.

Nur eine Farbe

Farben können durchaus in Isolation verwendet werden: Wenn Sie einen passenden Farbton gewählt haben, können Sie durch einfache Variation seiner Sättigung oder Helligkeit ein sehr stimmiges Gesamtbild erzeugen.

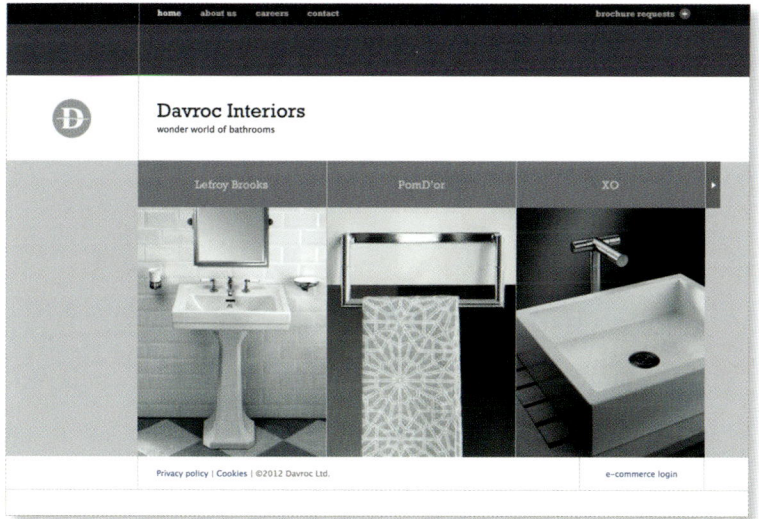

◄ **Abbildung 6.38**
Davroc Interiors (*www.interiors.davroc.co.uk*) präsentiert sich in Grautönen und bringt erst später Farbe ins Spiel.

Mehrere Farben kombinieren

Wenn Sie Farben jedoch kombinieren möchten, entsteht eine Wechselwirkung. So kann eine Farbe, die verschiedene Deutungsmöglichkeiten bietet, durch eine andere Farbe eindeutig werden. Eine ungewohnte Kombination hingegen kann neugierig machen.

Kombination mit Weiß, Grau und Schwarz | Die unbunten Farben Weiß, Grau und Schwarz können prinzipiell mit allen bunten Farben kombiniert werden. So sind Sie vor beißenden Kombinationen sicher. Dennoch sollten Sie beachten, dass auch unbunte Farben die Bedeutung von Farbkombinationen beeinflussen.

Die unbunten Farben lassen sich mit allen bunten Farben kombinieren, haben jedoch Einfluss auf die Assoziationen.

Weiß betont die zarten Aspekte jeder Farbe – auch die Website *traumhochzeit.com* in Abbildung 6.39 nutzt daher helle Rosa- und Violett-Töne. Die Website richtet sich klar an romantisch veranlagte Frauen – obwohl auch Männer oder sachlichere Frauen heiraten.

Abbildung 6.39 ▶
traumhochzeit.com spricht
eher die Romantiker an.

▶ **Weiß** tendiert dazu, die hellen, leichten Aspekte einer Farbe hervorzuheben. Besonders auffällig ist das bei Rosa, wo Weiß das Zarte und Unschuldige betont.

Weiß betont die Strahlkraft von Farben – sie wirken hell, eindeutig und sachlich. Als Weißraum nimmt es einer Gestaltung die Strenge und Schwere.

▶ **Schwarz** hingegen kann Farben etwas Mystisches oder gar Bedrohliches geben. Schwarz-Gelb steht tendenziell für Egoismus und Lüge, Schwarz-Violett für Untreue, Schwarz-Rot für Gefahr und Krieg.

Schwarz betont die negative Seite einer Assoziation und lässt eine Kombination schwer und schmutzig wirken. Abwesenheit von Farbe kann Trostlosigkeit und Einsamkeit hervorrufen.

▶ **Grau** tendiert dazu, Farben ihre Strahlkraft zu nehmen und zieht die Deutungen ins Gemäßigte – negativ kann hier der Eindruck von Mittelmaß entstehen. Besonders stark wird dieses Gefühl in Verbindung mit anderen »mittelmäßigen« oder »gewöhnlichen« Farben: Grau-Braun steht eher für Faulheit, Grau-Blau-Schwarz eher für inaktive Nachdenklichkeit.

Als Silber verleiht die Farbe einer Gestaltung zurückhaltende Eleganz.

◀ **Abbildung 6.40**
Davroc (*www.interiors.davroc. co.uk*) setzt auf eine Farbe, sobald man in einer Produktkategorie ist. Das viele Grau raubt den Farben jedoch ihre Strahlkraft und lässt sie blass aussehen.

Rot kombinieren | Rot eignet sich durch seine Vieldeutigkeit gut dafür, durch eine Farbharmonie untermauert zu werden – so können Sie die Aussage eindeutig machen. Kombiniert mit Schwarz steht es für Aggressivität, durch andere warme Farben wie Gelb und Orange können Sie die Assoziation von Wärme und Feuer verstärken. Als Harmonie mit Violett und Rosa bringen Sie seine erotischen Komponenten in den Vordergrund. Der Kontrast mit Blautönen steht für eine Einheit von Gegensätzen wie nah/fern oder Körper/Geist, muss aber auch zum Sinn des Designs passen.

Dominantes Rot

Beachten Sie bei Kombinationen mit Rot, dass die Farbe sehr kräftig ist und schnell die Oberhand übernimmt. Soll Rot nicht der dominante Farbeindruck sein, sollten Sie es entsprechend sparsam zur Akzentuierung einsetzen – Quantitätskontrast lautet das Mittel der Wahl.

◀ **Abbildung 6.41**
MediaMarkt (*http://media-markt.de*) setzt auf großflächiges Rot – REKLAME heißt die Assoziation, und zwar in Großbuchstaben.

Gelb kombinieren | Gelbtöne können Sie mit Schwarz kombinieren, um eine starke Signalwirkung zu erzielen. Bedenken Sie aber auch, dass diese Kombination die Unbeständigkeit von Gelb betont. Gelb und Grün wecken Assoziationen mit Zitronen und Limetten, diese Harmonie wirkt schnell säuerlich. Zugleich ist Gelb-Grün auch die Farbharmonie des Ärgers.

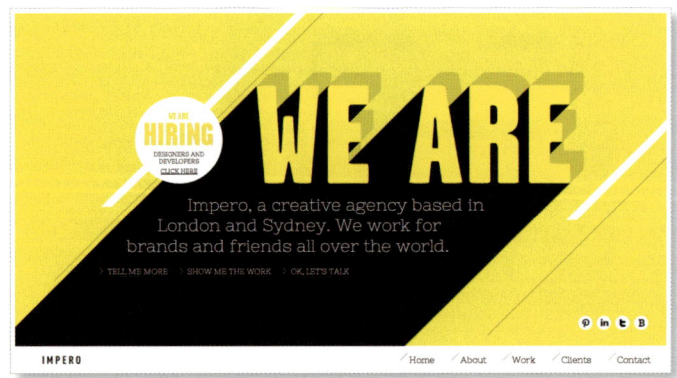

Abbildung 6.42 ▶
Um die negativen Assoziationen mit Lüge zu vermeiden, verwendet die Kreativagentur Impero (*http://weareimpero. com*) Gelb in Verbindung mit einem sehr dunklen Braunton.

Als Gold verleiht die Farbe einen teuren und luxuriösen, aber auch etwas altbackenen Eindruck. Gold sollte daher eher als Dekor eingesetzt werden – das Edelmetall ist so teuer, dass größere Goldflächen ungewohnt sind.

Grün kombinieren | Der Farbton Grün kann durch Farbharmonien symbolischen Charakter annehmen, wobei besonders seine Assoziation mit Leben zum Tragen kommt. Grün und Rot ist der Farbklang des Lebens schlechthin – grün die Pflanzen (Blätter), rot die Tiere (Blut). In Kombination mit reinen Farben weckt Grün Frühlingsassoziationen, besonders wenn es dominiert und die Gestaltung an eine Blumenwiese denken lässt. Grün-Orange wirkt aromatisch, Grün-Braun herb.

Aufpassen sollten Sie mit Schwarz-Grün, denn dabei stehen sich die Assoziationen von Leben (Grün) und Tod (Schwarz) gegenüber – das Maß entscheidet darüber, welcher Eindruck vorherrscht.

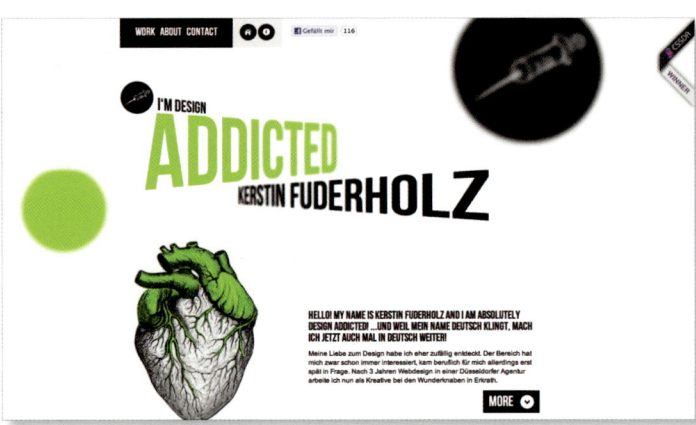

Abbildung 6.43 ▶
Kerstin Fuderholz (*http://design-addicted.de*) umgeht die Assoziation von Leben und Tod mit starkem Neongrün.

Blau kombinieren | Blau ist eine sehr dankbare Farbe für Kombinationen. Das liegt zum einen daran, dass wir durch seine Vorherrschaft als Kleiderfarbe dazu neigen, Blau nicht als störend wahrzunehmen. Zum anderen ist aber auch die Ruhe von Blau dafür verantwortlich, dass die Farbe selten beißend wirkt. In Kombination mit Weiß steht Blau für geistige Werte wie Intelligenz und Weisheit. Gemeinsam mit Grün entstehen Assoziationen von Natur und Erholung.

Durch andere kühle Farben kann der kalte Charakter von Blau verstärkt werden; gemeinsam mit Schwarz wird Blau mystisch oder traurig. Die Kombination mit Gelb oder gar Gold weckt die Assoziation einer Medaille und steht damit für herausragende Leistungen.

Auch das Ensinger Mineralwasser in Abbildung 6.44 setzt auf Weiß und Blau – die Farben des Wassers. Anders sieht es aus, wenn dem Wasser heilende Kräfte zugeschrieben werden – dann erscheint es in grüner Farbe.

◄ **Abbildung 6.44**
Ensinger Mineralwasser
(*www.ensinger.de*) präsentiert
sich in den Farben Weiß, Blau
und Grün.

Violett kombinieren | Die Macht-Aspekte von Violett können durch Gold verstärkt werden, wobei die Kombination schnell in negative Assoziationen wie Eitelkeit oder Maßlosigkeit umschlägt. In Abbildung 6.45 sehen Sie ein Beispiel, in dem Violett mit edlen Produktbildern kombiniert wird. Mit warmen Farben wie Rosa und Rot lassen sich die erotischen Komponenten betonen, wobei Harmonien mit Rot sehr viel leidenschaftlicher wirken.

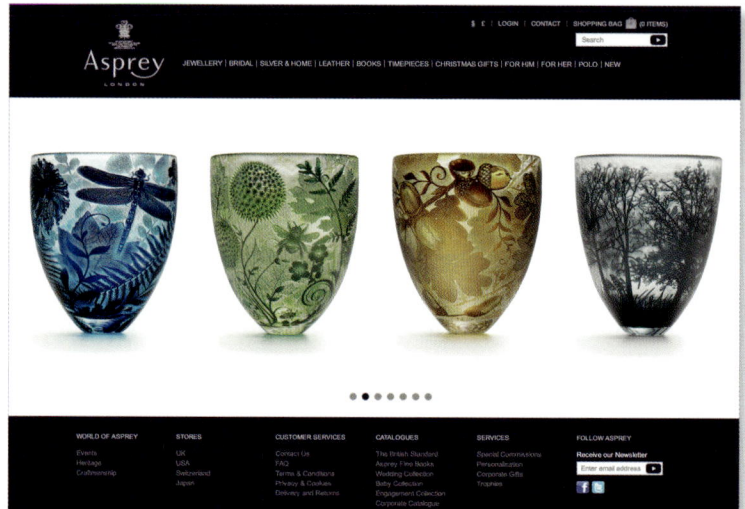

Abbildung 6.45 ▶
Asprey London (*http://asprey.com*) kombiniert Violett mit edlen Produktbildern, oft in glänzenden Farben.

Braun kombinieren | Braun kann mit Rot- und Rosatönen besondere Geborgenheit vermitteln. Außerdem eignet sich Braun dazu, die anderen Farben bodenständiger zu machen. Grün-Braun wirkt natürlich – dominiert Grün, ist es die gesunde Natur; dominiert Braun, ist es verdorrt. Mit Gelb, Orange oder Rot entsteht der Eindruck von Herbst.

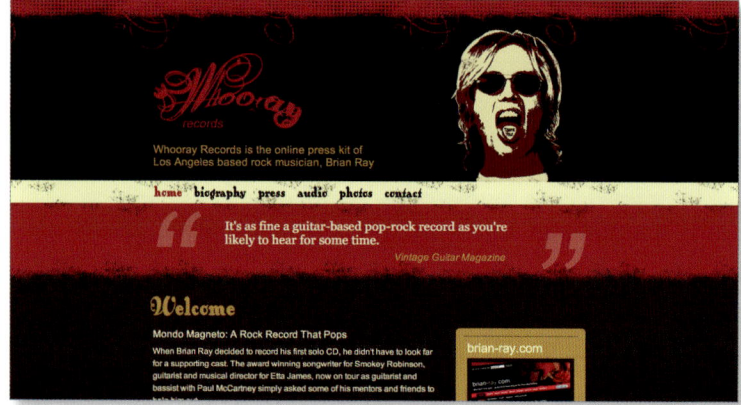

Abbildung 6.46 ▶
Rockmusiker Brian Ray (*www.whoorayrecords.com*) setzt auf peppiges Magenta mit Braun. So entsteht ein wohliges Gefühl mit starken 70s-Assoziationen.

Sie verfügen nun über ein breites Wissen über Farben und deren Kombinationsmöglichkeiten. Im folgenden Abschnitt werden Sie lernen, was Sie bei der Anwendung von Farben im Web beachten sollten, bevor Sie ab Seite 283 in diesem Kapitel ein eigenes Farbschema entwickeln werden.

6.5 Farben am Monitor und im Web

Nachdem Sie nun mit den Grundlagen von Farbgestaltung vertraut sind, wird es Zeit, einige Besonderheiten im Web zu behandeln. Außerdem werden Sie lernen, wie Sie den Rohbau Ihrer Webseite mit Hilfe von CSS farbig gestalten können.

Additive und subtraktive Farbmischung

Farbe wird am Monitor ganz anders erzeugt als bei gedruckten Produkten. Beim Druck wird die sogenannte **subtraktive Farbmischung** eingesetzt. Druckerzeugnisse sind davon abhängig, dass Licht von ihnen reflektiert wird. Je nach Farbe wird dabei ein Teil des Lichts zurückgehalten, sodass nur der reflektierte Teil des Farbspektrums das Auge des Betrachters erreicht – ein Farbeindruck entsteht. Farben werden dabei aus den Grundfarben Cyan, Magenta und Gelb gemischt. Druckt man alle Farben gemeinsam auf eine Fläche, wird das gesamte Licht geschluckt – Schwarz entsteht.

▲ **Abbildung 6.47**
Subtraktive Farbmischung

Monitor-Farben hingegen werden über das **additive Verfahren** erzeugt. Die Grundfarben hierbei sind Rot, Grün und Blau (abgekürzt als RGB), mit denen die übrigen Farben gemischt werden. Werden alle Farben gleichermaßen benutzt, entsteht Weiß.

Unterschiede einkalkulieren | Die unterschiedlichen Verfahren, mit denen Farbe erzeugt wird, haben für Ihre Arbeit als Designer unmittelbare Auswirkungen. Farben am Monitor strahlen den Betrachter an und wirken dadurch heller.

▲ **Abbildung 6.48**
Additive Farbmischung

Erinnern Sie sich noch an Abschnitt 1.2, wo ich von Demut sprach? In einem gedruckten Werk können Sie die Farbe bestimmen und sind »nur« dem Licht unterworfen, das auf das Blatt Papier scheint. Im Web haben Sie auf die Farbdarstellung keinen Einfluss mehr: Die meisten Nutzer verwenden keine farbecht kalibrierten Monitore und stellen sich Helligkeit und Sättigung nach eigenen Wünschen ein. Es macht also überhaupt keinen Sinn, eine Webseite mit dem Anspruch zu entwerfen, die Farben des Corporate Designs 1:1 darstellen zu wollen – dieses Vorhaben ist von vornherein zum Scheitern verurteilt. Allenfalls eine Annäherung ist möglich.

Schwarz im Druck

In der Praxis verwendet man einen dunklen Schwarzton als weitere, vierte Druckfarbe, da sich damit ein besserer Schwarz-Eindruck erreichen lässt.

Farben in CSS angeben

Farben sind Teil der Gestaltung einer Webseite und werden daher über CSS definiert. Es gibt verschiedene Eigenschaften zur Angabe von Farben:

▶ `color` gibt die Farbe des Inhalts eines HTML-Elements an,
▶ `background-color` definiert den Hintergrund eines HTML-Elements,
▶ `border-color` definiert die Rahmenfarbe.

Wie können Sie die Farben nun definieren? Es stehen Ihnen vier prinzipielle Wege offen: als Bezeichnung, als RGB-Wert, als RGBa-Wert sowie als Hexadezimalwert.

Farbbezeichnung | Die einfachste Variante stellt die Angabe einer Farbbezeichnung dar. Sie können dazu eine Reihe von englischen Farbnamen verwenden. Um einem Absatz eine rote Farbe zu geben, würden Sie in Ihr CSS folgenden Eintrag einfügen:

Listing 6.1 ▶
Ein Absatz wird rot eingefärbt.

```
p { color: red; }
```

Ein großer Nachteil ist jedoch, dass Sie keinen Einfluss darauf haben, welches Rot genau verwendet wird. Das W3C hat 16 Farben mit den dazugehörigen Hexadezimalwerten definiert, die Sie verwenden können.

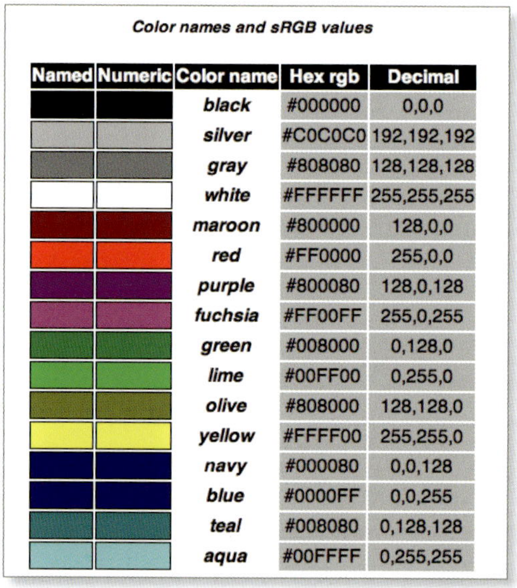

Abbildung 6.49 ▶
Farbdefinitionen des W3C

Color names and sRGB values				
Named	**Numeric**	**Color name**	**Hex rgb**	**Decimal**
		black	#000000	0,0,0
		silver	#C0C0C0	192,192,192
		gray	#808080	128,128,128
		white	#FFFFFF	255,255,255
		maroon	#800000	128,0,0
		red	#FF0000	255,0,0
		purple	#800080	128,0,128
		fuchsia	#FF00FF	255,0,255
		green	#008000	0,128,0
		lime	#00FF00	0,255,0
		olive	#808000	128,128,0
		yellow	#FFFF00	255,255,0
		navy	#000080	0,0,128
		blue	#0000FF	0,0,255
		teal	#008080	0,128,128
		aqua	#00FFFF	0,255,255

Da diese Farben für modernes Webdesign kaum ausreichen dürften, haben moderne Browser weitere Farbnamen implementiert. Mit Bezeichnungen wie »IndianRed« und »Chartreuse« kann man damit wesentlich genauere Farben definieren. Eine vollständige Liste entnehmen Sie am besten der englischen Wikipedia unter *http://en.wikipedia.org/wiki/Web_colors.*

RGB-Werte | Als anspruchsvoller Designer werden Sie aber auch damit irgendwann an die Grenzen stoßen – was, wenn Ihr Sandbraun anders sein soll als das »SandyBrown« der Browser? Zum Glück können Sie die gewünschte Farbe direkt als RGB-Wert angeben.

Im RGB-Farbraum können Sie jeder Farbe einen Wert von 0 bis 255 zuweisen – es gibt also insgesamt 256 verschiedene Rot-, Grün- und Blauwerte, was insgesamt über 16 Millionen mögliche Farben ergibt:

Diese Werte können Sie direkt in Ihr CSS eintragen:

```
p { color: rgb(0,255,255); }
```

▲ **Listing 6.2**
Cyan in RGB-Schreibweise

Dieser Absatz hat cyanfarbenen Inhalt: 0 Teile Rot sowie je 256 Teile Grün und Blau. Bedenken müssen Sie dabei lediglich, dass das Binärsystem, auf dem Computer basieren, von 0 bis 255 zählt und nicht von 1 bis 256.

RGBa-System | Mit CSS3 wurde dieses System um einen weiteren Parameter erweitert und in das RGBa-System umgewandelt. Das a steht dabei für »Alpha« und stellt eine Angabe der Transparenz zwischen 0 und 1 dar. 0 bedeutet unsichtbar, 1 bedeutet volldeckend. Einen Cyan-Farbton im Hintergrund mit einer Deckkraft von 50 % könnten Sie also über folgende Angabe darstellen:

```
p { background-color: rgba(0, 255, 255, .5); }
```

▲ **Listing 6.3**
Cyan mit einer Deckkraft von 50 %

An diesem Beispiel können Sie zwei wichtige Regeln beobachten: Sie sollten die Alpha-Transparenz nicht als Prozentwert, sondern als Zahl darstellen – 0.5 statt 50 %. Außerdem sollten Sie das deut-

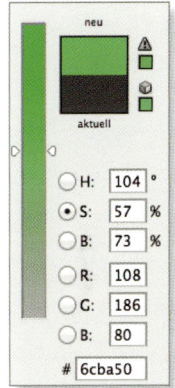

▲ **Abbildung 6.50**
Photoshop liefert Ihnen bei der Wahl einer Farbe direkt die entsprechenden RGB-Werte mit.

Nur Webfarben anzeigen

Die Checkbox NUR WEB-FARBEN ANZEIGEN im Farbwähler von Photoshop stammt noch aus historischen Zeiten, in denen man eine eingeschränkte Farbpalette im Web verwendete – heute benötigen Sie sie nicht mehr.

sche Komma durch einen Punkt ersetzen, wie es im anglizistischen Sprachraum üblich ist. Ob Sie die voranstehende 0 angeben oder nicht, macht übrigens keinen Unterschied.

RGBa wird von allen modernen Browsern unterstützt. Chris Coyier hat unter *http://css-tricks.com/rgba-browser-support* die genaue Unterstützung angegeben:

Tabelle 6.1 ▶
Browserunterstützung von Farbangaben in RGBa

Browser + Version	RGBa?
Firefox ab 3.x	ja
Firefox bis 2.x	nein
Chrome	ja
Safari ab 3.x	ja
Safari bis 2.x	nein
Mobile Safari	ja
Opera ab 10.x	ja
Opera bis 9.x	nein
Internet Explorer ab 9.x	ja
Internet Explorer bis 8.x	nein
Netscape	nein
BlackBerry Storm	ja

Fallback für den IE

Für den Internet Explorer gibt es eine weitere Möglichkeit, einen Fallback zu erzeugen. Sie lesen darüber in Kapitel 8 auf Seite 374.

Fallback-Variante | Damit auch die Benutzer älterer Browser beachtet werden, sollten Sie einen Fallback angeben – eine Farbe, die angezeigt wird, wenn der Browser RGBa nicht unterstützt. Das funktioniert auf einfache Weise:

```
p {
  background-color: rgb(0, 255, 255);
  background-color: rgba(0, 255, 255, .5);
}
```

Listing 6.4 ▶
Fallback in RGB für ältere Browser

Sie definieren also zunächst ein vollflächiges Cyan als Hintergrund, um es danach sofort wieder mit einem halbtransparenten Cyan zu überschreiben. Ältere Browser können mit dieser Angabe nichts anfangen und verwenden daher die vorhergehende `background-color`.

Hexadezimalwerte | Als letzte Variante können Sie Farben auch als Hexadezimalwerte angeben:

```
p { color: #00FFFF; }
```

▲ **Listing 6.5**
Farbwert in Hexadezimal-Schreibweise

Das Hexadezimalsystem ist also ein sechsstelliger Farbcode, der von einer Raute # eingeleitet wird. Die zwei Zeichen danach stehen für Rot. Es folgen zwei weitere für Grün und zwei für Blau.

Vielleicht werden Sie sich fragen, wie diese eigenartigen Farbwerte zustande kommen – ich möchte Ihnen dies hier nur kurz erklären, da es für Sie als Designer nicht so zentral ist.

Unser gewohntes Zahlensystem basiert auf einer Zehnerreihe und heißt daher auch »dezimal«: Sie zählen von 0 bis 9; danach gehen Ihnen im übertragenen Sinne die Ziffern aus und Sie stellen eine 1 voran, um weiterzählen zu können. Sind Sie bei 19 angelangt, erhöhen Sie die vorangestellte Ziffer um 1, bis Sie schließlich eine dritte, vierte oder gar fünfte Stelle voranstellen müssen.

Beim hexadezimalen System hat man sich entschieden, statt der Zehn die 16 als Grundzahl zu nehmen – hexadezimal steht auch für »16«. Auch hier beginnen Sie mit dem Zählen wieder bei 0. Da es keine Ziffern über 9 gibt, zählt man mit Buchstaben weiter: A steht für zehn, B für elf, C für zwölf, bis Sie mit F bei 15 sind. Sie zählen also von 0 bis F und stellen dann eine neue Stelle voran – nach (0)F folgt also 10, bis Sie bei 1F wieder zur 20 umspringen.

Der Farbcode #00FFFF aus unserem Beispiel ergibt übrigens wieder unser Cyan: 00 Rot, FF Grün (=255) und FF Blau (=255).

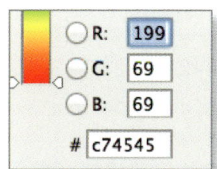

▲ **Abbildung 6.51**
Der Farbwähler von Photoshop zeigt zu jeder Farbe den entsprechenden Hex-Wert an.

Verläufe in CSS3 angeben

Neben vollflächig eingefärbten Elementen können Sie Farben auch in Form von Verläufen verwenden. Vor der Einführung von CSS3 waren Bilder die einzige Möglichkeit, Verläufe im Web darzustellen:

```
background-image: url(meinverlauf.png);
```

▲ **Listing 6.6**
Verlauf über ein Hintergrundbild

CSS3 erlaubt es Ihnen nun, einen Verlauf direkt anzugeben. Das hat eine Reihe von Vorteilen:

▸ höhere Geschwindigkeit durch Verzicht auf unnötige Bilder

▸ Unabhängigkeit von der Größe eines Elements – der Verlauf passt sich automatisch an

Es gibt zwei Arten von Verläufen: lineare (gerade) Verläufe und radiale (kreisförmige) Verläufe. In der Praxis werden Sie radiale Verläufe eher selten antreffen. Ich möchte mich daher in meinen Ausführungen auf die linearen Verläufe konzentrieren.

Radiale Verläufe

Wenn Sie sich für die offizielle Syntax für radiale Verläufe interessieren, empfehle ich Ihnen die entsprechende Dokumentation unter *http:// dev.w3.org/csswg/css3-images*. Oder aber Sie verwenden einfach den Colorzilla Gradient Generator (siehe Seite 279).

Einfacher linearer Verlauf | Um einen linearen Verlauf von grün nach rot in CSS3 anzugeben, könnten Sie folgende Angaben verwenden:

```
background: linear-gradient(green, red);
```

▲ **Listing 6.7**
Einfacher linearer Verlauf in CSS3

Richtung angeben | Das ist zunächst einmal nichts furchtbar Kompliziertes. Komplexer wird es jedoch, wenn Sie die Richtung des Verlaufs angeben möchten. Die Richtung bezeichnet man als *gradient-line*, angegeben wird sie mit einer Reihe von Schlüsselwörtern:

▸ to left

▸ to right

▸ to top

▸ to bottom

Anwendungsbeispiele

Gute Erklärungen und Anwendungsbeispiele für Verläufe in CSS3 finden Sie in Ingo Chao und Corina Rudels Buch »Fortgeschrittene CSS-Techniken«.

Ohne Angabe gilt der Standard »to bottom« – unser Verlauf von vorhin wäre also oben grün und unten rot.

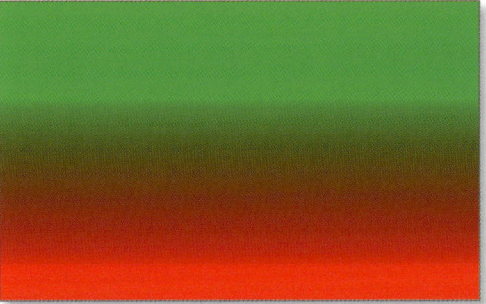

◀ **Abbildung 6.52**
Verlauf mit Hilfe von CSS3

Wenn Sie ihn lieber von links nach rechts hätten (»to right«), ist das auch kein Problem:

```
background: linear-gradient(to right green, red)
```

▲ **Listing 6.8**
CSS3-Verlauf von links nach rechts

Mehrere Farben | Bisher sind wir davon ausgegangen, dass wir zwei Farben verwenden möchten – der Fachbegriff dafür lautet, dass der Verlauf zwei *color stops* hat. Aber man kann natürlich auch drei *color stops* einsetzen:

```
background: linear-gradient(green, white, red)
```

◀ **Listing 6.9**
Linearer Verlauf mit drei Farben

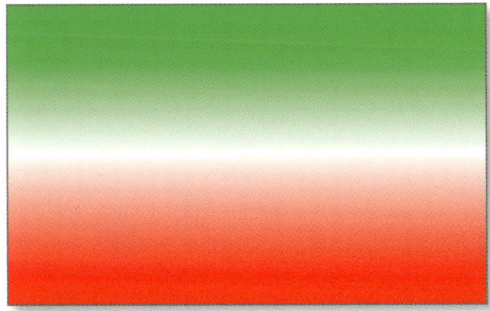

▲ **Abbildung 6.53**
Verlauf mit drei color stops – ohne Angabe werden sie gleichmäßig verteilt.

Standardmäßig werden color stops gleichmäßig verteilt. Sie können die Position der einzelnen color stops jedoch explizit festlegen. Dazu stellen Sie sich die gesamte Fläche als 100% vor und definieren, an welchem Punkt die einzelnen color stops liegen sollen:

```
background: linear-gradient(green 0%, white 20%, red 80%)
```

▲ **Listing 6.10**
Position von color stops in CSS3

Anzahl der Color Stops

Theoretisch können Sie so viele color stops setzen, wie Sie möchten – in der Praxis habe ich jedoch selten mehr als drei oder vier benötigt.

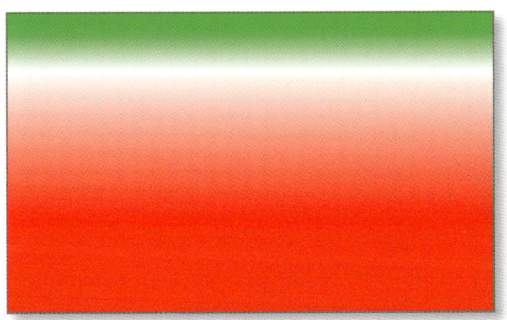

◀ **Abbildung 6.54**
Der Verlauf aus Listing 6.10

Mangelnde Browserunterstützung | Wenn Sie sich einmal die Spe-
zifikation von CSS3-Verläufen unter *http://dev.w3.org/csswg/css3-
images* anschauen, werden Sie feststellen, dass Sie eigentlich auch
noch einen Winkel angeben können, um einen schrägen Verlauf
darzustellen. Eigentlich.

CSS3 ist jedoch, wie Sie mittlerweile wissen, eine junge Technologie. Ihre Syntax ist noch nicht festgelegt, zudem wird sie noch
nicht von allen Browsern gleichermaßen unterstützt. Die Folge:
Die Sache wird wesentlich komplizierter. Den folgenden Code-
Schnipsel habe ich meiner Webseite entnommen – er bewirkt
nichts anderes als den Elementen mit der Klasse *.portfolio* einen
kleinen Verlauf zu geben.

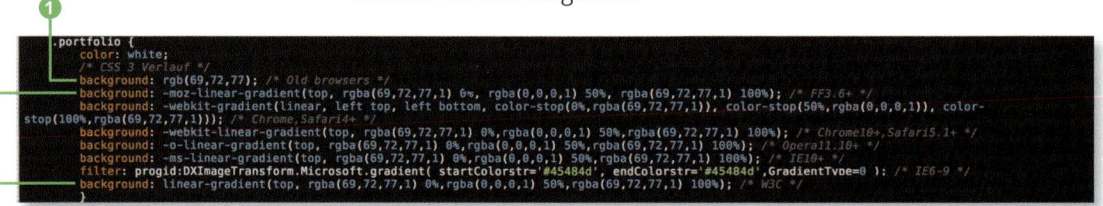

Abbildung 6.55 ▲
Viel Code für einen kleinen
Verlauf.

Unter ❶ wird zunächst eine Farbe für den Hintergrund angelegt
– es ist ein Fallback für alle alten Browser, die mit keiner der folgenden Angaben etwas anfangen können und daher einfach keinen
Verlauf zeigen sollen.

Unter ❷ folgen einige Verlaufsangaben – wahrscheinlich erkennen Sie die *vendor prefixes*, von denen ich bereits gesprochen habe.
`-moz-linear-gradient` spendiert dem Firefox (ab Version 3.6)
unseren Verlauf, anschließend werden mit `-webkit-linear-gra-
dient` die webkitbasierten Browser Chrome und Safari bedient.
Unschönes Detail: Ältere Webkitversionen haben eine ganz andere
Syntax als neuere … Es folgen Opera und IE10 mit `-o-linear-gra-
dient` bzw. `-ms-linear-gradient`. Internet Explorer 6–9 bekom-
men einen kryptischen Code spendiert, der einen herstellerspezi-
fischen Filter aufruft und nicht standardisiert ist.

Erst ganz am Ende unter ❸ folgt die standardisierte Schreibweise – für die Zukunft, wenn die Browser die Sonderwürste von
vorher nicht mehr benötigen.

Helfer im Web | Stop! Bitte legen Sie das Buch noch nicht weg.
Klar, dass Sie keine Lust haben, diese Sonderfälle alle auswendig
zu lernen. Zum Glück gibt es eine Reihe von Tools, die Ihnen die

Arbeit erleichtern. Besonders ans Herz legen möchte ich Ihnen den Colorzilla Gradient Generator unter *www.colorzilla.com/gradient-editor*.

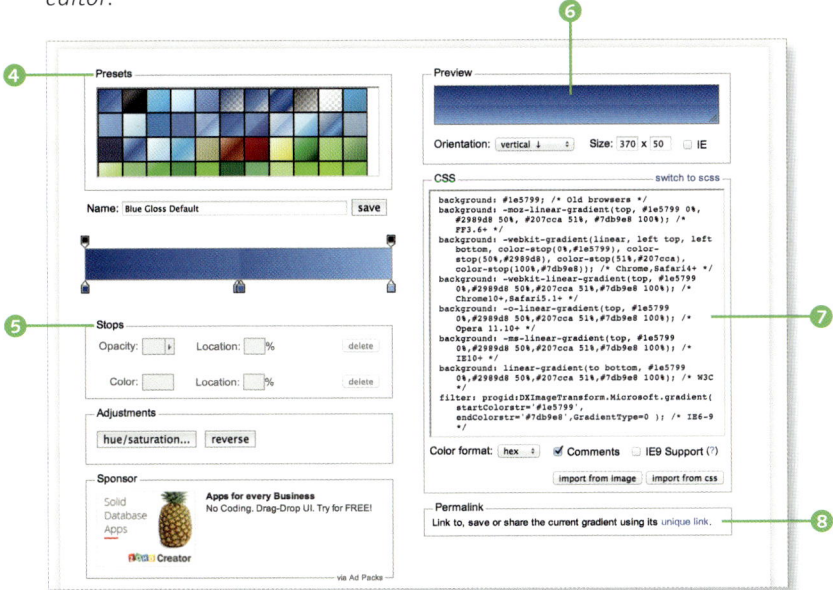

◄ **Abbildung 6.56**
Der Colorzilla Gradient Generator hilft Ihnen bei der Erzeugung von CSS3-Verläufen.

Mit diesem Tool ist es ein Leichtes, einen Verlauf anzulegen und den entsprechenden Code zu generieren. Unter ④ gibt es bereits eine Vielzahl von Vorlagen. Im Bereich ⑤ können Sie beliebig viele *color stops* definieren und mit der Maus an die gewünschte Position schieben. Unter ⑥ finden Sie eine Vorschau Ihres Verlaufs und können seine Richtung festlegen. Bei ⑦ erhalten Sie dann den CSS3-Code und können ihn in Ihr Stylesheet hineinkopieren. Praktisch: Jeder Verlauf bekommt einen eigenen Link ⑧ für die spätere Verwendung.

Barrierefreiheit – auch bei der Farbwahl

In den vergangenen Kapiteln habe ich bereits mehrfach von Accessibility gesprochen: Es ist sehr wichtig, dass Sie Ihre Webseite für alle Menschen zugänglich gestalten, und Farben bilden keine Ausnahme.

Zunächst einmal sollten Sie sich bewusst sein, dass Ihre Farbwahl nur ein Vorschlag ist, den ein Nutzer jederzeit überschreiben kann. Wenn ich mit einem Rechner im Sommer bei einer Mate im

Sonnenschein sitze, invertiere ich mir gerne meine Monitoreinstellung – mit einem einzigen Klick wird aus jeder Farbe ihr Komplementärkontrast, sodass mich der Text weniger blendet und ich ihn im Sonnenschein besser lesen kann.

Abbildung 6.57 ▶
Mit einem Tastendruck kann die Farbgebung jeder Website den äußeren Lichtverhältnissen angepasst werden.

Für Designer, die die Grundlagen von Accessibility noch nicht verinnerlicht haben, fühlt sich diese Vorstellung oft eigenartig an. Da macht man sich lange Gedanken über eine passende Farbwahl, und dann kommt ein Nutzer daher und stellt das einfach um?

Betrachten Sie das Thema allerdings einmal von der anderen Seite mit ein wenig Demut, wie ich es in Abschnitt 1.2, »Denken Sie wie Webdesigner!«, erläutert habe. Eine helle Webseite empfinde ich im Sonnenlicht als so unangenehm, dass ich sie nicht lesen kann oder möchte. Selbst wenn es eine Möglichkeit gäbe, ihre Farben unveränderbar zu machen, hätte das nur zur Folge, dass ich die Webseite gar nicht lesen würde. Ein Design ist Kommunikation – Sie drücken etwas damit aus, aber wie es bei mir ankommt oder wie ich damit umgehen möchte, liegt nicht in Ihrer Hand.

Das bedeutet jedoch nicht, dass Sie sich bei den Farben um Accessibility keine Gedanken machen müssen: Nicht jeder Nutzer weiß, wie er sich die Farben einstellen kann, und nicht immer haben die Nutzer Lust dazu. Wenn Sie bei der Gestaltung der Farben nicht auf Accessibility achten, könnte es sogar sein, dass ein

Nutzer überhaupt nicht merkt, dass ihm Informationen entgehen. Es gibt daher einige Regeln, die Sie unbedingt beachten sollten.

Lichtempfindlichkeit | Ein erster Faktor, den Sie bedenken sollten, ist die sogenannte skotopische Sensitivität oder Lichtempfindlichkeit. Betroffene Menschen empfinden starke Kontraste als unangenehm, besonders schwarzen Text auf weißem Grund. Die Folge: Text lässt sich nicht mehr gut lesen. Jens Meiert spricht von einer Verbreitung von etwa 12 % – wenn Sie zusätzlich bedenken, dass es durchaus vorkommen kann, dass Menschen nach einem langen Arbeitstag empfindlicher auf starke Kontraste reagieren, können Sie da ruhig noch einige Prozentpunkte draufschlagen.

Glücklicherweise lassen sich diese Schwierigkeiten leicht umgehen, indem Sie auf schwächere Kontraste setzen. Viele Webseiten verwenden daher keinen rein schwarzen Text und kein reines Weiß, sondern eher dunkle Grautöne oder leicht getöntes Weiß. Damit geben Sie Ihrer Webseite zugleich ein eleganteres Aussehen. Achten Sie lediglich darauf, den Kontrast nicht zu gering anzusetzen.

Ob Ihre Kontraste den Empfehlungen des W3C entsprechen, können Sie über den Colour Contrast Checker unter *www.snook. ca/technical/colour_contrast/colour.html* testen. Dort können Sie die Farbwerte für Vorder- und Hintergrund eintippen und erhalten dann im rechten Fenster eine Einschätzung der Barrierefreiheit.

Augenerkrankungen und barrierefreies Webdesign

Einen sehr guten und noch immer gültigen Artikel zum Thema hat Jens Meiert online veröffentlicht: *http://meiert. com/de/publications/articles/20061121*

Verwenden Sie für Texte abgeschwächte Kontraste.

▼ **Abbildung 6.58**
Der Colour Contrast Checker

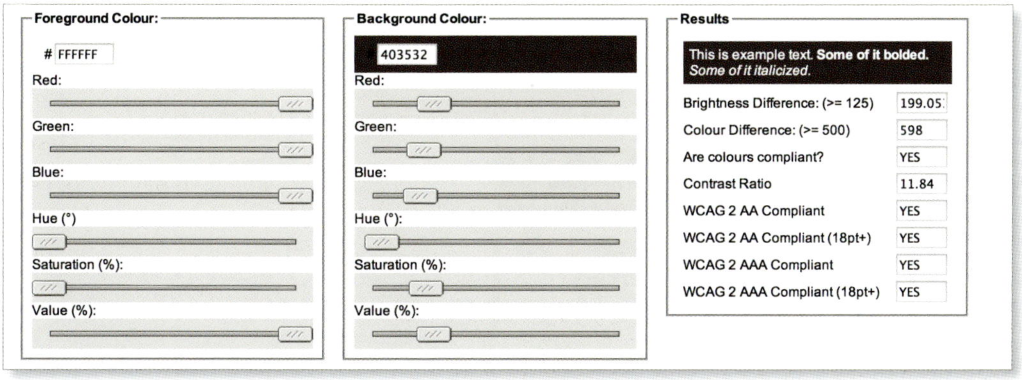

Farbfehlsichtigkeiten | Farbfehlsichtigkeiten werden umgangssprachlich gerne als »Farbenblindheit« bezeichnet und kommen in vier Ausprägungen vor. Reine Farbenblindheit, bei der keine Farben erkannt werden können, ist extrem selten. Sehr viel häufiger

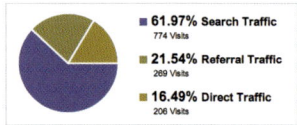

▲ **Abbildung 6.59**
Die beliebte Webanalyse-
Software Google Analytics bei
Grünblindheit – hier geht die
Unterscheidbarkeit verloren.

Farbe darf niemals das
alleinige Mittel sein, um
Informationen zu vermitteln.

Abbildung 6.60 ▶
Verschiedene Tools (hier:
www.etre.com/tools/colour-
blindsimulator) helfen beim
Testen, ob das eigene Layout
auch mit einer Farbfehlsich-
tigkeit noch logisch zu bedienen ist.

Tools für
Farbfehlsichtigkeiten

Im Netz gibt es einige
Tools, mit denen Sie tes-
ten können, wie Ihre
Webseiten bei Farbfehl-
sichtigkeiten wahrgenom-
men werden:
▶ *www.vischeck.com*
▶ *http://colorfilter.wickli-*
  ne.org
▶ *www.etre.com/tools/*
  colourblindsimulator
▶ *http://colororacle.org*

sind Fehlsichtigkeiten, bei der nur ein Teil der Farben betroffen ist:
Rotblindheit, Grünblindheit, Blaublindheit.

Tatsächlich können Sie aber auch diesen Menschen helfen: Verwenden Sie Farbe niemals als das alleinige Mittel zur Informati-
onsübermittlung. Ist ein Button im aktivierten Zustand rot und im
inaktiven grün, ergänzen Sie einfach ein weiteres Gestaltungsmittel
– etwa, indem der aktivierte Button fett ausgezeichnet oder unterstrichen wird. Fragen Sie sich bei der farbigen Gestaltung Ihrer Layouts stets, ob Nutzer die komplette Bedeutung auch dann noch
erfassen können, wenn alle Farben ausgeschaltet wären.

Wenn Sie Ihre Webseiten testen möchten, können Sie ein Tool
wie Visicheck oder Color Oracle verwenden. Diese Werkzeuge
erlauben es Ihnen, Ihre Layouts durch die Augen anderer Menschen zu sehen.

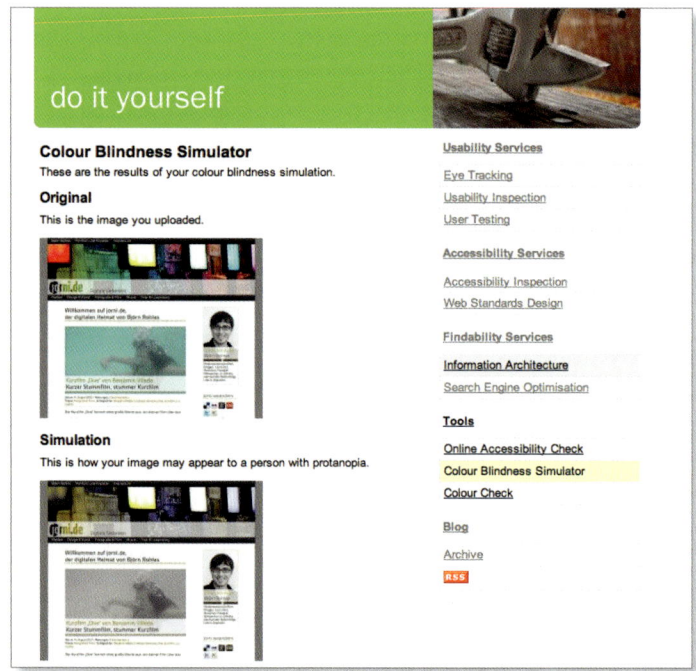

Fotosensitive Epilepsie | Eine letzte wichtige Gruppe betrifft die
Fotosensitive Epilepsie. Sie betrifft besonders Menschen mit Epilepsie, bei denen flackernde Lichtquellen epileptische Anfälle hervorrufen können. Wenn Sie Animationen einsetzen, vermeiden Sie
also stark flackernde Flächen.

6.6 Farben und Farbschemata für Webseiten

Nachdem Sie nun bereits einiges über die Grundlagen der Gestaltung mit Farben gelernt haben, werden wir nun aus unserem neuen Wissen konkrete Farbschemata ableiten, die Sie für Webseiten verwenden können.

Erste Schritte zu einem Farbschema

In der Praxis starten Sie bei der Wahl von Farben selten im luftleeren Raum. Meist gibt es bereits eine Corporate Identity oder wenigstens ein Logo, auf das Sie aufbauen können. Oder es gibt Vorstellungen von Kunden oder Partnern, wie die Seite aussehen könnte. Nicht selten werden Sie auch bei der Erstellung eines Moodboards Ideen entwickeln, welche Farben eingesetzt werden könnten, um sich von der Konkurrenz abzuheben oder aber um sich einheitlich in dem gewünschten Themengebiet zu positionieren.

Zielgruppe berücksichtigen | Ein zweiter Faktor, den Sie beachten sollten, ist einmal mehr das Zielpublikum Ihrer Webseite. Wenn Sie in der Konzeptionsphase sorgsam gearbeitet haben, werden Sie bereits ein klares Bild der Besucher Ihrer Webseite haben, aus dem sich Konsequenzen für Ihre Farbwahl ableiten lassen.

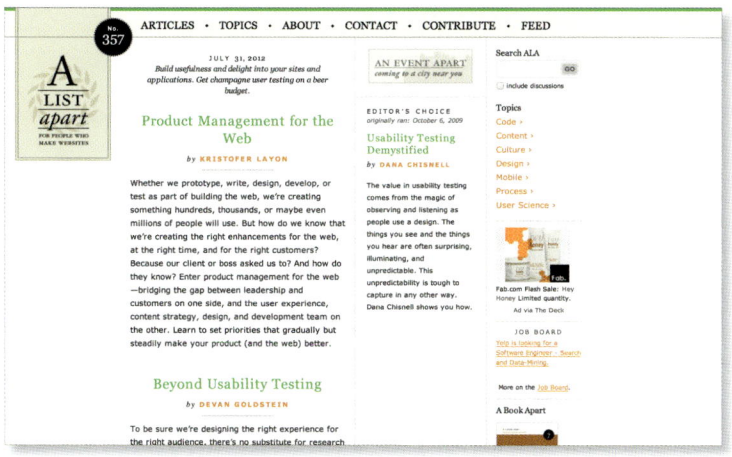

◀ **Abbildung 6.61**
Das Webdesign-Magazin A List Apart (*http://alistapart. com*) setzte vor seinem aktuellen Redesign auf sachlich reduzierte Farben, die es mit jeder Ausgabe mit einer anderen Highlight-Farbe kombiniert. Übrigens: Lesen Sie es. Regelmäßig.

Vorhandenes Material nutzen | Zunächst einmal sollten Sie sich über die Rolle im Klaren sein, die Farbe in Ihrer Gestaltung spielen soll. Eine der ersten Fragen dazu lautet: Gibt es Bildmaterial mit einer starken Aussage?

Die Antwort auf diese Frage kann für Ihre Gestaltung sehr bedeutsam sein. Gibt es eine Grafik oder ein Bild, das prominent auf der Webseite präsentiert werden soll, so kann sich bereits daraus ein Farbschema entwickeln lassen. Liegt der Fokus der Webseite jedoch darauf, unterschiedliche visuell auffällige Arbeiten zu präsentieren, so sollten Sie darüber nachdenken, in Ihrer Gestaltung auf Farbe zu verzichten: Viele Webseiten von Fotografen oder Designern kommen ohne oder mit wenig Farbe aus, damit die Webseite selbst nicht von den gezeigten Bildern oder Arbeiten ablenkt.

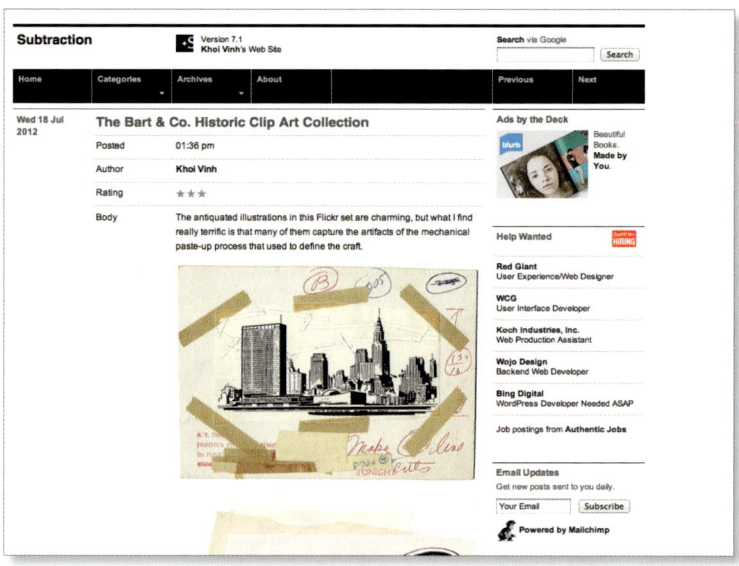

Abbildung 6.62 ▶
Khoi Vinhs *subtraction.com* ist ein Paradebeispiel für das Designer-Schwarz-Weiß – die präsentierten Arbeiten werden betont.

Nützliche Tools | Für die Erstellung eines Farbschemas gibt es eine Vielzahl von Tools, die Ihnen behilflich sein können. Zwei möchte ich Ihnen besonders ans Herz legen:

▶ **Adobe kuler** (*http://kuler.adobe.com*) können Sie direkt auf der Webseite nutzen oder als kleine Air-Anwendung auf Ihren Rechner laden. Sie können dort Farbschemata mit bis zu fünf Farben erstellen, sich von der Community inspirieren lassen und das Farbschema für Photoshop herunterladen.

▶ Der **Color Scheme Designer** (*http://colorschemedesigner.com*) bietet neben der Erzeugung von Farbschemata die Möglichkeit, sich deren Wirkung bei verschiedenen Farbfehlsichtigkeiten

anzuschauen, und wartet mit umfangreichen Exportmöglich-
keiten auf.

Sie haben bereits gelernt, dass Farben ihre Wirkung verändern,
wenn sie miteinander kombiniert werden (siehe Seite 264). Ich
möchte Ihnen nun eine Reihe von Verfahren erläutern, wie Sie
einschätzen können, welche Farben zueinander passen.

Der Winkelkontrast – Farben im Farbkreis

Um zu beschreiben, wie die verwendeten Farben zueinander stehen, verwendet man gerne den Begriff »Winkelkontrast«. Man geht
dabei vom Farbkreis aus und verbindet alle gewählten Farben mit
dem Mittelpunkt. So kann man zwischen den Farben einen Winkel
ablesen. Komplementärfarben, die sich genau gegenüber stehen,
haben demnach beispielsweise einen Winkelkontrast von 180°.

Adobe kuler hilft bei der Erstellung von Farbschemata nach dieser Methode. Unter ❸ lässt sich die Quelle für ein Farbschema wählen, Presets werden unter ❶ geliefert. Für jede der unter ❷ gewählten Farben liefert kuler bei ❹ die entsprechenden Farbwerte.

▼ **Abbildung 6.63**
Adobe kuler in Aktion

Mit dem Farbkreis können Sie prinzipiell beliebige Farbschemata erzeugen. Es gibt jedoch nach Ansicht von dem bekannten Designer und Autoren Mark Boulton einige Typen, die sich durchgesetzt haben – kuler hilft Ihnen durch entsprechende Presets bei der Auswahl:

▸ **monochrom**: ein einziger Farbton, auf Wunsch kombiniert mit verschiedenen Sättigungs- oder Helligkeitsstufen

▸ **komplementär**: Farben, die sich im Farbkreis gegenüberliegen – weitere Tipps können Sie auf Seite 248 nachlesen.

▸ **Triaden**: Triaden bestehen aus drei Farben, die sich im Farbkreis im gleichen Winkelabstand zueinander befinden. Solche Farbschemata erzeugen eine anregende Spannung.

▸ **analog:** Die Farben in analogen Farbschemata sitzen direkt nebeneinander im Farbkreis. Dieses Farbschema entspricht der Auffächerung – lesen Sie dazu mehr im folgenden Abschnitt (siehe Seite 288).

▲ **Abbildung 6.64**
Die Konferenz »Power of 1« (*www.p0wer0f1.com*) setzte auf ein analoges Farbschema.

Die Methode der maximalen Kontraste

Wenn Sie gerade erst mit der Farbgestaltung begonnen haben, könnte Ihnen die »Methode der maximalen Kontraste« helfen, die auf den Mathematiker und Farbtheoretiker Roman Liedl zurückgeht.

▲ **Abbildung 6.65**
Zweier-Harmonien wie bei der Einladungsseite von *App. Net* führen zu starker Betonung.

Zweier-Harmonie | Das Verfahren erzeugt eine farbliche Harmonie mit Hilfe des Farbkreises – die Farben sollten dabei in einem Gleichgewicht zueinander stehen. Eine einfache Möglichkeit dazu ist eine Zweier-Harmonie, die auf Komplementärkontrasten beruht – über Komplementärfarben haben Sie bereits einiges gelernt.

Dreier-Harmonie | Wie aber schaffen Sie es, einen harmonischen Farbeindruck zu erzeugen, wenn Sie mehr als zwei Farben einsetzen möchten? Eine Möglichkeit wäre, die Farben aufzusplitten. Sie können sich dieses Vorgehen so vorstellen, als würden Sie ein Seil zwischen zwei Farben spannen und eine Hälfte davon auftrennen und auseinanderziehen. Die beiden aufgetrennten Stränge wären dann zwar einzeln schwächer als die fest verwobene Hälfte; insgesamt jedoch haben Sie die gleiche Menge Seil auf jeder Seite. Eine Dreier-Harmonie entsteht.

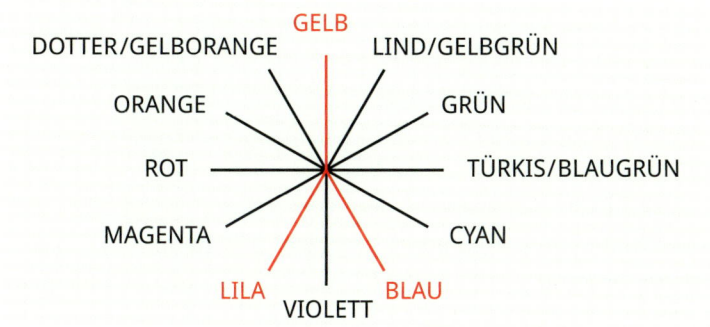

◄ **Abbildung 6.66**
Mit dem Farbkreis nach Küppers können harmonische Farbschemata durch Aufsplittung erzeugt werden.

Auf diese Weise lassen sich bereits viele Harmonien herstellen. Wichtig ist, dass Sie die Farben stets symmetrisch verteilen.

◄ **Abbildung 6.67**
Web, Grafik, Video – die drei Geschäftsbereiche der Agentur Studio13 (*http://studio13. fr*) werden mit einer Dreier-Harmonie aus Magenta, Cyan und Grün symbolisiert.

Viererharmonie | Komplexer wird das Verfahren, wenn Sie – metaphorisch gesprochen – beide Stränge des Seils zu einer Viererharmonie auftrennen.

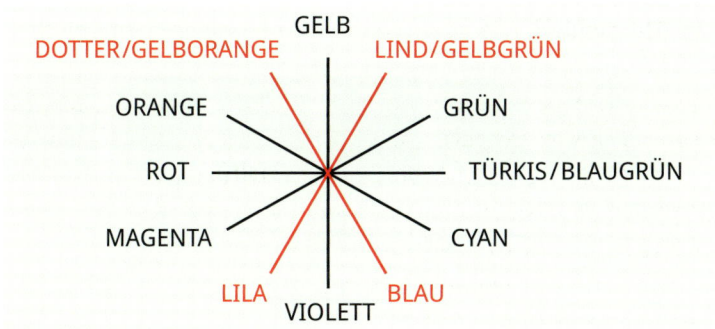

◄ **Abbildung 6.68**
Aufsplitten können Sie natürlich auch an beiden Enden der Harmonie.

Nicht zu viele Farben
Natürlich sind auch Fünfer- oder Sechser-Harmonien denkbar. Achten Sie dabei jedoch darauf, dass schnell ein zu bunter Eindruck entstehen kann.

Wenn Sie Farben nach diesem Verfahren aufsplitten, sollten Sie darauf achten, die Winkelkontraste nicht zu groß werden zu lassen. Sonst verliert sich der Eindruck harmonierender Farben zusehends, die Farben beginnen in einem Spannungsverhältnis zu stehen. Hartmut Rudolf, der Autor der empfehlenswerten Website *www.metacolor.de*, empfiehlt einen Winkel von 120° als Richtwert – es sei denn natürlich, Sie *wollen* gerade ein Spannungsverhältnis schaffen.

Auffächerung | Die kleine Schwester der Aufsplittung von Farben ist die sogenannte Auffächerung. Hierbei ergänzen Sie eine Farbe mit engen Nachbarn. Auf diese Weise können Sie die Farbigkeit variieren, ohne direkt den Eindruck zu erwecken, eine weitere Farbe käme ins Spiel.

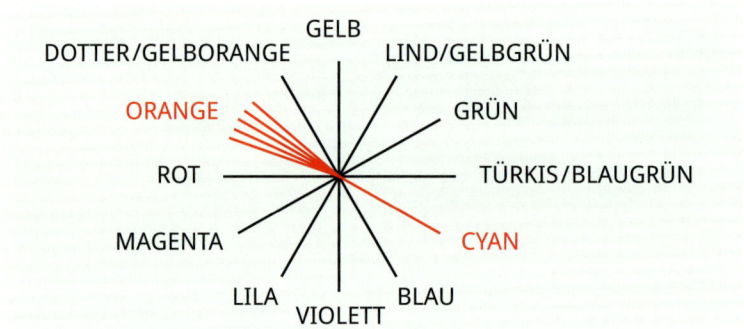

▲ **Abbildung 6.69**
Durch Auffächerung ergeben sich feine Farbreihen an einem Ende – oder alternativ ein durchgängiger Verlauf.

Farbreihen | Eine weitere Möglichkeit für harmonische Farben stellen Farbreihen dar. Hierbei wandern Sie nach und nach von einer Farbe zur nächsten.

▲ **Abbildung 6.70**
Farbreihen ähneln einer Klaviatur in der Musik – sie lassen sich natürlich auch mit verschiedenen Sättigungs- oder Helligkeitsstufen kombinieren.

Bei Farbreihen sollten Sie darauf achten, dass die Abstände zwischen den Farben nicht zu groß werden, sonst verliert sich der Eindruck von Farbstufen.

Stile und Vorbilder nutzen

Wenn Sie die Konzeption und die Erstellung Ihres Moodboards gründlich durchgeführt haben, bietet sich ein weiteres Verfahren an: sich an anderen Websites oder etablierten Stilen zu orientieren. Gut möglich ist auch, dass das Projekt direkt mit der Vorgabe startet, »so ähnlich auszusehen wie …«.

Um Stile oder bestehende Websites analysieren zu können, benötigen Sie zunächst ein einfaches Werkzeug, um die relevanten Farben herauszufinden. Mark Boulton schlägt dazu drei Grundfarben vor:

- **Basisfarbe**: Die Basisfarbe einer Gestaltung verfügt nur über eine geringe visuelle Kraft – ihre Aufgabe ist es, die anderen Farben zu unterstützen.
- **Hauptfarbe**: Die Hauptfarbe definiert die Kommunikation – sie ist die visuell stärkste Farbe.
- **Highlight-Farbe**: Diese Farben werden eingesetzt, um einzelne Elemente hervorzuheben – oft stehen sie in einem Kontrastverhältnis zu Basis- oder Hauptfarbe.

Mit diesen drei Hilfsmitteln können Sie etablierten Stilen einfach auf den Grund gehen. Sie eignen sich auch, um Ihre Entwürfe einem Kunden zu präsentieren, da sie die Zusammenhänge zwischen den verwendeten Farben verdeutlichen können. Zwei Beispiele für aktuelle Stile sollen Ihnen das Verfahren näherbringen.

Gesättigte Farben | Gesättigte Farben haben eine aktivierende Wirkung – besonders die warmen Töne. Sie wirken sehr dominant und geben einer Webseite oft einen poppigen Effekt. Flickr setzt beispielsweise auf ein starkes Blau (Hauptfarbe) mit Magenta für die Highlights, kombiniert mit großzügigem Weiß (Basisfarbe). Die knalligen Farben wecken das Interesse der Nutzer, während die weißen Flächen dazu anregen, gefüllt zu werden – eine gewollte Assoziation für einen Dienst aus dem Social Web.

Abbildung 6.71 ►
Flickr (*http://flickr.com*) mit
starken, anregenden Farben

Pastellfarben | Pastellfarben zeichnen sich durch einen hohen Weißanteil aus – sie wirken, zart und unschuldig.

Die Kreativagentur yoke (*http://thisisyoke.com*) setzt auf Pastelltöne mit einer frischen grünen Highlight-Farbe, kombiniert mit freundlich-naiven Zeichnungen. Die Botschaft: Wir arbeiten ethisch verantwortungsbewusst.

Abbildung 6.72 ►
yoke (*http://thisisyoke.com*)
nutzt Pastellfarben.

Mit Assoziationen zu einem Farbschema

Erinnern Sie sich noch, wie sehr ich Ihnen eine durchdachte Konzeption ans Herz gelegt habe? Oft ergeben sich Ideen für ein Farbschema bereits in der Konzeption. So dürften Sie während des Brainstormings eine Reihe von Assoziationen entwickelt haben, die zum Thema Ihrer Webseite passen – nun müssen Sie nur noch die passenden Farben dazu heraussuchen.

Das Beispielprojekt im folgenden Abschnitt wird Ihnen das Vorgehen erläutern.

6.7 Beispielprojekt – Farbe

Nachdem Sie nun einiges über Farben im Webdesign gelernt haben, möchte auch die Netzschreibstube eingefärbt werden.

Stimmige Helligkeiten – die Grey-Box-Methode

Als Ausgangsbasis habe ich mich für die Grey-Box-Methode entschieden. Dies ermöglicht mir, mich zunächst nur mit den Helligkeitswerten zu beschäftigen. Außerdem möchte ich mich auf drei Farben beschränken: eine reduzierte Basisfarbe, eine visuell starke Hauptfarbe sowie eine selten eingesetzte Farbe für Highlights.

Sie finden die Photoshop-Datei »netzschreibstube-grey-box.psd« auf der DVD im Ordner BEISPIELPROJEKT • KAPITEL_6.

◀ **Abbildung 6.73**
Konzept der Netzschreibstube nach der Grey-Box-Methode

Die Basisfarbe soll kein reines Weiß sein, denn gerade beim Lesen am Bildschirm empfinde ich das als zu blendend – insbesondere wenn die Helligkeit am Monitor sehr hoch eingestellt ist. Eine dezent abgedunkelte Farbe verhindert diesen Effekt. Abgesehen davon möchte ich bei der Schrift auf Experimente verzichten, um die Leserlichkeit nicht zu beeinträchtigen – Schwarz oder dunkles Grau sind die Farben der Wahl.

In der Fußzeile kann ich mir sehr gut eine abgedunkelte Variante der Hauptfarbe vorstellen. Außerdem habe ich mir über die Randspalte Gedanken gemacht und zwei Kästen eingefügt, die Informationen zu den Autoren und eine Subnavigation enthalten sollen. Die Farbe für diese Bereiche sollte etwas dunkler sein als die Basisfarbe, aber nicht zu sehr davon ablenken – schließlich sollen die damit eingefärbten Bereiche zwar als eigenständige Inhalte unterscheidbar sein, aber nicht die Haupt-Aufmerksamkeit erhalten.

Den Header möchte ich eher dunkel halten. Er soll als wichtiges Orientierungs- und Navigationselement direkt ins Auge springen. Insbesondere möchte ich die beiden Hauptbereiche »Lesen« und »Schreiben« klar voneinander unterscheiden.

Schließlich sehe ich die Hauptfarbe an einigen exponierten Stellen im Layout – besonders bei Links. Sie muss auf jeden Fall dunkel sein, damit sie sich gut von der hellen Basisfarbe abhebt. Dennoch sollte sie sich genug vom Schwarz des Haupttextes unterscheiden, dass man noch eindeutig erkennen kann, ob ein Text mit einem Link versehen ist oder nicht. Die Highlight-Farbe soll sich davon klar abgrenzen, um auffällige Akzente setzen zu können.

Mit diesen konzeptionellen Überlegungen geht es nun daran, konkrete Farben zu finden.

Ein Farbschema aus Assoziationen ableiten

Die ersten Ideen für ein Farbschema bekommt man erfahrungsgemäß immer ein wenig intuitiv, und auch ich möchte mich dabei an einigen Ideen aus dem Brainstorming in Kapitel 2 orientieren. Damals ist mir aufgefallen, dass sich die Netzschreibstube in einem interessanten Spannungsfeld zwischen traditionellen Assoziationen rund um das Thema »Schreiben« und der Idee des Digitalen bewegt. Wichtig war mir außerdem ein eher warmer, nicht zu technischer Eindruck.

Basisfarbe | Ich möchte mich daher bei der Wahl der Basisfarbe an Papier orientieren – ich empfinde Papier trotz aller Digitalität in meinem Leben als etwas sehr Angenehmes und Inspirierendes, besonders in Form von Notizbüchern. Besonders schön finde ich natürlich wirkendes, nicht grell gebleichtes Papier. Ich wähle daher ein sehr helles Beige als Basisfarbe, das zum schwarzen Text einen angenehmen, nicht zu extremen Kontrast bildet. Ein dunklerer Ockerton kommt beim Footer zum Einsatz. Später werde ich den Papier-Eindruck durch eine Textur noch verstärken.

Hauptfarbe | Bei der Wahl der Hauptfarbe orientiere ich mich an der Methode der maximalen Kontraste und entscheide mich für Blau. Diese Farbe kommt besonders für die Links zum Einsatz und entspricht damit den Nutzergewohnheiten.

▲ **Abbildung 6.74**
Helles Beige als Basisfarbe

▲ **Abbildung 6.75**
Gelblicher Ockerton als Variation der Basisfarbe

▲ **Abbildung 6.76**
Blau als Hauptfarbe

Highlight-Farbe | Bleibt noch die Frage nach der Highlight-Farbe. Wie erwähnt sollte sie sich genug von der Hauptfarbe abheben. Das ist besonders wichtig, weil ich sie als Hinweis verwenden möchte, wenn ein Link mit der Maus aktiviert wird. Meine Wahl fällt schließlich auf einen Orangeton, der zu meinem Blau in einem deutlichen Kontrast steht.

▲ **Abbildung 6.77**
Orange für Highlights

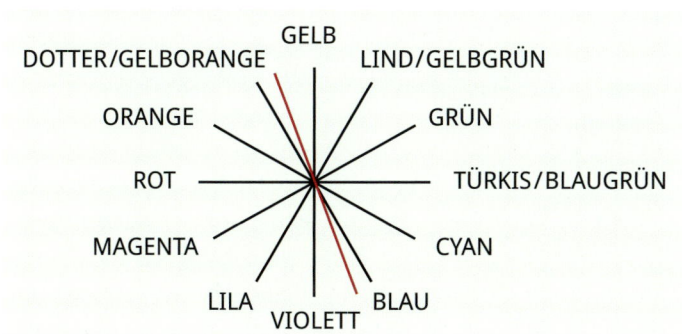

◄ **Abbildung 6.78**
Nach der Methode der maximalen Kontraste würde Gelborange als Highlight-Farbe infrage kommen.

Den farbigen Entwurf »netzschreibstube-farben.psd« finden Sie ebenfalls im Ordner Beispielprojekt • Kapitel_6.

▲ **Abbildung 6.79**
Farbiges Layout der Netzschreibstube

Umsetzung in CSS

Diese Farben gilt es nun in CSS zu gießen. Das Layout einzufärben ist keine große Kunst: Sie müssen lediglich background-color oder color mit den Farbwerten auf die gewünschten Elemente anwenden:

Listing 6.12 ▶
Einfärbung des Inhalts-bereichs

```
#pagewrap { background-color: #fffcf2; /* neu in Kapitel 6 */ }
```

Die Navigation im Header bekommt einen leichten Verlauf – außer in den alten IE-Versionen, die mit einfacher schwarzer Farbe beglückt werden (ab Zeile 103). Außerdem habe ich das Thema der Beiträge durch einen schwarzen Balken hervorgehoben (ab Zeile 171).

Auf der DVD finden Sie das eingefärbte Dokument zum Nachvollziehen. Ich habe Ihnen die veränderten Angaben mit Kommentaren markiert, sodass Sie sich schnell zurechtfinden sollten.

Nun fehlt noch einiges im Kopfbereich der Website sowie bei
den Artikeln. Dafür habe ich bereits Ideen, die ich mit Grafiken realisieren könnte. Wie Sie mit Grafiken auf Websites umgehen können, erfahren Sie im folgenden Kapitel.

Die Datei »index.
html« unter Beispielprojekt •
Kapitel_6 zeigt den aktuellen
Zwischenstand des Beispielprojekts.

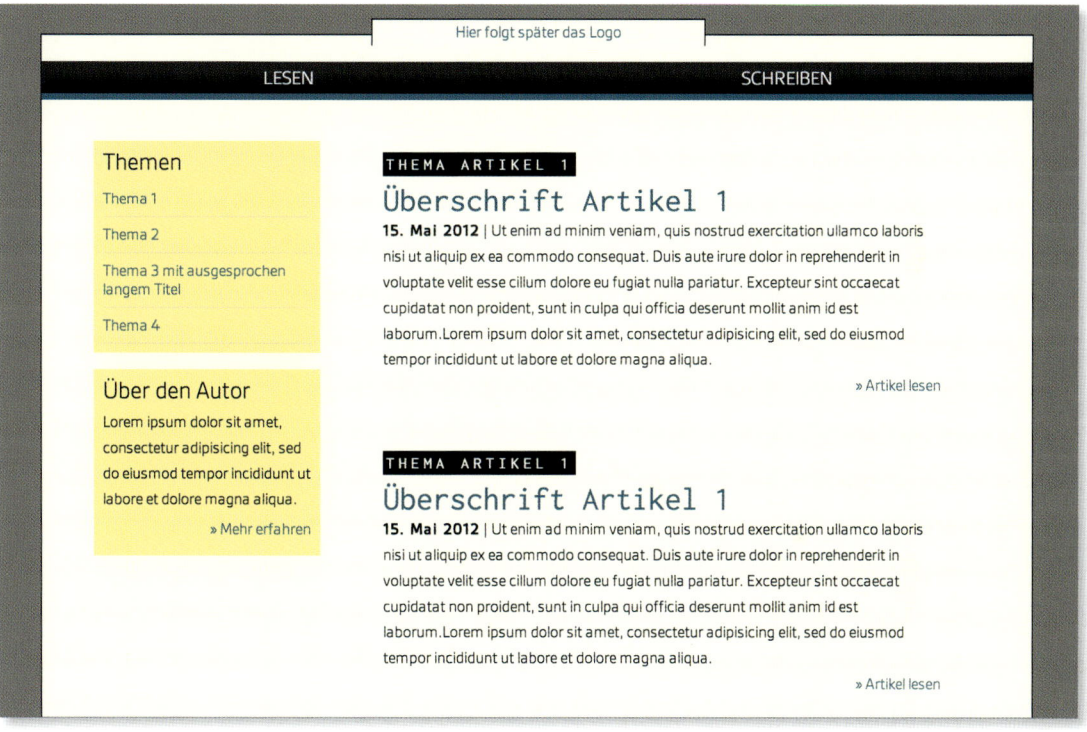

▲ **Abbildung 6.80**
Zwischenstand der Netzschreibstube

Grafiken und Bilder

So verwenden Sie Grafiken beim Webdesign

▶ Wo kann ich Bilder finden, die ich verwenden darf?

▶ Welche Grafikstile gibt es im Web?

▶ Wie verwende ich Grafiken im Webdesign?

▶ Wie gestalte ich typische Web-Elemente wie Buttons und Hintergründe?

7 Grafiken und Bilder

Grafiken und Bilder sind oft das Salz in der Suppe einer Gestaltung. Sie sind ein echter Blickfang und vermitteln ein klares Bild, worum es auf der Website eigentlich geht. Zudem können Sie Grafiken verwenden, um interessante visuelle Effekte zu erzielen. In diesem Kapitel werden Sie lernen, wie sie geeignete Grafiken einsetzen und worauf Sie dabei achten sollten.

7.1 Tipps für die Bildwahl

Fotografie ist ein weites Feld, mit dem Sie sich im Laufe Ihres Gestalter-Lebens einmal ausführlich beschäftigen sollten. Das schult Ihren Blick und wird Ihnen in vielen Bereichen Ihrer Gestaltung helfen. Einige Grundregeln möchte ich Ihnen jedoch schon heute mitgeben, damit Sie direkt von ihnen profitieren können.

Der erste Schritt bei der Suche nach einem Bild ist es, einen Stil festzulegen – nur so wissen Sie, wonach Sie überhaupt suchen sollen.

Fotografie oder Illustration?

Fotografien vermitteln einen realistischen Eindruck, aber ihre Detailtreue ist nicht immer hilfreich. Illustrationen sind verspielter und abstrakter.

Fotografien sollten Sie einsetzen, wenn ein realistischer Eindruck wichtig ist. Fotografien stehen trotz aller Manipulationsmöglichkeiten noch immer dafür, dass die abgebildete Situation wirklich genau so gewesen ist. Illustrationen wirken verspielter, künstlicher und oft auch ein wenig kreativer als Fotos. Die Grenzen zwischen realistischer Fotografie und künstlicher Illustration werden jedoch zunehmend fließender.

Nicht selten bestimmt der Gegenstand die Wahl. Fotos bieten sich für Fälle an, in denen es wichtig ist, einen konkreten Eindruck zu vermitteln – etwa von Produkten oder Personen. Illustrationen sind abstrakter und visualisieren Aspekte, von denen man gar keine Fotos machen kann.

◄ **Abbildung 7.1**
Fotografien sind zur Vermitt-
lung realistischer Eindrücke
erste Wahl, etwa in der Mode-
branche (*http://olymp.com*).

Einen Vorteil haben Illustrationen bei erklärenden Darstellungen
wie Grundrissen oder technischen Zeichnungen – hier würde die
Detailtreue von Fotografien meist störend wirken. Mit Illustrationen ist es außerdem einfacher, eine durchgängige visuelle Bildsprache zu erzeugen – logisch, schließlich unterliegen sie vollends
Ihrer Kontrolle.

◄ **Abbildung 7.2**
Die Schreinerei J. Alexander
(*http://jawoodworking.com*)
nutzt Fotografien (für konkrete Produkte) und Illustrationen (für abstrakte Qualitäts-
kriterien) gleichzeitig.

Hier sind einige Aspekte mit ein paar typischen Beispielen, die Sie
bei Ihrer Arbeit berücksichtigen könnten:

▸ **Zielgruppe**: Jüngere Menschen fühlen sich eher von verspielten
Illustrationen angesprochen als ältere.

▸ **Gewohnheiten der Branche**: Ingenieure kennen technische Zeichnungen in- und auswendig – das könnten Sie nutzen, um eine entsprechende Bildsprache zu erzeugen.

▸ **Überraschung**: Ihre Konkurrenz setzt geschlossen auf Fotos? Gut, setzen Sie doch einfach auf Illustrationen.

▸ **Gegenstand**: Konkrete Produkte sind wie geschaffen für Fotografien. Abstraktes ist eher das Gebiet der Illustration.

▸ **Eindruck**: Illustrationen neigen häufig dazu, ein gewisses Retro-Gefühl zu erzeugen, weil Fotografien lange Zeit nicht einfach zu drucken waren – man hat dann eben auf Illustrationen zurück-gegriffen.

▸ **Budget**: Manchmal bestimmt das Budget die Wahl – ein Illustrator kann günstiger sein als ein Fotograf mit Model, Licht und Location…

Typischerweise verwendet man Illustrationen im Webdesign vor allem für Icons und illustrative Elemente, Fotos eher für Inhalte oder Hintergründe. In diesem Abschnitt wird es zunächst um inhaltliche Bilder gehen – alles Wissenswerte zum dekorativen Einsatz von Grafiken erfahren Sie in Abschnitt 7.7, »Looks kreieren – Hintergründe, Effekte und Spiegelungen«.

Emotionalität über Bilder herstellen

Aufnahmen von Menschen, die den Betrachter direkt anschauen, stellen schnell eine emotionale Bindung her.

Bilder sind eines der effektivsten Mittel, um Emotionalität herzu-stellen. Aufnahmen von Menschen eignen sich hervorragend, um einem Unternehmen Persönlichkeit einzuhauchen.

Je direkter die Porträtierten den Betrachter anschauen, desto eher empfinden wir eine emotionale Verbindung mit ihnen. Dieser Eindruck ist noch stärker, wenn uns die gezeigte Situation vertraut vorkommt. Angestellte einer Versicherung, die über Vertragskonditionen diskutieren, stellen kaum eine emotionale Verbindung her – sehr wohl aber eine Person, die sich nach einer schweren Krankheit dank einer Versicherung keine Sorgen um ihre Zukunft machen muss.

Authentische Bilder schaffen Vertrauen – jemand steht mit seinem Gesicht zu dem, was auf dieser Website zu sehen ist. Es kann daher sehr sinnvoll sein, den Autor eines Beitrags mit einem Bild darzustellen.

▲ Abbildung 7.3
Der Webdesign-Podcast Technikwürze (*http://technikwuerze.de*) zeigt die Moderatoren mit einem Bild – wer so etwas tut, hebt das Vertrauen der Leser.

Die naheliegende Deutung Ihrer Nutzer wird immer sein, dass Bilder etwas abbilden, das mit Ihrer Website in Verbindung steht – und das kann besonders bei Stockfotografien problematisch werden. Aus dem Kontext muss klar werden, ob die gezeigten Bilder Abbilder von tatsächlich involvierten Personen oder lediglich Metaphern für archetypische Situationen sind. Verwirrend kann das insbesondere werden, wenn Sie wie die Anwaltskanzlei Dylan Nair ausgerechnet auf der »Über Uns«-Seite ein Stockfoto verwenden.

▲ Abbildung 7.4
Die Ergo Versicherung (*http://ergo.de*) verwendet emotionale Bilder, um ihre Tarife anzupreisen. Nachteil: Sie wirken recht beliebig und von der nächstbesten Bildagentur gekauft.

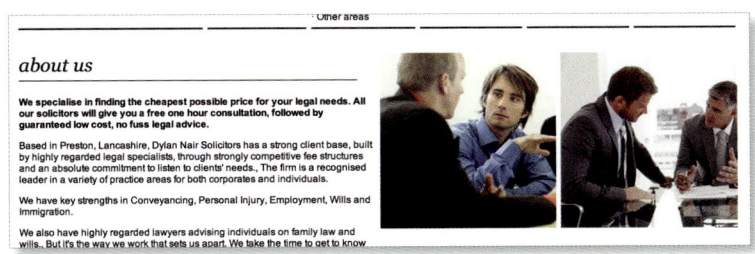

▲ Abbildung 7.5
Das Bild rechts ist ein Stockfoto von Fotolia (*www.dylannair.com/aboutus.html*).

Bildwirkung

Eine der wichtigsten Lektionen, die Sie als Fotograf oder Filmer lernen können, ist, ein Verständnis für Einstellungsgrößen zu entwickeln. Damit ist grob vereinfacht gemeint, wie viel von der Umgebung neben dem Motiv noch zu sehen sein soll. Manchmal sind die Einstellungsgrößen durch das Thema einer Aufnahme vorgegeben – es macht wenig Sinn, einen Wald zu fotografieren, wenn Sie die Struktur einer Tannennadel zeigen möchten. Einstellungsgrößen

Stockfotos

Der Begriff »Stockfoto« kommt vom Englischen »to have in stock« (auf Lager haben) und bezeichnet Fotos, die in Erwartung späterer Verkäufe von Bildagenturen vertrieben werden. Im Gegensatz zur Stockfotografie steht die speziell an Kundenwünsche angepasste Auftragsfotografie.

Fotografien selbst erstellen

In den folgenden Ausführungen werde ich mich auf grobe Richtwerte konzentrieren, die für die Bildauswahl ausreichen. Sollten Sie jedoch selbst als Fotograf arbeiten und die Bilder Ihrer Website selbst erstellen, lohnt sich eine nähere Beschäftigung mit dem Thema »Einstellungsgrößen«.

haben allerdings auch einen Einfluss auf die Interpretation einer Fotografie.

Weite Einstellungsgrößen zeigen viel von der Umgebung eines Subjekts und betonen so die physische Gestalt. Gebäude und Landschaften wirken so sehr eindrucksvoll.

▲ **Abbildung 7.6**
Wird ein Motiv ganz gezeigt, betonen Sie seine physische Gestalt und sein Verhältnis zur Landschaft.

Nahe Einstellungsgrößen hingegen betonen die Individualität und Persönlichkeit des Dargestellten, insbesondere wenn es sich um Personen handelt. Formatfüllende Gesichter eignen sich gut, eine emotionale Nähe zu der dargestellten Person herzustellen. Sie können übrigens auch ruhig eine Person anschneiden: Wir müssen nicht unbedingt den ganzen Körper sehen.

Abbildung 7.7 ▶
Nahe Einstellungen lassen uns einen Moment emotional miterleben – in diesem Fall verstärkt die Unschärfe den Eindruck des energiegeladenen Konzerts zusätzlich.

Wenn Sie nur ein kleines Stück eines Objekts zeigen, handelt es sich um eine Detailaufnahme. Solche Details eignen sich hervorragend, um den Betrachtern einen stimmungsvollen Eindruck von einem Thema zu geben.

◄ **Abbildung 7.8**
Das rumänische Hotel Oxford (*www.hotel-oxford.ro*) verwendet Detailaufnahmen, um die Stimmung in seinen Zimmern zu visualisieren.

Bei der Suche nach Details können Sie sich ruhig davon leiten lassen, was Ihnen ungewohnt vorkommt. Ein Beispiel wäre ein schräg abgeschnittener Besen in den Schweizer Alpen, da man mit ihm in abfallendem Gebiet besser den Hof kehren kann als mit einem geraden Besen.

▲ **Abbildung 7.9**
Besen in den Schweizer Alpen

Es gibt übrigens einen einfachen Trick, um den richtigen Anschnitt eines Bildes zu finden: der Inside-Out-Crop. Sie öffnen dazu eine Grafik in Photoshop und wählen das Freistellungs-Werkzeug. Ziehen Sie den Rahmen nun so auf, dass das Hauptmotiv Ihres Bildes zu sehen ist – und nicht mehr. Nun ziehen Sie Ihren Ausschnitt nach und nach weiter auf und überlegen sich bei jeder Einstellung, ob die neu hinzugenommene Szenerie etwas zur gewünschten Aussage hinzufügt. Wenn ja: Sehr gut, diese Inhalte gehören auf das Bild. Wenn nein, darf ruhig weggeschnitten werden.

Perspektiven

Extreme Perspektiven wirken immer etwas unnatürlich und haben dadurch eine starke Wirkung. Wenn Sie etwas von schräg unten fotografieren, wirkt es tendenziell eher mächtig und kompetent – bisweilen auch etwas Furcht einflößend.

▲ **Abbildung 7.10**
Durch die Aufnahme von
unten wirkt das Gebäude
riesig.

Schräg von oben fotografierte Menschen wirken eher hilflos und unterlegen. Bedenken Sie das, wenn Sie Kinder fotografieren oder Bilder von Kindern auswählen möchten: Wollen Sie nicht den Eindruck von Unterlegenheit vermitteln, müssen Sie sich auf ihre Augenhöhe begeben.

▲ **Abbildung 7.11**
Aus ihrer Höhe fotografiert werden Kinder zur gleichwertigen Zielgruppe für Mode (*www.bonprix.de/kategorie/kinder*).

Extreme Aufsichten machen eine Aufnahme sehr abstrakt. Wir können Größenverhältnisse nicht mehr gut unterscheiden, und das Dargestellte wirkt eher flächig und grafisch. Solche ungewöhnliche Perspektiven eignen sich besonders, wenn Sie einen künstlerischen Eindruck vermitteln möchten, denn zahlreiche Künstler haben mit extremen Perspektiven experimentiert und so ganze Kunstrichtungen begründet.

Stile

Viele Kunstrichtungen haben eine eindeutige Bildsprache entwickelt, die sich im Webdesign spiegelt. Wenn Sie diese Stile aufgreifen, können Sie Ihre Website mit einfachen Mitteln in einen Zusammenhang mit der entsprechenden Kunstrichtung setzen – achten Sie nur darauf, dass die Assoziationen auch passen.

Ein paar Beispiele für Stile, die häufig aufgegriffen werden, sind:

▶ **Surrealismus**: Die Kunstbewegung aus den 1920er-Jahren interessierte sich stark für das Unbewusste und Traumhafte. Bilder in diesem Stil laden Ihre Nutzer dazu ein, über deren Bedeutung nachzudenken, da sie sich selten sofort erschließt – aber Vorsicht: zu viel davon verwirrt.

◄ **Abbildung 7.12**
Vorhänge als Traum-Gebilde
(*www.agote.lt*)

▶ **De Stijl**: Das ist eine niederländische Kunstrichtung, ebenfalls aus dem frühen 20. Jahrhundert. De-Stijl-Werke sind stark auf Formen und Farben reduziert und beruhen auf einer mathematisch strengen Harmonie. Wenn Sie viele Bilder übersichtlich und zugleich visuell stimulierend präsentieren möchten, ist De Stijl eine gute Wahl. Am besten ergänzen Sie eine kräftige Farbe oder ein visuell starkes Element, damit das Bilderraster nicht zu rigide wirkt.

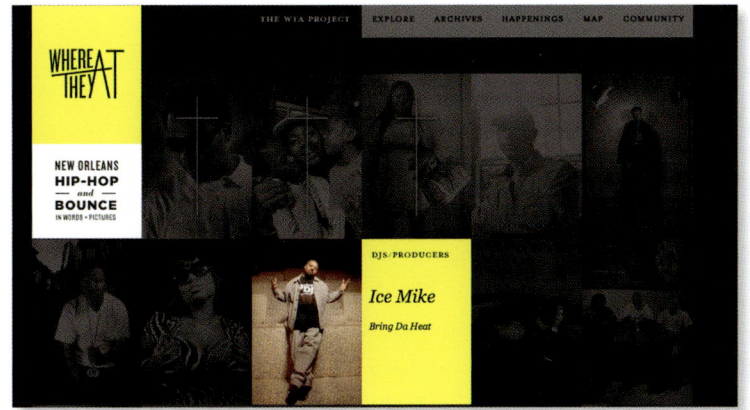

◄ **Abbildung 7.13**
Fotos in einem strengen
Raster als Stilelement
(*http://wheretheyatnola.com*)

▶ **Pop Art**: Pop Art entstand nach dem zweiten Weltkrieg und basiert auf kräftigen Farben und einer Anmutung von industrieller Fertigung. Mixibits (siehe Abbildung 7.14) verwendet Pop

Art, um aus einer schnöden Sammlung von Kassetten eine stilvolle Bedienoberfläche zu bauen.

Abbildung 7.14 ▶
Kassetten in Pop-Art-Manier
(*www.mixibits.com*)

7.2 Freie Grafiken und Bilder verwenden

Es gibt wohl kaum einen Bereich im Web, in dem so viele Rechtsverletzungen begangen werden wie bei Bildern und Grafiken. »Ich werde ja wohl dieses kleine Bild verwenden dürfen …?« – die Antwort heißt meist: Nein. Bilder sind urheberrechtlich geschützt und dürfen daher nicht einfach so verwendet werden.

Bilder als Zitate verwenden

Bildzitat ja oder nein?

Thomas Schwenke hat die Besonderheiten zum Bildzitat anschaulich zusammengefasst: *http:// rechtsanwalt-schwenke. de/wann-ist-ein-bildzitat- erlaubt-anleitung-mit-bei- spielen-und-checkliste*

Eine Ausnahme gibt es bei den Bildzitaten. Faustregel: Für wissenschaftliche Arbeiten ist die Verwendung fremder Bilder erlaubt, außerdem zur Belegung eigener Gedanken – sofern dafür *kein anderes Bild infrage kommt*. Das klingt so kompliziert, wie es ist – tatsächlich gibt es immer wieder gerichtliche Auseinandersetzungen, ob der konkrete Fall denn nun ein Bildzitat ist oder nicht.

In Ihrer Praxis als Webdesigner dürfte Ihnen das Zitatrecht sowieso wenig helfen – schließlich geht es Ihnen um das Design, nicht um den Inhalt.

Zum Glück gibt es dennoch eine Lösung: Viele Fotografen und Gestalter teilen ihre Werke gerne mit anderen und erlauben deren Verwendung.

Portale mit freien Bildern

Einige Gestalter meinen es besonders gut und erlauben die Verwendung ihrer Werke ohne irgendeine Gegenleistung. Für Fotos empfehle ich Ihnen Morguefile (*http://morguefile.com*). Dort finden Sie eine Vielzahl von Aufnahmen zur freien Verwendung – Sie dürfen damit alles tun, außer zu behaupten, es handele sich um Ihre Fotos, und die Bilder als alleinstehende Werke weiterzuverkaufen. Nicht einmal den Fotografen müssen Sie nennen. Meine persönliche Einstellung zu diesem Thema ist, dass ich es trotzdem tun würde – Ehre, wem Ehre gebührt. Es steht Ihnen aber frei, wie Sie das handhaben möchten.

Eine weitere Website für freie Bilder, die Sie kennen sollten, ist stock.xchng (*http://sxc.hu*). Dort steht unter jedem Foto, unter welchen Bedingungen es verwendet werden darf.

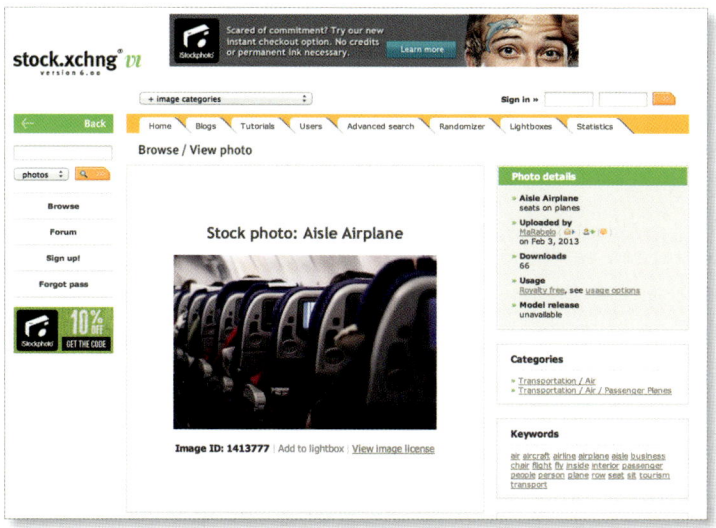

◀ **Abbildung 7.15**
Frei verwendbares Bild auf stock.xchng

Gemeinfreiheit und Public Domain

Besonders einfach haben Sie es bei der Verwendung älterer Werke: **Gemeinfreie Werke** dürfen uneingeschränkt verwendet werden. Gemeinfrei werden Werke (derzeit) 70 Jahre nach dem Tod des Urhebers oder – sofern nicht bekannt ist, wer das Werk geschaffen hat – 70 Jahre nach der Veröffentlichung des Werks.

Ähnlich, aber nicht identisch ist das amerikanische Konzept der **Public Domain**. Nach amerikanischem Rechtsverständnis können

Ende des Urheberrechts-Schutzes

Die Gemeinfreiheit beginnt 70 Jahre nach dem Tod des Urhebers.

Urheber auf ihre Urheberrechte verzichten und ihre Werke somit freiwillig unter Public Domain stellen. Nach deutschem Recht ist so etwas nicht möglich – Urheber wird man automatisch, ob man möchte oder nicht. Allerdings kann man die Nutzungsrechte flexibel gestalten, also die Bestimmungen, unter welchen Voraussetzungen das Werk genutzt werden darf. Von dieser Möglichkeit machen die Creative Commons Gebrauch.

7.3 Creative-Commons-Inhalte verwenden

Creative Commons (CC) ist ein Lizenzierungsmodell für Werke im Internet, das sich in vielen Bereichen als Quasi-Standard etabliert hat. Es geht zurück auf den amerikanischen Juristen Lawrence Lessig und beruht auf der Idee, dass das klassische Urheberrecht für das Internet zu starr und unflexibel sei. Menschen wie Lessig wird bisweilen vorgeworfen, die Urheber enteignen zu wollen – davon kann jedoch bei den Creative Commons nicht die Rede sein, denn bei ihnen entscheidet der Urheber selbst, ob und unter welchen Bedingungen er seine Werke unter CC lizenzieren möchte.

CC-Lizenzen verstehen | Es gibt eine ganze Reihe möglicher CC-Lizenzen, die aber einfach zu verstehen sind, wenn Sie sich die zugrunde liegende Struktur veranschaulichen. CC-Lizenzen beruhen nämlich immer auf vier Bedingungen, die verschieden kombiniert werden können.

- Für *jedes* CC-Werk gilt das Prinzip der Namensnennung, das mit dem Zusatz **BY** (»von«) bezeichnet wird. Das Prinzip ist einfach umzusetzen: Sie müssen stets den Namen des Urhebers nennen.
- Der nächste Baustein ist das Prinzip »Keine Bearbeitung«, das auf Englisch mit dem Zusatz **ND** (»no derivates« = keine Abwandlung) bezeichnet und durch das Zeichen »=« symbolisiert wird. Werke mit diesem Zusatz dürfen nicht verändert werden. Eine Veränderung der Größe ist natürlich okay, nicht jedoch, das Bild zu beschneiden, die Farben zu verändern oder etwas hineinzusetzen.
- Kommerzielle Verwendung eines Werkes kann mit Hilfe des Bausteins »Keine kommerzielle Verwendung« – **NC** für »non commercial« – ausgeschlossen werden. Werke unter NC dür-

▲ **Abbildung 7.16**
CC-Baustein BY = Namensnennung

▲ **Abbildung 7.17**
CC-Baustein ND = Bearbeitungen verboten

fen nicht kommerziell verwendet werden. Wann genau etwas kommerziell ist, darüber wird immer wieder diskutiert – insbesondere bei der Frage, ob ein paar Anzeigen schon als kommerziell gelten. Als Gestalter jedoch ist die Frage meist schnell beantwortet. Wenn es sich um eine Auftragsarbeit handelt oder Sie sich oder ein Produkt mit der Website vermarkten wollen, sollten Sie keine NC-Werke verwenden. Für private oder karitative Zwecke gilt das nicht.

▶ Schließlich gibt es noch eine spezielle Möglichkeit für Menschen, die die CC-Idee gut finden und gezielt fördern möchten: »Share Alike« (**SA**) oder Weitergabe unter gleichen Bedingungen. Wenn Sie eines dieser Werke einsetzen möchten, müssen Sie Ihr eigenes Werk ebenfalls unter diese Lizenz stellen. Ein SA-Bild in einer Fotocollage führt somit dazu, dass Ihre Collage auch unter SA stehen muss. Im Prinzip heißt »Weitergabe unter gleichen Bedingungen« also nichts anderes als »Eine Hand wäscht die andere« – Sie geben der Community etwas zurück, weil auch Sie von ihr profitiert haben.

Insgesamt ergeben sich aus diesen vier Bausteinen verschiedene Kombinationen:

▲ **Abbildung 7.18**
CC-Baustein NC = keine kommerzielle Verwendung

▲ **Abbildung 7.19**
CC-Baustein SA = Weitergabe unter gleichen Bedingungen

Immer möglich: Urheber fragen

Wenn Sie den Urheber gefragt haben, dürfen Sie seine Werke übrigens auch außerhalb ihrer Lizenzen verwenden. Nur weil ein »NC« bei einem Werk steht, heißt das nicht, dass Sie den Urheber nicht um Erlaubnis für die kommerzielle Verwendung fragen dürfen.

Name	Symbol	Bedingungen
CC BY	(cc) (i) BY	Sie müssen Urheber und Lizenz nennen.
CC BY SA	(cc) (i) (⟳) BY SA	Sie müssen Urheber und Lizenz nennen. Ihr eigenes Werk müssen Sie ebenfalls unter die CC BY SA stellen.
CC BY ND	(cc) (i) (=) BY ND	Sie müssen Urheber und Lizenz nennen. Das Original-Werk darf nicht verändert werden.
CC BY NC	(cc) (i) (€) BY NC	Sie müssen Urheber und Lizenz nennen. Kommerzielle Verwendung ist tabu.

◀ **Tabelle 7.1**
Mögliche Kombinationen der CC-Bausteine

Name	Symbol	Bedingungen
CC BY NC SA		Sie müssen Urheber und Lizenz nennen. Kommerzielle Verwendung ist tabu. Ihr eigenes Werk müssen Sie ebenfalls unter die CC BY NC SA stellen.
CC BY NC ND		Sie müssen Urheber und Lizenz nennen. Kommerzielle Verwendung ist tabu. Das Original-Werk darf nicht verändert werden.

Tabelle 7.1 ▶
Mögliche Kombinationen der CC-Bausteine (Forts.)

Rechtssichere CC

Natürlich gibt es diese Beschreibung auch auf Legalesisch: Creative Commons beschäftigt eigene Anwälte, die genau ausformulieren, was die Bausteine in der jeweiligen Rechtsprechung bedeuten. Sie können diese Formulierungen auf *http://creativecommons.org* einsehen. Für Juristen oder juristische Auseinandersetzungen sind diese Texte maßgebend.

Nicht kombinierbar

Share Alike und No Derivates schließen sich aus – die Voraussetzung für Share Alike ist ja eben, dass Sie das fremde Werk überhaupt in ein eigenes einbetten dürfen, um z. B. einen Remix oder eine Collage anzufertigen.

Bei allem gilt natürlich, dass Sie dennoch nachdenken müssen – ist es realistisch, dass das Bild wirklich unter CC steht? Bisweilen finden Sie nämlich Scans oder Kopien von Nicht-CC-Werken, die irgendjemand unter CC gesetzt hat. Wenn es also offensichtlich ist, dass das Werk nicht unter CC stehen *kann*, weil der Urheber gar nicht gefragt worden ist, sollten Sie von einer Verwendung absehen.

CC-Inhalte finden | Für Designer sind die Creative Commons natürlich ein Glücksfall: Sie erhalten so einen riesigen Pool von Werken, die Sie verwenden dürfen, solange Sie die Lizenz beachten.

Wie aber finden Sie solche Werke? Creative Commons selbst bietet unter *http://search.creativecommons.org* eine Meta-Suchmaschine für CC-Inhalte an. Alternativ bieten die meisten wichtigen Plattformen entsprechende Suchfilter an:

- Flickr (*http://flickr.com*), 500 px (*http://500px.com*) und Google Images für Bilder und Grafiken,
- Jamendo (*http://jamendo.com*) und Soundcloud (*http://soundcloud.com*) für Musik,
- YouTube (*http://youtube.com*) und Vimeo (*http://vimeo.com*) für Filme

Außerdem gibt es Projekte, die mit viel Liebe zum Detail Grafiken für Designer sammeln und unter einer freien Lizenz anbieten. Zwei von ihnen möchte ich Ihnen besonders an Herz legen:

- Subtle Patterns (*http://subtlepatterns.com*)
- Texture King (*www.textureking.com*)

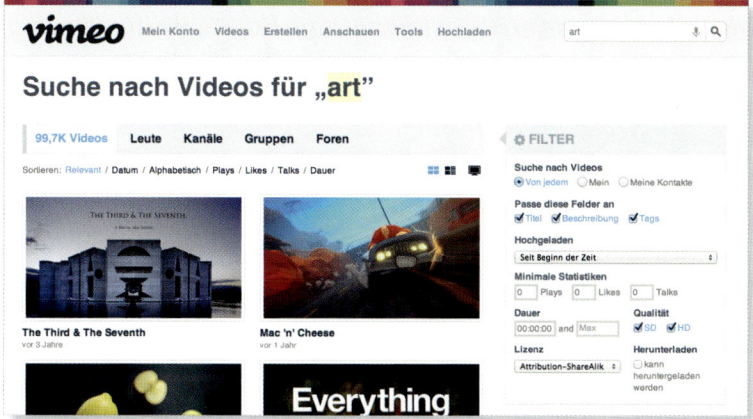

▲ **Abbildung 7.20**
Creative-Commons-Suche auf *http://vimeo.com*

CC-Inhalte richtig verwenden | Wenn Sie CC-Inhalte richtig verwenden möchten, gibt es zwei wichtige Aspekte zu beachten. Zum einen sollten Sie neben der Namensnennung unbedingt einen Link auf das Werk setzen – so können Ihre Leser direkt zur Quelle gelangen. Außerdem sollten Sie unbedingt die konkrete Lizenz nennen und die jeweiligen Lizenzbestimmungen verlinken. Auf diese Art ist es einfach möglich zu überprüfen, ob Sie die Bestimmungen eingehalten haben. Im Quelltext könnte eine richtige Verwendung eines Lizenzhinweises so aussehen:

CC-Inhalte richtig referenzieren

Jeder Lizenznachweis sollte die folgenden Angaben enthalten:
► Link zum Original
► Bezeichnung und Link zu den Lizenzbestimmungen

```
(Bild: "<a title="Bildquelle" href="http://www.flickr.com/
photos/dolkin/6946653706/">Old Radio</a>" von Christos
Kotsakis, <a title="Lizenz des Bilds" href="http://
creativecommons.org/licenses/by-nc-nd/2.0/deed.de">
CC BY NC ND</a>)
```

◄ **Listing 7.1**
Lizenz- und Quellennachweis

Wenn diese Art des Nachweises nicht in Ihr Layout passt, können Sie natürlich auch eine andere Art des Lizenznachweises wählen, z. B. über Symbole. Letztendlich ist es nicht so wichtig, *wie* Sie die Nachweise konkret gestalten – solange alle Angaben gemacht und verlinkt wurden.

Noch ein letzter Tipp: Ein richtiger Lizenznachweis gehört direkt zum Bild und nicht irgendwo versteckt. Bedenken Sie: Wenn Sie von der kreativen Leistung eines anderen profitieren, sollten Sie diese Arbeit gebührend würdigen – Sie würden es sich nicht anders

▲ Abbildung 7.21
Lizenznachweis über ein Symbol ❶ (*http://www.spreeblick.com/2012/04/13/vreitagsvers-der-neunundvierzigste*)

Tabus bei CC

Bei allen CC-Lizenzen gelten noch eine Reihe weiterer Grundregeln. So dürfen die Werke nicht in Zusammenhang mit Pornografie, widerrechtlichen Inhalten oder hass- bzw. diskriminierungsförderlichen Publikationen verwendet werden. Die Verwendung zur Diffamierung der Dargestellten ist ebenso tabu. Das hat aber eher wenig mit Bildrechten zu tun, sondern eher mit dem Persönlichkeitsrecht der dargestellten Person. Als Gestalter dürften Sie mit diesen Rechten jedoch eher selten ins Gehege kommen.

wünschen, wenn Sie eigene Inhalte unter CC veröffentlichen. Sollten Ihr Chef oder Ihr Kunde diese Hinweise »doof« oder »unprofessionell« finden, sind Sie mit eigenen oder lizenzierten Grafiken besser beraten.

Inhalte unter CC veröffentlichen | Creative Commons sind mittlerweile ein wichtiges Standbein kreativer Arbeit im Netz geworden. Wenn Sie möchten (und nur dann), können Sie CC auch für einen Teil Ihrer Werke verwenden. In einigen Fällen *müssen* Sie Ihre Gestaltungen sogar unter CC veröffentlichen – dann nämlich, wenn Sie ein Werk verwenden möchten, das unter einer Share-Alike-Lizenz steht.

In vielen Online-Diensten wie YouTube, Vimeo, Flickr oder 500 px können Sie für jedes Werk getrennt einstellen, ob und unter welcher CC-Lizenz es stehen soll.

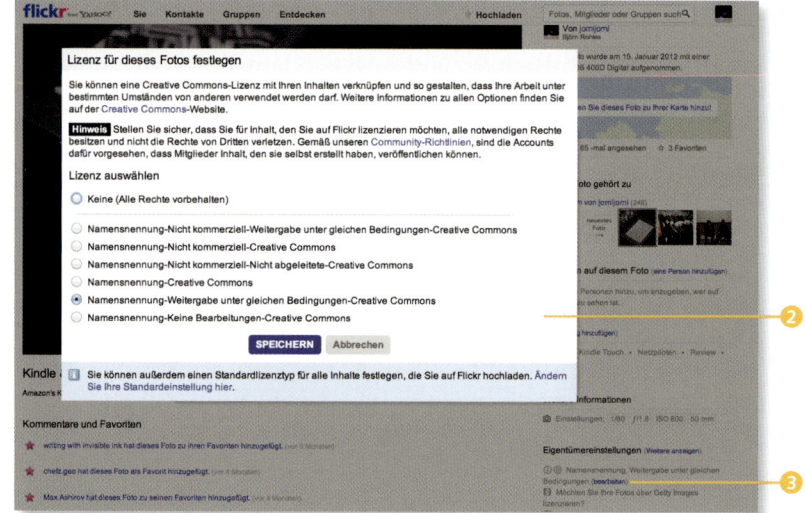

▲ Abbildung 7.22
Flickr erlaubt durch einen Klick auf BEARBEITEN ❸ bei den Eigentümereinstellungen die flexible Zuweisung von Lizenzen ❷.

Prinzipiell brauchen Sie aber keinen Online-Dienst, um ein Werk unter CC zu stellen. Es genügt, einfach die Lizenz zum Werk zu schreiben und zu verlinken.

7.4 Grafiken und Bilder einkaufen

Wenn Sie freie Bilder nicht verwenden möchten oder dürfen, für eigene jedoch nicht die Zeit oder die Muße haben, können Sie fertige Bilder lizenzieren.

Die teuerste und zugleich flexibelste Lösung ist es, einen **Fotografen** oder **Grafiker** zu engagieren. Vorteil: In diesem Fall können Sie sehr genau bestimmen, wie die Motive letztendlich aussehen sollen, und Sie können sich sicher sein, dass ausschließlich Sie die Bilder verwenden. Als Nachteil stehen die hohen Kosten zu Buche – besonders, wenn auch noch Models gebucht, Technik geliehen oder Aufnahmeorte gemietet werden müssen.

Eine günstigere Alternative ist es, **Stockfotografien oder -grafiken** zu erwerben. Der Begriff »stock« (englisch: Bestand) steht dafür, dass die Aufnahmen und Grafiken eben »auf Vorrat« angefertigt und fix und fertig zum Kauf angeboten werden.

Fotografen engagieren

+ flexibel
+ individuelle Bilder
+ Exklusivität
− teuer
− höherer Zeitbedarf

Stockfotos verwenden

+ flexible Lizenzmodelle
+ große Bildauswahl für häufige Themen
+ günstiger Preis
− einheitliche Ästhetik
− eher geringe Auswahl für ausgefallene Themen
− andere Designer könnten dasselbe Bild verwenden

21.239.375 lizenzfreie Fotos, Videos und Vektoren.

▲ **Abbildung 7.23**
Fotolia (*http://de.fotolia.com*) hat über 21 Millionen Fotos und Grafiken im Angebot.

Aus dieser Tatsache können Sie bereits ablesen, welche Art Bilder Sie bei den Stock-Agenturen erwarten dürfen: typische, häufig nachgefragte Szenen. Individuell wirkende Aufnahmen oder Bilder zu eher seltenen Themen suchen Sie hier vergebens.

Erwähnen sollte man auch, dass Stockfotografien durch ihre universelle Einsetzbarkeit leicht austauschbar wirken können – es sind eben irgendwelche Models in Business-Kleidern, die in sterilen Büros über virtuellen Akten beraten. Wenn Sie also auf Authentizität und Individualität Wert legen, sind Stockfotos selten die richtige Wahl.

Bedenken sollten Sie schließlich auch noch: Stockfotos können auch von anderen Gestaltern gekauft werden. Sie werden überrascht sein, wie oft Ihnen auf Websites oder Plakaten die bekannten Gesichter aus den Katalogen der Stock-Agenturen begegnen.

Wenn Sie ein lizenziertes Bild neben Ihrer Website auch für andere Zwecke verwenden möchten, sollten Sie genau prüfen, ob das erlaubt ist. Nur, weil Sie ein Bild für Ihre Website lizenziert haben, heißt das nicht, dass Sie es auch auf Facebook oder einem Flyer zeigen dürfen.

Preise und Lizenzbestimmungen sind äußerst unterschiedlich. Es gibt Agenturen gehobener Preisklasse und solche für geringere Budgets. In einigen orientiert sich der Preis an der gewünschten Auflösung des Bildes, in anderen bezahlen Sie nach Verwendungszweck oder Dauer der Verwendung. Einige Dienste bieten auch ein Abonnement an.

Wenn Sie ein passendes Bild gefunden haben, werden Sie nicht umhinkommen, sich sehr genau mit den Lizenzbestimmungen zu beschäftigen. Prinzipiell unterscheiden können Sie sogenannte »**royality free**«-Modelle und **lizenzbasierte Modelle**.

»Royality Free« bedeutet, dass Sie ein Bild erwerben und anschließend so oft benutzen können, wie Sie möchten. Bei Anbietern auf Lizenzbasis erwerben Sie die Erlaubnis, eine Grafik für einen vorher festgelegten Zweck zu verwenden – wenn Sie das Bild später erneut verwenden möchten, benötigen Sie eine neue Lizenz.

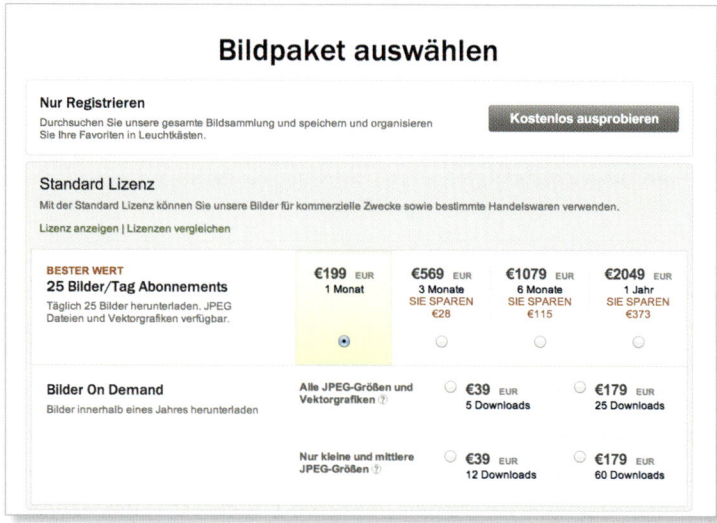

Abbildung 7.24 ▶
Royality-Free-Bilder (hier: *www.shutterstock.com*) werden meist im Abo oder als Einzel-Download erworben.

Hier ist eine kleine Auswahl von Agenturen, bei denen Sie Fotografien und Grafiken erwerben können – ohne Anspruch auf Vollständigkeit:

▶ Fotolia (*http://de.fotolia.com*)
▶ iStockPhoto (*www.istockphoto.com*)
▶ Shutterstock (*www.shutterstock.com*)
▶ Getty Images (*www.gettyimages.de*)

7.5 Bilder für das Web optimieren

Nun wird es Zeit, dass Sie sich ein wenig mit der Auflösung von Bildern beschäftigen. Dies ist nämlich eines der größten Missverständnisse im Webdesign. Die Verwirrung kommt besonders aus dem Print-Bereich, der nach anderen Maßstäben funktioniert.

Der 72-dpi-Mythos

Der Begriff **dpi** steht für »dots per inch« und bedeutet so viel wie Punkte pro Inch. Der Begriff »dots« ist leider missverständlich, denn auch im Druckraster spricht man von Bildpunkten – diese sind jedoch *nicht* identisch mit der Auflösung des digitalen Bildes. Es ist daher besser, von **ppi** zu sprechen – Pixel per Inch. Ein Bild mit einer Auflösung von 72 ppi versammelt also 72 Pixel auf einem Inch Länge. Eines mit 300 ppi Auflösung hätte dementsprechend 300 Pixel pro Inch.

Im Print gibt es für Bilder zwei wichtige Angaben. Zum einen die *physische Größe* des Bildes – es ist wichtig zu wissen, ob das Bild eine ganze Din-A4-Seite einnehmen soll oder nur eine Fläche von 2 × 2 cm. Außerdem ist das *Druckraster* wichtig. Beim professionellen Druck wird Farbe nicht einfach vollflächig aufgetragen, sondern durch kleine Bildpunkte in vier Farben (CMYK, siehe Seite 271) dargestellt, die in einem bestimmten Muster aufgetragen werden – dem Druckraster. Das konkrete Druckraster ist abhängig vom verwendeten Papier, der Druckmethode und der gewünschten Qualität.

Bei digitalen Bildern kommt eine Angabe hinzu. Sie bestehen bekanntlich aus Pixeln – kleinen quadratischen Bildpunkten. Wenn Sie nun ein digitales Bild drucken möchten, müssen Sie (bzw. Ihre Software) diese Pixel in das gewünschte Druckraster umrechnen. Es würde zu weit gehen, in einem Buch über Webdesign die Formel dazu zu erklären – als Faustregel hat sich eingebürgert, dass eine Auflösung von 300 ppi meist ausreicht.

Mit dieser Angabe könnten Sie nun die maximale Größe ausrechnen, mit der Sie ein Bild drucken könnten, ohne dass die Qualität sichtbar leidet. Ein Bild mit einer Länge von 900 px und einer Auflösung von 300 ppi könnte somit auf Papier maximal 3 Inch lang sein (900 / 300 = 3) – umgerechnet 7,62 cm.

Inch

Ein Inch ist eine amerikanische Längeneinheit: 1 Inch = 2,54 cm.

Bilder für Print

Faustregel: Bilder mit einer Auflösung von 300 ppi eignen sich auch für professionellen Druck (vorausgesetzt, das Bild soll nicht physisch vergrößert werden).

Diese Erklärung ist nun sehr grob vereinfacht – wäre dies ein Buch für Printdesign, müsste ich wesentlich genauer sein, Ihnen die Formel zur Umrechnung erläutern und verschiedene Druckraster erklären. Der Punkt ist nur der: Als Webdesigner ist das für Sie vollkommen irrelevant.

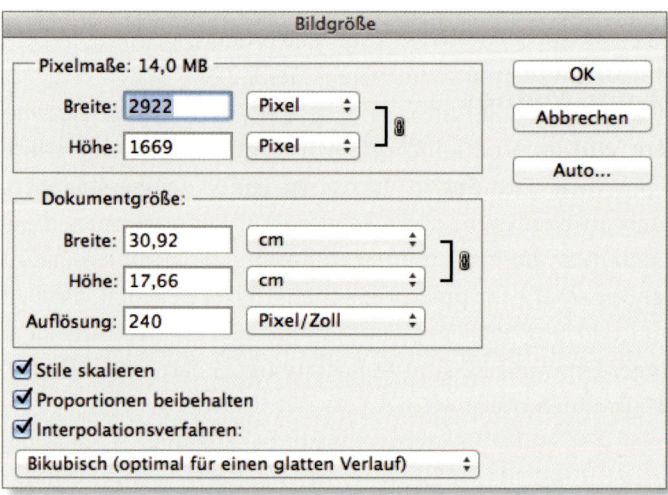

Abbildung 7.25 ▶
Die Auflösung, die Sie in Photoshop unter Bild • Bildgrösse erreichen, ist eine wichtige Einstellung für Print-Designer. Im Web spielen nur die Pixelmaße eine Rolle.

Für uns Webdesigner ist ein Bild mit einer Länge von 900 px eben 900 px lang. Wie groß es *physisch* auf dem Monitor dargestellt wird, interessiert uns nicht. Wir nehmen keine Lineale, um Bilder auf Monitoren auszumessen. Außerdem ist jeder Monitor anders, und zudem stellt jeder Nutzer sich die Auflösung seines Geräts so ein, wie sie ihm behagt.

Woher kommt aber nun das hartnäckige Gerücht, Bilder müssten im Web eine Auflösung von 72 ppi haben? Apple legte in den 1980er-Jahren 72 ppi als Standard-Auflösung seines neuen Macintosh-Rechners fest. Da bei den ersten Macs der Monitor fest eingebaut war, konnte man damit sehr gut zwischen digitalen Bildern und physischer Größe umrechnen – die typografische Auflösung 1 pt entsprach genau 1 px. Schon damals gab es jedoch Rechner mit anderen Auflösungen – Windows beispielsweise setzte seit jeher auf eine Standard-Auflösung von 96 ppi.

Heute gibt es Hunderte verschiedener Rechner, alle mit anderen Monitoren ausgestattet und zudem noch durch die Einstellungen ihrer Nutzer unterschieden. Es macht daher wenig Sinn, die physische Größe eines Bildes ausrechnen zu wollen, indem man seine

Pixelmaße durch 72 teilt – das müsste man schon für jede Rechner-Monitor-Kombination einzeln ausrechnen.

Solange Sie nicht bestimmen möchten, ob die Qualität des Bildes für den Druck ausreicht, fahren Sie als Webdesigner daher besser, wenn Sie Bilder einfach in Pixeln berechnen. Erst später, wenn es um die Optimierung einer Grafik für **hochauflösende Monitore** wie etwa das Macbook Pro Retina geht, werden wir wieder auf die Auflösung zu sprechen kommen (siehe Seite 322).

Wichtig ist eine Auflösung von 72 ppi lediglich, wenn Sie eine komplette Website in Photoshop layouten und die Größen ausmessen möchten. Für diesen Fall sollten Sie das Dokument mit 72 ppi anlegen.

Nachdem wir uns nun von der physischen Größe eines Bildes verabschiedet haben und Bilder nur noch in Pixeln betrachten, können wir uns einer Frage zuwenden, die für uns Webdesigner zunehmend wichtiger wird: Wie optimieren wir ein Bild für den Einsatz im Web?

»Für Web speichern« in Photoshop

Innerhalb des Export-Dialogs von Photoshop gibt es drei verschiedene Formate, mit denen Sie Bilder für das Web speichern können: .gif, .jpg und .png. Photoshop bietet Ihnen einen praktischen Dialog, mit dem Sie die verschiedenen Optionen ausprobieren können. Sie erreichen ihn unter DATEI • FÜR WEB SPEICHERN (bzw. FÜR WEB UND GERÄTE SPEICHERN in Versionen vor CS6).

Zu den Funktionen dieses Dialogs gehört die Übersicht unter ❶ (siehe Abbildung 7.26), bei der Sie zwischen dem Original und der optimierten Version hin- und herschalten können. Das hilft Ihnen dabei zu überprüfen, wie stark die Qualität des Bildes durch die Optimierung leidet. Alternativ können Sie die Vorschau mittels »2fach« oder »4fach« in mehrere Bereiche aufteilen und für jeden eigene Einstellungen vornehmen – so können Sie verschiedene Formate und Komprimierungsstufen auf einen Blick vergleichen.

Die Wahl von Bildformaten und Einstellungen nehmen Sie unter ❷ vor – ich werde sie Ihnen im Anschluss im Detail erklären. Wenn das Bild noch zu groß sein sollte, gibt es unter ❸ einen Bereich, in dem Sie es herunterrechnen können. Speichern können Sie das optimierte Bild mit der Schaltfläche bei ❹.

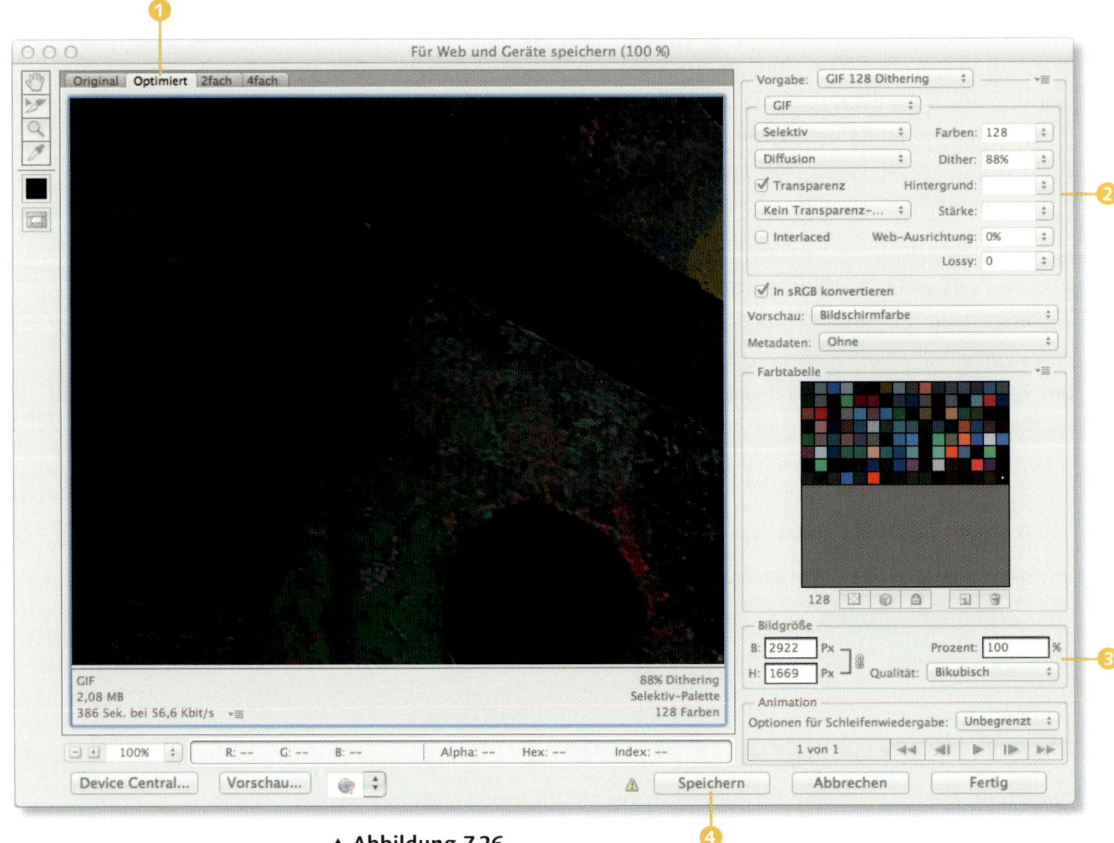

▲ **Abbildung 7.26**
FÜR WEB UND GERÄTE SPEICHERN in Photoshop CS5

Das .gif-Format

Gif

+ geringe Dateigröße

– nur 256 Farben verwendbar

– nur eine Transparenzstufe

+ auf Wunsch inklusive Animationen (heute jedoch eher als Kunstform verbreitet)

Das .gif-Format ist ein einfaches Bildformat, das bis zu 256 verschiedene Farben erlaubt. Der Name steht für »Graphics Interchange Format«, also in etwa Format zum Austausch von Grafiken. Das Besondere: Eine dieser Farben können Sie auf »transparent« setzen. Dadurch erreichen Sie, dass der Hintergrund unter einer Grafik hindurchscheint.

Wenn Sie das Dateiformat .gif in Photoshop auswählen, wird zunächst bestimmt, welche Farben verwendet werden sollen. Dazu gibt es unter ❺ verschiedene Voreinstellungen oder auch eine Möglichkeit, jede Farbe eigenhändig festzulegen – wählen Sie einfach, was am besten für das konkrete Bild aussieht. Unter ❻ können Sie die Anzahl der Farben einstellen, die FARBTABELLE ❾ zeigt Ihnen, welche Farben ausgewählt wurden. Wenn die Übergänge zwischen verschiedenen Farben zu unsauber aussehen sollten, können Sie mit dem Auswahlfeld sowie der Prozentangabe für DITHER ❼ die Übergänge kaschieren. Photoshop versucht dann, durch unregelmäßige Farbsprenkel dafür zu sorgen, dass man den Farbbruch nicht so deutlich sieht – in der Praxis verwendet man das eher selten, denn für weiche Farbverläufe ist .gif einfach das falsche Format. Die Schaltfläche TRANSPARENZ ❽ wählen Sie bei Bedarf.

Gifs erreichen sehr geringe Dateigrößen, haben aber auch gravierende Nachteile: 256 Farben sind oft zu wenig, und wenn nur ein Farbton transparent ist, können unschöne, harte Kanten entstehen.

In der Praxis eignet sich .gif daher eher für Logos mit wenigen Farben, nicht jedoch für detailreiche Bilder. Da es jedoch auch noch das bessere Format PNG-8 gibt, sollten Sie .gif nur noch für animierte Grafiken verwenden.

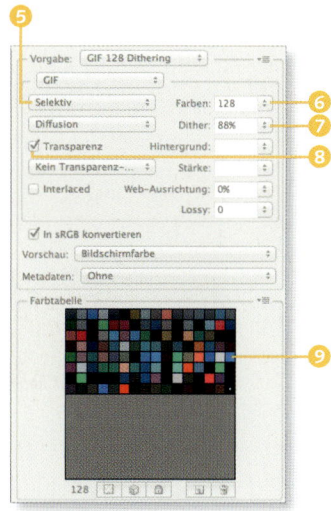

▲ **Abbildung 7.27**
Optionen für .gif

◄ **Abbildung 7.28**
Unsaubere Kanten in den Farbverläufen durch das gif-Format

Das .jpg-Format

Besser für Bilder geeignet ist das .jpg-Format. JPG wurde von der Joint Photographic Experts Group definiert und verdankt dieser auch seinen Namen. Der Clou an .jpg: Diese Dateien lassen sich verlustbehaftet komprimieren, sodass sehr kleine Dateigrößen bei guter Qualität möglich sind. Wird jedoch zu stark komprimiert, entstehen unschöne Artefakte. Faustformel: Je detailreicher ein Bild ist, desto eher wird die Komprimierung sichtbar. Photoshop bietet Ihnen bei der Auswahl ❶ (siehe Abbildung 7.30 auf Seite 320) bereits einige Vorlagen für die Komprimierung.

Jpg

+ verlustbehaftete Kompression erlaubt geringe Dateigrößen
− Gefahr sichtbarer Qualitätsverluste
+ Wiedergabe einer Vielzahl von Farben möglich

Abbildung 7.29 ▶
Zu viel Komprimierung führt
zu Problemen in der Bildqua-
lität.

▲ **Abbildung 7.30**
Komprimierung in Photoshop

Besser vorher erledigen

Außerdem gibt es in dem
Dialog noch einige weite-
re Optionen, die Sie in
der Praxis kaum noch
benötigen. Bei ❹ können
Sie ein Bild auf Wunsch
weichzeichnen oder
einen Hintergrund festle-
gen – beides machen Sie
eher vorm Aufrufen des
Speicher-Dialogs, wo Sie
dank der Filter-Optionen
mehr Einfluss auf das
Ergebnis haben.

Zum Glück können Sie den Grad der Komprimierung unter QUA-
LITÄT ❸ flexibel einstellen. Wählen Sie für Ihre Bilder eine Einstellung, die möglichst kleine Dateigrößen erlaubt, ohne jedoch die
Qualität der Grafik sichtbar zu beeinträchtigen. Photoshop stellt
in der Vorschau die Auswirkungen dar.

Unter ❷ gibt es noch einige weitere Checkboxen. PROGRESSIV
bedeutet, dass die Bilder zunächst in einer grobkörnigen Version
geladen werden und später die feinen Details hinzukommen. In
der Frühphase des Webs bekamen Nutzer mit langsamen Modems
auf diese Weise wenigstens schon einmal etwas zu sehen, bevor
das ganze Bild geladen werden konnte – heute brauchen Sie das
kaum noch.

OPTIMIERT können Sie angewählt lassen, denn diese Einstellung
verbessert die Qualität der jpgs bei gleichzeitiger Reduzierung der
Dateigröße. Problematisch ist diese Option nur für einige sehr alte
Browser, die keine wirkliche Bedeutung mehr haben.

Die Option FARBPROFIL EINBETTEN lohnt sich meist nicht, denn
die Browser-Unterstützung für Farbprofile ist sehr lückenhaft.
Wichtiger ist, Ihre Bilder in sRGB umzuwandeln – warum, erfahren Sie weiter unten.

Das .png-Format

Das Format .png (für »Portable Network Graphics«) schließlich gibt
es in den beiden Varianten PNG-8 und PNG-24.

Das PNG-8 ist dem .gif sehr ähnlich und verwendet wie dieses eine eingeschränkte Farbpalette mit maximal einer Transparenz-Stufe. Das Dialogfeld FÜR WEB SPEICHERN in Photoshop ist bei PNG-8 weitgehend identisch mit demjenigen von .gif – Sie können also problemlos übertragen, was Sie bereits darüber gelernt haben.

Interessanter ist das Format PNG-24. Es setzt auf eine verlustfreie Komprimierung und erreicht somit eine hervorragende Qualität. Ein besonderes Bonbon daran: Das Format erlaubt über 64.000 Transparenzstufen. So sind feine Übergänge zwischen dem Hintergrund und dem eigentlichen Bild möglich.

Die Option INTERLACED verhält sich so wie PROGRESSIV beim .jpg-Format. Ist sie aktiviert, lädt der Browser zunächst eine kleine Version des Bilds und ersetzt diese später durch das vollständig geladene Exemplar. Wenn Sie auf eine geringe Dateigröße achten, benötigen Sie diese Option meistens nicht.

Welches Format Sie letztendlich wählen, sollten Sie für jedes Bild individuell entscheiden. Im Idealfall sollten Sie das Format wählen, das für den aktuellen Anwendungsfall die kleinste Dateigröße verspricht, ohne dass die Qualität abnimmt.

PNG

+ verlustfreie Kompression
+ Vielzahl von Transparenzstufen
+ Dateigröße meist höher als bei .jpg

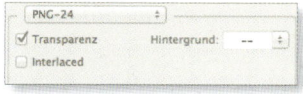

▲ **Abbildung 7.31**
Überschaubare Einstellungen bei PNG-24

sRGB: Den richtigen Farbraum einstellen

Den Begriff des »**Farbraums**« kennen Sie noch nicht. Der Begriff bezeichnet den Gesamtumfang aller darstellbaren Farben eines Farbmodells. Im Fall des RGB-Modells sind das alle Farben, die sich mit dieser Methode erzeugen lassen.

Nun gibt es jedoch verschiedene Theorien darüber, wie dieser RGB-Farbraum auszusehen hat. Als Webdesigner kommt in der Praxis nur ein Farbraum infrage: sRGB. Dieser Farbraum geht auf eine Kooperation von Microsoft und Hewlett-Packard aus dem Jahr 1996 zurück und hat sich seitdem als Standard für die Darstellung am Monitor durchgesetzt. Wenn Sie sRGB verwenden, können Sie sich sicher sein, dass es in den Browsern nicht zu krassen Farbverschiebungen kommt – sRGB wird von den Browser-Herstellern als Standard angesehen und genießt breite Unterstützung.

Photoshop erlaubt Ihnen daher beim Speichern von .jpg oder .png, Bilder in den sRGB-Farbraum zu konvertieren. Dabei achtet die Software darauf, dass es keine zu großen Farbverschiebungen gibt, sollte das Bild in einem anderen Farbraum vorliegen. Auf die

Kritik an sRGB

Der sRGB-Farbraum ist unter Experten nicht unumstritten, und Photoshop erlaubt die Arbeit mit einer Vielzahl anderer Farbräume. Solange Sie sich jedoch noch nicht ausführlich mit dem Thema »Farbmanagement« beschäftigt haben, sollten Sie auf die Verwendung alternativer Farbräume verzichten.

Metadaten können Sie gerne verzichten, denn sie haben für die Nutzer Ihrer Website keine Vorteile.

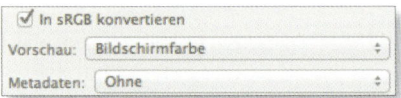

▲ **Abbildung 7.32**
Konvertierung in sRGB

7.6 Retina: Die Auflösung kehrt zurück

Da ist sie wieder: die Auflösung. In den letzten Jahren ist es auch für Webdesigner wichtig geworden, sich mit der Auflösung ihrer Grafiken zu beschäftigen – es reicht nun nicht mehr, ein 300 px-Bild auf 300 px zu setzen. Um zu verstehen, wie es dazu gekommen ist, müssen Sie sich ein klein wenig mit der jüngeren Geschichte der Bildschirm-Technologie beschäftigen.

Crashkurs Bildschirm-Technologie

Jedes Display kennt den sogenannten **Gerätepixel** – es ist die kleinste Einheit, die das Display darstellen kann. Wenn Sie die Anzahl der Gerätepixel in Beziehung zur Größe des Displays setzen, können Sie die Bildschirmauflösung berechnen – sinnvollerweise verwenden Sie zur Angabe die Einheit ppi, Pixel per Inch, über die wir bereits gesprochen haben (siehe Seite 315).

In einigen Beispielen im Lauf dieses Grundkurses haben Sie im CSS Angaben wie beispielsweise `width: 500px;` gemacht. Diese Pixel-Angabe steht streng genommen für einen **CSS-Pixel** – eine abstrakte Einheit, die der Browser verwendet, um Ihre CSS-Angaben auf den Bildschirm zu zeichnen. Hat ein Nutzer die Standardauflösung seines Displays aktiviert, entspricht ein CSS-Pixel genau einem Gerätepixel.

Anders sieht es auf hochauflösenden Bildschirmen aus – Apple vermarktet sie unter dem Begriff »Retina«, andere Hersteller verwenden andere Bezeichnungen. Für die folgenden Ausführungen möchte ich mich auf Apples Retina-Technologie konzentrieren.

Diese Monitore zeichnen sich zunächst durch eine höhere Auflösung in ppi aus – um genau zu sein, besitzen sie viermal so viele

Der Begriff »Retina«

Der Name »Retina« ist ein Marketing-Begriff, der erläutern soll, dass man eine noch höhere Auflösung mit dem Auge nicht wahrnehmen könne. Es gibt unterschiedliche Auffassungen darüber, ob das stimmt.

Gerätepixel auf der gleichen Fläche. Ein iPhone 4 beispielsweise hat eine Auflösung von 960 × 640 px. Ein iPhone 3GS bringt es bei gleicher physischer Display-Größe »nur« auf 480 × 320 px.

Apple verwendet diese Pixel in der Standardeinstellung jedoch nicht dazu, mehr Inhalte auf dem Display darstellen zu können, sondern möchte die Inhalte schärfer darstellen. Aus unserer 500 × 250 px-Box wird dabei eine 1000 × 500 px-Box, *obwohl die physische Größe gleich bleibt*. Wie kann das geschehen? Ganz einfach: Apple übernimmt Ihre Größenangabe von 500 × 250 *CSS-Pixeln*, packt auf die gleiche Fläche jedoch 1000 × 500 *Gerätepixel*.

Das Ergebnis ist besonders bei Schrift direkt sichtbar: Text wirkt viel schärfer. Wenn man von einem hochauflösenden auf ein normales Display wechselt, fühlt man sich fast schon von den riesigen Pixeln bedroht – erstaunlich, was Gewöhnung alles anstellen kann.

Eine Frage von Format

Das Video-Training kommt in einer schmucken Verpackung mit Rotkäppchen und einem Fuchs. Für Interpretationen dieser Darstellung bin ich dankbar: Rotkäppchen? Ein Fuchs (kein Wolf?)? SEO? So ganz steige ich da nicht durch – aber das hat mit dem Inhalt ja wenig zu tun.

◄ **Abbildung 7.33**
Der linke Bereich entstammt einem normalen, der rechte einem Retina-Display.

Die Retina-Bild-Problematik

Problematisch sind Retina-Displays jedoch für Bilder. Die Pixelgröße eines Bildes wird in sogenannten **Bitmap-Pixeln** angegeben – die kleinste individuelle Einheit eines Bildes. Wenn Sie das Bild nun wie erläutert in Ihren HTML-Quelltext einfügen, erhält es eine Größe in CSS-Pixeln. Im Normalfall ist das nicht weiter wichtig – standardmäßig gilt: 1 CSS-Pixel = 1 Bitmap-Pixel = 1 Gerätepixel.

Auf Retina-Displays sieht das anders aus. Um die physische Größe in CSS-Pixeln identisch zu halten, braucht Apple viermal so viele Gerätepixel, um sie auf die Fläche zu verteilen. Das bedeutet: Ein Bild, das eine Größe von 500 × 250 *CSS-Pixel* erhalten soll, benötigt eine Größe von 1000 × 500 *Bitmap-Pixel*, damit Apple auch wirklich die verlangten 1000 × 500 *Gerätepixel* zur Verfügung hat.

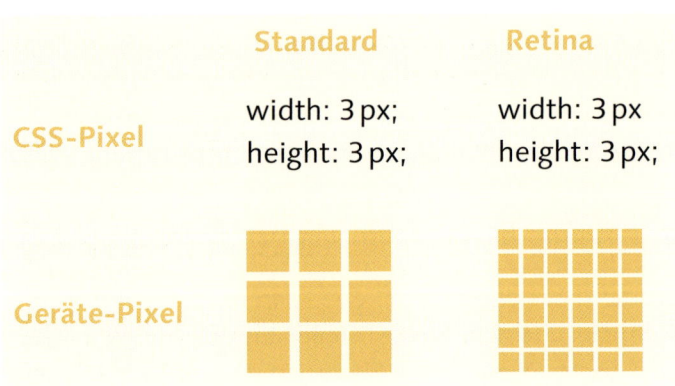

Abbildung 7.34 ▶
Retina-Monitore übernehmen
die angegebenen Werte in
CSS-Pixeln, bringen auf der
gleichen Fläche jedoch die
vierfache Menge Gerätepixel
unter.

▲ Abbildung 7.35
Nicht für Retina geeignet –
während die Schrift von
http://kicker.de knackig scharf
ist, wurde das Logo nicht in
hoher Auflösung angelegt und
wirkt verpixelt.

Natürlich hat Apple eine Lösung, wenn ein Bild diese Pixel nicht zur
Verfügung stellt – aber die ist unschön. Wenn unser Bild nämlich
500 × 250 *CSS-Pixel* groß sein soll, aber nur über 500 × 250 *Bit-map-Pixel* verfügt, multipliziert Apple jeden dieser Pixel so lange,
bis 1000 × 500 *Gerätepixel* zur Verfügung stehen. Ergebnis: Das
Bild wird unscharf.

Lösungen für Retina-Bilder in der Praxis

Um Bilder auf Retina-Displays scharf abzubilden, müssen diese
Bilder viermal so viele Pixel haben als sie letztendlich an Raum
einnehmen sollen. Ein Bild, das 500 × 250 px groß und knackig
scharf sein soll, muss also im Original 1000 × 500 px groß sein.

Allerdings ergeben sich dadurch Probleme an anderer Stelle:
Wie binden wir diese Retina-Grafiken nun ein? Wir betreten mit
dieser Frage einen sehr neuen Bereich des Webdesigns – noch
dazu einen, über den erfahrene Webdesigner gerade aktiv diskutieren.

Die einfachste Version: **Downsampling**. Nehmen wir einmal an,
»baum.jpg« wäre 1000 × 500 px groß. Betrachten Sie einmal folgenden Quelltext.

```
<img src="bilder/baum.jpg" alt="Baum im Herbst"
width="500" height="250">
```

▲ Listing 7.2
Downsampling über width- und height-Attribut

Sie sehen: Das 1000 × 500 px große Bild wird über die HTML-
Attribute width und height auf die gewünschte Größe gebracht.

Hochauflösende Bildschirme können so auf die volle Auflösung zurückgreifen, während Standard-Bildschirme gewissermaßen die unnötigen Pixel »wegfallen« lassen.

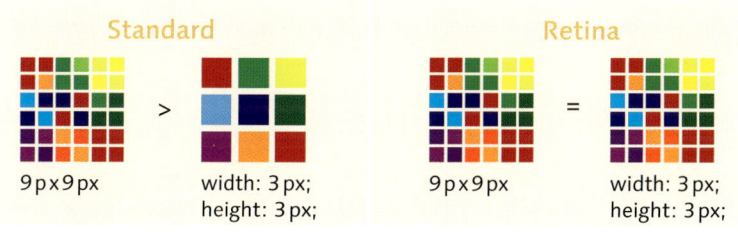

Alternativen

Neben dem Einsatz der HTML-Attribute könnten Sie diesen Effekt auch über CSS oder mittels JavaScript erreichen. »Towards A Retina Web« (Reda Lemeden, *http:// coding.smashingmagazine. com/2012/08/20/ towards-retina-web*) erläutert anschaulich diese Möglichkeiten.

▲ **Abbildung 7.36**
Beim Downsampling wird ein Bild auf die darstellbare Pixelzahl herunter-gerechnet – dabei gehen Informationen verloren. Auf Retina-Bildschirmen hingegen wird die gesamte Auflösung angezeigt. Die CSS-Pixel bleiben identisch.

Downsampling können Sie auch für Bilder verwenden, die Sie per CSS einfügen. Dazu dient die CSS3-Eigenschaft `background-size`:

```
.bild {
  background-image: url('baum.jpg');
  background-size: 200px 300px;
  width: 200px;
  height: 300px;
}
```

▲ **Listing 7.3**
Downsampling mit CSS

Downsampling hat Vor- und Nachteile. Auf der Haben-Seite steht, dass die Technik einfach einzusetzen ist und von allen Browsern unterstützt wird. Negativ schlägt zu Buche, dass *alle* Nutzer die hochauflösenden Bilder herunterladen müssen – sogar dann, wenn sie gar keinen Vorteil davon haben.

Für diesen Grundkurs möchte ich es dennoch dabei belassen, auf diese Technik zurückzugreifen: Sie ist robust, einsteigertaug-lich und verspricht eine gute Qualität für alle Nutzer.

Allerdings sollten Sie natürlich die Augen offen halten und sich regelmäßig fortbilden: Webdesign ist eine Disziplin, die sich stetig bewegt und weiterentwickelt. Gut möglich also, dass sich in naher Zukunft einer der verschiedenen Vorschläge durchsetzt, wie man das Bilder-Problem eleganter lösen kann.

`background-size` **im Internet Explorer**

Die CSS3-Eigenschaft `background-size` wird im Internet Explorer erst ab Version 9 unterstützt. Für die früheren Versio-nen sollten Sie daher eine Non-Retina-Grafik ver-wenden.

7.7 Looks kreieren – Hintergründe, Effekte und Spiegelungen

Wenn Sie bis zu diesem Punkt gelangt sind, haben Sie schon einiges erreicht und dürften bereits ein Grundgerüst für Ihre Website in Photoshop, HTML und CSS stehen haben. Nun geht es darum, dieses Gerüst noch mit ein wenig Leben zu füllen – und dafür eignet sich nur Weniges besser als Grafiken. Zunächst möchte ich Ihnen einige Stile vorstellen, die Sie im Web oft antreffen.

Der Grunge-Look

Der englische Begriff »Grunge« steht für »Schmutz« und bezeichnet im Webdesign einen Trend, der dem sauberen Design anderer Websites etwas Dreckiges entgegensetzen möchte. Farbkleckse, beschmierte und bekritzelte Bereiche, abblätternde Farbe oder Tapete – das sind typische Stilelemente des Grunge-Designs, das durchaus ein wenig an die ungehobelte Ästhetik der gleichnamigen Musik aus den 1990er-Jahren erinnert.

Der Designer Thomas Schostok beispielsweise präsentiert seine Arbeiten vor einem typischen Grunge-Hintergrund (siehe Abbildung 7.37). Direkt unter seinem Portfolio sorgen die gekritzelten Worte für einen Hauch Authentizität. Doch Vorsicht: So etwas ist kein Selbstläufer. Das Wort »Trash« direkt neben der Navigation empfinde ich eher als verwirrend – soll das eine Erklärung der Kategorien sein?

Abbildung 7.37 ►
Website von Thomas Schostok (*www.ths.nu*)

Grunge wird häufig auf Basis einer Textur entwickelt, etwa von alter Tapete – im Abschnitt über Haptik werden wir noch darauf zu sprechen kommen, wie Sie eine solche Aufnahme für eine Website vorbereiten können (siehe Seite 332). Abgesehen davon lebt Grunge von den unregelmäßigen, wie hingesprenkelt wirkenden Elementen, die Sie sehr gut mit Photoshop-Pinseln erstellen können.

Grunge-Pinsel im Netz

Eine Suche nach »Free Photoshop Grunge Brushes« liefert Ihnen viele fertige Pinsel-Sets. Achten Sie aber auf die Lizenzbestimmungen.

Photoshop-Pinsel | Als Photoshop-Pinsel eignet sich jedes Dokument in Schwarz-Weiß – für Grunge sollte es natürlich schön dreckig aussehen.

Schritt für Schritt
Einen Grunge-Pinsel in Photoshop anlegen

Ich werde an dieser Stelle mit Ihnen einen zerstört aussehenden Pinsel erzeugen. Zögern Sie aber nicht, auch mit anderen Formen zu experimentieren. Sehr gut können auch alte Anzeigenmotive, Wortfetzen, gekritzelte oder geritzte Wörter oder zerrissene Stoffe aussehen.

1 Dokument anlegen
Wir beginnen mit einem neuen Dokument, gefüllt mit weißer Farbe – die Größe ist dabei nicht so wichtig, denn unseren Pinsel können wir später in Photoshop beliebig skalieren.

▲ **Abbildung 7.38**
Dieses wohlgeformte…
Etwas… bildet die Grundlage unseres Grunge-Pinsels.

2 »Fleck« malen
Malen Sie anschließend mit einem schwarzen Pinsel eine beliebige Struktur auf die Arbeitsfläche.

3 Filter anwenden
Noch grungiger sieht es aus, wenn Sie auf Ihre Struktur noch einige Filter anwenden. Gut geeignet sind jene Filter, die Sie unter FILTER • VERZERRUNGSFILTER erreichen können. Experimentieren Sie unbedingt selbst mit diesen Filtern – es gibt bei Grunge-Pinseln kein »Richtig« oder »Falsch«, es muss nur schön dreckig aussehen.

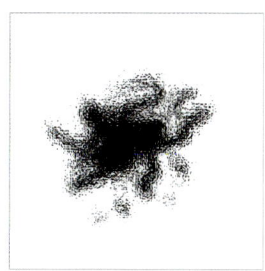

▲ **Abbildung 7.39**
Unsere Struktur durch einen Glas-Verzerrungsfilter gedreht

4 Pinsel definieren

Sind Sie mit Ihrer Struktur zufrieden, genügt es, sie als Pinsel zu definieren. Das funktioniert über Bearbeiten • Pinselvorlage festlegen – und schon steht ihr neuer Pinsel für zukünftige Dokumente bereit. Spielen Sie beim Einsatz mit Deckkraft, Farbe und Pinselgröße – so erreichen Sie eine zufällig wirkende Gestaltung Ihrer Grunge-Hintergründe.

Der Web 2.0-Look

Bonbonfarben, Spiegelungen, stolzes Tragen des Beta-Status – all das sind Kennzeichen eines Stils, der vor einigen Jahren als »Web 2.0« angesagt war. Mittlerweile ist das Web 2.0 zum Standard geworden und hört nun mit anderer Schwerpunktsetzung auf den Namen »Social Media«. Ästhetisch kennzeichnet den Stil ein sehr sauberer Look, so als sei gerade erst geputzt worden.

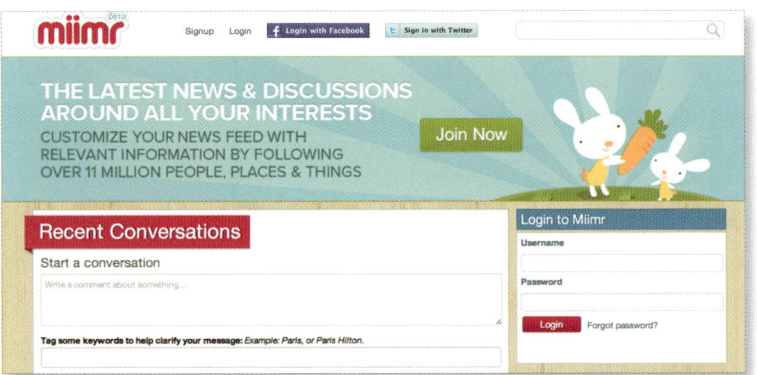

Abbildung 7.40 ▶
http://miimr.com orientiert sich visuell stark an der typischen Web-2.0-Ästhetik.

Obwohl die Umbrüche durch die Entwicklung der Social Media noch immer laufen und noch lange nicht jede Branche angemessen reagiert hat, ist der grafische Stil des Web 2.0 etwas in die Jahre gekommen. So lange Sie sich dessen bewusst sind und die Assoziationen der Epoche 2005-08 gewollt einsetzen, können Sie natürlich trotzdem mit der Stilistik spielen.

Verläufe oder Glossy-Effekt | Verläufe sind ein typisches Stilmittel der Web-2.0-Ästhetik, besonders mit schnellen Übergängen in der Mitte. Dadurch entsteht der Eindruck, die Oberfläche sei aus Glas und es würde sich eine andere Fläche darin spiegeln oder hindurchscheinen – das bezeichnet man häufig als »Glossy Effect«.

◄ **Abbildung 7.41**
Glossy-Effekte in den Buttons und in der Schrift (*www.realmacsoftware.com/rapidweaver/overview*)

In Photoshop lässt sich der Effekt einfach nachbilden, indem Sie einen Verlauf mit mehreren Farbpunkten anlegen, von denen zwei sehr dicht beisammen liegen – ungefähr in der Hälfte der Fläche.

Um einen Verlauf in Photoshop anzulegen, wählen Sie das Verlaufswerkzeug und klicken in der Optionsleiste auf die Verlaufsvorschau. Es öffnet sich das Fenster VERLAUF BEARBEITEN.

Per Doppelklick auf die beiden Farbunterbrechungen ❶ und ❷ definieren Sie Farben. Anschließend fügen Sie zwei weitere Farbunterbrechungen ein, indem Sie direkt unterhalb ❸ des Farbbalkens klicken.

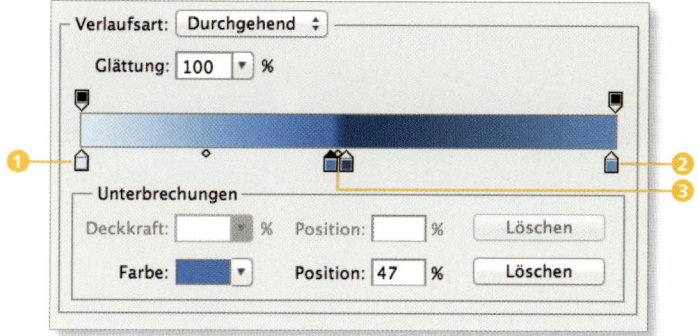

◄ **Abbildung 7.42**
Zwei eng nebeneinander liegende Farbpunkte reichen in Photoshop aus, um einen Web-2.0-Verlauf zu kreieren.

Nach einem Klick auf OK können Sie den Verlauf direkt anwenden.

Stärker wird der Glossy Effect, wenn Sie die Kante betonen: Um den Effekt zu verstärken, verwenden Sie einen gewöhnlichen

▲ **Abbildung 7.43**
Der Verlauf nach der Anwendung

329

Sie finden die Dateien »glossy.psd« und »glossy2. psd« im Ordner WEITERE_ BEISPIELDATEIEN • KAPITEL_7.

Verlauf von hell nach dunkel ➏, füllen Sie dann eine neue Ebene zur Hälfte mit Weiß ➎ und setzen Sie die DECKKRAFT ➍ stark herunter, auf etwa 15–20%. Dadurch erscheint der obere Teil des Verlaufs heller als der untere, und die Kante ist klar konturiert.

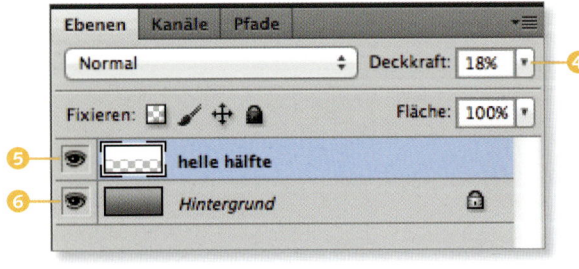

▲ **Abbildung 7.44**
Durch eine schärfere Kante als Übergang wird der Glossy Effect stärker.

▲ **Abbildung 7.45**
Betonte Kante

Spiegelungen oder Wet Floor-Effekt | Eines der zentralen Stilmittel des Web 2.0 sind Reflektionen, die von einem polierten Glastisch zu kommen scheinen – bisweilen als »Wet Floor Effect« bezeichnet. Auch sie lassen sich in Photoshop einfach nachbilden.

Abbildung 7.46 ▶
Der Wet Floor Effect hat als leichte Spiegelung unter den Bildern auch in Apples Betriebssystem Einzug gehalten.

Schritt für Schritt
Der Wet-Floor-Effekt in Photoshop

Um den Effekt nachzubauen, starten Sie mit einer Grafik oder einem Bild, das gespiegelt werden soll. Achten Sie darauf, dass nach unten hin ausreichend Platz für die Spiegelung ist.

1 Ebene duplizieren und Bild spiegeln

Duplizieren Sie die Ebene mit der Grafik über den Befehl EBENE •
EBENE DUPLIZIEREN. Anschließend spiegeln Sie die duplizierte Ebene
über BEARBEITEN • TRANSFORMIEREN • VERTIKAL SPIEGELN und schieben sie nach unten, bis sie an der Unterkante der Original-Ebene
ansetzt.

2 Ebene maskieren

Fügen Sie nun eine Ebenenmaske über das Ebenen-Bedienfeld ❶
hinzu. Wählen Sie anschließend einen Verlauf von Schwarz nach
Weiß und ziehen Sie ihn in die Ebenenmaske ❸ ein. Die weißen
Stellen einer Ebenenmaske scheinen durch, die schwarzen Stellen
verschwinden. Den Übergang können Sie nach Belieben gestalten.

▲ **Abbildung 7.47**
Gespiegelt ist die Ebene
schon einmal, aber fertig sind
Sie damit noch nicht.

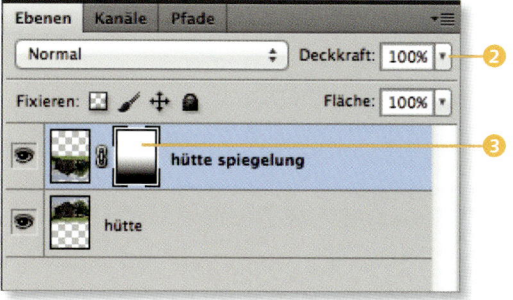

▲ **Abbildung 7.48**
Ebenenmasken lassen sich am
schnellsten über die Ebenenpalette hinzufügen.

◀ **Abbildung 7.49**
So könnte eine Maske für die
Spiegel-Ebene aussehen.

3 Deckkraft verändern und Bild exportieren

Sie sollten außerdem noch ein wenig an der Deckkraft ❷ drehen,
um die Spiegelung weiter abzuschwächen. Ein geeignetes Bildformat für den Export wäre .png, um die Transparenzen zu bewahren.

◀ **Abbildung 7.50**
Fertiger Wet-Floor-Effect mit
halbtransparenter Spiegelung

331

Haptik – Websites zum »Anfassen«

Dezent einsetzen

Wichtig: Setzen Sie hapti-
sche Hintergründe eher
dezent ein – schließlich
handelt es sich um Hin-
tergründe und nicht um
sinntragende Bilder.

Websites sind ein zweidimensionales Medium – man kann sie nicht
anfassen. Einige Webdesigner empfinden dies als Manko und versuchen, mittels Texturen einen haptischen Eindruck aufzubauen.
Beliebte Texturen sind Metalle (vor allem Aluminium) sowie Tex-
tilien. Diesen Stil möchte ich »Haptik« nennen – unter Haptik versteht man das Wahrnehmen durch Fühlen.

▲ **Abbildung 7.51**
Zu dem organischen Logo von startnext (*http://startnext.de*) passt die
dezente Hinterlegung des Headers mit einer Struktur von Recycling-Papier.

Um Ihnen zu zeigen, wie Sie konkret in Photoshop eine Textur
erzeugen können, möchte ich mit Ihnen einige Tipps geben.
Besonders die Filter eignen sich hervorragend, um Strukturen zu
erzeugen.

Den Start macht dabei meist nichts weiter als eine Ebene in der
gewünschten Farbe.

▲ **Abbildung 7.52**
Die farbige Ebene in der
Ebenenpalette

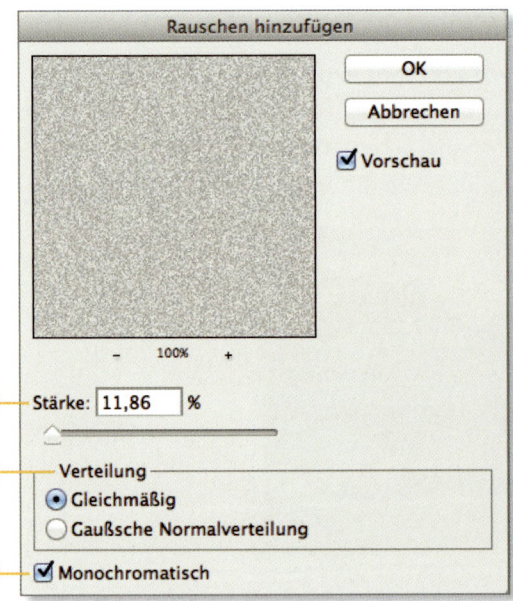

Abbildung 7.53 ▶
Über RAUSCHEN HINZUFÜGEN
lässt sich zufällige Körnung
hinzufügen.

Rauschen hinzufügen | Um **unregelmäßige Körnung** hinzuzufügen, eignet sich hervorragend der Filter RAUSCHEN HINZUFÜGEN, den Sie unter FILTER • RAUSCHFILTER • RAUSCHEN HINZUFÜGEN erreichen. Unter STÄRKE ❶ lässt sich der Grad der Körnung einstellen, VERTEILUNG ❷ regelt den Algorithmus, den Photoshop verwendet. Noch ein Tipp: In den meisten Fällen sieht es besser aus, wenn Sie unter MONOCHROMATISCH ❸ das Häkchen setzen, denn damit rauscht Photoshop nur Schwarz-Weiß.

Wolken-Filter | Zur Simulation einer **unregelmäßigen Oberfläche** eignet sich der Filter WOLKEN unter FILTER • RENDERFILTER • WOLKEN. Optionen gibt es für diesen Filter keine, allerdings lässt er sich mehrmals anwenden. Ein Tipp: Der Filter multipliziert Vorder- und Hintergrundfarbe miteinander. Stellen Sie also sicher, dass Sie in Photoshop als Vorder- und Hintergrundfarbe ❹ den hellsten und den dunkelsten Farbton eingestellt haben, den die Struktur abbilden soll. Ist der Effekt zu stark, können Sie ihn über die Ebenenmodi oder die Deckkraft abmildern.

Sie finden die Datei »rauschen.psd« im Ordner WEITERE_BEISPIELDATEIEN • KAPITEL_7.

▲ **Abbildung 7.54**
Monochromatisches Rauschen

Sie finden die Datei »wolken.psd« im Ordner WEITERE_BEISPIELDATEIEN • KAPITEL_7.

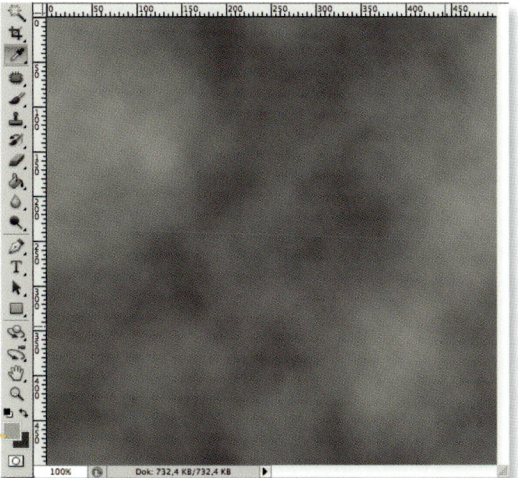

◄ **Abbildung 7.55**
Wolken

Mit Struktur versehen | Geht es Ihnen eher um die Simulation einer **regelmäßigen Struktur**, wie etwa von gewebten Stoffen, können Sie einige Vorlagen über FILTER • STRUKTURIERUNGSFILTER • MIT STRUKTUR VERSEHEN verwenden. Die Regler passen sich je nach gewählter Vorlage ❶ (siehe Abbildung 7.56 auf Seite 334) an, sodass ich sie hier nicht im Detail behandeln kann. Wenn Sie jedoch ein wenig damit herumspielen und auf die Vorschau achten, werden Sie schnell damit zurechtkommen.

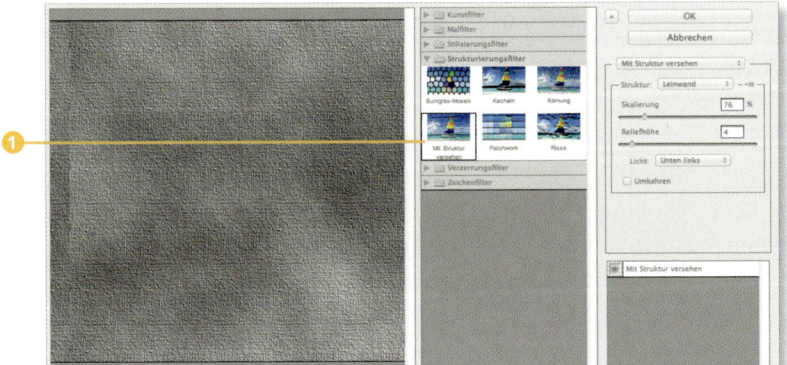

Abbildung 7.56 ▶
Photoshop bringt eine Reihe von Strukturen mit, die Sie auf Ihre Werke anwenden können.

Allerdings ist die Auswahl dann doch ein wenig eingeschränkt, sodass Sie oft auf eine Alternative zu den Filtern zurückgreifen werden: eigene Fotos und Scans als Basis einer Textur.

Haptik über Fotos und Scans | Prinzipiell können Sie jedes Foto verwenden, um daraus eine Textur zu erstellen. Es gibt jedoch eine Reihe von Grundregeln, die Ihnen eine Menge Arbeit sparen.

▶ **Gleichmäßige Ausleuchtung**: Achten Sie auf gleichmäßig verteiltes Licht. Gibt es auf Ihrem Foto unterschiedlich beleuchtete Stellen, erschwert Ihnen das die spätere Bearbeitung – besonders, wenn Sie aus der Textur ein Muster erstellen möchten. Zudem ist Licht ein starker Aufmerksamkeitsfokus – helle Regionen erhalten mehr Aufmerksamkeit als dunklere. Eine Textur soll jedoch unauffällig und dezent sein – und da wäre ein hell erleuchteter Aufmerksamkeitsmagnet eher kontraproduktiv.

▶ **Perspektive in der Draufsicht**: Fotografieren Sie Ihre Textur in einer extremen Draufsicht senkrecht von oben herab. Vermeiden Sie unbedingt jegliche Perspektive – sei es durch eine leicht schräg gehaltene Kamera oder ein zum Rand hin verzeichnendes Objektiv. Eine Textur wirkt gut, wenn die Website wie gerade darauf geheftet aussieht, und da stört eine Perspektive sehr.

▶ **Volle Verwendung der Bildfläche**: Im Idealfall verwenden Sie das gesamte Bild für Ihre Textur. So können Sie später besser einen Ausschnitt wählen oder aber die Textur für die gesamte Website verwenden.

- **Richtiges Maß an Details**: Während Details bei einem gewöhnlichen Foto oft gerade den Reiz ausmachen, sind sie bei einer Textur eher störend. Zudem wirken detailreiche Texturen unruhiger als detailarme. Zu wenig Detail sollten Sie jedoch auch vermeiden, besonders bei einer späteren Verwendung als Muster. Besteht ihr Rasen-Muster nämlich nur aus drei Grashalmen, die ständig wiederholt werden, wird diese Wiederholung schnell auffallen.
- **Gleichmäßigkeit**: Für diesen Aspekt werden Sie im Laufe der Zeit einen Blick entwickeln. Sticht ein einzelnes Element aus der Aufnahme heraus, wirkt auch das als Aufmerksamkeitsmagnet. Das könnte ein einzelner umgeknickter Grashalm, ein auffälliger Stein oder eine Laufmasche in der gestrickten Struktur sein.

Gut geeignet sind Scans von Materialien, da Scanner automatisch viele der gerade besprochenen Aspekte sicherstellen. Sie sorgen für eine gleichmäßige Ausleuchtung mit planem Aufliegen auf der Scanfläche und nutzen die volle Auflösung aus.

Schritt für Schritt
Muster anlegen in Photoshop

Ob Sie ein eigenes Bild als Textur verwenden oder aber eine Simulation mittels der Photoshop-Filter erzeugt haben – einfach so lässt sich das Werk nicht auf einer Website verwenden. Wollen Sie kein riesiges Bild verwenden, kommen Sie nicht umhin, Ihre Textur als Muster anzulegen – und dabei entstehen oft unschöne Kanten.

▲ **Abbildung 7.57**
Original-Grafik vor der Bearbeitung

◄ **Abbildung 7.58**
Ohne entsprechende Maßnahmen sind die Übergänge der einzelnen Muster-Bausteine meist direkt zu erkennen.

1 Übergänge analysieren

Zum Glück gibt es in Photoshop eine einfache Methode, wie Sie damit umgehen können. Der Trick ist, die Übergänge so zu bearbeiten, dass sie nicht mehr auffallen. Überprüfen Sie das Dokument zunächst auf auffällige Details, die beim Wiederholen ins Auge fallen. In diesem Fall sind das beispielsweise einige der hellen Späne, die noch entfernt werden möchten.

Abbildung 7.59 ▶
Die auffälligen hellen Späne wurden entfernt.

2 Ebene verschieben

Nun gilt es, das Bild zu verschieben, damit Sie die Übergänge bearbeiten können. Am einfachsten geht das über FILTER • SONSTIGE FILTER • VERSCHIEBUNGSEFFEKT. Dort wählen Sie DURCH VERSCHOBENEN TEIL ERSETZEN und stellen für die Verschiebung in der Horizontalen und in der Vertikalen einen beliebigen Wert ein – welcher ist nicht entscheidend, die Hauptsache ist, dass Sie die Übergänge gut erkennen können.

Abbildung 7.60 ▶
Photoshop-Filter VERSCHIEBUNGSEFFEKT

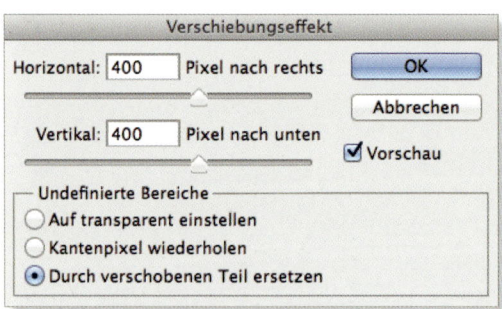

Durch die Verschiebung kommen die unpassenden Kanten aufeinander zu liegen. Im Idealfall ist das Muster unregelmäßig genug, dass einem das schon ohne Retusche nur auf den zweiten Blick auffällt.

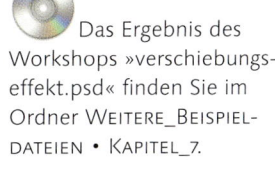 Das Ergebnis des Workshops »verschiebungs-effekt.psd« finden Sie im Ordner WEITERE_BEISPIEL-DATEIEN • KAPITEL_7.

◄ **Abbildung 7.61**
Ergebnis des Verschiebungs-effekts

3 Übergänge kaschieren

Nun gilt es, die Übergänge zu kaschieren. Sie können dazu das Kopierstempel-Werkzeug verwenden.

Mit den Augen der anderen

Retusche können Sie bis ins Unendliche ausdehnen. Wenn Sie unsicher sind, ob die Übergänge noch auffallen, zeigen Sie das Bild jemand anderem und fragen ihn, ob ihm etwas auffällt. Der Hintergrund: Sie selbst *wissen*, wo die Übergänge sind – und deshalb werden sie Ihnen immer auffallen, egal wie viel Sie retuschieren.

▲ **Abbildung 7.62**
Fertig retuschierte Übergänge

Als Vorlage speichern

Übrigens: Wenn Sie ein Muster als Vorlage in Photoshop integrieren möchten, geht das über BEARBEITEN • MUSTER FESTLEGEN. Anschließend steht Ihr eigenes Muster als Vorlage beim Füllen von Flächen zur Verfügung.

Wenn Sie dieses Dokument speichern, können Sie es später in CSS als Muster anlegen, ohne dass die Übergänge unmittelbar auffallen.

7.8 Buttons gestalten

Buttons sind grundlegende Elemente einer Website – kaum eine Website kommt ohne sie aus. Zugleich sind sie ein gutes Mittel, eine Gestaltung unverkennbar zu machen.

Usability und Accessibility gewährleisten

Buttons haben eine klare Aufgabe: Sie sollen zum Draufklicken animieren. Es gibt daher eine Reihe von Grundlagen, die Sie bedenken sollten. Die meisten davon leiten sich aus der Usability ab.

Hier ein paar Fragen, die Sie beim Gestalten von Buttons stets im Hinterkopf behalten sollten.

- ▸ **Passen die Buttons zum Stil der Website?** Zu diesem Zeitpunkt sollten Sie sich ausreichend Gedanken über Stil, Aussageabsicht und Konzeption Ihrer Website gemacht haben, sodass Ihnen die Beantwortung dieser Frage keine Schwierigkeiten bereiten sollte. Bitte keine runden Ecken, wenn alle anderen Ecken nicht abgerundet sind – ein Button muss nicht für sich alleine, sondern im Kontext der Website gut aussehen.
- ▸ **Halten sich Ihre Buttons an bekannte Konventionen?** »Start«-Buttons in Form roter Dreiecke, womöglich noch auf der Spitze, sind zum Beispiel keine gute Idee.
- ▸ **Stimmt die Wichtigkeit?** Wichtige Buttons brauchen Kontrast, unwichtige dürfen dezent gehalten werden. Erinnern Sie sich an das, was Sie über Typografie, Kontrast und Weißraum gelernt haben – alle diese Elemente können Ihnen helfen, einem Button die richtige Emphase zu geben. Bedenken Sie außerdem: Manchmal ist es effektiver, die anderen Buttons zurückhaltend zu gestalten, anstatt dem wichtigsten Button noch einen weiteren Effekt mitzugeben, damit er auch ja auffällt.
- ▸ **Sieht der Rahmen sauber aus?** Die meisten Buttons haben einen schmalen Rahmen – das hebt den Button sauber von der Umgebung ab. Achten Sie dabei auf die Hintergrundfarbe. Faustregel: Wenn der Button dunkler als der Hintergrund ist,

Aussage visuell unterstützen

Bei Phone Gap Build von Adobe kann man seinen Account mit allen Daten löschen. Alle Design-Entscheidungen dieses Buttons unterstützen die richtige Aussage: »Vorsicht, hier droht Gefahr, bitte nur drücken, wenn Sie ganz sicher sind.«

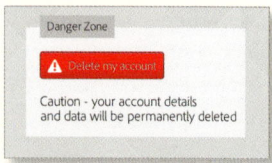

▲ **Abbildung 7.63**
Button auf Adobe Phonegap Build (*http://build.phonegap.com*)

wählen Sie für den Rahmen eine dunklere Variante der *Button-Farbe*. Ist der Button aber heller als der Hintergrund, bietet sich als Rahmenfarbe eher ein dunkler Ton der *Hintergrund-Farbe* an. So vermeiden Sie einen unsauberen, flimmernden Eindruck.

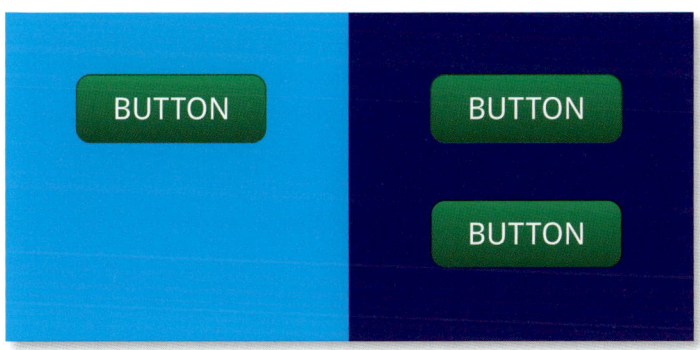

◄ **Abbildung 7.64**
Ein Rahmen in einem ähnlichen Farbton wie der Hintergrund gibt hellen Buttons eine klare Abgrenzung (Button unten rechts).

▶ **Stimmen die Icons?** Wenn Ihr Button auf Icons setzt, um seine Aussage zu unterstützen, achten Sie auf das, was Sie in Abschnitt 7.9 über Icons lernen werden.

▶ **Gibt Ihr Button visuelles Feedback, und stimmt dieses Feedback?** Sie sollten *niemals* einen Button verwenden, der kein Feedback gibt – Usability und Accessibility verbieten das, und Ihr Nutzer sollte jederzeit wissen, dass er gerade einen Button angewählt hat. Sie können sogar unmittelbar beim Drücken des Buttons eine Rückmeldung geben. Achten Sie jedoch darauf, dass nicht einfach *irgendein* Feedback gegeben wird, sondern dass die Assoziationen stimmen. Buttons sitzen normalerweise über ihrem Untergrund und werden heruntergedrückt, wenn man sie aktiviert. Wenn Sie diese Konvention umkehren möchten, brauchen Sie dafür einen triftigen Grund – aber auch das wissen Sie ja mittlerweile schon.

▲ **Abbildung 7.65**
Feedback des Download-Buttons bei Twitters Bootstrap (*http://twitter. github.com/bootstrap*): normaler Zustand, …

▲ **Abbildung 7.66**
… beim Aktivieren mit der Maus …

▲ **Abbildung 7.67**
… und unmittelbar beim Drücken des Buttons

Mindestgröße | Buttons sollten niemals zu klein sein – bedenken Sie, dass Nutzer mit einer Maus sehr viel treffsicherer sind als bei der Bedienung mit Touch-Geräten oder gar alternativen Eingabemethoden über die Lippen.

Was aber heißt »nicht zu klein« genau? Apple spricht in seinen Richtlinien für App-Entwickler davon, dass Buttons nicht weniger als 44 × 44 px messen sollten; Microsoft empfiehlt 34 px. Diese beiden Werte können Sie sich als gute Faustregeln für gelungene Accessibility von Buttons merken.

Buttons für wichtige Aktionen verwenden, Links für weniger zentrale Handlungen.

Große Buttons haben außerdem den Vorteil, mehr Aufmerksamkeit zu erhalten – so fällt der wichtige Button stärker ins Auge. Und sollte die Aktion hinter dem Button nicht wichtig sein, würde ich Ihnen sowieso eher zu einem gewöhnlichen Link raten.

Maximale Anzahl | Damit hängt auch eine weitere wichtige Accessibility-Regel in Bezug auf Buttons zusammen: Bieten Sie niemals zu viele davon an. Der britische Psychologe William Edmund Hick hat in seinem berühmten Gesetz festgehalten, dass Nutzer umso länger für eine Entscheidung brauchen, je mehr Alternativen sie geboten bekommen.

Beschränken Sie sich in der Anzahl der Buttons, die Sie anbieten.

Klingt trivial? Klar, aber erklären Sie das einmal den anderen Verantwortlichen in einem Projekt, die unbedingt einen weiteren Button oder Link platziert haben wollen, damit man auch ihren Bereich gut wahrnehmen kann…

Abbildung 7.68 ▶
Zu viele Buttons führen zu Verwirrung (*http://download. cnet.com*). Wissen Sie spontan, welcher Download-Button von einer Werbung stammt?

Gute Designer kennen die Bedürfnisse Ihrer Nutzer und schränken die Auswahloptionen sinnvoll ein, um kognitive Last von ihren

Nutzern zu nehmen. Nicht immer funktioniert das – auf Download-Portalen wird häufig Werbung geschaltet, die einen Download-Button nachbildet. Hier liegt der Verdacht nahe, dass man durch verwirrende Anzeigen den einen oder anderen ungewollten Download erzielen möchte.

»Gutes Webdesign ist das Lösen von Problemen und nicht das Schaffen neuer.

Buttons in Photoshop gestalten

Als Ausgangsbasis eines Buttons eignen sich die Formebenen in Photoshop hervorragend. Wenn Sie ein Formwerkzeug auswählen – etwa ein Rechteck mit abgerundeten Ecken – können Sie in Photoshops Optionsleiste die Erstellung einer Form ❶ aktivieren. Wenn Sie mit dieser Einstellung einen Button zeichnen, erstellt Photoshop automatisch eine neue Ebene.

Einen Beispiel-Button finden Sie im Ordner WEITERE_BEISPIELDATEIEN • Kapitel_7: »button.psd«.

▲ **Abbildung 7.69**
Mit Photoshop lassen sich einfache Formen für Buttons leicht erstellen.

Zum Einfärben der Buttons eignen sich die Ebenenstile. Die VERLAUFSÜBERLAGERUNG ❷ wird besonders gerne verwendet. Ein Verlauf zweier leicht unterschiedlicher Farben erzeugt eine sehr elegante Optik.

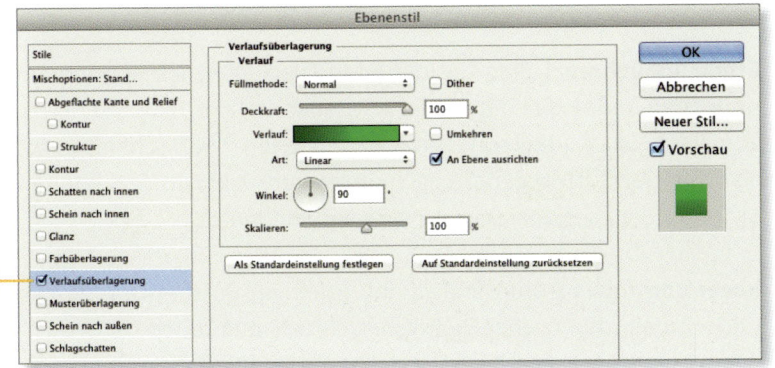

◄ **Abbildung 7.70**
Verlaufsüberlagerung in Photoshop

Im Stile-Menü links gibt es neben der Verlaufsüberlagerung weitere sinnvolle Effekte für Buttons. Gerne verwendet wird eine KONTUR ❷ (siehe Abbildung 7.71) von 1 px Breite – so entsteht eine sehr feine Begrenzungslinie. In Photoshop CS6 können Sie die aber auch direkt beim Anlegen der Form in der Optionsleiste einstellen.

Geht es Ihnen um einen dreidimensionalen Eindruck, bietet sich der Effekt ABGEFLACHTE KANTE UND RELIEF ❶ an.

Abbildung 7.71 ▶
Abgeflachte Kanten und Relief

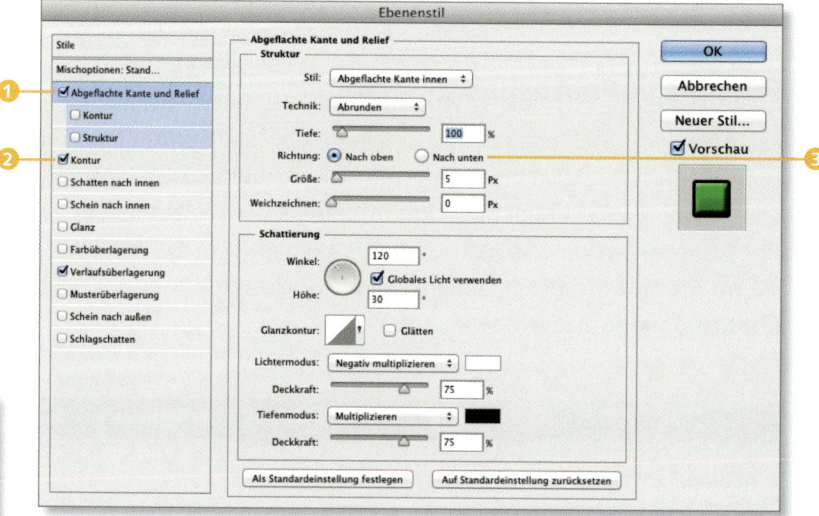

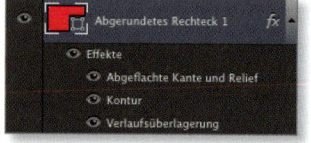

▲ **Abbildung 7.72**
Mit nur drei Effekten ist aus einer schnöden Form die Grundlage eines Buttons geworden.

Vorlagen im Netz

Noch ein Tipp: Hin und wieder kann es vorkommen, dass die Buttons an ihre von Betriebssystemen und Smartphones bekannten Brüder erinnern sollen. Für diese Fälle gibt es eine Vielzahl qualitativ hochwertiger .psd-Vorlagen im Web. Eine schöne Auswahl finden Sie unter *http://spy-restudios.com/32-pixel-perfect-ui-elements-psds*.

Wenn Sie wie beschrieben Formen und Ebenenstile verwenden, wird es Ihnen leicht fallen, den Button für die verschiedenen Zustände abzuwandeln. Kopieren Sie einfach einmal die gesamte Ebene, um festzulegen, was mit dem Button nach einem Klick geschehen soll.

Effekt umkehren | Den dreidimensionalen Eindruck können Sie umkehren, indem Sie den Effekt ABGEFLACHTE KANTEN UND RELIEF von NACH OBEN auf NACH UNTEN ❸ umstellen – nun scheint es so, als wäre der Button gerade nach unten gedrückt. Im CSS können Sie dafür die Pseudoklasse `:active` verwenden.

hover und focus | Nun fehlt Ihnen noch ein Zustand für `:hover` und `:focus`, denn schließlich sollen Ihre Nutzer auch bemerken, wenn sie gerade einen Button aktivieren möchten. Das wird häufig über einen Wechsel in der Farbigkeit oder im Verlauf gelöst – achten Sie hierbei darauf, dass der Kontrast zwischen normalem und aktivem Zustand groß genug ist, ganz so, wie Sie es in Abschnitt 6.2, »Farbkontraste«, gelernt haben.

7.9 Icons einsetzen und gestalten

Icons sind kleine Zeichen, mit denen Sie Aussagen auf einen Blick vermitteln können. Es gibt typische Bereiche, in denen Icons zum Einsatz kommen:

▶ **Icons als Ersatz für Linktexte oder Texte in der Navigation**: Icons sind sehr beliebt, wenn es darum geht, unliebsamen Text aus der Navigation zu entfernen. Wenn Sie sich dafür entscheiden, Icons *anstatt* Wörtern zu verwenden, fragen Sie sich stets, ob das Icon verständlich genug ist – oder, was noch besser wäre, testen Sie dies mit konkreten Nutzern. Icons als Navigationsersatz können nämlich nur dann effektiv sein, wenn die eigenen Nutzer auch wirklich mit ihrer Maus darüber fahren …

Anwendungsfälle für Icons

Icons eignen sich vorrangig für drei Anwendungsfälle:

▶ Ersatz für Texte (nur, wenn die Icons eindeutig sind!)
▶ visuelle Unterstützung der Texte (nur, wenn sie thematisch zum Text passen!)
▶ als reine Schmuckelemente

◀ **Abbildung 7.73**
Icons als Navigationsersatz (*http://trifermed.com*) funktionieren nur dann gut, wenn sie direkt verständlich sind. Hier gibt es Probleme, oder verstehen Sie alle Icons?

▶ **Icons als visuelle Unterstützung des Gesagten**: Anders als im vorherigen Anwendungsfall müssen Icons den Text nicht unbedingt ersetzen, sondern können ihn *unterstützen*. Richtig eingesetzt können sie verständnisfördernd wirken. Zeit Online verwendet beispielsweise eine Reihe von Icons im Footer für verschiedene Bereiche der Website. Besonders die Icons in der dritten Spalte zeigen Ihnen, wie wichtig es ist, dass Icons unmittelbar verstanden werden – das Flugzeug für »Ferienhaussuche« finde ich eher unpassend, ich hätte dahinter eher eine Flugsuche erwartet.

▲ **Abbildung 7.74**
Icons auf *http://zeit.de*

▶ **Icons als visuelle Auflockerung**: Icons eignen sich auch, um eher unspektakulären Textwüsten ein wenig visuellen Pepp zu verleihen. Anders als im vorherigen Anwendungsfall ist es hier nicht unbedingt zentral, dass die Icons direkt erkennbar sind – es geht eben weniger um das Verständnis, sondern mehr um einen visuellen Effekt.

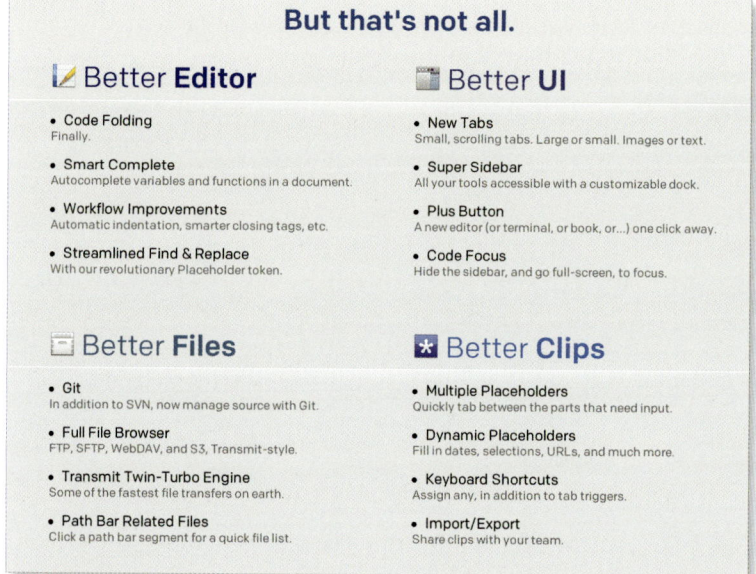

▲ **Abbildung 7.75**
Was ist neu in Version 2 der Software Coda? Panic (*http://panic.com*) nutzt auffällige Icons, um aus schnöden Aufzählungen ansehnliche Feature-Listen zu machen.

Wichtiges über Symbole

Aufpassen müssen Sie bei **Symbolen**, denn sie sind mit Bedeutung aufgeladen. Diese Bedeutungen sind in unserer Kultur festgelegt. Es gibt kein effektiveres Mittel, mit nur einem Zeichen eine enorme Fülle von Bedeutungen zu vermitteln.

Wenn Sie ein Design erstellen möchten, das etwas mit Sozialismus zu tun hat, verwenden Sie Hammer und Sichel. Das Ganze in roter Farbe, und schon ist jedem klar, worum es geht – ganz ohne viele Worte.

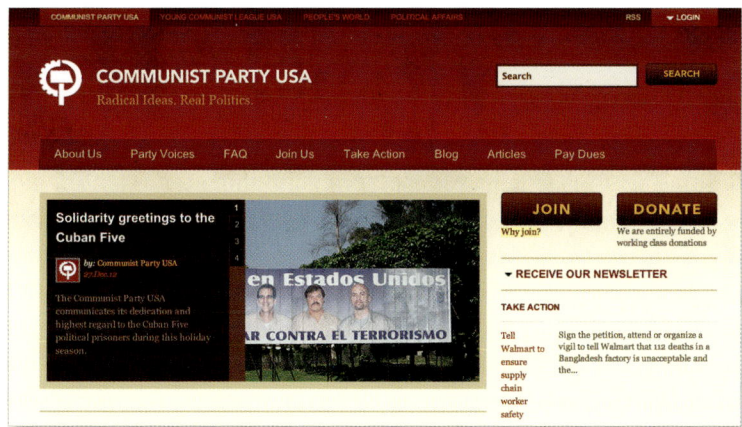

◄ **Abbildung 7.76**
Obwohl sie Hammer und Sichel in einer komplett anderen Form als die ehemalige Sowjetunion verwenden, sind die Assoziationen dank der starken Symbolkraft dieser Zeichen bei der Communist Party USA (*http://cpusa.org*) eindeutig.

Geht es bei Ihrem Design aber um den Hammer und die Sichel als Werkzeuge an sich, müssen Sie sehr genau aufpassen, dass sich diese Zeichen deutlich von dem sozialistischen Symbol abheben – ansonsten sind Fehldeutungen vorprogrammiert.

Erschwerend kommt hinzu, dass Symbole kulturell verschieden sind. Das Paradebeispiel ist die Swastika, ein indisch-hinduistisches Glückssymbol, das seit über 5000 Jahren in Verwendung ist. In unserem Kulturkreis schlägt die Deutung unausweichlich in das nationalsozialistische Hakenkreuz um. In Deutschland ist es daher verboten, Zeichen zu verwenden, die mit dem Hakenkreuz verwechselt werden könnten.

▲ **Abbildung 7.77**
Nationalmannschaften sind häufig stark mit Symbolen aufgeladen: Landesfarben, Nationaltiere und Sterne als Symbol bisheriger Meisterschaften beispielsweise (*www.fff.fr*).

Wichtiges über Metaphern

Die **Metapher** ist ein Vergleich – Sie visualisieren damit etwas, das so ähnlich funktioniert wie etwas, das der Nutzer bereits kennt. Eine Metapher überträgt die Bedeutung einer Sache auf eine andere Sache.

Google Mail zeigt in seiner Bedienoberfläche typische Metaphern, etwa den Papierkorb oder das kleine Etikett – streng genommen legen Sie Mails nicht in einen physischen Papierkorb, und Schlagworte schreiben Sie auch nicht auf Papierkärtchen, die Sie an eine Mail hängen. Als Metapher funktioniert das jedoch gut – solange es eindeutig ist. Auch bei Google Mail sind jedoch nicht alle Symbole so eindeutig wie gewollt – oder wissen Sie spontan, was das dritte Zeichen von links bedeutet?

▲ **Abbildung 7.78**
Symbole von Google Mail

Metaphern sind wirkungsvolle Mittel, um Ihren Nutzern neue Sachverhalte zu vermitteln. Aber Vorsicht: Überlegen Sie sich ganz genau, ob der Vergleich nicht doch hinkt – denn nicht jede Metapher ist auf den zweiten Blick immer noch so einleuchtend wie auf den ersten. Achten Sie außerdem darauf, dass Metaphern sich abnutzen können und irgendwann nicht mehr notwendig sind, denn sonst wirken Ihre Designs altbacken.

Abbildung 7.79 ▶
Digitaler Terminkalender von Apple in Leder-Optik mit abgerissenen Kalenderblättern – brauchen die Nutzer heute noch diesen Vergleich mit der materiellen Welt?

Stile von Zeichen

Icons gibt es in allen möglichen Formen. Einige beliebte Stile möchte ich Ihnen nun als Inspiration mit auf den Weg geben – experimentieren Sie jedoch auch mit eigenen Ideen, denn Icons sind ein gutes Mittel, Ihrer Website ein individuelles Aussehen zu verleihen.

▶ **Piktogramm**: Piktogramme sind stark vereinfachte Zeichen. Meist sind sie sehr stilisiert, nicht selten einfarbig. Anders als in anderen Icon-Stilen spielt Realismus keine Rolle – Piktogramme sind zweidimensional und haben keine Schatten. Ein typisches Piktogramm sehen Sie in der Marginalie – nur die wichtigsten Körperteile, die man zum Erkennen der Figur unbedingt benötigt, sind mit einfachsten grafischen Mitteln dargestellt.

▲ **Abbildung 7.80**
Typisches Piktogramm

◀ **Abbildung 7.81**
Piktogramme als Stilelement bei Windows Phone 7

▶ **Mini-Icons**: Winzig kleine Icons erinnern in ihrer Ästhetik etwas an das Webdesign der 90er, als Pixelschriften total in Mode waren und Inhalte möglichst klein sein sollten.

▶ **Web-2.0-Icons**: Knallige Farben, leichte Verläufe, gerne an Glas erinnernd, im Idealfall mit Spiegelung oder als Sternchen – das ist der Stil des Web 2.0, und er findet sich in den Icons wieder.

▶ **8-Bit-Icons oder Pixel-Icons**: Die Ästhetik und Software alter Rechner erfreuen sich im Web traditionellerweise großer Beliebtheit, und so verwundert es wenig, dass Icons in diesem Stil gestaltet werden.

▶ **Geometrisch konstruierte Icons**: Dieser Stil versucht, mit möglichst geometrischen Formen reale Dinge nachzubilden. Das ist ein sehr stilvolles Mittel, erschwert jedoch bisweilen die Deut-

▲ **Abbildung 7.82**
Automatischer Web-2.0-Icon-Generator (*http://icon-generator.net*) – ein Stil wird zum Klischee

lichkeit der Zeichen – besonders, wenn es um ohnehin schon geometrische Gegenstände wie Bücher geht.

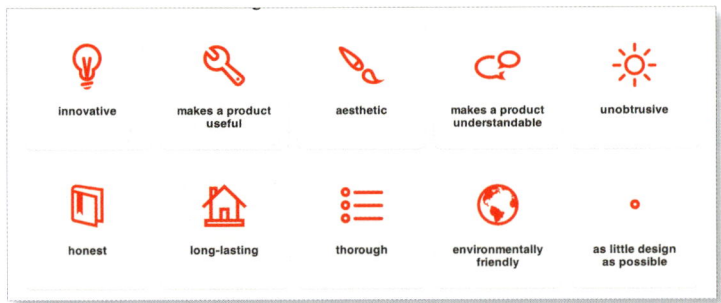

Abbildung 7.83 ►
Geometrische Icons setzen voll auf regelmäßige Formen – Kreise, Linien, Ellipsen. Das Ergebnis ist ein unverkennbarer Stil, jedoch auch einige unförmig wirkende Zeichen (*http://startupsthisishow-designworks.com*).

► **Handzeichnungen**: Gewissermaßen das Gegenteil von geometrischen Icons sind Zeichen, die wie von Hand gezeichnet wirken.

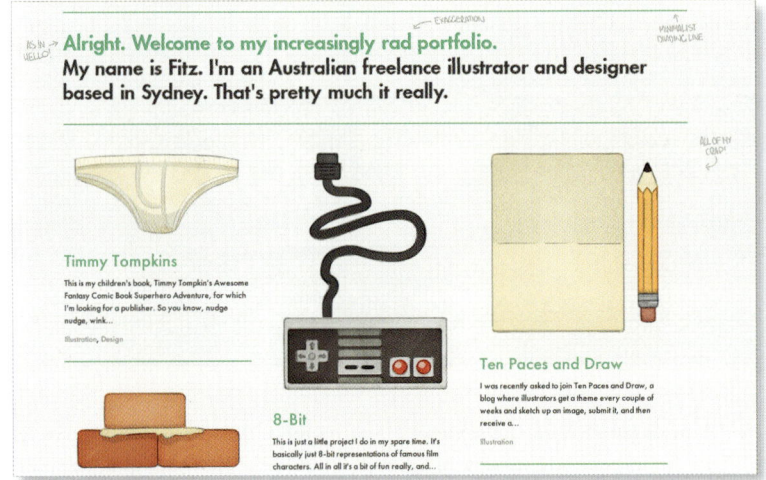

▲ **Abbildung 7.84**
Gezeichnete Icons werden gerne auch in einem kindlichen Stil eingesetzt – das Ergebnis ist ein sehr sympathisches, aber auch wenig seriöses Aussehen (*www.ilgustoperlaricerca.it*).

▲ **Abbildung 7.85**
Sorgfältig von Hand gezeichnete Icons, Markierungen mit Bleistift, ein Rechenpapier-Muster als Hintergrund – ein stimmiges Gesamtbild, zumal von einem Illustrator wie Fitz Fitzpatrick (*fitzfitzpatrick.com*).

► **Stil kopieren**: Häufig adaptieren Designer Icons an die Icons beliebter Soft- oder Hardware – Mac- und iOS-Icons oder der Windows-7-Glas-Look zum Beispiel.

► **Realistische Icons**: Realismus ist seit einigen Jahren im Trend. Realistische Icons erfordern einiges an Erfahrung, denn Perspektive, Schattierung, Lichtreflektionen und Materialeigenschaften sind nicht einfach nachzubilden.

Icons können natürlich auch vorzüglich den Stil der Website reflektieren. Wenn die gesamte Website düster und schmutzig wirkt, können es die Icons auch (siehe Abbildung 7.86).

◀ **Abbildung 7.86**
Sinnvoll ist auf *http://takethe-walk.com* auch, wie die Icons die Farbgebung des Headers aufgreifen. Durch Farbe und Look entsteht so ein stimmiges Gesamtbild.

Nachdem Sie nun einiges über Typen und Stile von Icons gelernt haben, wird es höchste Zeit, dass wir uns einige Kniffe in Photoshop anschauen.

Grundregeln für die Gestaltung von Icons

Zu den schönsten Aspekten der Arbeit als Webdesigner gehört die ausgesprochene Kollegialität in unserer Branche: Selten ist die Bereitschaft, sein Wissen mit anderen zu teilen, größer als bei uns. Sie finden im Netz daher eine Vielzahl hervorragender Schritt-für-Schritt-Erklärungen, wie Sie Icons in den verschiedenen Stilen erzeugen können. Ich möchte mich daher an dieser Stelle auf einige konkrete Grundregeln konzentrieren, die Ihnen immer wieder helfen können.

▶ **Richtige Größe**: Arbeiten Sie immer für die Größe, in der das Icon letztendlich dargestellt werden soll. Nur so können Sie beurteilen, wie viele Details überhaupt noch sichtbar sind. Wenn das Icon in verschiedenen Größen funktionieren muss, gestalten Sie jede Größe einzeln.

▶ **Wesentliches herausstellen**: Konzentrieren Sie sich auf die wesentlichen Merkmale des Gegenstandes, den Sie für Ihr Icon ausgewählt haben. Erinnern Sie sich noch an das Gesetz der

Weblinks

Empfehlenswerte Sammlungen von Icon-Anleitungen finden Sie hier:

▶ *http://webdesignledger.com/tutorials/15-icon-design-photoshop-tuto-rials*

▶ *http://sixrevisions.com/graphics-design/50-excellent-icon-design-tutorials*

Erfahrung? Sie müssen nicht alles zeigen, damit das Icon funktioniert – zeigen Sie das Wesentliche.

▸ **Lichtverhältnisse beachten**: Gerade bei realistischen Icons sollten Sie auf eine einzige Lichtquelle achten, die Ihr Icon erkennbar beleuchtet – unrealistisches Licht wirkt sehr störend.

▸ **Maßvoll arbeiten**: »Noch ein Schatten hier, noch ein wenig Struktur dort, vielleicht noch ein kleines Detail an dieser Stelle …« – Vorsicht vor diesem Kreislauf. Icons leben von ihrer Einfachheit, und mehr ist selten besser.

Betrachten Sie Ihre Icons unbedingt im Gesamtzusammenhang. Die Design-Crowdsourcing-Plattform Crowdspring verwendet zur Visualisierung ihrer Logo-Wettbewerbe einen Dartpfeil – die Assoziation ist gut: genau die Anforderungen des Projekts getroffen. Aber: Soll das etwa bedeuten, dass die Design-Vorschläge für kleine Websites nicht so treffend sind?

Abbildung 7.87 ▸
Im Verbund mit anderen Icons kann sich die Bedeutung eigentlich treffender Symbole ungünstig wandeln (*http://crowdspring.com*).

Beachten Sie außerdem die Konventionen, denen Icons unterliegen: Stimmt die Aussage? Das ist besonders wichtig, wenn Icons in Verbindung mit Buttons oder sonstigen Links zum Einsatz kommen. Ein Pfeil nach rechts vermittelt zum Beispiel den Eindruck, sich räumlich durch eine Sequenz fortzubewegen. Pfeile nach unten stehen eher dafür, dass etwas ausgeklappt wird.

Favicons und Touch-Icons

▲ Abbildung 7.88
Google Chrome stellt die Favicons neben dem Seitennamen dar (*http://t3n.de*).

Favicons sind die kleinen Grafiken, die in vielen Browsern neben der URL zu finden sind. Für ein Favicon benötigen Sie heutzutage zwei Varianten: eine 16 × 16 px große Standard-Version sowie einen 32 × 32 px messenden Retina-Vertreter.

Zum Glück sind Favicons keine große Herausforderung. Sie können dazu den praktischen Dienst x-icon editor (*http://xiconeditor.com*) verwenden.

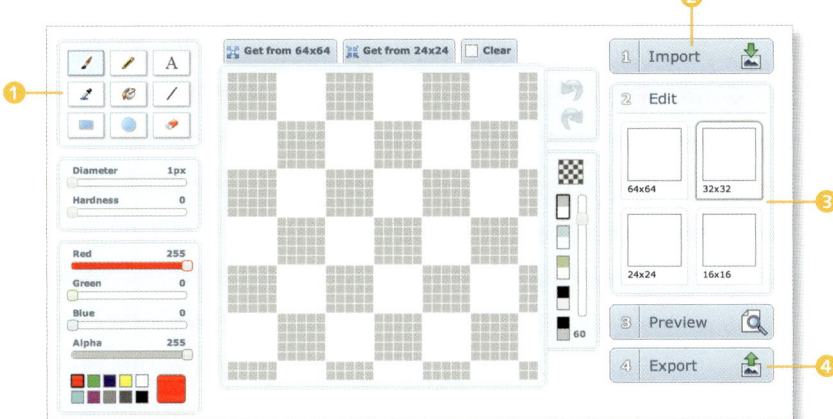

◀ **Abbildung 7.89**
Faicons schnell und einfach mit dem x-icon editor

Entweder erzeugen Sie das Favicon direkt hier mit den Werkzeugen ❶, oder aber Sie erstellen die beiden Versionen in Photoshop und importieren ❷ sie als .png mit Transparenzen. Wählen Sie die jeweilige Größe ❸ aus und achten Sie darauf, dass hier auch wirklich die 16 × 16- und die 32 × 32-Versionen gefüllt sind. Anschließend können Sie das fertige Favicon exportieren ❹. Legen Sie es nun einfach in das oberste Verzeichnis Ihrer Website auf dem Server – es wird dann automatisch erkannt.

Touch-Icons | Eine letzte Extrawurst können Sie für Benutzer von Apple-Produkten einbauen: die Touch-Icons. Diese kleinen Symbole kommen zum Einsatz, wenn ein Nutzer Ihre Website direkt auf dem Start-Bildschirm eines seiner iPhones oder iPads speichert. Wenn Sie kein Touch-Icon definiert haben, verwendet Apple einen Screenshot Ihrer Website.

Touch-Icons gibt es in vier Größen:
▸ 57 × 57 px für nicht-Retina-iPhones
▸ 72 × 72 px für nicht-Retina-iPads
▸ 114 × 114 px für Retina-iPhones
▸ 144 × 144 px für Retina-iPads

Nachdem Sie alle diese Icons erzeugt haben, speichern Sie sie einfach auf dem Server, und fügen Sie die folgenden Code-Zeilen

Was ist mit Android?

Der Webentwickler Mathias Bynens hat in mehreren Tests festgestellt, dass Android-Geräte ab Version 2.1 auf die »normalen« Touch-Icons mit 57 × 57 px Größe zurückgreifen.

innerhalb des `head` Ihrer Website ein. Achten Sie dabei natürlich darauf, dass die Icons auf dem Server auch wirklich so benannt sind wie in diesem Code-Beispiel angegeben:

```
<link rel="apple-touch-icon-precomposed" sizes="144x144"
href="apple-touch-icon-144x144-precomposed.png">
<link rel="apple-touch-icon-precomposed" sizes="114x114"
href="apple-touch-icon-114x114-precomposed.png">
<link rel="apple-touch-icon-precomposed" sizes="72x72"
href="apple-touch-icon-72x72-precomposed.png">
<link rel="apple-touch-icon-precomposed"
href="apple-touch-icon-precomposed.png">
```

Listing 7.4 ▶
Touch-Icons im head

Diesen Code-Schnipsel verdanke ich dem hervorragenden Artikel von Mathias Bynens (*http://mathiasbynens.be/notes/touch-icons*). Sie sollten ihn unbedingt lesen, denn zum Thema »Touch-Icons« gibt es wesentlich mehr zu sagen, als ich hier unterbringen könnte.

7.10 Bilder in Websites einbauen

Nachdem Sie nun einiges über Bilder und Grafiken gelernt haben, fehlt Ihnen noch ein wichtiger Aspekt zu Ihrem grafischen Web-design-Glück: Wie kommen Ihre Werke denn nun auf Ihre Web-site? Dazu gibt es wie so oft im Webdesign zwei Wege: HTML und CSS.

Inhaltliche Bilder fügen Sie per HTML, schmückende Bilder jedoch per CSS ein.

Funktion der Grafik unterscheiden | Sie sollten sich bei jeder Grafik eine grundlegende Frage stellen: Ist das Bild Teil des Inhalts? Hat es eine inhaltliche Aussage? Wenn ja, ist HTML die richtige Wahl – mittlerweile wissen Sie ja, dass Inhalte und Strukturen grundsätz-lich in HTML geschrieben werden.

Sollte das Bild jedoch eher ein schmückendes Element sein, z. B. ein Hintergrund oder ein Button, bietet sich CSS zum Einfügen an.

Inhaltliche Bilder per HTML einfügen

Ich möchte Ihnen hier zunächst alles zum Einfügen von Bildern per HTML erklären.

Bilder mit korrekter Pfadangabe einfügen | HTML kennt seit jeher ein Element, mit dem Bilder eingefügt werden können:

```
<img src="bilder/baum.jpg" alt="Baum im Herbst">
```

▲ **Listing 7.5**
Pfadangabe in HTML

Der Name des Elements – `img` – steht für »image«, also Bild. Das `img`-Element benötigt ein Attribut – es heißt `src` und steht für »source« (Quelle). Damit teilen Sie dem Browser mit, welches Bild er einfügen soll, und wo er dieses finden kann. Sie kopieren dazu einfach den Dateinamen in das `src`-Attribut und notieren den richtigen Pfad. In diesem Beispiel gibt es einen Ordner namens »bilder«, in dem wiederum das Bild liegt.

Bei der Angabe des Pfades ist es wichtig, dass Sie ihn *relativ* zur aktuellen Position des HTML-Dokuments einfügen. Im obigen Beispiel befindet sich das HTML-Dokument in einem übergeordneten Ordner – der Browser muss also von dort aus in den Ordner »bilder« hineingehen, um das Bild zu finden.

Liegen HTML-Datei und Bild auf der gleichen Hierarchieebene, kann die Pfadangabe entfallen.

```
<img src="baum.jpg" alt="Baum im Herbst">
```

▲ **Listing 7.6**
Bild liegt auf der gleichen Hierarchieebene wie die HTML-Datei.

So weit kein großes Problem, oder? Was aber geschieht im Fall, den Abbildung 7.90 zeigt?

In diesem Fall liegt die HTML-Datei in einem Unterordner, das Bild in einem anderen. Der Browser muss also zunächst von der index.html eine Ebene nach oben, dann in das Verzeichnis »bilder« hinein und dort eben das Bild »baum.jpg« aufrufen. In HTML würden Sie das wie folgt notieren:

▲ **Abbildung 7.90**
Bild und HTML-Datei

```
<img src="../bilder/baum.jpg" alt="Baum im Herbst">
```

▲ **Listing 7.7**
Pfad für ein Bild in einem übergeordneten Ordner

Haben Sie die beiden Punkte am Anfang der Pfadangabe bemerkt? Auf diese Weise teilen Sie dem Browser mit, dass das Bild eine Ebene über der aktuellen liegt. Sie können auch mehrere Ebenen nach oben wandern:

Listing 7.8 ▶
Pfadangabe über drei Ebenen
nach oben

```
<img src="../../../bilder/baum.jpg" alt="Baum im Herbst">
```

Es ist sehr wichtig, dass Sie stets den korrekten Pfad zu den Dateien angeben, die Sie referenzieren – sonst wird der Browser die Datei nicht finden und nichts anzeigen. Keine Panik, das passiert jedem hin und wieder. Es ist ein Zeichen dafür, dass Sie einen Fehler in der Pfadangabe oder im Dateinamen haben.

Abbildung 7.91 ▶
Hier ist die Pfadangabe zum
Bild falsch – zum Glück wird
der Inhalt des alt-Attributs
angezeigt.

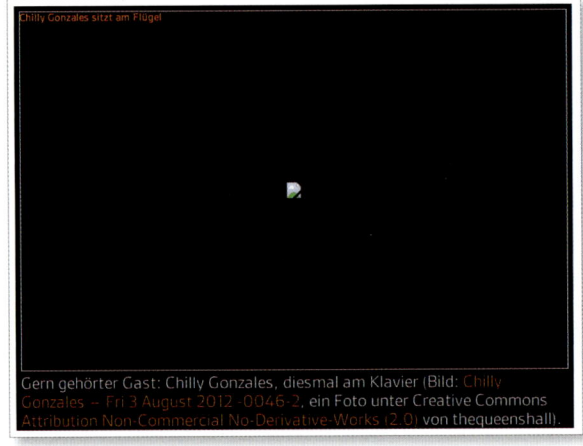

**Alt-Texte: Dreifach
sinnvoll**

alt-Texte helfen behinderten Menschen und Suchmaschinen gleichermaßen. Zudem mildern sie Fehler in der Pfadangabe sowie lange Ladezeiten von Bildern ab.

Alternativtexte hinzufügen | Sicher haben Sie bemerkt, dass es in den Beispielen noch eine weitere Angabe gibt: das alt-Attribut.

```
<img src="bilder/baum.jpg" alt="Baum im Herbst">
```

▲ Listing 7.9
alt-Angabe in HTML

alt steht für »alternative text«, also ein alternativer Beschreibungstext für ein Bild. Sie benötigen diesen Text aus einer Reihe von Gründen:

▶ Wenn der Browser das Bild nicht finden kann, zeigt er stattdessen den alt-Text an.
▶ Google kann die Inhalte von Bildern nicht erkennen, wohl aber die alt-Texte.
▶ Screenreader können ihren Nutzern die alt-Texte vorlesen.

Wie Sie sehen, ist die Angabe von alt-Texten sehr wichtig – nur so können Sie sicherstellen, dass alle Nutzer in allen Situationen (Accessibility) sowie die Suchmaschinen (Suchmaschinenoptimierung) die Inhalte Ihrer Bilder erfassen können. Gewöhnen Sie sich

alt darf nur leer sein, wenn das Bild keine inhaltliche Bedeutung hat – dann wäre es aber sowieso eher ein Fall für CSS.

also direkt an, für *alle* inhaltlichen Bilder einen `alt`-Text einzutragen. Schmuckbilder sollten ohne `alt`-Attribut geschrieben werden.

◄ **Abbildung 7.92**
Dieses Bild auf *http://elster.de* hat eher wenig inhaltliche Aussagekraft, das `alt`-Attribut bleibt folglich leer. Noch besser wäre, es über CSS einzufügen.

Der `alt`-Text sollte den zentralen Inhalt des Bildes wiedergeben, und zwar alle für den aktuellen Kontext relevanten Punkte. Ein `alt`-Text wie »Baum im Herbst« bedeutet also, dass es für den konkreten Kontext relevant ist, dass auf dem Bild Herbst ist. Spielt die Jahreszeit keine Rolle, ist auch eine Angabe wie »Baum« in Ordnung. Je nach Kontext könnte aber auch eine detaillierte Beschreibung wichtig sein: »Aufnahme eines Baumes im Herbst, die ich auf meiner Reise in den Beaujolais im Herbst 2008 mit meiner Canon 10D gemacht habe; die Farbtreue ist hervorragend.«

Abbildung 7.93 zeigt ein Beispiel von der Website der Süddeutschen: Der Redakteur hat sich in diesem Fall entschieden, im `alt`-Text das politische Geschehen zu beschreiben. Das ist schon einmal besser als eine Beschreibung wie »Symbolbild«, aber nicht optimal – es entsteht der Eindruck, auf dem Bild sei das Kabinett zu sehen. Besser wäre etwas wie »Empfangsschalter für Hartz IV – demnächst könnte sich einiges für Betroffene ändern«, was sowohl den Bildinhalt als auch dessen Zusammenhang zum Text umfasst.

◄ **Abbildung 7.93**
`alt`-Text auf *http://sueddeutsche.de*

Größenangaben machen | Wenn Sie möchten, können Sie dem `img`-Element noch die konkreten Größenangaben des Bildes mitgeben. Hat das Bild eine Abmessung von 200 × 300 px, würde das wie folgt aussehen:

```
<img src="bilder/baum.jpg" alt="Baum im Herbst"
width="200" height="300">
```

▲ **Listing 7.10**
Größenangabe über `width`- und `height`-Attribute

Bildunterzeilen einfügen | Besonders bei Bildern innerhalb von Texten benötigen Sie häufig eine Bildunterzeile. Vor HTML5 hat man so etwas häufig so umgesetzt:

```
<div>
  <img src="bilder/baum.jpg" alt="Baum im Herbst">
  <p>Die Blätter von Bäumen färben sich im Herbst in
  bunten Farben</p>
</div>
```

▲ **Listing 7.11**
Bildunterzeile innerhalb eines `div`

HTML5 führt nun ein eigenes Element ein: `figure`. `figure` gehört zu den neuen semantischen Elementen, von denen Sie einige bereits in Kapitel 2 kennengelernt haben. Die Bedeutung von `figure` ist, dass die Inhalte zusammengehören, aber auch an einer anderen Stelle im Dokument stehen könnten. Das ist bei Bildern innerhalb von Texten sehr häufig der Fall.

Innerhalb von `figure` können Sie das Element `figcaption` für die Bildunterzeile verwenden:

```
<figure>
  <img src="bilder/baum.jpg" alt="Baum im Herbst">
  <figcaption>Die Blätter von Bäumen färben sich im Herbst
  in bunten Farben</figcaption>
</figure>
```

▲ **Listing 7.12**
Neue semantische Elemente für Bildunterzeilen

Wichtig ist, dass innerhalb von `figure` immer nur einmal `figcaption` vorkommen darf. Zwar können Sie mehrere Bilder in einer

---

Automatisches Downsampling

Bedenken Sie, dass Sie über `width` und `height` die gewünschte Bildgröße angeben, wie sie Ihren Nutzern angezeigt werden soll – der Browser kümmert sich dann von alleine um das Downsampling von Retina-Bildern.

`figcaption` **oder** `alt`?

Da `figcaption` als Beschreibung der Inhalte von `figure` definiert ist, können Sie hin und wieder auf das `alt`-Attribut von `img` verzichten – aber nur, wenn `figcaption` auch wirklich den Inhalt des Bildes komplett wiedergibt.

`figure` einbauen, `figcaption` bezieht sich dann aber immer auf alle diese Bilder zusammen.

A cheeky macaque, Lower Kintaganban River, Borneo. Original by Richard Clark

▲ **Abbildung 7.94**
`figcaption` kann mit CSS beliebig gestaltet werden
(*http://html5doctor.com/the-figure-figcaption-elements*).

Schmückende Bilder per CSS einfügen

Mit dem `img`-Element steht Ihnen eine komfortable Möglichkeit zur Verfügung, Bilder in Ihre Website einzufügen – vorausgesetzt, `img` ist überhaupt die richtige Wahl. Wenn eine Grafik nämlich eine rein visuelle Funktion hat und keinen Inhalt vermittelt, ist es besser, sie über CSS einzufügen.

Grafiken als Hintergründe einfügen | Um Bilder als Hintergründe einfügen zu können, verwenden Sie einen alten Bekannten: `background`, um genau zu sein `background-image`. Danach definieren Sie über den Begriff `url` einen Ort, an dem das Bild zu finden ist:

```
background-image: url('baum.jpg');
```

◄ **Listing 7.13**
Verwendung von `background-image`

Bei der Verwendung von `background-image` sollten Sie auf die richtige Pfad-Angabe achten – ganz so, wie Sie es bereits gelernt haben.

Wiederholung von Hintergrundbildern festlegen | In der Vorein-
stellung werden Hintergrundbilder auf das gesamte HTML-Element
angewendet. Ist das Bild kleiner als das HTML-Element, wird es
wiederholt – auf diese Weise können Sie ein Element einfach mit
einem Muster ausfüllen.

Abbildung 7.95 ▶
Die Agentur Hochburg ver-
wendet im Hintergrund ein
stetig wiederholtes Karo-
Muster (*www.hochburg.net*).

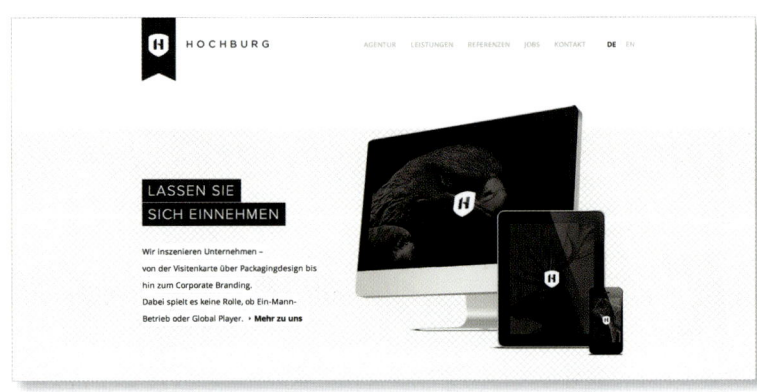

Hin und wieder kann es aber vorkommen, dass Sie einen Hintergrund eben nicht wiederholen möchten. Das können Sie mit
`background-repeat` einstellen:

```
background-repeat:no-repeat;
```

▲ Listing 7.14
Hintergrund wird nicht wiederholt.

**Wiederholung
beschränken**

Alternativ ist es auch möglich, das Hintergrundbild
mit `background-repeat:
repeat-y;` oder `back-
ground-repeat:
repeat-x;` nur auf der y-
oder x-Achse zu wieder-
holen.

Hintergrundbilder ausrichten | Wenn Sie nichts anderes festlegen,
sitzen Hintergrundbilder immer in der linken oberen Ecke eines
HTML-Elements. Für die genaue Angabe einer Position steht die
Eigenschaft `background-position`. Es folgen Angaben für die horizontale und die vertikale Ausrichtung – in dieser Reihenfolge.

```
background-position: right center;
```

▲ Listing 7.15
Das Hintergrundbild wird horizontal rechts und vertikal mittig ausgerichtet.

Für `background-position` sind erlaubt:

▶ horizontal: `left`, `right`, `center`
▶ vertikal: `top`, `bottom`, `center`
▶ für beide Richtungen: numerische Angaben, z. B. Prozentwerte

Größe von Hintergrundbildern bestimmen | Neu in CSS3 hinzugekommen ist die Möglichkeit, ein Hintergrundbild zu skalieren. Damit können Sie hochauflösende Bilder verwenden und anschließend per Downsampling auf die richtige Größe bringen. In CSS dient dazu die Eigenschaft background-size, der Sie numerische Werte für die horizontale und die vertikale Skalierung (in dieser Reihenfolge) mitgeben können:

```
background-size: 50% 30%;
```

▲ **Listing 7.16**
Bild wird horizontal auf 50 % und vertikal auf 30 % gestaucht.

Möchten Sie die Proportionen nicht so genau festlegen, können Sie eine Grafik so einstellen, dass sie stets die gesamte HTML-Box einnimmt. In diesem Fall wird sie so vergrößert oder verkleinert, dass sie komplett in die Box passt, ohne verzerrt zu werden:

```
background-size: contain;
```

▲ **Listing 7.17**
Bild wird passend zur HTML-Box skaliert.

Schließlich können Sie die Grafik so einstellen, dass sie die gesamte Box ausfüllen soll. Dabei wird die kürzere Seite (Breite oder Höhe) so skaliert, dass sie mit der HTML-Box zusammenpasst – an der längeren Seite wird das Bild abgeschnitten.

```
background-size: cover;
```

▲ **Listing 7.18**
Bild nimmt die gesamte Box ein und wird beschnitten.

Mehrere Hintergrundbilder | Es ist auch möglich, mehrere Hintergrundbilder zu verwenden. In diesem Fall trennen Sie die Angaben einfach mit einem Komma:

```
background-image: url('baum.jpg'), url('wiese.jpg'),
url('himmel.jpg');
```

◀ **Listing 7.19**
Drei Hintergrundbilder in einer Box

Analog können Sie mit allen anderen Eigenschaften für Hintergrundbilder vorgehen. Die Angaben beziehen sich dann analog auf das erste Bild, das zweite Bild usw.

```
background-size: 50% 40%, 30% 30%, 20% 70%;
background-position: top left, bottom right, center center;
```

◀ **Listing 7.20**
Beispiele für die Arbeit mit mehreren Bildern

Weitere CSS3-Eigenschaften für Hintergründe

Mit background-clip und background-origin stehen in CSS3 zwei weitere Eigenschaften für Hintergrundbilder zur Verfügung, denen man in der Praxis aber noch nicht so häufig begegnet. Informationen zu ihrer Funktionsweise finden Sie auf *www.css3files. com/background*.

7.11 Grafik-Vermeidungsstrategien

Ja, Sie haben ganz richtig gelesen: Nach einem ganzen Kapitel über Bilder und Grafiken geht es nun darum, wie man Grafiken vermeiden kann. In sehr vielen Fällen versuchen Webdesigner, eben keine Grafiken zu verwenden, sondern die gewünschte Optik mit CSS3 zu erreichen.

Dafür gibt es gleich eine Reihe von Gründen:

▶ Bandbreite sparen – egal wie gut Sie eine Grafik komprimieren, HTML und CSS sind garantiert kleiner.

▶ keine Probleme mit Retina-Displays – per CSS gestaltete Elemente sind immer scharf, egal in welcher Auflösung.

▶ einfachere Bearbeitung – der Schatten soll doch etwas anders aussehen? Kein Ding, einfach den Quellcode anpassen.

▶ Buttons passen sich an – mehr Text? Weniger Bildschirmfläche? Kein Problem, der Button wächst oder schrumpft mit.

Einen typischen Fall kennen Sie bereits: Verläufe (siehe Seite 275). In der Praxis gibt es zwei weitere Bereiche, die Sie kennen sollten: Schatten und runde Ecken.

Alternative: fortgeschrittene CSS-Techniken

Sollten Sie einmal in die Situation kommen, mitwachsende Buttons auf Basis von Bildern ohne CSS erzeugen zu müssen, gibt es dafür fortgeschrittene Techniken wie etwa die Sliding Doors Technik (*www.alistapart.com/ articles/slidingdoors*).

Im Ordner WEITERE_ BEISPIELDATEIEN • KAPITEL_7 finden Sie zwei Beispiele für den CSS3-Schatten.

Schatten mit CSS3

Wenn Sie vor CSS3 einer HTML-Box einen Schatten geben wollten, war das ein klarer Fall für eine Hintergrundgrafik – das ist nun vorbei. CSS3 bietet mit `box-shadow` genau für diesen Fall eine passende Eigenschaft:

```
box-shadow: 3px 3px 3px 2px #c3c3c3;
```

▲ Listing 7.21
Beispiel für einen Schatten mit CSS3

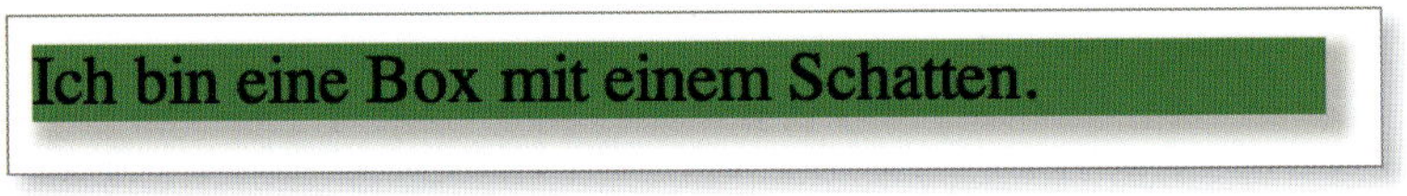

Abbildung 7.96 ▶
Schatten mit Hilfe von CSS3

Ich bin eine Box mit einem Schatten.

▶ Was bedeuten nun diese Angaben?

▶ Der erste Wert bezeichnet den **horizontalen Versatz**, also den Abstand des Schattens von der Box.

▶ Der zweite Wert legt analog den **vertikalen Versatz** fest.

▶ Der dritte Wert ist optional und bestimmt die **Unschärfe** des Schattens – je höher, desto weicher scheint der Schatten.

▶ Der vierte Wert ist ebenfalls optional und bezeichnet die **Ausdehnung** des Schattens.

▶ Der fünfte Wert – ebenfalls optional – bestimmt die **Farbe** des Schattens.

▶ Wenn Sie gerade erst mit CSS begonnen haben, kann der Unterschied zwischen der Unschärfe und der Ausdehnung eines Schattens etwas verwirrend sein. Die folgende Grafik erklärt den Unterschied – während die Unschärfe den Schatten weich macht, vergrößert die Ausdehnung den gesamten Bereich des Schattens.

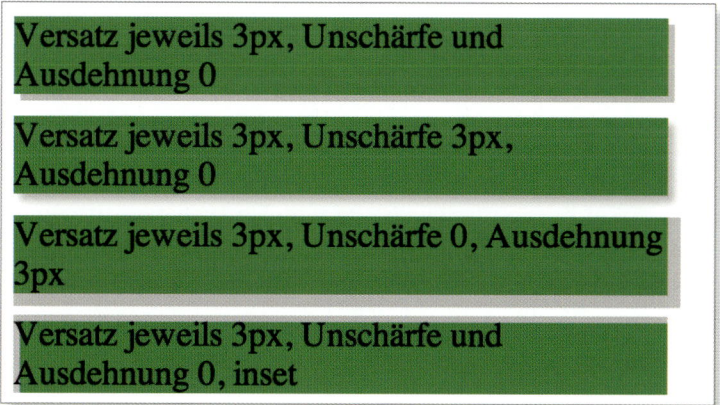

▲ **Abbildung 7.97**
Verschiedene Schatten in CSS3

▶ Ein letzter Tipp: Sie können einen Schatten auch nach **innen** erzeugen! Dazu dient das Schlüsselwort `inset`:

```
box-shadow: inset 0 0 10px #000000;
```

◀ **Listing 7.22**
Beispiel für einen Schatten nach innen

Runde Ecken erzeugen | Boxen mit abgerundeten Ecken waren vor CSS3 eine klare Sache für Hintergrundbilder – nun können Sie mit `border-radius` für Abhilfe sorgen. Wie stark die Ecke abgerundet sein soll, können Sie mittels numerischer Eingaben bestimmen.

```
border-radius: 5px;
```

▲ **Listing 7.23**
5 px-Rundung an allen Ecken

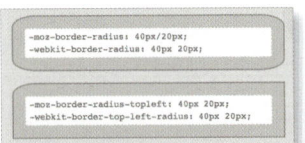

▲ **Abbildung 7.98**
Auch elliptische Rundungen sind mit CSS3 möglich (*http://mattersofgrey.com/css-rounded-corners*).

▶ Bei **zwei Angaben** bezieht sich der erste Wert auf oben links und unten rechts; der zweite auf die beiden anderen Ecken:

```
border-radius: 5px 2px;
```

▲ **Listing 7.24**
`border-radius` mit zwei Angaben

▶ **Drei Angaben** bedeuten: erste Angabe oben links, zweite oben rechts und unten links, dritte unten rechts.

```
border-radius: 5px 2px 10px;
```

▲ **Listing 7.25**
`border-radius` mit drei Angaben

▶ **Vier Werte** legen die Runden an allen vier Ecken in der Reihen-folge oben links, oben rechts, unten rechts, unten links fest.

```
border-radius: 5px 2px 10px 3px;
```

▲ **Listing 7.26**
`border-radius` mit zwei Angaben

▶ Statt dieser Kurz-Schreibweise können Sie auch explizite Anga-ben für die Ecken machen. Dazu dienen die Eigenschaften `border-top-left-radius`, `border-top-right-radius`, `border-bottom-right-radius` und `border-bottom-left-radius` – in der Praxis findet man jedoch eher die Kurzform.

Elliptische Rundung | Und noch etwas: Sie können **jeder** dieser Ecken auch **zwei Werte** mitgeben!

```
border-top-left-radius: 5px 2px;
```

▲ **Listing 7.27**
Elliptische Rundung

▶ In diesen Fällen bezieht sich der erste Wert auf den horizontalen und der zweite auf den vertikalen Radius – das Ergebnis ist eine elliptische Rundung.

7.12 Beispielprojekt – Grafiken

Nun wird es Zeit, der Netzschreibstube einige Strukturen zu spen-dieren, um die gewünschten Assoziationen zu unterstützen.

Fertige Grafiken ins Projekt einbauen

Für einige meiner Ideen bietet es sich an, im Web nach frei verwendbaren Grafiken zu suchen.

Assoziationen mit Grafiken unterstützen | Bei der Farbwahl habe ich bereits an natürliches Papier gedacht, so richtig naheliegend wird diese Assoziation aber erst durch Grafiken. Ich werde auf der Website *http://subtlepatterns.com* fündig, die ich Ihnen bereits empfohlen habe, und wähle eine Grafik von Jorge Fuentes.

Ein wenig muss ich die Papier-Grafiken noch anpassen, denn im Rohzustand sind die Grafiken grau. Nachdem ich geprüft habe, dass die Designer solche Anpassungen erlauben, öffne ich die Grafik in Photoshop und lege eine neue Ebene ❷ über der Struktur an, die ich in der gewünschten Farbe einfärbe. Wenn Sie als Ebenenmodus FARBE ❶ auswählen, färben Sie die Grafik in der Farbe Ihrer Wahl ein, ohne an der Struktur selbst etwas zu verändern. Ich erstelle je eine Version aus dem hellen Beige und dem dunkleren Ocker.

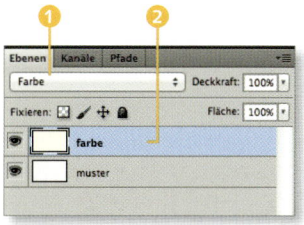

▲ **Abbildung 7.99**
Muster einfärben in Photoshop

Lizenzbestimmungen beachten

In den FAQs von Subtle Patterns wird erklärt, unter welchen Bedingungen die Grafiken genutzt werden dürfen: Es muss lediglich der Urheber genannt und ein Link gesetzt werden. Dafür eignet sich der Footer meiner Website hervorragend.

▲ **Abbildung 7.100**
Die helle …

▲ **Abbildung 7.101**
… und die dunkle Version auf Basis einer Grafik von Jorge Fuentes (CC BY SA)

Als Hintergrund für den Außenbereich wähle ich eine Grafik aus grauen Pixeln, entworfen von Stefan Aleksić. Das setzt einen guten Kontrast zu den Farben in den inhaltlichen Bereichen und unterstützt die Assoziation, dass es sich bei der Netzschreibstube um ein digitales Projekt handelt.

Im CSS füge ich die Grafiken einfach per `background` hinzu. Die Angabe für die Hintergrundfarbe behalte ich bei – falls die Bilder einmal nicht geladen werden können, wird dennoch eine ähnliche Farbe verwendet.

▲ **Abbildung 7.102**
Die graue Pixelgrafik von Stefan Aleksić (CC BY SA)

```
#pagewrap {
  background-color: #fffcf2;
  background: url('lightpaperfibers-netzschreibstube.jpg')
  repeat; /* neu in Kapitel 7 */
}
```

Listing 7.28 ►
Hintergrundbilder im Stylesheet

Bilder und transparente Bereiche | Inhaltliche Bilder füge ich per img in das HTML ein. Um die Überschriften in halbtransparenten Bereichen über die Bilder legen zu können, verwende ich eine besondere Konstruktion:

```
<div class="feature">
  <a href="artikel.html" title="zum Artikel">
    <h2><span>Thema Artikel 1</span><br>Überschrift
    Artikel 1</h2>
    <img src="roboter.jpg" alt="Roboter greift einen Ring">
  </a>
</div>
```

Listing 7.29 ►
Quelltext für Bilder und Überschriften

Die Klasse .feature bekommt anschließend per CSS (ab Zeile 161) eine maximale Höhe (max-height) zugewiesen. Für die Bilder bestimme ich, dass sie stets die gesamte Breite ihres Elternelements .feature einnehmen sollen – sollte das in der Höhe nicht passen, wird einfach abgeschnitten (overflow: hidden;).

```
.feature {
  position: relative;
  max-height: 300px;
  overflow: hidden;
}
section article img { width: 100%; }
```

Listing 7.30 ►
CSS-Angaben für die Klasse
feature

Um die Überschriften an der Unterkante des Elternelements .feature anordnen zu können, bietet sich die Kombination aus position: absolute; und bottom: 0; an (ab Zeile 405). Die übrigen Angaben dürften selbsterklärend sein.

```
.feature h2, .feature h3 {
  position: absolute;
  bottom: 0;
  padding-left: 0.2em;
  padding-bottom: 0.2em;
```

```
width: 100%;
background-color: rgba(255, 255, 255, 0.8);
}
```

◀ **Listing 7.31**
CSS-Angaben für Überschriften innerhalb von .feature

Aber Vorsicht: absolute Positionierung bezieht sich immer auf jenes nächsthöhere Elternelement, das nicht die normale Positionierung hat – und sollte es davon keines geben, wäre dies das Browserfenster, was zu vollkommen unglücklich verschobenen Überschriften führen würde. Die Lösung liegt in der Angabe position: relative; für das Elternelement .feature (Zeile 162) – nun sitzen die Überschriften zuverlässig an der Unterkante der Bilder.

Icons | Im Footer bringe ich Icons für verschiedene Social-Media-Dienste unter – ich entscheide mich dabei für eine frei nutzbare Variante von Hamza Lechham (*http://hxdes.deviantart.com/art/ iCocialiKo-FREE-Social-Media-iCones-320694716*). Ich vergebe dazu an jeden Link eine Klasse und setze den Namen des Social-Media-Dienstes in ein span:

```
<a href="#" title="zum Flickr-Profil" class="social
flickr"><span>Flickr</span></a>
```

▲ **Listing 7.32**
HTML für die Social-Media-Icons

Im CSS gebe ich der Klasse .social Angaben für Höhe und Breite. overflow: hidden; verbirgt alle Inhalte außerhalb dieses Bereichs, sodass ich das span mit position: relative; aus dem sichtbaren Bereich herausschieben kann. Schließlich lade ich die Icons als Hintergrundgrafiken. Sie sind eigentlich 44 × 44 px groß, werden jedoch durch background-size: 100% auf eine vorher festgelegte Größe (22 × 22 px) heruntergerechnet – so sehen sie auf Retina-Bildschirmen schön scharf aus.

```
.social {
  width: 22px;
  height: 22px;
  overflow: hidden;
  float: left;
}
.social span {
  position: relative;
```

```
    left: -1000px;
  }
  .flickr {
    background: url('flickr.png') no-repeat;
    background-size: 100%;
  }
  a.flickr:hover, a.flickr:focus { background-image:
  url('flickr-active.png'); }
```

Listing 7.33 ▶
CSS für die Social-Media-Icons

Feinschliff | Schließlich gibt es noch ein wenig Feinschliff. Im Header füge ich ein Logo ein, das verschiedene Stilelemente der Website aufgreift. Außerdem bekommen die Überschriften einen kleinen weißen Schatten, um sie ein wenig besser von den halbtransparenten Flächen abzuheben. Schließlich ergänze ich noch ein Favicon, wie Sie es in diesem Kapitel gelernt haben.

Damit sieht meine Website schon ziemlich fertig aus, wenn ich einmal von den noch nicht sehr aussagekräftigen Texten absehe. Bevor ich jedoch an die konkreten Inhalte gehen kann, möchte ich noch einige Feinheiten optimieren und sicherstellen, dass die Website auch in allen Browsern annehmbar aussieht.

Den aktuellen Zwischenstand des Buchprojekts finden Sie unter BEISPIELPROJEKT • KAPITEL_7.

▲ **Abbildung 7.103**
Die Netzschreibstube mit Grafiken

Testen und optimieren

Wie Sie die Qualität einer Website sichern

8

- ▸ Welche Browser muss ich testen?
- ▸ Wie optimiere ich Ladezeiten?
- ▸ Wie überprüfe ich Usability und Accessibility?
- ▸ Was kann ich tun, damit meine Website gut gefunden werden kann?

8 Testen und optimieren

Konzeption, Struktur und Layout, Typografie, Farben, Grafiken – mit all diesen Mitteln haben Sie in den bisherigen Kapiteln gearbeitet, um eine gute Gestaltung zu erreichen. Eine Phase fehlt Ihnen noch – und sie ist zugleich eine der wichtigsten: Qualitätssicherung. Lernen Sie in diesem Kapitel, wie Sie Ihre Website so testen und optimieren können, dass wirklich (fast) nichts mehr schiefgehen kann.

8.1 Funktionalitäten in allen Browsern sicherstellen

Jeder Browser ist anders. Es ist daher absolut unmöglich, dass eine Website in allen Browsern *gleich* aussieht. Ihr Ziel sollte es jedoch sein, dass die Website in jedem Browser *gut* aussieht – wie das geht, erfahren Sie in diesem Abschnitt.

Browserstatistiken abfragen

Zunächst einmal sollten Sie sich entscheiden, welche Browser überhaupt getestet werden sollen. Viele Designer, die gerade erst mit Webdesign begonnen haben, möchten darauf mit »alle« antworten – das Problem dabei wäre jedoch, dass Ihnen das tagelange Anpassungen bescheren würde – und das für minimale Marktanteile der jeweiligen Browser.

Sinnvoller ist es, seine Entscheidung auf Statistiken zu basieren. Wenn Sie an einer Neu-Gestaltung einer bestehenden Website arbeiten, gibt es häufig konkrete Statistiken darüber, mit welchen Browsern die eigenen Nutzer arbeiten – nichts ist besser. Orientieren Sie sich am besten an solchen Statistiken. Ansonsten müssen Sie sich an allgemeine Statistiken halten. Eine gute Quelle dafür ist die Website *http://gs.statcounter.com*.

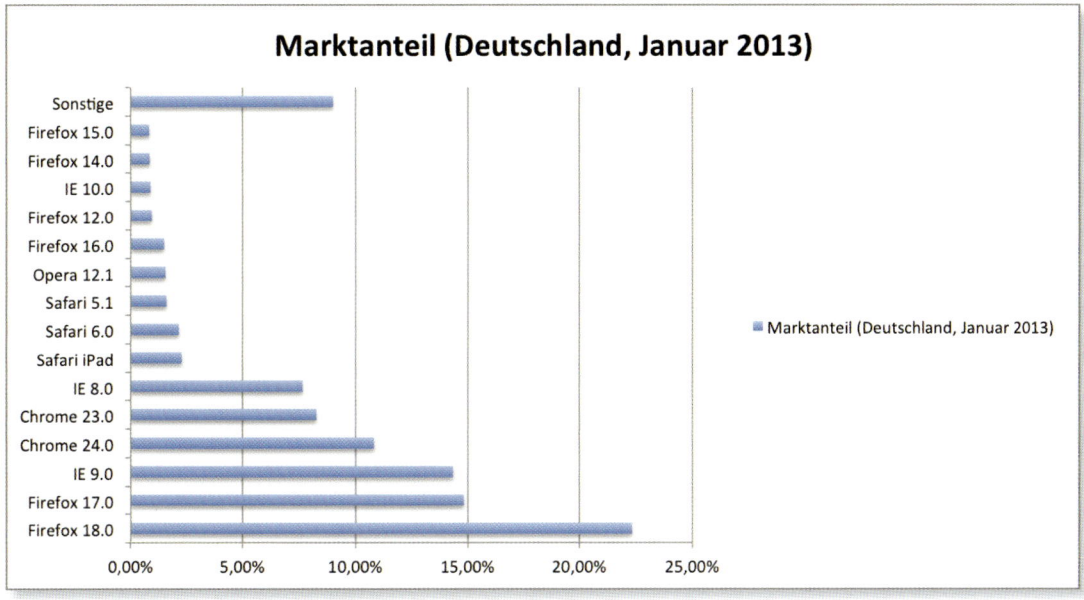

▲ Abbildung 8.1
Browser-Marktanteile in Deutschland im Januar 2013 – von den Browsern
unter »Sonstige« ist keiner über 0,8 %.

Testumgebung vorbereiten

Bei einigen Browsern ist es möglich, mehrere Versionen auf einmal
zu installieren. Da sich viele Browser weitgehend standardkonform
verhalten, reicht es normalerweise, die aktuellen beiden Versionen
zu testen – insbesondere, weil Sie in diesem Buch nur Techniken
gelernt haben, die bereits breit unterstützt werden.

Etwas anders sieht es bei dem Internet Explorer aus. Bei diesem Browser gibt es sehr große Unterschiede zwischen verschiedenen Versionen. Hinzu kommt, dass Nutzer von Windows XP maximal den Internet Explorer 8 installieren können. Ignorieren können
Sie mittlerweile den Internet Explorer 6, denn seine Marktanteile gehen stark zurück – ein Glück, denn gerade dieser Browser
machte immer wieder Probleme mit modernem Webdesign und
ist hauptverantwortlich für den schlechten Ruf des IE.

Um Websites auf dem Internet Explorer testen zu können,
benötigen Sie einen Rechner mit Windows oder aber eine virtu-
elle Maschine auf einem Mac. Zum Testen eignet sich die Software
»IE Tester«, verfügbar unter *www.my-debugbar.com/wiki/IETester/*

Detaillierte Anleitung
Eine gute Zusammenfas-
sung, wie Sie bei der Installation verschiedener
Browser-Versionen vorge-
hen können, gibt es unter
*http://stackoverflow.com/
questions/10541225/
cross-browser-testing-all-
major-browsers-on-one-
machine#10541484*. Aber
Vorsicht: Diese Anleitung
richtet sich an technisch
versierte Anwender, die
sich mit ihrem Betriebs-
system gut auskennen.

Alte Versionen herunterladen

Die Website *www.oldapps.com* sammelt installationsfähige Versionen verschiedenster Browser.

HomePage. Im Idealfall sollte auf Ihrem Rechner Windows 7 oder 8 laufen – mit Windows XP oder Vista werden Sie nicht alle wichtigen IE-Versionen testen können.

Nach der Installation können Sie in der Software mit den Schaltflächen ❶ ein Fenster öffnen, das die jeweilige IE-Version simuliert. Die URL Ihrer Website geben Sie dann ganz gewohnt unter ❷ ein – dort kann natürlich auch der Pfad zu einer lokalen Entwicklungsversion stehen.

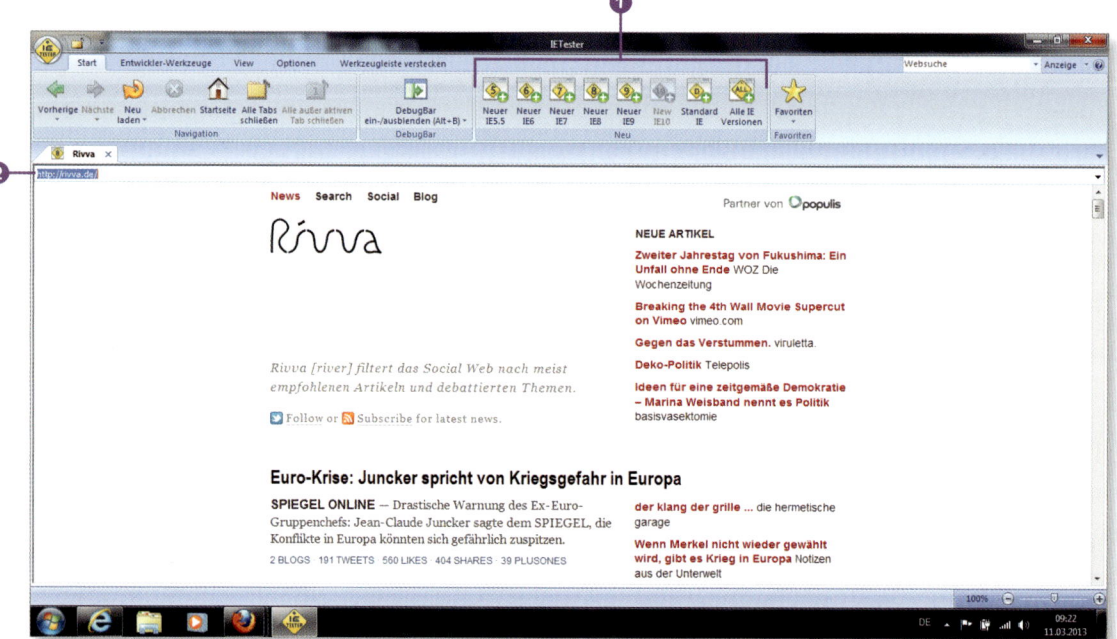

▲ **Abbildung 8.2**
Oberfläche des IE Testers

Nun, da Sie mögliche Probleme im IE herausfinden können, liegt die nächste Frage nahe: Was kann ich dagegen tun?

Conditional Comments für den Internet Explorer

Gerade die älteren Versionen des Internet Explorers verhalten sich an vielen Stellen nicht so, wie es die Webstandards eigentlich verlangen. Die IE-Entwickler legen jedoch in den letzten Jahren ein ordentliches Tempo vor, sodass zu hoffen ist, dass die Sonderwürste für den Explorer bald der Vergangenheit angehören.

Bis es jedoch so weit ist, benötigen Sie eine Möglichkeit, dem Internet Explorer eigene CSS-Anweisungen zu spendieren. Dazu bieten sich die Conditional Comments an.

Ein Conditional Comment ist ein spezieller HTML-Kommentar, der meist in den `head` einer Website geschrieben wird. Für Internet Explorer in Version 7 sieht das so aus:

```
<!--[if IE 7]>
Anweisungen für den IE7
<![endif]-->
```

◄ **Listing 8.1**
Conditional Comment für den IE7

Ein Conditional Comment beginnt also immer mit einer `if`-Abfrage – »wenn du ein IE7 bist« – und endet mit der Formulierung `endif`. Dazwischen folgen Anweisungen speziell für diesen Browser. Und da all dies zwischen den für HTML-Kommentare typischen Markierungen `<!--` und `-->` steht, ignorieren alle Browser, die sich nicht angesprochen fühlen, diese Angaben.

Möchten Sie den Internet Explorer 8 ansprechen, ersetzen Sie einfach die »7« durch eine »8«.

Es geht jedoch noch weiter: Sie können festlegen, dass sich ein Conditional Comment auf alle Versionen *unterhalb der angegebenen* bezieht. Dazu dient der Zusatz `lt` (»lower than«):

```
<!--[if lt IE 9]>
```

▲ **Listing 8.2**
Conditional Comment für alle IEs unter Version 9

Schließlich können Sie noch alle Versionen *kleiner oder gleich* der angegebenen Nummer ansprechen. Dazu dient das Schlüsselwort `lte` für »lower than or equal«:

```
<!--[if lte IE 9]>
```

▲ **Listing 8.3**
Conditional Comment für den IE9 und darunter

Auch möglich: greater than

Mit dem Zusatz `gt` für »greater than« (größer als) können Sie auch Versionen über der angegebenen Nummer ansprechen – in der Praxis brauchen Sie das aber eher selten.

Conditional Comments sind eine gute Lösung, wenn Sie ein eigenes Stylesheet für den Internet Explorer anlegen und sicherstellen möchten, dass es auch wirklich nur in den gewünschten Versionen verwendet wird.

Ein gutes Beispiel dafür, wie Sie eine Website an die Besonderheiten unterschiedlicher Browser anpassen können, ist die Firmenpräsentation der Webdesign-Agentur Stuff and Nonsense (*http://stuffandnonsense.co.uk*). Diese Website setzt auf handgezeichnete Illustrationen und eine schicke Animation im Header, die über CSS3 gelöst wird – es wirkt so, als würde der Rollerfahrer sich stetig fortbewegen. Eine Sprechblase darunter leitet den Nutzer von der zentralen Aussage »Start a project with us« auf das Angebot der Agentur – »fabulously flexible web design«.

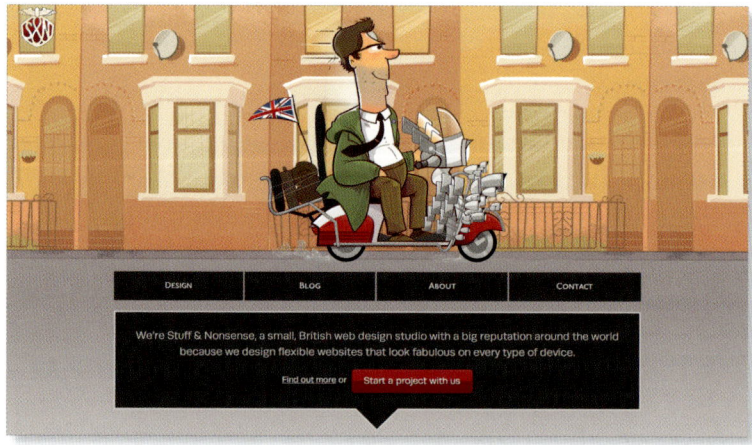

Und der Internet Explorer? Dort verschwindet zunächst die CSS3-Animation – der IE versteht diese Eigenschaft erst ab Version 10. Und im IE7 wird aus der Sprechblase eine einfache Box – durch keine dieser Maßnahmen entsteht dem Nutzer ein Schaden.

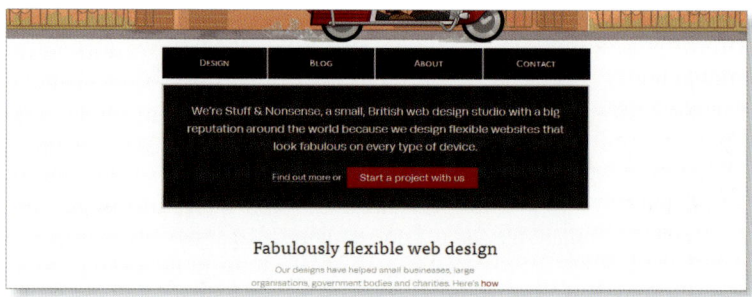

Abbildung 8.4 ▶
Im Internet Explorer 7 verschwindet die Sprechblasenform.

HTML5 für den Internet Explorer

In Kapitel 2 haben Sie bereits die neuen semantischen Elemente von HTML5 wie `header` oder `section` kennengelernt. Sie genießen in allen modernen Browsern weite Verbreitung.

Ein Problem ist allerdings Microsofts Internet Explorer in allen Versionen bis 8 – sie verstehen die neuen HTML5-Elemente nicht und stellen die Seite fehlerhaft dar. Peter Kröner gibt ein Beispiel in seinem Buch »HTML5« – schauen Sie sich einmal den folgenden Quelltext an:

```
<section>
  <h1>Überschrift</h1>
</section>
```

◄ **Listing 8.4**
Beispiel nach Peter Kröner

Der Internet Explorer 8 interpretiert dieses Beispiel so:

```
<section></section>
  <h1>Überschrift</h1>
</section><//section>
```

▲ **Listing 8.5**
IE8-Interpretation des Beispiels aus dem obigen Listing: »Wir kennen weder <section> noch </section>, deswegen machen wir beide am besten schnell wieder zu ...« – das kann natürlich nichts werden.

HTML5 Shiv | Zum Glück ist die Lösung nicht weiter kompliziert: Mit JavaScript können Sie den älteren Versionen des Internet Explorers beibringen, dass es auf der Website eine Reihe für ihn unbekannter Elemente gibt und er sich darüber bitte nicht so sehr aufregen solle.

◄ **Abbildung 8.5**
Das Skript »HTML5 Shiv« spendiert alten IE-Versionen HTML5-Funktionen.

Ein sehr gutes Skript, das dies erledigt, hört auf den Namen »HTML5 Shiv«. Alles, was Sie tun müssen: Laden Sie es von der Website *https://code.google.com/p/html5shiv* herunter und legen

Sie die JavaScript-Datei »html5shiv.js« in den Ordner Ihrer Website. Geben Sie nun im head Ihrer Website den folgenden Code-Schnipsel ein – damit laden Sie das JavaScript in allen IEs, die es benötigen:

```
<!--[if lt IE 9]>
  <script src="html5shiv.js"></script>
<![endif]-->
```

▲ **Listing 8.6**
HTML5 für den IE bis Version 9

So einfach ist es leider nicht immer – manchmal verhalten sich verschiedene Browser sehr unterschiedlich, und nicht immer versteht man sofort warum.

Funktionen mit IE-Filtern nachbilden

Nicht immer hilft Ihnen JavaScript weiter. Zum Glück hat der Internet Explorer eine Technologie namens »Filter« an Bord, mit denen sich einige CSS3-Eigenschaften simulieren lassen.

Ein gutes Beispiel dafür sind **RGBa-Farben**. Der Internet Explorer kann erst ab Version 9 mit den halbtransparenten Farben etwas anfangen, aber dank eines eigenen Filters können Sie sie dennoch verwenden.

Leider sind die Filter jedoch sehr komplex, und weil sich so etwas niemand merken kann, verwenden Sie am besten Michael Besters Konverter unter *http://kimili.com/journal/rgba-hsla-css-generator-for-internet-explorer*. Hier ein Beispiel für einen Verlauf mit den Werten rgba(24,104,33,0.65):

Performance-Einbußen

Allerdings haben diese Filter handfeste Nachteile, insbesondere was die Performance Ihrer Website angeht. Sofern die Transparenz nicht entscheidend ist, sollten Sie lieber eine Fallback-Farbe ohne Transparenz oder Verlauf angeben. In fast allen Fällen dürfte es zu verschmerzen sein, wenn die Website in alten Versionen des Internet Explorers ein klein wenig weniger schick aussieht.

```
background: transparent;
-ms-filter: "progid:DXImageTransform.Microsoft.
gradient(startColorstr=#A5186821,endColorstr=#A5186821)";
/* IE8 */
filter: progid:DXImageTransform.Microsoft.
gradient(startColorstr=#A5186821,endColorstr=#A5186821);
/* IE6 & 7 */
zoom: 1;
```

▲ **Listing 8.7**
Transparenzen lassen sich in alten IEs über Microsoft Filter umsetzen.

RGBA OR HSLA DEFINITION

```
rgba(24,104,33,0.65)
```

THE IE VERSION

```
{
    background: transparent;
    -ms-filter: "progid:DXImageTransform.Microsoft.gradient(startColorstr=#A5186821,end
        filter: progid:DXImageTransform.Microsoft.gradient(startColorstr=#A5186821,end
        zoom: 1;
}
```

◀ **Abbildung 8.6**
Michael Besters RGBa-
Konverter

Das gilt analog für **CSS3-Verläufe** für alle IEs vor Version 10. Wenn
Sie den »CSS3 Gradient Generator« aus Kapitel 6 verwenden,
erzeugen Sie damit direkt den erforderlichen Code.

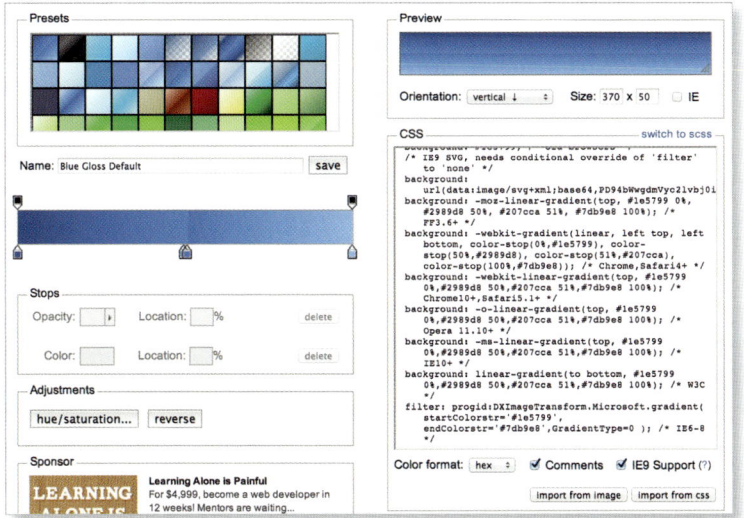

◀ **Abbildung 8.7**
IE-Unterstützung von Verläufen mit Hilfe des CSS3 Gradient Generators (*www.color-
zilla.com/gradient-editor*)

Etwas Handarbeit ist noch notwendig, wenn Sie Verläufe mit mehr
als zwei Farben verwenden möchten – dazu müssen Sie nämlich
jedem HTML-Element, das einen Verlauf dieser Art bekommen soll,
eine Klasse .gradient mit auf den Weg geben und im head der
Website folgenden Code einbauen:

```
<!--[if gte IE 9]>
  <style type="text/css">
    .gradient { filter: none; }
  </style>
<![endif]-->
```

◀ **Listing 8.8**
Klasse für Verläufe mit mehreren Farben

Responsive Webdesign testen

Responsive Webdesign stellt Sie vor die Herausforderung, neben verschiedenen Browsern auch noch unterschiedliche Geräte testen zu müssen. Der Königsweg ist sicherlich, einige Smartphones und Tablets zur Hand zu haben, auf denen Sie Ihre Websites anschauen können – das ist in Agenturen nicht selten der Fall. Als Notbehelf können Sie mit einer Verkleinerung des Browser-Fensters arbeiten – das ist besser als nichts, aber kein Ersatz für Tests auf Mobilgeräten selbst. Allerdings gibt es bei vielen Desktop-Browsern eine Minimalgrenze für die Fenstergröße – sehr kleine Geräte von beispielsweise 240 px Breite können Sie damit nicht simulieren.

Ein sehr gutes Hilfsmittel ist das kleine Bookmarklet »Viewport Resizer« von Malte Wassermann, das Sie unter *http://lab. maltewassermann.com/viewport-resizer/* finden. Ziehen Sie den blauen Button einfach in die Lesezeichen-Leiste Ihres Browsers – schon ist das Tool einsatzbereit.

Zum Testen öffnen Sie einfach die Website, die Sie analysieren möchten, und klicken auf das Bookmarklet ❶. Es öffnet sich nun eine Steuerleiste, in der Sie eine Reihe von Vorgaben ❷ wählen oder beliebige eigene Bildschirmgrößen ❸ simulieren können.

▲ **Abbildung 8.8**
Viewport-Resizer-Bookmarklet

Vorsichtig sein sollten Sie bei alten Internet Explorern: Bis einschließlich Internet Explorer 8 werden Media Queries in diesem Browser ignoriert. Falls Sie IE8 unbedingt unterstützen möchten, hilft Ihnen das JavaScript »respond.js« weiter, das Sie unter *http://best-webdesign-tools.com/resources/respond* finden.

Neben den rein technischen Browser-Tests sollten Sie auch an Ihre Nutzer denken: Sind Usability und Accessibility wirklich so gut wie geplant? Praktischerweise tun Sie mit den entsprechenden

Tests gewissermaßen »nebenbei« noch etwas für eine gute Auffindbarkeit Ihrer Website in den Suchmaschinen.

8.2 Usability und Accessibility testen

Zur Evaluation von Usability und Accessibility können Sie auf eine Reihe von Hilfsmitteln zurückgreifen. Außerdem können Sie mit fortlaufenden Tests für eine stetige Verbesserung sorgen.

Accessibility mit Tools testen

Automatisierte Tests können Sie mit einer Reihe von Werkzeugen durchführen. Ein sehr guter Vertreter dieser Gattung ist das Tool WAVE unter *http://wave.webaim.org*. Sie können es jedoch nur auf bereits veröffentlichte Websites anwenden, da Sie einen URL benötigen.

Nachdem Sie den URL in das Textfeld eingegeben haben, zeigt Ihnen WAVE eine Analyse möglicher Accessibility-Probleme an. Mit den Schaltflächen ❹ können Sie die Website mit und ohne CSS anschauen. Der Bereich »Summary« ❺ listet die gefundenen Fehler nach Kategorie sortiert auf. Wichtig sind hier natürlich alle Angaben unter »Errors«, denn dabei handelt es sich um klare Fehler. Die anderen Bereiche sollten Sie genau prüfen, denn es handelt sich um Hinweise auf häufige Fehlerquellen. Durch einen Klick auf eines der Symbole ❻ erhalten Sie Details zu den problematischen Aspekten. Die Kontrast-Fehler können Sie sehr gut analysieren, wenn Sie die Schaltfläche »Contrast« unter ❹ wählen.

▼ **Abbildung 8.9**
Analyse möglicher Accessibility-Probleme mit WAVE

Natürlich kann ein Test wie dieser nicht alle Schwachstellen finden – er kann Ihnen zwar sagen, ob ein `alt`-Text bei einem Bild vorhanden ist, nicht aber, ob sein Inhalt für den Nutzer Sinn macht. Bei solchen Fragen hilft Ihnen eine manuelle Analyse.

Websites ohne CSS und Bilder analysieren

▼ **Abbildung 8.10**
Stile und Bilder mit der Web Developer Toolbar ganz einfach deaktivieren

Ein praktisches Werkzeug für Ihren Google Chrome ist die Erweiterung »Web Developer«, die Sie im Chrome Web Store unter *https://chrome.google.com/webstore* finden können. Nach der Installation können Sie damit Bilder und CSS mit einem Klick deaktivieren.

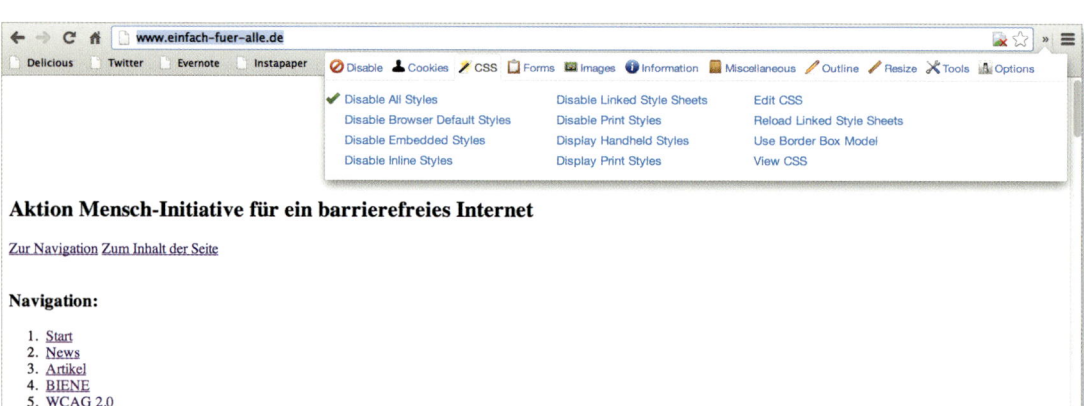

Prüfen Sie nun, ob die Website noch sinnvoll nutzbar ist. Stimmt die Reihenfolge der Elemente? Geht auch ohne Design nichts Wesentliches an Inhalt verloren? Zudem können Sie die Sprachausgabe Ihres Betriebssystems aktivieren und evaluieren, ob der Inhalt verständlich bleibt.

Fortwährende Tests

Usability ist ein fortwährendes Thema für jeden Website-Betreiber: Sie müssen immer wieder daran feilen. Am besten nehmen Sie sich regelmäßig einige Minuten Zeit, um Ihre Website auf mögliche Schwachstellen zu überprüfen – das gilt insbesondere, wenn sich regelmäßig etwas an der Struktur verändert.

Analyse-Software | Ein weiterer Tipp: Wenn Sie eine Analyse-Software wie beispielsweise Google Analytics (*www.google.com/analytics*) verwenden, können Sie sehr genau erkennen, welche Bereiche Ihrer Website für die Nutzer interessant sind – und daran lassen sich oft Problemstellen finden, beispielsweise wenn in einem Shop nach dem Aufruf des Warenkorbs nicht gekauft, sondern abgebrochen wurde. Allerdings verlassen wir mit diesem Bereich Ihre Aufgabe als Designer von Websites – hier geht es schon eher um die Person, die letztendlich die Website betreibt.

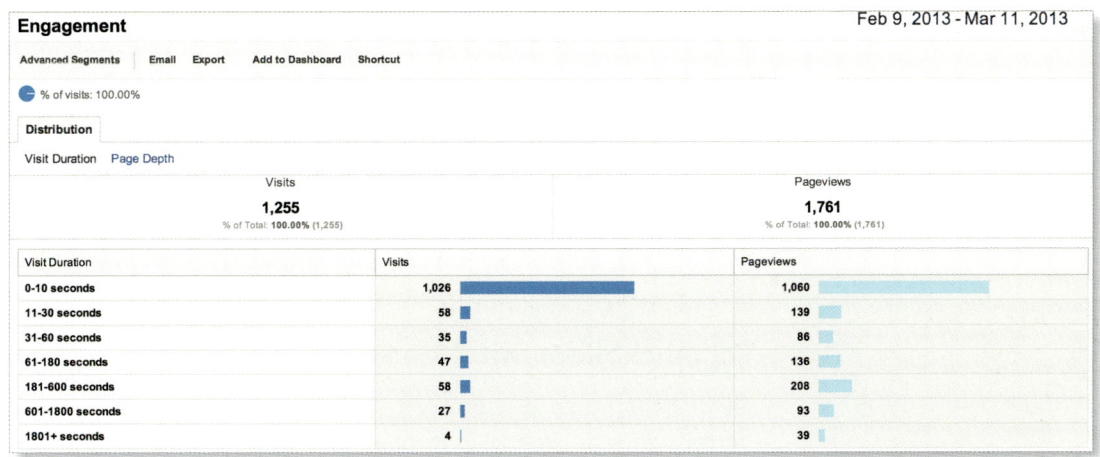

Engagement			Feb 9, 2013 - Mar 11, 2013

Advanced Segments   Email   Export   Add to Dashboard   Shortcut

% of visits: 100.00%

Distribution

Visit Duration   Page Depth

Visits	Pageviews
1,255	**1,761**
% of Total: **100.00%** (1,255)	% of Total: **100.00%** (1,761)

Visit Duration	Visits	Pageviews
0-10 seconds	1,026	1,060
11-30 seconds	58	139
31-60 seconds	35	86
61-180 seconds	47	136
181-600 seconds	58	208
601-1800 seconds	27	93
1801+ seconds	4	39

Usability-Tests

Der wichtigste Faktor bei der Usability-Optimierung bleibt natürlich der Nutzer selbst. Mit konkreten Usability-Tests können Sie Erkenntnisse über das Verhalten Ihrer Nutzer auf der Website gewinnen – so etwas lässt sich auch ohne Probleme selbst durchführen. Im Laufe der Zeit werden Sie außerdem Rückmeldungen von Ihren Nutzern erhalten – nehmen Sie deren Aussagen ernst. Hin und wieder sollten Sie fragen, was Ihren Gästen auffällt.

Wenn Sie ein wenig Geld zur Hand haben, gibt es eine Reihe von Dienstleistern, die Usability-Tests in verschiedenen Größenordnungen anbieten. Hier eine kleine Auswahl:

▶ *www.uinspect.me*
▶ *http://rapidusertests.com*
▶ *www.shoplupe.com* (spezialisiert auf Shops)

▲ **Abbildung 8.11**
Eine niedrige Aufenthaltsdauer wie hier kann ein Zeichen dafür sein, dass die Nutzer nicht finden, was Sie suchen (Screenshot aus Google Analytics).

Hausgemachte Usability-Studien

Einen kurzen Artikel mit einigen Ratschlägen für selbstgemachte Usability-Studien habe ich unter *http://t3n.de/magazin/ website-usability-hausge- machte-nutzbarkeitsstudi- en-228530* geschrieben. Sehr wertvolle Tipps enthält außerdem das Buch »Erfolgreiche Websites« von Esther Düweke und Stefan Rabsch.

◀ **Abbildung 8.12**
UInspect verspricht Usability-Tests ab 39 € binnen 24 Stunden.

8.3 Ladezeiten im Griff

Google Page Speed

Google bietet mit Page Speed ein Werkzeug an, dass Ihre Website analysiert und Tipps zur Reduzierung der Ladezeit bietet. Sie erreichen es unter *https://developers.google.com/speed/pagespeed/insights*.

Zu guter Usability und Accessibility gehört auch, die Ladezeiten Ihrer Website möglichst gering zu halten. Nutzer sind im Internet eher ungeduldig und haben wenig Verständnis für langsame Websites. Zum Glück gibt es einige Techniken, die Sie zur Reduzierung der Ladezeit einsetzen können.

Schmuckbilder mit CSS-Sprites optimieren

Bilder gehören zu den größten Dateien, die auf Websites eingebettet werden. Wenn Sie die Funktion FÜR WEB SPEICHERN von Photoshop verwenden, können Sie bereits einiges an Speicherplatz sparen und Ihrer Website damit einen ordentlichen Geschwindigkeitsschub geben.

Es gibt aber noch eine wichtige Technik, die Ihnen helfen kann, die Ladezeiten von allen Bildern zu verringern, die Sie über CSS als Schmuckbilder auf Ihrer Website verwenden: **CSS-Sprites**.

Stellen Sie sich vor, Sie haben auf einer Website viele kleine Icons sowie einige Hintergrund-Grafiken, die auf jeder Einzelseite wiederholt werden. Für jede dieser kleinen Grafiken muss der Browser eine Anfrage an den Server schicken und die Datei einzeln herunterladen. Das ist nicht gerade effektiv.

CSS-Sprites machen sich nun eine CSS-Eigenschaft zu Nutze, die Sie bereits kennen: `background-position`. Sie erlaubt es Ihnen, Hintergründe beliebig zu verschieben. Das Prinzip der CSS-Sprites beruht darauf, alle Grafiken in einer einzigen Datei zusammenzufassen und anschließend mittels `background-position` zu verschieben, bis nur noch die gewünschten Teile zu sehen sind.

Schauen wir uns das einmal im Detail an. Im folgenden Beispiel wird jedem der beiden `div` eine Hintergrund-Grafik in Höhe von 100 × 100 px mitgegeben:

▲ **Abbildung 8.13**
Ausschnitt aus einem CSS-Sprite von Google

```
<div style="background:url('flugzeug.png') no-repeat;
padding-left: 120px; height:100px;">Flüge</div>
<div style="background:url('haus.png') no-repeat;
padding-left: 120px; height:100px;">Ferienhäuser</div>
```

▲ **Listing 8.9**
Beispiel mit zwei Grafiken

◄ **Abbildung 8.14**
Das Beispiel – noch ohne
Sprites und mit zwei Bildern

In der Praxis bedeutet das eine eigene Server-Anfrage für jede Grafik. Das soll auf eine einzige Anfrage reduziert werden.

Die beiden Bilder »flugzeug.png« und »haus.png« werden dazu in einer neuen Grafik mit einer Größe von 100 × 200 px direkt übereinander angeordnet. Im HTML-Dokument sieht das dann so aus:

```
<div style="background:url('css-sprite.png') no-repeat;
background-position: 0 0; padding-left: 120px;
height:100px;">Flüge</div>
<div style="background:url('css-sprite.png') no-repeat;
background-position: 0 -100px; padding-left: 120px;
height:100px;">Ferienhäuser</div>
```

◄ **Listing 8.10**
Beide Grafiken wurden in
einer CSS-Sprite zusammengefasst.

Wie Sie sehen, hat sich gar nicht so viel verändert – statt der beiden einzelnen Grafiken wird das kombinierte Bild »css-sprite.png« geladen. Der Unterschied: Im zweiten Fall wird über `background-position: 0 -100px;` erreicht, dass die Grafik um 100 px nach oben verschoben wird – das entspricht genau der Höhe des ersten Symbols. Das Ergebnis: Das Flugzeug-Symbol wandert aus dem sichtbaren Bereich des `div` heraus, stattdessen wird das Haus-Symbol sichtbar. Statt zwei einzelnen Bildern muss der Browser nun nur noch eines laden – Sie sparen damit eine Server-Anfrage.

Sie können die beiden Versionen in den Dateien »css-sprites-1.html« und »css-sprites-2.html« aus dem Ordner WEITERE_BEISPIELDA-TEIEN • KAPITEL_8 vergleichen.

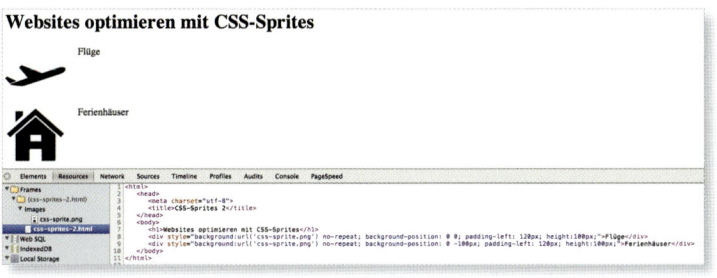

◄ **Abbildung 8.15**
Ohne optische Veränderung,
aber mit einer Server-Anfrage
weniger – das Beispiel inklusive CSS-Sprites

Was wir nun an zwei Grafiken demonstriert haben, kann jedoch schnell sehr komplex werden, wenn Sie viele schmückende Grafiken verwenden. Doch zum Glück gibt es auch dafür eine Lösung.

CSS-Sprites automatisch erzeugen | Ein sehr gutes Hilfsmittel ist der **CSS-Sprite-Generator** unter *http://de.spritegen.website-performance.org*. Dort können Sie mit der Schaltfläche ❶ ein Zip-Archiv aller Grafiken hochladen, die Sie für Ihre Website verwenden möchten. Achten Sie auf die Upload-Grenze von 1 MB. Unter ❷ gibt es verschiedene Optionen, mit denen Sie die erzeugte Datei beeinflussen können – meist fahren Sie mit der Vorgabe aber gut.

Ein Klick auf die Schaltfläche ❸ bringt Sie zum nächsten Schritt. Dort erhalten Sie mit einem Klick auf SPRITE-BILD HERUNTERLADEN ❺ die kombinierte Grafik. Die erforderlichen CSS-Angaben finden Sie unter ❹ – dort gibt es für jede Grafik eine eigene Klasse, die Sie in Ihrem Quelltext verwenden können. Alternativ können Sie natürlich auch die angegebenen Anweisungen zu den gewünschten Elementen in Ihr CSS kopieren.

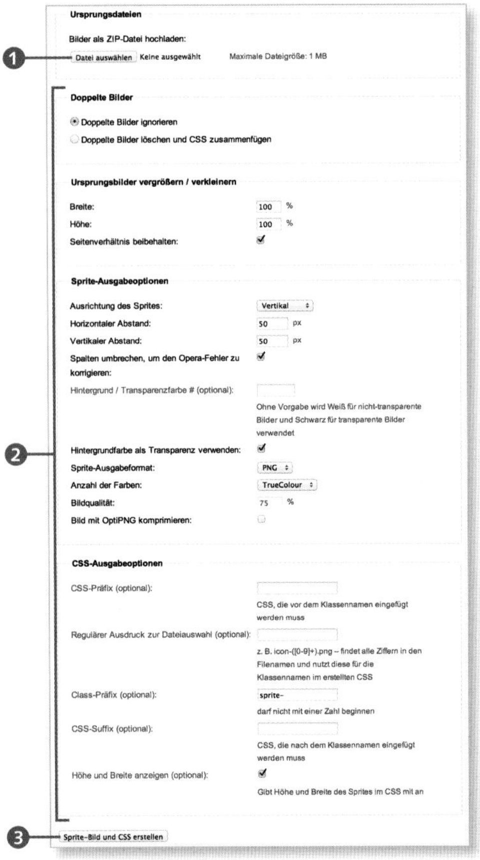

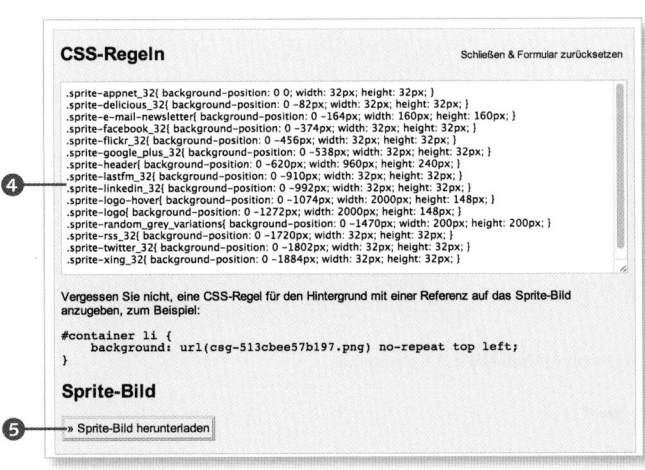

▲ **Abbildung 8.17**
CSS-Sprite-Generator

▲ **Abbildung 8.16**
Automatische Erzeugung von Bilddatei und CSS-Code für die Sprites

Icon-Fonts

Eine der jüngsten Entwicklungen im Webdesign ist das Aufkommen sogenannter Icon-Fonts – darunter versteht man spezielle Schriften, allerdings mit kleinen Icons statt Buchstaben. Sie lassen sich beliebig vergrößern und per CSS gestalten. Außerdem ist die Dateigröße einer solchen Schrift wesentlich geringer als die Verwendung viele einzelner Icons.

Wenn Sie einen Icon Font verwenden möchten, gilt es zunächst, die gewünschten Icons als Schrift anzulegen. Dazu können Sie entweder eigene Icons oder fertige Sammlungen verwenden.

> **Fertige Icon-Sammlungen**
>
> Chris Coyier hat unter *http://css-tricks.com/flat-icons-icon-fonts* eine feine Sammlung verschiedener Icon-Fonts zusammengestellt – teilweise sogar kostenlos nutzbar.

Schritt für Schritt
Einen Icon-Font erzeugen

Zur Erzeugung des Icon-Fonts können Sie den praktischen Dienst IcoMoon unter *http://icomoon.io/app* verwenden.

1 Icons importieren und bearbeiten
Dort können Sie unter ❷ eigene Icons importieren oder aber die Vorschläge verwenden. Mit den Werkzeugen unter ❶ lassen sich auf Wunsch einzelne Icons löschen oder bearbeiten.

2 Icon-Font erzeugen
Wenn Sie mit dem Importieren und Bearbeiten fertig sind, wählen Sie unter ❶ den Pfeil, um die gewünschten Icons auszuwählen. Klicken Sie dazu unter ❸ auf alle Icons, die Sie verwenden möchten.

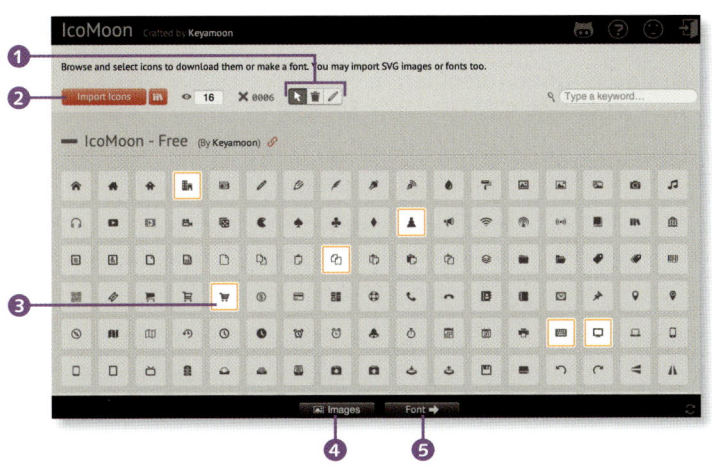

◄ **Abbildung 8.18**
Icon-Fonts mit IcoMoon erzeugen

Die Schaltfläche ❹ erzeugt einen Download zur Verwendung in Photoshop – wir klicken jedoch auf den Button ❺, um den Icon-Font zu erzeugen.

3 Unicode-Zeichen zuweisen

Im nächsten Schritt weisen Sie die Icons einzelnen Unicode-Zeichen zu – Sie legen also fest, welches Icon beim Eintippen des entsprechenden Zeichens erscheinen soll. IcoMoon macht automatisch einen Vorschlag ❼ für jedes Zeichen, den Sie übernehmen können. Unter ❻ lassen sich noch einige Voreinstellungen verändern – das ist aber eher für fortgeschrittene Webdesigner gedacht. Der DOWNLOAD-Button ❽ erzeugt einen gebrauchsfertigen Icon-Font.

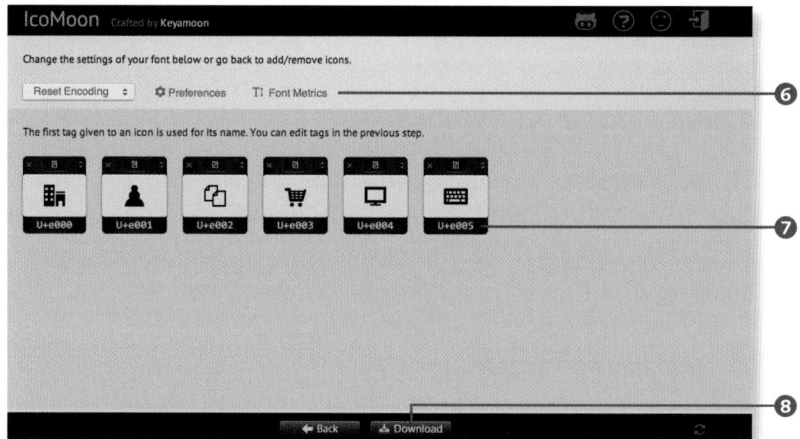

▲ **Abbildung 8.19**
Icons werden einzelnen Unicode-Zeichen zugewiesen.

4 Dateien und Ordner verschieben

▲ **Abbildung 8.20**
Inhalt eines IcoMoon-Downloads

Der Download besteht aus verschiedenen Dateien, die Sie nun in Ihre Website integrieren können. Den Ordner FONTS verschieben Sie mitsamt seines Inhalts in das Verzeichnis Ihrer Website. Ebenso gehen Sie mit der Datei »lte-ie7.js« vor – dabei handelt es sich um eine JavaScript-Datei, die dem IE7 beibringt, was er mit dem Icon-Font machen soll. Logisch, dass diese Datei in ein Conditional Comment in den head Ihrer Website gehört. Ein Tipp: Den entsprechenden Code können Sie der »index.html« entnehmen.

Schließlich sollten Sie die Inhalte aus der »style.css« in Ihre eigene CSS-Datei kopieren – damit ist Ihr Icon-Font einsatzbereit.

5 Icons anzeigen

Fehlt natürlich noch eine Methode, die Icons auch im HTML an der gewünschten Stelle anzuzeigen:

```
<span aria-hidden="true" data-icon="&#x21dd;" ></span>
```

▲ **Listing 8.11**
Icon-Font mit einem leeren span einbauen

Das ist nichts weiter als ein span ohne Inhalt mit einigen speziellen Attributen für bessere Accessibility. Wichtig zu wissen: Den Inhalt von data-icon ersetzen Sie mit dem Unicode, den Sie zuvor dem gewünschten Icon zugewiesen haben.

> ### Bandbreite sparen mit Icon-Fonts
>
> Dank Icon-Fonts lassen sich Icons an jeder beliebigen 🛒 Stelle einbauen.
>
> ### Auch in 🛒 Größe und 🛒 Farbe sind Icon-Fonts sehr variabel!
>
> ⌨ Als Klasse sind sie ebenfalls verwendbar.
>
> Icons: IcoMoon, Lizenz CC BY

▲ **Abbildung 8.21**
Icon-Fonts sind sehr flexibel.

Alternativ können Sie auch die Klassen verwenden, die IcoMoon automatisch erzeugt – das ist aber nun wirklich nichts Neues mehr für Sie.

Unicode-Überblick

Falls Sie vergessen haben sollten, welchen Unicode Sie dem gewünschten Zeichen vergeben haben, öffnen Sie einfach mal die »index.html« aus dem Download-Paket von Ico-Moon in einem beliebigen Browser.

Die Datei »iconfont.html« im Ordner WEITERE_ BEISPIELDATEIEN • KAPITEL_8 zeigt den Font im Einsatz.

HTML validieren

HTML folgt klaren Regeln, und hin und wieder macht jeder Webdesigner einen Fehler. Bei der Suche danach hilft ein sogenannter **Validator**, dessen Aufgabe es ist, den HTML-Quelltext nach kleinen Schnitzern zu durchsuchen.

Der offizielle HTML-Validator des W3C (*http://validator.w3.org*) oder das Tool unter *http://html5.validator.nu* helfen Ihnen bei der Validierung. Dort tippen Sie einfach die URL Ihrer Website ein und erhalten eine Übersicht von Fehlern.

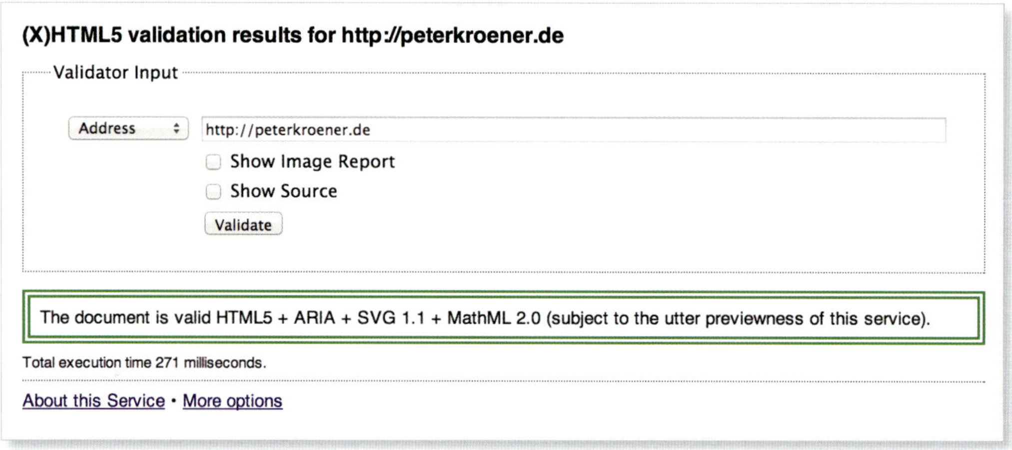

(X)HTML5 validation results for http://peterkroener.de

Validator Input

| Address ⇕ | http://peterkroener.de |

☐ Show Image Report
☐ Show Source

[Validate]

The document is valid HTML5 + ARIA + SVG 1.1 + MathML 2.0 (subject to the utter previewness of this service).

Total execution time 271 milliseconds.

About this Service • More options

Abbildung 8.22 ▲
Wie zu erwarten – HTML5-Meister Peter Kröner hat keine Fehler auf seiner Website.

Valides HTML ist zugleich ein wichtiges Kriterium für eine gute Suchmaschinenoptimierung, mit der wir uns im folgenden Abschnitt beschäftigen werden.

8.4 Suchmaschinenoptimierung

Suchmaschinen sind für viele Nutzer der Einstieg in Ihre Website – klar, dass es vielen Seitenbetreibern ein Anliegen ist, möglichst gut in den Suchergebnissen gelistet zu sein.

Keyword-Recherche

Suchmaschinenoptimierung oder kurz SEO (für »Search Engine Optimisation«) per se gibt es nicht – Sie optimieren immer für ein bestimmtes Keyword. Ein Keyword ist ein kurzes thematisches Schlagwort. Und das müssen Sie natürlich zunächst einmal finden.

Ausgangsbasis ist wie so oft eine gute Konzeption – im Idealfall bekommen Sie die Keyword-Ideen vom Auftraggeber geliefert oder führen ein Brainstorming speziell zu diesem Thema durch.

Im Anschluss sollten Sie die Keywords mit Hilfe des **Google Keyword Planner** überprüfen. Dieses Werkzeug wurde eigentlich zur Planung von Anzeigen auf *google.de* entwickelt, hilft Ihnen jedoch auch bei der Keyword-Recherche kräftig weiter und ist völlig kostenlos nutzbar. Sie finden das Tool unter der Adresse *https:// adwords.google.com/ko/KeywordPlanner/Home*. Dort müssen Sie

Was tun bei unterschiedlichen Inhalten?

Mit einem Inhalt ist es fast unmöglich, eine gute Platzierung für mehrere Keywords zu erreichen, besonders nicht, wenn die Keywords sehr verschieden sind – dafür ist die Konkurrenz einfach zu groß. Besser ist es, wenn Sie die verschiedenen Inhalte Ihrer Website auf unterschiedlichen Seiten verteilen – so haben Sie eine reelle Chance auf eine ordentliche Platzierung.

sich mit einem Google-Konto anmelden, das Sie sich bei Bedarf kostenlos anlegen können.

Der Keyword-Planner bietet vier Recherche-Typen an. Die Option IDEEN FÜR NEUE KEYWORDS UND ANZEIGENGRUPPEN SUCHEN ❶ stellt für eine erste Recherche einen guten Ausgangspunkt dar. Ein Klick öffnet mehrere Eingabefelder.

In das Textfeld ❷ IHR PRODUKT ODER DIENSTLEISTUNG können Sie Ihre Keyword-Ideen eintragen – gerne auch mehrere in verschiedenen Zeilen. Wichtig: Achten Sie darauf, unter AUSRICHTUNG ❸ die gewünschte Region und Sprache einzustellen. Ein Klick auf IDEEN ABRUFEN ❹ startet die Suche.

▼ **Abbildung 8.23**
Keyword-Recherche mit dem Keyword-Planner

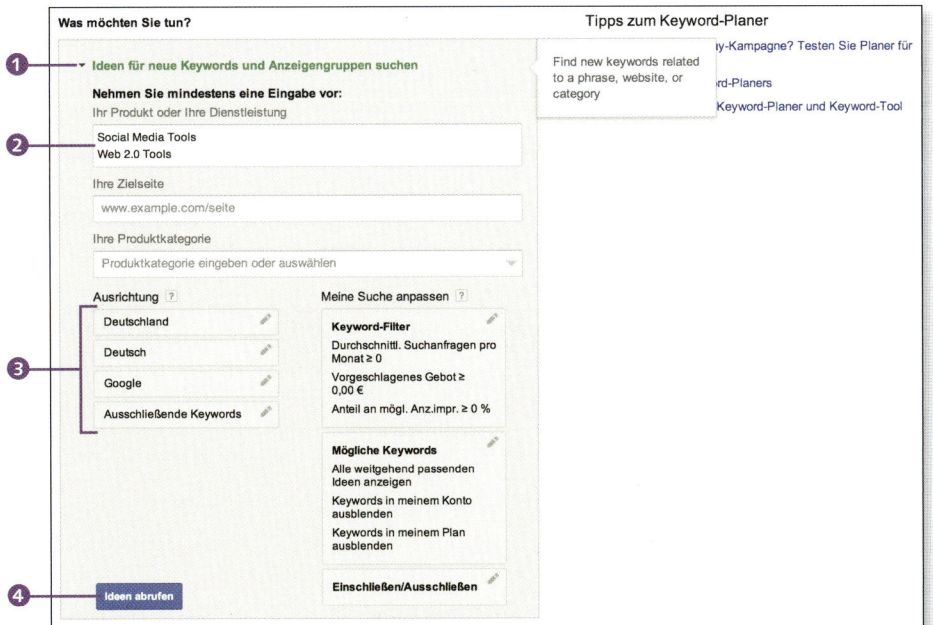

In der Ergebnisliste ist für die Keyword-Recherche der Reiter KEYWORD-IDEEN ❶ (siehe Abbildung 8.24) interessant. Dort gibt Google Ihnen zunächst einmal an, wie häufig nach den angegebenen Themen im Durchschnitt ❸ gesucht wird. Die übrigen Angaben werden erst relevant, wenn Sie einmal AdWords-Anzeigen schalten möchten.

Im Anschluss gibt Ihnen das Keyword Tool eine Reihe von Vorschlägen ❷. Am besten gehen Sie diese der Reihe nach durch – vielleicht finden Sie hier neue Ideen.

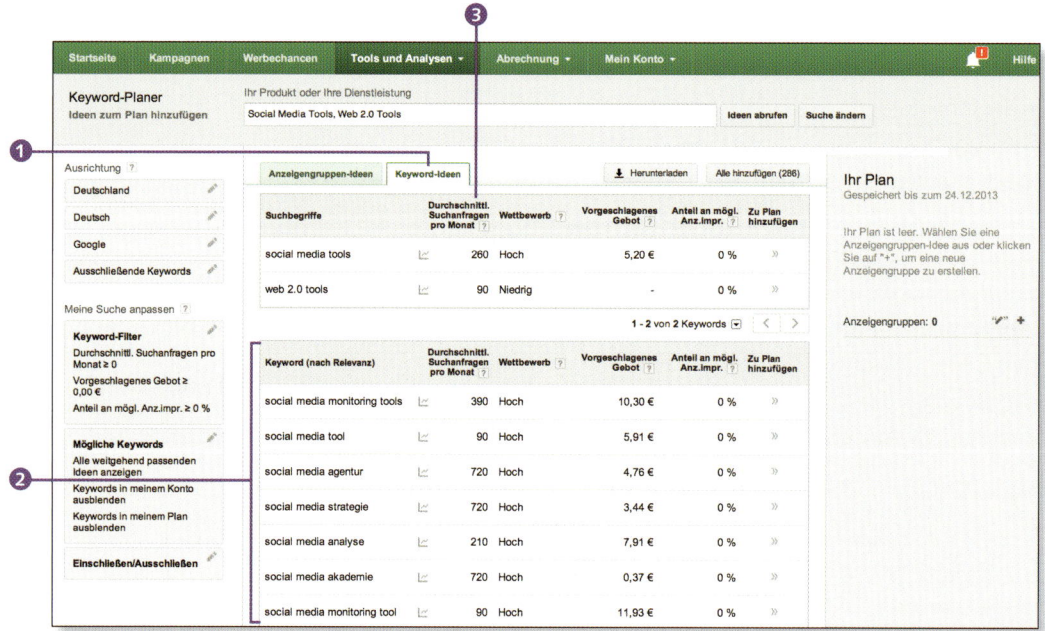

Abbildung 8.24 ▲
Keyword-Ideen mit Such-
Aufkommen

Ordnen Sie nun jeder Seite ein Haupt-Keyword und ein bis drei
ergänzende Keywords zu.

Unterseite	Haupt-Keyword	Ergänzende Keywords
Homepage	Schwimmbad Mainz	Schwimmen Mainz
Schwimmkurse	Schwimmen lernen Mainz	Schwimmanfänger, Schwimmkurse Kinder
Wellness-Angebote	Wellness Mainz	Sauna Mainz, Erholung Mainz, Massagen Mainz

Tabelle 8.1 ►
Beispielhafte Zuordnung von
Keywords zu Seiten

Eine Tabelle in dieser Art können Sie für alle Inhalte Ihrer Website
erstellen. Mit dieser Liste sowie den folgenden Meta-Informationen und Faustformeln können Sie an die Optimierung jeder einzelnen Seite gehen.

Meta-Informationen

Innerhalb des head jeder Website können Sie eine ganze Reihe von
Angaben machen, die es Suchmaschinen einfacher machen, den
Inhalt eines Dokuments zu erkennen. Die wichtigsten möchte ich
nun durchgehen.

Von zentraler Bedeutung ist der Inhalt des `title`-Elements im Seitenkopf – diese Inhalte erscheinen groß in den Suchergebnis-Listen und beim Speichern der Website in den eigenen Bookmarks. Klar, dass hier die Keywords hineingehören, die den Inhalt am besten beschreiben.

Für eine längere Beschreibung eignet sich ein weiteres Meta-Element:

```
<meta name="description" content="kicker präsentiert
Nachrichten, Ergebnisse, Analysen, Live-Ticker der 1. und
2. Bundesliga, 3. Liga, Amateurfußball, Nationalmannschaft,
Managerspiel">
```

◀ **Listing 8.12**
Meta-Description im `head` der
Startseite von *kicker.de*

Den Inhalt der Meta-Description bezeichnet man auch als »Snippet« – Sie sehen sie jeden Tag in der Ergebnisliste der Suchmaschine Ihres Vertrauens.

Wichtige Faustregeln | Obwohl Suchmaschinenoptimierung ein eigenes Arbeitsfeld für geschulte Spezialisten ist, sollten Sie auch als Webdesigner einige Grundlagen davon beherrschen. Mit ein wenig Hintergrundwissen können Sie nämlich schon einiges für eine Website tun, die Ihren Nutzern und den Suchmaschinen gleichermaßen gefällt.

▶ Wichtige Keywords gehören in die **Überschriften**, besonders in die bedeutenden `h1` und `h2` – aber natürlich in einer Form, die auch für Menschen sinnvoll ist.

▶ Bringen Sie Ihre Keywords sowie sinnvolle Variationen davon in den **Texten** unter, gerne auch mit Betonungen. Davon profitieren nicht nur die Suchmaschinen, sondern auch Ihre Nutzer – denn so ist das Thema eines Artikels direkt zu erkennen.

◀ **Abbildung 8.25**
Die Suchmaschinenoptimierer
von SEO-United (*www.seo-united.de/kontakt.php*) betonen wichtige Schlagworte bei
ihrem Kontaktformular – das
hilft Nutzern und Google.

▸ Auch die **Dateinamen** von Bildern und Dokumenten sollten themenrelevante Keywords enthalten: »schwimmbad-mainz.jpg« statt »IMG0453.jpg«.

▸ Die alt-**Texte** von Bildern können Sie optimieren, indem Sie dort die Keywords unterbringen.

▸ Und die wichtigste Regel: **Der Nutzer hat immer Vorrang.** Gute Suchmaschinenoptimierung geht daher einher mit guter Nutzererfahrung.

SEO als fortlaufender Prozess | Nachdem Sie nun gute Grundlagen für die Suchmaschinenoptimierung gelegt haben, beginnt jetzt die eigentliche Arbeit: SEO ist ein fortlaufender Prozess. Wenn sich Inhalte auf Ihrer Website verändern, müssen Sie überprüfen, welche Auswirkungen das auf Ihre Suchmaschinen-Position hat. Außerdem verändert sich die Art und Weise, wie Suchmaschinen Inhalte erfassen und bewerten, fortlaufend – Anpassungen sind Pflicht. Und schließlich möchten Sie Ihre Website auch immer stärker bekannt machen und Links zu Ihrer Website aufbauen.

8.5 Beispielprojekt – letzte Schritte

Nun wird es höchste Zeit für ein wenig Qualitätssicherung unserer Netzschreibstube. Vor allem für Tests in den verschiedenen Browsern und die Prüfung Ihrer Website auf mobilen Geräten sollten Sie genügend Zeit einplanen und auf alle Details achten.

Feinschliff

In einem ersten Schritt ersetze ich die Social-Media-Icons im Footer durch eine Version, die auf CSS-Sprites basiert. Das Vorgehen ist identisch zu dem, das auf Seite 382 in diesem Kapitel beschrieben wurde – mit einem Unterschied: Da ich die Grafiken für hochauflösende Monitore angepasst habe und per Downsampling herunterrechne, müssen alle Werte für width, height und background-position halbiert werden.

Buchtipp

Für eine dauerhaft erfolgreiche Website werden Sie kaum um eine fortwährende Suchmaschinenoptimierung herumkommen. Ich empfehle Ihnen zu diesem Thema Sebastian Erlhofers Standardwerk »Suchmaschinen-Optimierung«, in dem er mit viel Fachwissen verschiedenste Aspekte des Themas beleuchtet.

Auf der DVD finden Sie die korrigierte Version unter BEISPIELPROJEKT • KAPITEL_8. Wenn Sie den Test nachvollziehen wollen, nutzen Sie die Version im Ordner KAPITEL_7.

CSS-Regeln   Schließen & Formular zurücksetzen

```
.sprite-facebook-active{ background-position: 0 0; width: 44px; height: 44px; }
.sprite-facebook{ background-position: 0 -94px; width: 44px; height: 44px; }
.sprite-flickr-active{ background-position: 0 -188px; width: 44px; height: 44px; }
.sprite-flickr{ background-position: 0 -282px; width: 44px; height: 44px; }
.sprite-twitter-active{ background-position: 0 -376px; width: 44px; height: 44px; }
.sprite-twitter{ background-position: 0 -470px; width: 44px; height: 44px; }
```

Vergessen Sie nicht, eine CSS-Regel für den Hintergrund mit einer Referenz auf das Sprite-Bild anzugeben, zum Beispiel:

```
#container li {
     background: url(csg-5173cc95c1b67.png) no-repeat top left;
}
```

Sprite-Bild

» Sprite-Bild herunterladen

◀ **Abbildung 8.26**
Achten Sie bei der Arbeit mit Downsampling auch bei CSS-Sprites darauf, die Pixelwerte zu halbieren – aus `width: 44px` wird somit `width: 22px`.

Browser-Tests

In vorauseilendem Gehorsam wird zunächst HTML5shiv per Conditional Comment in den `head` geladen, damit ältere Internet Explorer mit den neuen HTML5-Elementen keine Schwierigkeiten haben. Testen möchte ich nur die Versionen 8 und 9 des Internet Explorers, da diese Versionen die größte Verbreitung haben.

Im Internet Explorer 9 sind keine schwerwiegenden Probleme zu erkennen. Allerdings funktionieren die Textschatten und der Verlauf in der Navigation nicht, denn der IE9 unterstützt die entsprechenden CSS-Eigenschaften noch nicht – das finde ich absolut verschmerzbar.

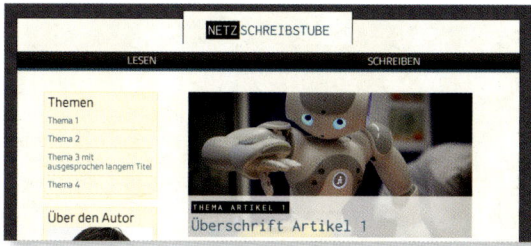

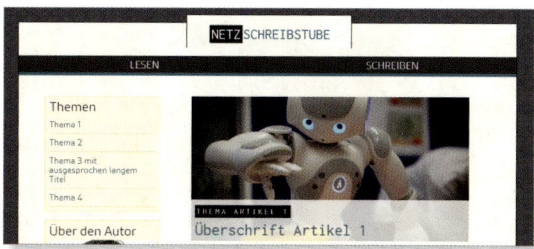

▲ **Abbildung 8.27**
Die Netzschreibstube mit …

▲ **Abbildung 8.28**
… sowie ohne Verlauf und Textschatten

Nicht verschmerzen kann ich, was Internet Explorer 8 mit meinen Media Queries macht – nämlich gar nichts. IE8 unterstützt diese Funktion nicht. Die Folge: Der Browser interpretiert nur die CSS-Angaben für die kleinste Stufe – egal, wie groß das Browserfenster ist.

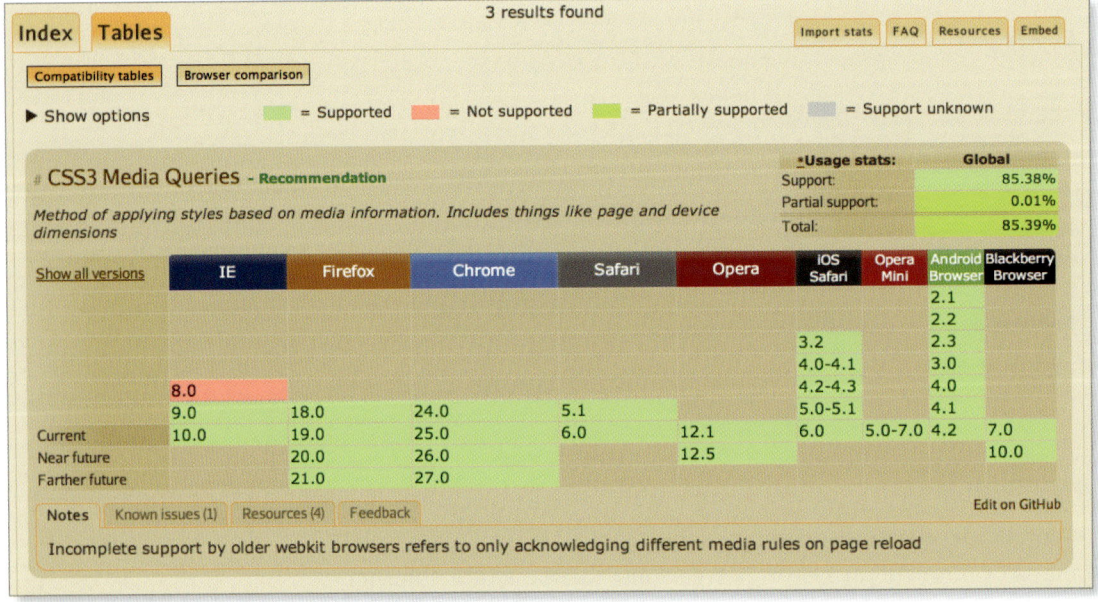

▲ **Abbildung 8.29**
IE8 und Media Queries sind kein Traumpaar (*http://caniuse.com*).

Als Lösung integriere ich den Polyfill auf JavaScript-Basis (Seite 376).

▲ **Abbildung 8.30**
Ohne Media Queries sieht die Website im IE8 eher suboptimal aus.

▲ **Abbildung 8.31**
Zwei Anpassungen für den IE8 fehlen noch: Transparenzen und Abstände in den Themenboxen.

Nun fehlen noch zwei Aspekte, um die Netzschreibstube im IE8 zu verwenden: Zum einen möchten die halbtransparenten Flächen über einen Microsoft-eigenen Filter nachgebildet werden. Außerdem stimmen die Abstände zwischen den Themenboxen nicht – der IE8 versteht nämlich den CSS3-Selektor nth-child(odd) (vgl. Kapitel 9) nicht, den ich dafür verwendet habe. Eine weitere JavaScript-Extrawurst nur für den IE8 erscheint mir für eine solche Kleinigkeit nicht angebracht – ich entscheide mich also für einen festen Außenabstand von 10 px für die Themenboxen. Beides erledige ich mit einem eigenen Stylesheet »ie8.css«.

```
<!--[if lt IE 9]>
  <script src="html5shiv.js"></script>
  <script src="respond.min.js"></script>
  <link rel="stylesheet" href="ie8.css">
<![endif]-->
```

◀ **Listing 8.13**
HTML5Shiv, Polyfill und IE8-Stylesheet im head

In den übrigen Browsern konnte ich keine Probleme feststellen.

Responsive Webdesign testen

Schließlich möchte ich noch testen, wie sich die Netzschreibstube in den gewählten Auflösungen verhält, die ich in der Konzeption erarbeitet habe. Dazu verwende ich das Bookmarklet »Viewport Resizer« (siehe Seite 376).

Sie finden die Datei »uebersicht.html« im Ordner BEISPIELPROJEKT • KAPITEL_7.

Ein Vorteil dieses kleinen Tools ist es, dass es zuverlässig erkennt, wenn die Media Queries nicht funktionieren. Öffnen Sie dazu einmal die Datei »uebersicht.html« aus dem Beispielprojekt von Kapitel 7 im Google Chrome und testen Sie die Datei mit dem Bookmarklet – hier stimmt etwas nicht. Untersuchen Sie einmal die Datei mit Hilfe des Webinspektors, den Sie über das Kontextmenü mit einem Klick auf ELEMENT UNTERSUCHEN erhalten.

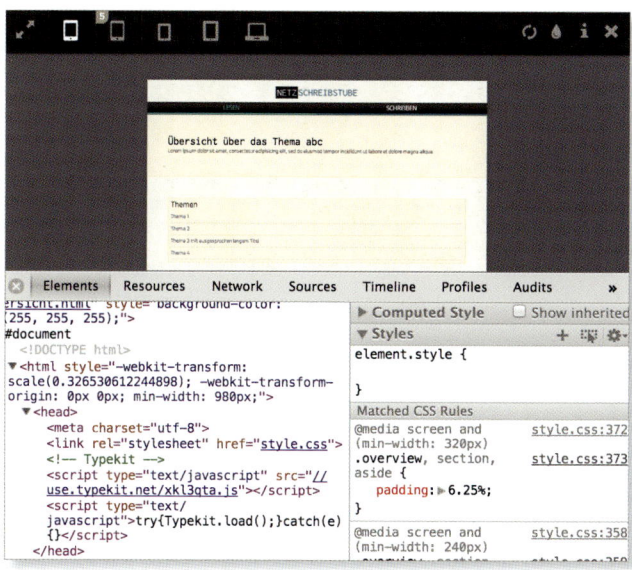

◀ **Abbildung 8.32**
Das fehlende Element meta viewport verhindert, dass die Media Queries erkannt werden.

Der Webinspektor zeigt die Antwort: In der Datei »uebersicht. html« wurde vergessen, das wichtige Element `meta viewport` in den `head` zu schreiben (vgl. Seite 393) – die Folge ist, dass die Media Queries überhaupt nicht geladen werden.

Validierung der Netzschreibstube

Vorhang auf für die Validierung meiner Netzschreibstube. Während sich Start- und Übersichtsseite wacker schlagen, gibt es einen Fehler auf der Artikelseite.

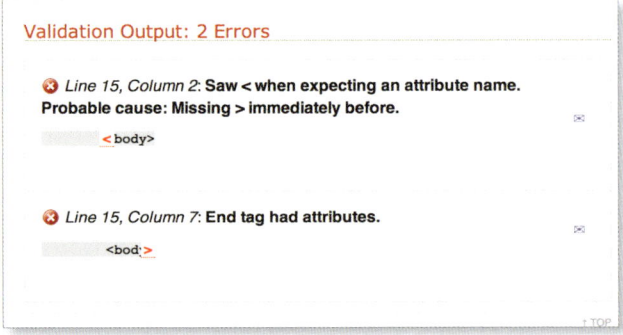

Abbildung 8.33 ▶
Validerung der Netzschreib-stube mit *http://validator. w3.org*

Der Grund dafür ist einfach: Beim Tippen habe ich versäumt, das `head` zu schließen – so etwas ist in der täglichen Arbeit schnell geschehen. Einmal entdeckt, ist der Fehler freilich schnell behoben.

```
1   <!doctype html>
2   <html>
3       <head>
4           <meta charset="utf-8">
5           <title>Willkommen bei der Netzschreibstube</title>
6           <link rel="stylesheet" href="style.css">
7
8           <!-- Typekit -->
9           <script type="text/javascript" src="//use.typekit.net/xkl3gta.js"></script>
10          <script type="text/javascript">try{Typekit.load();}catch(e){}</script>
11
12          <meta name="viewport" content="width=device-width">
13
14      </head>
15      <body>
16          <div id="pagewrap">
17              <header>
18                  <div class="logo">
```

▲ **Abbildung 8.34**
Beim `</head` fehlt eine schließende spitze Klammer.

Das war es dann aber auch schon mit Fehlern, und nun möchte ich Usability und Assoziationen der Netzschreibstube testen.

Usability

Usability und Accessibility verdienen auch noch einen näheren Blick. Ein wenig umgebaut habe ich die Hauptnavigation oben, denn in der Version aus Kapitel 7 wirkte sie mir noch nicht auffällig genug, wenn die Nutzer mit der Maus oder der Tastatur einen Navigationspunkt anwählten.

Um die Stile für `:hover` und `:focus` auffälliger zu machen (ab Zeile 126), lege ich eine andere Farbe auf Link und `header nav li` und entferne die Unterstreichung auf dem Link.

```
header nav li:hover, header nav li:focus
{ border-bottom-color: #da7300; }
header nav li:hover a, header nav li:focus a
{ color: #da7300; }
header nav li a:hover, header nav li a:focus
{ text-decoration: none; }
```

◀ **Listing 8.14**
Anpassungen an der Navigation

▲ **Abbildung 8.35**
Aus dem unauffälligen Effekt für `:hover` und `:focus` aus Kapitel 7 …

▲ **Abbildung 8.36**
… wird in Kapitel 8 eine auffälligere Version, die die Usability der Website verbessert.

Schließlich habe ich den Links in der Hauptnavigation noch ein `display: block;` (Zeile 124) mit auf den Weg gegeben – damit wird die gesamte Schaltfläche klickbar, nicht mehr nur der Text.

Und die Accessibility? Das WAVE-Tool gibt mir mehrere Hinweise aus, dass identische Seiten mehrfach von verschiedenen Links aus erreichbar seien – logisch bei der Entwicklungsversion einer Website, bei der jede Übersichtsseite »uebersicht.html« heißt und noch keine Inhalte enthalten sind. Außerdem fehlt eine Sprachauszeichnung des Dokuments – die wird natürlich sofort nachgeholt:

```
<html lang="de">
```

▲ **Listing 8.15**
Sprache des Dokuments festlegen

Die Assoziationen prüfen: Die Projektmatrix

Seitdem ich mit diesem Buch und der Arbeit an der Netzschreibstube begonnen habe, sind einige Monate ins Land gezogen – ich möchte daher noch einmal kurz Revue passieren lassen, wie sich meine derzeitige Version von der ursprünglichen Konzeption ausgehend entwickelt hat.

Projektmatrix vorbereiten | Ein gutes Mittel dafür ist die Projektmatrix aus Kapitel 2. Dort habe ich gewünschte Assoziationen in einer Tabelle notiert. Nun wird es Zeit, sie mit meinen Gestaltungselementen in Verbindung zu setzen. Ich notiere also zunächst einmal die unterschiedlichen Gestaltungsmittel, für die ich mich entschieden habe – jedes in einer Spalte.

Im Anschluss daran überlege ich mir, inwieweit es zu jeder einzelnen Assoziation beiträgt. Wenn ich das Gefühl bekomme, dass das Gestaltungselement nichts zu dieser Deutung beiträgt, notiere ich eine »0«. Habe ich den Eindruck, dass es einer Assoziation widerspricht oder zuträglich ist, notiere ich ein »-« bzw. ein »+«. Und für den Fall, dass dieser Eindruck sehr stark ist, verwende ich »--« oder »++«. Am Ende werden alle diese Kürzel addiert.

GEWÜNSCHTER EINDRUCK	Schrift Gesta (Fließtext)	Schrift Inconsolata (Überschriften)	Farbgebung beige – blau – orange	Papierstrukturen	Transparenzen	Hervorhebung des Themas des Beitrags	Struktur der Website	Wortmarke „Netzschreibstube"	Pixel-Hintergrund	Weißraum	Typografie (Zeilenlänge, Schriftgröße, Zeilenabstand)	Kontraste	SUMME
einfach und klar zu bedienen	0	0	++ (blaue Links, klare Unterscheidung beim :hover)	0	0	++	++	-	0	++	0	0	8+ / 1-
übersichtlich aufgebaut	0	0	0	0	+	+	++	+	0	++	+	0	8+
modern	+	0	0	-	++	0	0	0	0	+	+ (große Schrift ist im Trend)	0	5+ / 1-
lädt zum Lesen ein	+	0	0	0	0	++ (direkt erkennbar, ob das Thema interessant ist)	0	-	0	++	++	++	9+
Assoziationen mit „schreiben"	0	+ (Schreibmaschine)	0	++	0	0	0	0	0	0	0	0	3+ / 1-
Assoziationen mit „Digitalität" / „Netz"	0	0	0	-	0	0	0	-	+	0	0	0	1+ / 2-

▲ **Abbildung 8.37**
Projektmatrix zur Netzschreibstube

Ein Wort der Warnung vorab: Gestaltung ist keine Mathematik, und Sie können nicht einfach die Plus-Zeichen zusammenzählen und denken, eine gute Website erstellt zu haben. Einzelne Gestaltungsmittel können sich so stark widersprechen, dass Sie einige davon entfernen müssen – egal, was am Ende in der Summe-Spalte steht. Ihr gestalterisches Gespür hat immer Vorrang – wenn eine Gestaltung in sich stimmig ist, brauchen Sie keine Erklärung.

Dass die Projektmatrix Ihnen dennoch ein gutes Hilfsmittel sein kann, versuche ich in der Folge zu erläutern. Zunächst jedoch sollten Sie sich meine Auswertung anschauen.

Gestaltungen mit der Projektmatrix bewerten | Zunächst einmal verdeutlicht mir die Projektmatrix noch einmal meinen Eindruck, dass die Website von Struktur und Bedienbarkeit her gesehen nichts Kompliziertes ist – sie folgt eindeutigen Navigationsmustern und erhält viele Pluspunkte in Bezug auf die gewünschte Einfachheit. Sehr zufrieden bin ich auch mit der Leserlichkeit, die mir sehr wichtig war – der Weißraum und die typografischen Aspekte stützen diesen Eindruck.

Unsicher bin ich, inwiefern es mir gelungen ist, das Zusammenspiel aus digitalen Aspekten (Pixelgrafiken, Netz-Assoziationen) und dem Konzept »Schreiben« (Papierstrukturen) ausreichend deutlich zu machen – beide erhalten nur wenige Einträge in der Matrix. Die Pixelstrukturen finden sich nur noch im Hintergrund und gehen leicht unter – auf Smartphones sind sie gar nicht zu sehen. Überhaupt kommen mir die modernen, digitalen Aspekte zu kurz: Die Wortmarke »Netzschreibstube« visualisiert das Netz-Konzept überhaupt nicht – man könnte genauso gut einen anderen Namen über die Seite schreiben. Außerdem kommt mir die Assoziation »Schreiben« noch zu kurz.

Der kreative Prozess | Was bedeutet das nun für das Projekt? Um ehrlich zu sein: Ich weiß es noch nicht. Vielleicht bedeutet das, dass meine ursprüngliche Idee mit den digitalen Pixelgrafiken doch nicht so gut war wie angenommen – so etwas ist im kreativen Prozess nicht ungewöhnlich. Vielleicht heißt es aber auch, dass ich noch etwas anderes versuchen sollte – ich könnte die Wortmarke beispielsweise durch ein Icon ergänzen, das die Themen »digitale Pixel« und »Schreiben« stärker auf den Punkt bringt. Schließlich könnte es aber auch darauf hindeuten, dass ich mich noch einmal ans Werk machen werde – dank Photoshop und CSS ist es nur ein Aufwand von wenigen Stunden, um eine stärker digital anmutende Gestaltungsalternative auszuprobieren. Die Netzschreibstube ist ein lebendiges Projekt, und ich bin gespannt, wo sie mich noch hinführen wird.

Und nun? | Die Netzschreibstube ist damit auf einem guten Weg – fertig ist sie aber noch nicht. Es fehlen nämlich noch die Inhalte, außerdem möchte ich das Projekt nicht auf Dauer von Hand mit Inhalten füllen, sondern auf ein Content Management System setzen. Die HTML- und CSS-Dateien bilden eine gute Basis für die Integration in eines dieser Systeme.

Den letzten Stand des Beispielprojekts zeigt die Datei »index.html« in BEISPIELPROJEKT • KAPITEL_8.

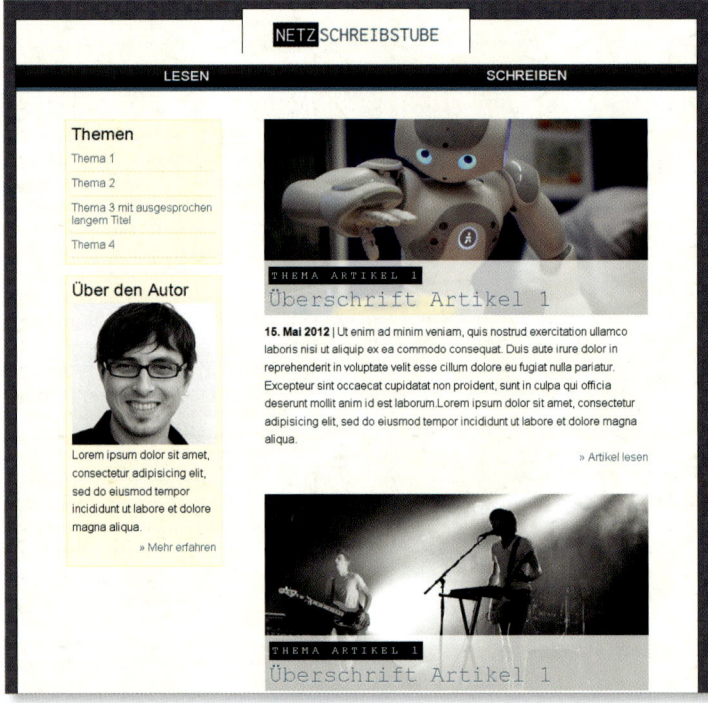

Abbildung 8.38 ►
Die Netzschreibstube ist fertig, jetzt muss sie mit Inhalten befüllt werden.

Mit den Erkenntnissen aus diesem Buch haben Sie eine gute Grundlage für Ihre weitere Arbeit als Webdesigner, und Sie stehen am Anfang einer spannenden Reise. Als erste Hilfestellung, wo diese Reise hingehen könnte, werden Sie im folgenden Kapitel einige technische Besonderheiten kennenlernen, die bisher noch nicht zur Sprache kamen.

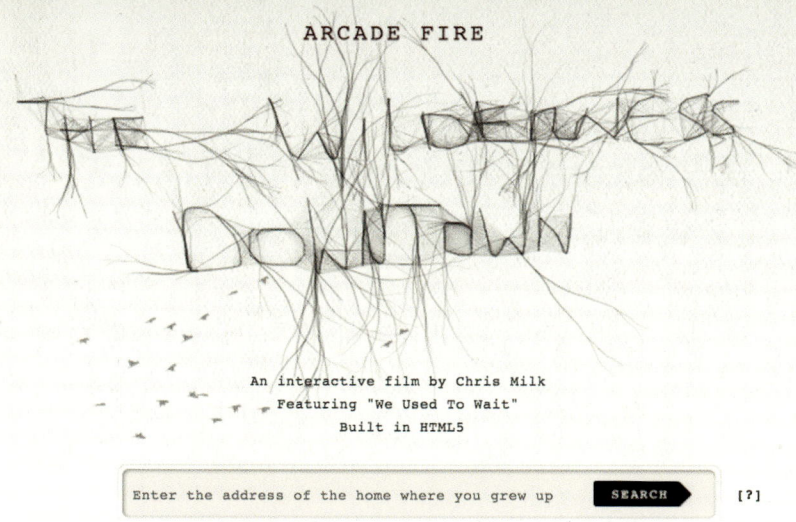

ARCADE FIRE

An interactive film by Chris Milk
Featuring "We Used To Wait"
Built in HTML5

Enter the address of the home where you grew up   SEARCH   [?]

Weitere Neuerungen in HTML5 und CSS3

Das Wichtigste auf einen Blick

▶ Was halten HTML5 und CSS3 noch an Neuerungen bereit?

▶ Wie können Video und Audio in Webseiten eingebettet werden?

▶ Was sind CSS3-Transitions?

▶ Sind CSS3-Animationen eine echte Flash-Alternative?

9 Weitere Neuerungen in HTML5 und CSS3

In diesem Buch haben Sie Gestaltungsregeln für das Design von Websites gelernt und einen Überblick über aktuelle Entwicklungen der Technik erhalten. Dass Sie dabei nicht alles gelernt haben, was mit HTML5 und CSS3 möglich wird, versteht sich von selbst. In diesem Kapitel lernen Sie daher einige weitere wichtige Bestandteile von HTML5 und CSS3 kennen.

9.1 HTML5

Obwohl Sie bereits einiges in HTML5 gelernt haben, gibt es noch viele Aspekte, die Neuland für Sie sind.

Video und Audio

Bisher waren Video und Audio immer eine Art Stiefkind im Web – es gab sie zwar immer, sie funktionierten allerdings nur über spezielle Technologien, wie zum Beispiel Adobe Flash, die als Plugin im Browser installiert werden mussten. Damit ist in HTML5 Schluss, denn es gibt nun ein eigenes Element für Video- und Audio-Inhalte.

Audio einbetten | Audio-Inhalte werden über das Element `<audio>` mit einer Reihe von Attributen eingebunden:

```
<audio src="musik.mp3" controls>
  Alternativer Inhalt
</audio>
```

▲ **Listing 9.1**
`audio`-Element im Einsatz

Neben dem `src`-Attribut können Sie auch das `source`-Element verwenden. Der Vorteil: Auf diese Weise können Sie verschiedene Audio-Formate unterstützen.

```
<audio controls>
  <source src="musik.mp3" type="audio/mpeg">
  <source src="musik.wav" type="audio/wav">
  Alternativer Inhalt
</audio>
```

◀ **Listing 9.2**
audio mit source-Elementen

Dieses Vorgehen ist wichtig, weil die Browser verschiedene Formate unterstützen.

Codec	Internet Explorer	Safari	Chrome	Opera	Firefox
Mp3	ja	ja	ja	nein	nein
WAV	ja	ja	ja	ja	ja
Vorbis	nein	nein	ja	ja	ja

◀ **Tabelle 9.1**
Unterstützte Audio-Formate

Innerhalb des öffnenden und schließenden audio-Elements sollten Sie aus Gründen der Usability und Accessibility einen alternativen Inhalt einbetten – dieser wird nur angezeigt, wenn der Browser audio nicht versteht. Der Technologie-Podcast Mobile Macs (*http://mobilemacs.de*) beispielsweise setzt neben verschiedenen Audio-Formaten ❷ auf eine gewöhnliche Flash-Einbettung ❸ für ältere Browser. Das Interface ❶ ist selbst programmiert.

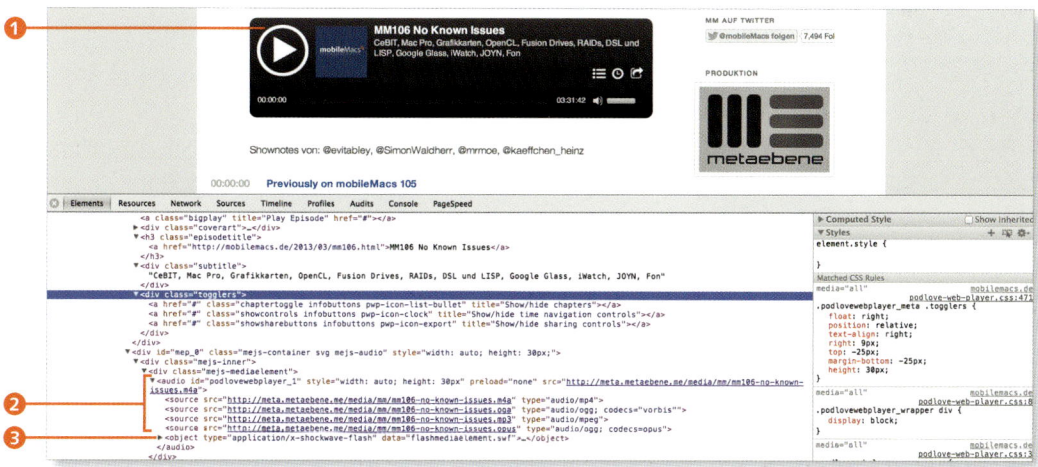

▲ **Abbildung 9.1**
HTML5-Audio bei Mobile Macs

Außerdem gibt es folgende HTML-Attribute, die Sie Ihrem Audio-Element bei Bedarf mitgeben können:

- `loop` sorgt für eine Endlosschleife bei der Wiedergabe.
- `autoplay` startet das Audio-Element direkt beim Aufruf der Seite.
- `preload="x"` legt fest, ob die Audio-Datei beim Aufruf der Website schon einmal heruntergeladen werden soll. Dadurch entfallen Wartezeiten, wenn der Nutzer auf den Play-Button drückt; andererseits werden die Daten auch heruntergeladen, wenn ein Nutzer sie gar nicht anhören möchte. Mögliche Werte sind `none` (nicht automatisch laden), `metadata` (nur die Metadaten laden, beispielsweise Länge und Größe der Datei) und `auto` (der Browser darf entscheiden, ob er vorladen möchte).

Videos in HTML5 einbetten | Das `video`-Element ähnelt `audio` sehr:

```
<video controls>
  <source src="video.mp4" type="video/mp4">
  <source src="video.ogv" type="video/ogg">
  alternativer Inhalt für ältere Browser, die mit <video>
  nichts anfangen können
</video>
```

Listing 9.3 ▶
`<video>` in HTML5

Problematisch bei HTML5-Videos sind jedoch die verschiedenen Video-Formate:

- Internet Explorer (ab Version 9) und Safari verstehen H.264-Videos.
- Firefox und Opera können WebM- und Theora-Videos abspielen.
- Chrome versteht alle Video-Formate – allerdings hat Google angekündigt, den kommerziellen H.264-Codec demnächst zu entfernen.

Welches Format sich letztendlich durchsetzen wird, ist derzeit noch nicht abzusehen. Bis auf Weiteres bleibt Ihnen also nichts anderes übrig, als das Video in mehreren Formaten vorzuhalten und mit dem `source`-Element, wie im Beispiel zu sehen, anzubieten – der Browser wählt dann das Format, mit dem er zurechtkommt. Außerdem sollten Sie an den Internet Explorer 8 denken, der `video` überhaupt nicht versteht.

Videoportale wie *http://vimeo.com* erlauben die Wahl zwischen einer Flash- **1** und einer HTML5-Version der Videos.

Für die Praxis lohnt sich ein Blick auf den **Miro Video Converter**, den Sie unter *www.mirovideoconverter.com* finden. Damit ist die Konvertierung von Videos in verschiedene Formate kein Aufwand – Sie ziehen das Video einfach in den Bereich **2** und können nun entweder einzelne Geräte **3** oder aber gewünschte Formate **4** auswählen. CONVERT NOW **5** startet die Umwandlung.

Die Attribute `autoplay`, `loop` und `preload` gelten für `video` analog zu `audio`. Auf Wunsch darf das Video noch mit `width` und `height` ausgestattet werden. Und mit dem Attribut `poster="Pfad zu einem Bild"` können Sie ein Platzhalter-Bild festlegen, das an der Stelle des Videos erscheinen soll, solange es nicht abgespielt wird.

▲ **Abbildung 9.3**
Miro-Video-Converter

Formulare in HTML5

Formulare finden sich auf vielen Websites, und HTML5 ergänzt einige interessante Eingabefelder. Das Gute daran: Sie vertragen sich sehr gut mit älteren Browsern – versteht ein Browser nicht, interpretiert er sie als ein einfaches `<input type="text">`. Dadurch gehen dem Nutzer zwar einige der praktischen Eingabehilfen verloren, die mit den neuen Eingabefeldern verbunden sind, das Formular bleibt jedoch jederzeit nutzbar.

Die neuen Eingabefelder für HTML5-Formulare sind:

▶ `<input type="search">` erzeugt ein Suchfeld, das so gestaltet wird, wie die Nutzer es von ihrem Betriebssystem gewohnt sind.

> **Aktuelle Übersicht über HTML5-Formulare**
>
> Eine sehr gute Übersicht über HTML5-Formulare (mit Beispielen und Browser-Unterstützung) finden Sie unter *www.wufoo.com/html5*.

▲ **Abbildung 9.4**
Die Angabe `email` als Input-Typ passt die Tastatur auf dem iPhone an, zum Beispiel mit einem prominenten @-Zeichen (*www.pixelgraphix.de/kontakt-und-impressum*).

▲ **Abbildung 9.6**
Datumseingabe über einen Kalender im Google Chrome (*www.wufoo.com/html5/types/4-date.html*)

▶ `<input type="tel">` ist ein Eingabefeld für eine Telefonnummer. Auf einem Smartphone wird dem Nutzer dabei automatisch eine Tastatur mit Nummern angezeigt.

▶ `<input type="email">` erzeugt ein Feld für eine E-Mail-Adresse – auch hierbei reagieren Smartphones mit einer angepassten Tastatur.

▶ `<input type="url">` erwartet die Eingabe einer URL und ruft dafür eine entsprechende Tastatur auf.

▶ `<input type="number">` ist zur Eingabe beliebiger Nummern gedacht – das kann entweder über die Tastatur oder mit den kleinen Schaltflächen neben dem Eingabefeld geschehen.

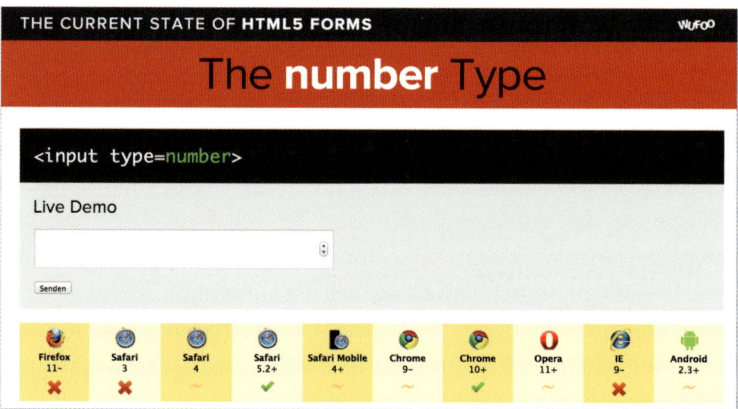

▲ **Abbildung 9.5**
`<input type="number">` im Google Chrome (*www.wufoo.com/html5/types/7-number.html*)

▶ `<input type="color">` erzeugt bei der Eingabe einen Farbwähler.

▶ `<input type="range">` erlaubt die Eingabe eines Wertes mit Hilfe eines Schiebereglers.

▶ `<input type="date">` erwartet die Eingabe eines Datums. Moderne Browser reagieren darauf mit einem praktischen Kalender, der die Auswahl eines Datums erlaubt.

Bei den Eingabefeldern für Zahlen, also `range` und `number`, können Sie mit den HTML-Attributen `min` und `max` den kleinsten bzw. größten erlaubten Wert festlegen sowie mittels `step` bestimmen, wie groß die Schritte beim Tippen auf die Pfeiltasten sein sollen:

```
<input type="number" min="0" max="10" step="0.5">
```

▲ Listing 9.4
Zahlen-Eingabefeld mit verschiedenen Attributen

Interessant ist, dass moderne Browser direkt mit einer eingebauten Formularvalidierung aufwarten: Wenn Sie beispielsweise keine gültige E-Mail-Adresse eingeben, meldet sich der Browser mit einer Fehlermeldung.

◄ **Abbildung 9.7**
Ohne @-Zeichen keine
E-Mail-Adresse (*www.wufoo.
com/html5/types/1-email.
html*)

Hinzu kommt eine flexible Validierungs-API, die Sie zur Erzeugung eigener Regeln verwenden können. Diese Funktionen gehen jedoch weit über die Anforderungen normaler Websites hinaus und würden den Rahmen dieses Buches sprengen.

Sonstige wichtige Neuerungen von HTML5

Neben diesen Neuerungen führt HTML5 einige weitere wichtige Funktionen ein, die sich eher für Web-Anwendungen eignen. Dazu gehören:

- ▶ **Geolocation**: Damit ist es möglich, die Position des Nutzers abzufragen – für Web-Anwendungen ist das häufig eine unverzichtbare Information.
- ▶ **Canvas**: Canvas erlaubt es, Zeichnungen direkt mit HTML5 zu erstellen, anstatt sie als Bilder einzufügen – das kann besonders für interaktive Anwendungen wichtig sein.
- ▶ **Offline-Funktionen**: Ebenfalls in den Bereich der Anwendungen gehört die Funktion, eine HTML5-App auch ohne Netzverbindung verwenden zu können.

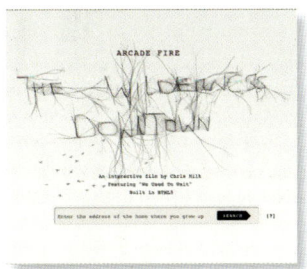

▲ **Abbildung 9.8**
Ein Beispiel für zahlreiche Experimente mit HTML5 Canvas: *The Wilderness Downtown*, ein interaktiver Film von Chris Milk (*www.thewildernessdowntown.com*)

Diese Neuerungen gehen wesentlich über das Handwerkszeug einer normalen Website hinaus und können daher nicht Thema dieses Buchs sein. Allerdings gibt es bei CSS3 noch einige praktische Neuerungen, die wir noch nicht behandelt haben und die Ihnen bei Ihrer Arbeit als Webdesigner helfen können.

9.2 CSS3

Auch CSS3 hat noch einiges mehr zu bieten, als in diesem Buch behandelt werden konnte. Ein Tipp: Die Spezifikation ist noch nicht in allen Fällen abgeschlossen, sodass sich einiges verändern könnte. Eine sehr gute Quelle ist der **W3Viewer**, der Ihnen übersichtlich den jeweils aktuellen Entwurf der Spezifikation präsentiert.

Abbildung 9.9 ▼
Spezifikationen auf *www. w3viewer.com*

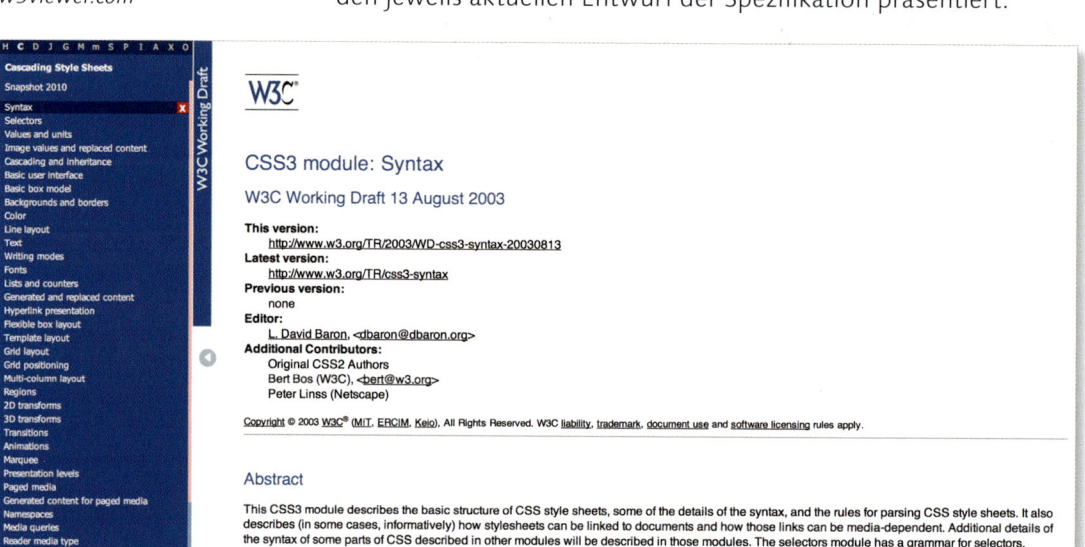

Eine wichtige Neuerung von CSS3 möchte ich nun noch einmal kurz aufzeigen – ein Blick in die Spezifikation lohnt sich, denn es gibt noch zahlreiche weitere Eigenschaften, die in näherer Zukunft zum Handwerkszeug des Webdesigners gehören werden.

CSS-Selektoren

Neben den bekannten Selektoren und Pseudoklassen gibt es in CSS3 eine Reihe neuer Vertreter, die Ihnen die Arbeit erleichtern können.

Kombinatoren | Mit Kombinatoren arbeiten Sie sehr häufig – wann immer Sie mehrere HTML-Elemente verketten, kommen Kombinatoren ins Spiel. Folgende Vertreter dieser Art stehen Ihnen zur Verfügung:

Kombinator	Beispiel	Ergebnis
Leerzeichen	`article p`	Nachfahre wird ausgewählt = alle Absätze irgendwo innerhalb eines `article`
`>`	`article > p`	Direkter Nachfahre wird ausgewählt = alle p unmittelbar in einem `article`
`~`	article ~ p	»General Sibling Combinator«, Geschwisterelemente werden ausgewählt = alle Absätze, die sich ein Elternelement mit einem `article` teilen und auf dieses folgen (neu in CSS3)

◀ **Tabelle 9.2**
Kombinatoren in CSS

Damit Sie sich den neuen **General Sibling Combinator** besser vorstellen können, hier ein einfaches Beispiel. Es soll immer der erste Absatz fett markiert werden, weil es sich dabei immer um eine Einleitung handelt – das funktioniert so:

```
<!doctype html>
  <html>
    <head>
      ...
      <style>
        p { font-weight: bold; }
        p ~ p { font-weight: normal; }
      </style>
    </head>
    <body>
      <article>
        <p>Inhalt für die Einleitung</p>
        <p>weiterer Inhalt</p>
        <p>noch mehr Inhalt</p>
      </article>
    </body>
</html>
```

◀ **Listing 9.5**
General Sibling Combinator
im Einsatz

Attributselektoren | Die neuen Attributselektoren können Ihnen eine Menge Tipparbeit ersparen. Sie können damit Elemente auf Basis von Attributen auswählen.

Attributselektor	Beispiel	Ergebnis
`^=`	`p[class^="intro"]`	Auswahl aller Absätze `p`, deren `class`-Attribut mit »intro« *beginnt*
`$=`	`p[class$="intro"]`	Auswahl aller Absätze `p`, deren `class`-Attribut mit »intro« *endet*
`*=`	`p[class*="intro"]`	Auswahl aller Absätze `p`, deren `class`-Attribut die Zeichenkette »intro« *enthält*

Tabelle 9.3 ►
Neue Attributselektoren in CSS3

Pseudoklassen | CSS3 erweitert die Pseudoklassen um einige praktische Möglichkeiten, mit denen Sie sich die Arbeit mit übermäßig vielen Klassen sparen können. Die wichtigsten dieser Pseudoklassen sind:

- ▶ `p:first-child` selektiert den ersten Absatz.
- ▶ `p:last-child` selektiert den letzten Absatz.
- ▶ `p:only-child` selektiert alle Absätze, die innerhalb ihres Elternelements keine Geschwister haben – wenn ein Artikel beispielsweise mehrere Absätze hat, wird keiner von diesen angesprochen.
- ▶ `p:empty` selektiert leere Absätze, die also weder Kindelemente noch Text besitzen. HTML-Kommentare gelten nicht als Inhalte.
- ▶ `p:first-of-type` selektiert alle ersten Absätze innerhalb deren Elternelemente.
- ▶ `p:last-of-type` wählt alle letzten Absätze innerhalb eines Elternelements aus.
- ▶ `p:not(x)` selektiert Absätze, auf die x nicht zutrifft. `p:not(.abc) { font-weight: bold; };` würde beispielsweise alle Absätze fett markieren, die nicht eine Klasse `.abc` besitzen.

Keine Unterstützung im IE8
Vorsicht bei der Arbeit mit diesen ausgefallenen CSS3-Selektoren, falls Sie Nutzer mit IE8 erwarten – dieser versteht die neuen Selektoren noch nicht.

Etwas komplizierter sind die neuen Pseudoklassen `nth-child`:

- ▶ `p:nth-child(x)` selektiert den x. Absatz unter allen Elementen.
- ▶ `p:nth-lastchild(x)` erfasst den x. Absatz unter allen Elementen von unten.
- ▶ `p:nth-of-type(x)` selektiert den x. Absatz unter allen Absätzen.
- ▶ `p:nth-last-of-type(x)` bezieht sich auf den x. Absatz unter allen Absätzen von unten.

◄ **Abbildung 9.10**
Chris Coyier hat unter *http://css-tricks.com/examples/nth-child-tester* einen praktischen Tester für die `nth-child`-Selektoren programmiert.

Als Werte von x können Sie Schlüsselwörter, Zahlen oder an+b-Ausdrücke verwenden.

▶ **Schlüsselwörter** sind `odd` für alle geraden oder `even` für alle ungeraden Elemente. `li:nth-child(odd)` würde also alle geraden Listenpunkte auswählen.

▶ **Zahlen** verwenden Sie, um eine bestimmte Nummer auszuwählen. `li:nth-child(4)` würde den vierten Listenpunkt selektieren.

▶ **an+b-Ausdrücke** bezeichnen Relationen. `li:nth-child(3n+5)` würde jeden dritten Listenpunkt ab dem fünften auswählen.

CSS3-Transitions

Wenn es ein wenig Bewegung sein soll, können Sie einzelne Elemente mit CSS3 animieren. Diese Elemente bekommen dadurch einen gehörigen Aufmerksamkeitsbonus. Im Vergleich zu alternativen Animationsmethoden beispielsweise über JavaScript oder Flash, haben bewegte Elemente mit CSS3 einen klaren Performance-Vorteil. Einfache Animationen können mit CSS3-Transitions realisiert werden. Darunter versteht man weiche Übergänge zwischen verschiedenen Zuständen von CSS-Eigenschaften.

In der Praxis funktionieren CSS3-Transitions derzeit nur mit Hilfe von vendor prefixes. Folgende CSS3-Eigenschaften kommen dabei zum Einsatz:

▶ `transition-property` (Pflichtangabe) bestimmt, welche Eigenschaft(en) animiert werden sollen. Angegeben werden entweder die einzelnen Eigenschaften oder das Schüsselwort `all`, das sich auf alle animierfähigen Eigenschaften bezieht.

▶ transition-duration (Pflichtangabe) legt die Dauer des Übergangs fest (in Millisekunden oder Sekunden).

▶ transiton-timing-function bietet die Möglichkeit, den zeitlichen Verlauf des Übergangs zu beeinflussen. Diese Eigenschaft erlaubt Schlüsselwörter oder aber eine Bezierkurve – Letzteres ist aber eher etwas für Mathematiker und kommt in der Praxis als Webdesigner kaum vor. Als Schlüsselwörter stehen zur Verfügung:

> ▶ linear (gleichbleibende Geschwindigkeit über die gesamte Dauer des Übergangs)
>
> ▶ ease-in (weicher Beginn)
>
> ▶ ease-out (zum Ende hin weich)
>
> ▶ ease-in-out (weicher Beginn und weiches Ende des Übergangs)
>
> ▶ ease (weicher Beginn und weiches Ende, aber mit einer Beschleunigung in der Mitte)

▶ transition-delay legt eine Verzögerung fest, bevor der Übergang einsetzt – erlaubt sind Angaben in Millisekunden oder Sekunden.

Diese Eigenschaften lassen sich auch in Kurzschreibweise verwenden, wie es das britische Unternehmen Viewport Industries (*http://viewportindustries.com*) tut. Dort wird im CSS zunächst jedem Link eine relativ kurze Transition mit einer ease-in-out-Kurve mitgegeben. Im Falle der Button-Links wird die Hintergrundfarbe verändert. Das Ergebnis ist ein leicht animiertes Einfärben der Buttons beim Herüberfahren mit der Maus.

```
a {
  -moz-transition: all 0.2s ease-in-out;
  -ms-transition: all 0.2s ease-in-out;
  -o-transition: all 0.2s ease-in-out;
  -webkit-transition: all 0.2s ease-in-out;
  transition: all 0.2s ease-in-out;
}
a.btn {
  background: #0cf;
  border: none;
}
a.btn:hover {
```

Transition-Timing-Function testen

In Aktion können Sie die Eigenschaft transition-timing-function auf *http://www.w3schools.com/cssref/css3_pr_transition-timing-function.asp* erleben.

▲ **Abbildung 9.11**
Der Farbübergang auf *http://viewportindustries.com* beim Überfahren des Buttons mit der Maus wird mit CSS-Transitions animiert.

```
background: #0087d5;
border: none;
}
```

◄ **Listing 9.6**
Auszug aus dem CSS von
http://viewportindustries.com

CSS3-Animationen

Keyframe-Animationen in CSS3 sind ähnlich ressourcenschonend wie CSS3-Transitions, erlauben aber im Gegensatz zu diesen größere Freiheit als die einfachen Übergänge.

Für eine Animation mit CSS3 benötigen Sie die folgenden Angaben:

▶ **Definition der Animation**: Jede geplante Animation wird mittels `@keyframes` festgelegt und bekommt einen eigenen Namen, damit sie später aufgerufen werden kann. Innerhalb der Keyframes werden Stufen für die Animation festgelegt, die alle zu animierenden Eigenschaften enthalten.

▶ **Aufrufen der Animation** über `animation-name`

▶ Bestimmen der **Animationsdauer** mittels `animation-duration` (in Millisekunden oder Sekunden)

Schauen Sie sich zum Vorgehen einmal das folgende Beispiel mit vendor prefix des Mozilla Firefox an – `from` und `to` sind Schlüsselwörter für Anfang und Ende der Animation.

```
@-moz-keyframes farbwandel {
  from {
    color: blue;
  }
  50% {
    color: red;
  }
  to {
    color: green;
  }
}
p { color: black; }
p:hover {
  -moz-animation-name: farbwandel;
  -moz-animation-duration: 2s;
}
```

◄ **Listing 9.7**
Beispiel für eine Animation mit CSS3

411

Auf Wunsch kann noch auf die folgenden Eigenschaften zurück-
gegriffen werden:

▸ `animation-delay`: Verzögerung der Animation in Millisekunden
oder Sekunden

▸ `animation-timing-function`: Verlauf der Animation auf einer
Kurve, vergleichbar `transition-timing-function`

▸ `animation-fill-mode`: Verhalten nach Ablauf der Animation –
verwendbar sind:

  ▸ der Standardwert `none` (Animation wird einfach beendet)

  ▸ `forwards` (Animation springt am Ende zu den Eigenschaften
  aus dem letzten Keyframe)

  ▸ `backwards` (Animation springt am Ende auf die Eigenschaften
  aus dem ersten Keyframe)

  ▸ `both` (Eigenschaften aus dem ersten und letzten Keyframe
  werden verwendet)

▸ `animation-iteration-count`: Anzahl der Wiederholungen
(bei Angabe eines Zahlenwerts) oder Wiederholungen in einer
Schleife (Schlüsselwort `infinite`)

▸ `animation-direction`: Festlegung der Richtung einer Animation
– entweder `normal` für gleichbleibende Richtung oder `alter-
nate` für Animationen, die zuerst vorwärts, dann rückwärts und
schließlich erneut vorwärts ablaufen sollen

Die CSS3-Animation
finden Sie im Ordner
Weitere_Beispieldateien•
Kapitel_9 auf der Buch-DVD.

CSS3-Animationen werden in der Praxis derzeit noch selten eingesetzt, finden jedoch in Experimenten rege Verbreitung. Ein gutes
Beispiel ist Nikhil Sureshs Demo »Battlefield CSS3« (*https://deve-
loper.mozilla.org/de/demos/detail/battlefield-css3*) – was Sie dort
sehen, wirkt wie ein Trickfilm, ist aber pures CSS3. Der Quelltext
steht unter einer Public-Domain-Lizenz – Sie finden ihn auf der
DVD.

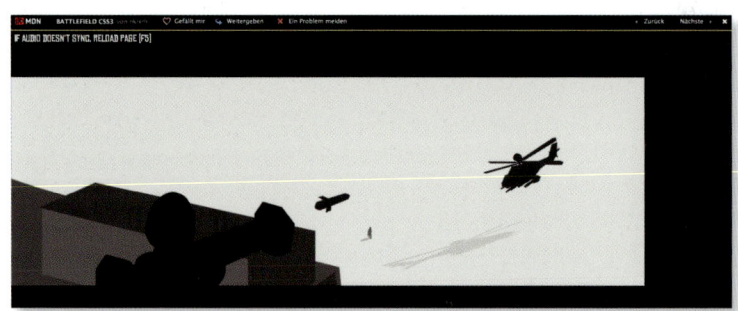

Abbildung 9.12 ▸
Nikhil Suresh hat eine ausgefallene Animation mit Hilfe
von CSS3 erstellt.

Anhang

A.1 Quellen

Falls Sie nach der Lektüre dieses Buchs noch nicht genug haben, möchte ich Ihnen zuletzt noch einige interessante Werke rund um das Thema Webdesign empfehlen, die auch ich beim Schreiben dieses Buchs immer wieder zu Rate gezogen habe:

- van Aaken, Gerrit: *#webtypobuch. Technik und Gestaltung von Schrift im Netz*. Kindle Edition. Selbstverlag (Würzburg 2012).
- Accenture: *Mobile Web Watch 2012*. http://www.accenture.com/de-de/Pages/insight-mobile-web-watch-2012-mobile-internet.aspx.
- Bartel, Stefanie: *Farben im Webdesign. Symbolik, Farbpsychologie, Gestaltung*. Springer Verlag (Heidelberg 2003).
- Boulton, Mark: *A Practical Guide to Designing for the Web*. Selbstverlag (Penarth 2009).
- Cederholm, Dan: *CSS3 for Web Designers*. Kindle Edition. A Book Apart (New York 2010).
- Dabner, David: *graphic design school. The Principles and Practices of Graphic Design*. Thames & Hudson (London 2005).
- Düweke, Esther & Rabsch, Stefan: *Erfolgreiche Websites. SEO, SEM, Online-Marketing, Usability*. 2. Auflage, Galileo Press (Bonn 2012).
- Erlhofer, Sebastian: *Suchmaschinen-Optimierung. Das umfassende Handbuch*. 6. Auflage, Galileo Press (Bonn 2013).
- Frutiger, Adrian: *Der Mensch und seine Zeichen*. marix Verlag (Wiesbaden 2006).
- Hellbusch, Jan Eric: *Barrierefreies Webdesign. Praxishandbuch für Webgestaltung und grafische Programmoberflächen*. 1. Auflage, dpunkt Verlag (Heidelberg 2005).
- Heller, Eva: *Wie Farben wirken. Farbpsychologie, Farbsymbolik, Kreative Farbgestaltung*. 6. Auflage, Reinbek (Hamburg 2011).
- Hoffmann, Manuela: *Modernes Webdesign. Gestaltungsprinzipien, Webstandards, Praxis*. 2. Auflage, Galileo Press (Bonn 2010).
- Keith, Jeremy: *HTML5 for Web Designers*. Kindle Edition. A Book Apart (New York 2010).

▸ Khazaeli, Cyrus Dominik: *Crashkurs Typo und Layout. Vom Schrift-design zum visuellen Konzept*. Rowohlt (Reinbek bei Hamburg, 2005).

▸ Kröner, Peter: *HTML5. Webseiten innovativ und zukunftssicher*. 2. Auflage, Open Source Press (München 2011).

▸ Kröner, Peter: *HTML5 und CSS3. Die neuen Webstandards im praktischen Einsatz*. Video-Training. Galileo Press (Bonn ohne Jahresangabe).

▸ Krug, Steve: *Don't make me think. Web Usability. Das intuitive Web*. 1. Auflage, mitp-Verlag (Bonn 2002).

▸ Lawson, Bruce & Sharp, Remy: *HTML5*. Addison-Wesley (München 2011).

▸ Marcotte, Ethan: *Responsive Webdesign*. Kindle Edition. A Book Apart (New York 2011).

▸ Monaco, James: *Film verstehen. Kunst, Technik, Sprache, Geschichte und Theorie des Films und der neuen Medien*. 5. Auflage, Rowohlt Verlag (Reinbek bei Hamburg 2004).

▸ Pricken, Mario: *Kribbeln im Kopf. Kreativitätstechniken & Denk-strategien für Werbung, Marketing & Medien*. 11. Auflage, Verlag Hermann Schmidt (Mainz 2010).

▸ Reichenstein, Oliver: *Web Design is 95 % Typography*. http://ia.net/blog/the-web-is-all-about-typography-period.

▸ Seelig, Tina: *inGenius. A Crash Course On Creativity*. 1. Auflage, Harper Collins (New York 2012).

▸ Walter, Aarron: *Designing for Emotion*. Kindle Edition. A Book Apart (New York 2011).

▸ Wroblewski, Luke: *Mobile First*. Kindle Edition. A Book Apart (New York 2011).

▸ Yates, Ian: *A Beginner's Guide to Pairing Fonts*. http://webdesign.tutsplus.com/articles/typography-articles/a-beginners-guide-to-pairing-fonts.

A.2 Linktipps für Webdesigner

Das Web ist natürlich voll von interessanten Adressen für Webdesigner. Die Folgenden zählen zu meinen Favoriten, die ich regelmäßig besuche:

▸ www.webdesignerdepot.com: lesenswertes Blog mit Inspirationen und Techniken

▸ www.smashingmagazine.com: sehr umfassendes Magazin rund um Webdesign und Webentwicklung

▸ federwerk.de: Blog der Lektorin und Schreibtrainerin Marion Kümmel mit vielen Tipps zu Rechtschreibung und Zeichensetzung

▸ http://technikwuerze.de: Podcast rund um Webstandards

▸ http://webkrauts.de: Magazin von deutschen Webdesignern – sehr gut ist der jährliche Adventskalender

▸ http://workingdraft.de: sehr fundierter Podcast mit wöchentlichen News für Webentwickler

▸ www.websprech.de: Fachbegriffe rund um das Netz

▸ www.webdesign-begriffe.de: digitales Wörterbuch verschiedener Webdesign-Fachbegriffe

▸ http://typefacts.com: Lesenswertes Typografie-Blog von Designer Christoph Koeberlin

▸ www.hongkiat.com/blog: Online-Magazin voller inspirierender Webdesign-Beispiele

▸ http://t3n.de: fundiertes und vielseitiges (Print- und Online-) Magazin

▸ www.usabilityblog.de: regelmäßige Neuigkeiten aus der Usability-Welt

▸ www.nngroup.com/articles: die berühmten Aufsätze von Usability-Experte Jacob Nielsen

▸ www.einfach-fuer-alle.de: umfangreiche Artikelsammlung der Initiative der Aktion Mensch für ein barrierefreies Internet

▸ www.barrierefreies-webdesign.de: Wissenssammlung rund um Accessibility, zusammengetragen von Autor Jan Eric Hellbusch

▸ www.pixelgraphix.de/blog: Design-Blog von Manuela Hoffmann

▸ www.andrae.org/podcast: »Monis Motivklingel«, Podcast von Monika Andrae – vorrangig über die Fotografie, durch seinen Fokus auf Inspiration aber auch für Designer hochinteressant

A.3 Die DVD zum Buch

Auf der DVD zum Buch finden Sie alles, was Sie zum Durcharbeiten des Buchs benötigen: alle Beispieldateien, eine Photoshop-Testversion und Video-Lektionen zum Responsive Webdesign. Die DVD gliedert sich in vier Ordner: BEISPIELPROJEKT, PHOTOSHOP-TESTVERSION, VIDEO-LEKTIONEN und WEITERE _ BEISPIELDATEIEN.

Beispielprojekt

In diesem Ordner können Sie kapitelweise den Entwicklungsstand des Beispielprojekts mitverfolgen. So sind Sie außerdem in der komfortablen Lage, den Quellcode nicht aus dem Buch abtippen zu müssen.

Photoshop-Testversion

Nur 1x testen
Sollten Sie bereits einmal eine Testversion von Photoshop CS6 auf Ihrem Rechner installiert gehabt haben, so ist die erneute Installation einer Testversion nicht möglich.

Dieses Verzeichnis enthält eine Testversion von Photoshop CS6 Extended in deutscher Sprache für Mac und Windows. Um das Programm zu installieren, müssen Sie zunächst die komplette Installationsdatei auf Ihre Festplatte kopieren. Klicken Sie dann unter Windows die .exe-Datei doppelt bzw. entpacken Sie die .dmg-Datei, wenn Sie am Mac arbeiten.

Video-Lektionen

In diesem Ordner finden Sie ein attraktives Special: Als Ergänzung zum Buch möchten wir Ihnen einige Lehrfilme zum Thema »Responsive Webdesign« zur Verfügung stellen. So haben Sie die Möglichkeit, dieses neue Lernmedium kennenzulernen und gleichzeitig Ihr Wissen zu vertiefen.

Um das Video-Training zu starten, legen Sie bitte die DVD-ROM in das DVD-Laufwerk Ihres Rechners ein. Führen Sie im Ordner VIDEO-LEKTIONEN die Anwendungsdatei »start.exe« (Windows) bzw. »start.app« (Mac) mit einem Doppelklick aus. Das Video-Training sollte nun starten. Bitte vergessen Sie nicht, die Lautsprecher zu aktivieren oder gegebenenfalls die Lautstärke zu erhöhen. Sollten Sie Probleme mit der Leistung Ihres Rechners feststellen, können Sie alternativ die Datei »start.html« aufrufen.

Die Lektionen stammen aus dem Video-Training »Responsive Webdesign« (ISBN 978-3-8362-2312-6) von Jonas Hellwig:

1.1 Viewport-Varianten berücksichtigen (04:17 Min.)

1.2 Pixelmaße in Prozentwerte umwandeln (12:57 Min.)

1.3 Breakpoints und Media Queries einsetzen (14:26 Min.)

1.4 Der Meta-Viewport (06:54 Min.)

1.5 Der neue Design-Prozess (08:58 Min.)

1.6 Den Prototypen entwickeln (12:41 Min.)

1.7 Nützliche Werkzeuge im Internet (03:35 Min.)

Weitere Beispieldateien

Neben dem Beispielprojekt, das von A bis Z durchgearbeitet werden kann, stelle ich Ihnen einige weitere Einzeldateien zur Verfügung. Meist handelt es sich dabei um HTML-, CSS- oder PSD-Dateien. Im Buch wird in der Regel an den entsprechenden Stellen über ein Icon in der Randspalte darauf hingewiesen.

Wenn Sie dieses Icon in der Randspalte des Buchs sehen, finden Sie Beispielmaterial auf der Buch-DVD.

Index